总主编　常　彦
总主审　刘　焱

"十三五"职业教育国家规划教材

幼儿教师语言技能训练

主　编　张云香　陈　博
副主编　赵彩花　何莉丽

吉林大学出版社

图书在版编目(CIP)数据

幼儿教师语言技能训练 / 张云香,陈博主编.一长
春:吉林大学出版社,2013.10
ISBN 978-7-5677-0775-7

Ⅰ.①幼…　Ⅱ.①张…②陈…　Ⅲ.①学前教育—语
言教学—幼儿师范学校—教材　Ⅳ.①G613.2

中国版本图书馆 CIP 数据核字(2013)第 253056 号

书　名:幼儿教师语言技能训练
作　者:张云香　陈博　主编

责任编辑:徐佳　责任校对:安萌　　　　　　　　　　封面设计:宋梵
吉林大学出版社出版、发行　　　　　　　　　　蚌埠市广达印务有限公司　印刷
开本:787×1092　毫米　1/16　　　　　　　　　2013 年 11 月　第 1 版
印张:15.25　字数:381 千字　　　　　　　　　2021 年 8 月　第 2 次印刷
ISBN 978-7-5677-0775-7　　　　　　　　　　　　　　　　　　定价:49.80 元

社址:长春市人民大街 4059 号　邮编:130021
发行部电话:0431-89580026/28/29
网址:http://www.jlup.com.cn
E—mail:jlup@mail.jlu.edu.cn

学前教育专业系列教材
编委会

总　序

近年来,学前教育发展得到党和国家的高度重视,大力发展学前教育,已成为教育领域又一项重点工作。《国家中长期教育改革和发展纲要(2010—2020年)》提出:"到2020年,普及学前一年教育,基本普及学前两年教育,有条件的地区普及学前三年教育。"为贯彻落实此《纲要》精神,国务院于2010年同时提出了《关于当前发展学前教育的若干意见》,指出:"各级政府要充分认识发展学前教育的重要性和紧迫性,将大力发展学前教育作为贯彻落实教育规划纲要的突破口,作为推动教育事业科学发展的重要任务,作为建设社会主义和谐社会的重大民生工程,纳入政府工作重要议事日程,切实抓紧抓好。"强调要把发展学前教育摆在更加重要的位置,加快建设一支师德高尚、热爱儿童、业务精良、结构合理的幼儿教师队伍;完善学前教育师资培养培训体系;办好中等幼儿师范学校、高等师范院校学前教育专业,建设一批幼儿师范专科学校;重视对幼儿特教师资的培养;创新培训模式,各地五年内对幼儿园园长和教师进行一轮全员专业培训。同时要求各省市"统筹规划,实施学前教育三年行动计划"。

学前教育是终身学习的开端,是素质教育的基础。一个人整体素质的高低,特别是智力水平的高低,主要取决于学前阶段。因此,要提高整体国民素质,必须从学前阶段抓起,必须高度重视学前教育。而学前教育高水平发展的基础是高素质师资,没有合格的、高水平的学前教育师资队伍,很难达到学前阶段的教育目的。从这个角度说,学前教育师资培养机构是学前教育发展的关键因素。因此,大力发展学前教育,首先就要大力发展学前教育师资培养机构,主要是幼儿师范院校。

长期以来,我国学前教育师资培养机构主要有两类,一类是注重技能的幼儿师范学校,另一类是注重幼儿教育理论的本科师范院校。实践证明,不论是幼儿师范学校还是本科师范院校,培养的幼儿师资都偏向一端,要么理论基础不够扎实,要么教育技能,特别是弹、唱、画、跳等艺术教育技能缺乏,一定程度上说是不合格师资。幼儿教师是全能型教师,必须既懂理论又具备教育技能,要有使幼儿在健康、语言、社会、科学、艺术五个领域学习与发展的基本理论知识和技能技巧。因此,在现阶段制订一个符合学前教育师资素质需要的人才培养方案,就显得尤为重要。在此人才培养方案中,基于全能型幼儿师资培养的课程设置是首先要解决的一个核心问题。

根据教育部《教师教育课程标准》学前教育专业课程目标与课程设置、《幼儿园教师专业标准(试行)》以及《3～6岁儿童学习与发展指南》等文件精神,结合我们长期学前教育实践经验,我们按照"整合理论课程,细化技能课程;强化理论体系,充实实践环节"的思路,在反复实践论证的基础上,规划了一个符合现代学前教育发展需要的课程体系,组织编写了这套旨在培养全能型合格学前教育师资的规划教材。该规划教材的出版,期望能为我国学前教育的发展做出一份贡献。

本套规划教材由常彦教授担任总主编,北京师范大学刘焱教授担任总主审。

学前教育专业系列教材编审指导委员会

编审说明

语言是一门艺术,也是人类心灵的直白。而幼儿教师语言则是搭建教师与幼儿心灵的桥梁,是开启幼儿智慧的金钥匙。在幼儿教育教学中,教师的语言表达有着和知识同等重要的地位。拥有良好的口语表达能力更是学前教育专业学生在未来从事幼教工作必备的职业技能和教师专业修养。"幼儿教师语言技能训练"课是研究幼儿教师口语运用规律的一门应用性学科,也是培养幼儿教师职业语言技能的必修课。它针对幼儿教育教学实际,在传授幼儿教师口语基本理论、基础知识和训练方法的同时,力求做到理论与实践相结合,讲解和训练相结合,努力使未来的幼儿教师能够掌握口语表达技能,从而提高口语表达能力。

本书编写从学前教育专业的角度出发,针对学前教育专业的特色和教育对象的特殊性,融基础理论知识和基本技能训练于一体,以培养技能为目标,以提高未来幼儿教师的语言表达水平为宗旨,吸收借鉴语音学、词汇学、发声学、朗读学等相关学科的科研成果,以训练为主线,力求遵循"幼儿教师语言技能"课程自身的内在逻辑规律和学生已有的语言技能储备,坚持循序渐进的原则、科学的编排体系来编排教学内容。全书共分四章,各种内容及编者如下:第一章幼儿教师语言技能概述(陈博编写),第二章幼儿教师语言技能基础训练(张云香编写),第三章幼儿教师职业语言训练(何莉丽编写),第四章幼儿教师交际语言训练(赵彩花编写)。本书基础理论知识的阐述深入浅出,训练原则坚持理论和实践相结合,突出针对性和实用性。在结合幼儿园教育教学实际的前提下,通过示例分析、技能训练、材料练习、思考拓展,从静态和动态两个方面,致力于提高幼儿教师语言表达水平,可操作性较强。

本书编者在编写过程中,把新思想、新方法、新的教育教学理念贯穿始终,突出学前教育的特点。无论是理论的构建还是案例的选择(精选古今中外的一些优秀作品做例证或练习材料),都力求突出先进性、时代性、创新性。本书在编写过程中得到常彦教授的悉心指导,同时也得到学校各位同仁的大力帮助,提出了许多宝贵的意见和建议,谨此致谢!

本书在编写过程中,编者参考、引用、借鉴了许多国内外同行的研究成果和有关文献资料,在此一并表示衷心的感谢!

由于编者水平有限,书中纰漏之处在所难免,恳请广大读者不吝指教。

学前教育专业系列教材编审指导委员会

目　　录

第一章　幼儿教师语言技能概述

【内容提要】　本章主要讲述幼儿教师语言技能的基本概念、特征、功能、构成要素、应用原则及训练要求。

第一节　幼儿教师语言技能的概念和特征

【训练目标】　了解幼儿教师语言技能的基本概念,掌握幼儿教师语言应具有的规范性、科学性、逻辑性、儿童化、纯洁性、亲切性、艺术性、接受性、启发性和简明性等基本特征。

教师是人类灵魂的工程师,担负着教育人、塑造人的历史重任,而口语表达则是教师开展工作的主要方式和手段。教师运用教育教学语言,帮助学生树立正确的价值观,提高学生的道德水准,教给学生文化知识,提升其文化修养,开发学生的智力,培养学生的审美情趣。

教师语言技能训练是高等师范学校职业技能训练最重要的内容之一,是"教师角色"塑造最重要的素质要素。幼儿教师语言是指幼儿教师在进行教学、教育过程中经常运用的行业用语。幼儿教师语言技能是教师从事教育、教学工作,向幼儿传授知识,进行一系列教育活动的先决条件和必备条件。幼儿教师语言技能的优劣、强弱,直接影响着幼儿对知识的吸收及对学习活动的兴趣和积极性,也关系到教师教育、教学活动的效果。可见,幼儿教师语言技能直接影响到教师在教育、教学活动中主导作用如何发挥及发挥的效果。

一、幼儿教师语言技能

幼儿教师语言技能是研究幼儿教师语言运用规律的一门应用语言学科,是在理论指导下培养学前教育专业学生在教育教学过程中语言运用能力的实践性很强的教师职业技能训练课程。具体说来,幼儿教师语言技能课程包括以下几点。

第一,幼儿教师语言技能是培养师范生从事学前教育教学工作所需的语言能力。这就是说,幼儿教师语言技能具有强烈的师范性和儿童性。师范性是指它与将来从事的教师工作密切相关,着眼点在于提高学生的职业能力和素养;儿童性是指从教育对象——幼儿的身心发展特点出发,在尊重幼儿、了解幼儿的基础上,使教育教学语言富有童真童趣,形成极富职业特点的口语风格和特色。

第二,幼儿教师语言技能注重理论与实践相结合,在理论指导下,有很强的实践性。与过去的中等师范教学相比,本科和专科学前教师的培养应该重视理论知识的学习。因此,幼儿教师语言技能的训练应以现代汉语语音学、应用语言学等基本理论为先导,吸收教育学、心理学、发声学、朗读学、交际学、逻辑学、美学等学科的研究成果,使其具有一定的理论深度。语音清晰度、语句流畅度、语调生动度、语脉逻辑性、话语分寸度、话题沟通性等都必须通过训练才能使学生获得提高。教学语言的准确生动、形象简练，教育语言的针对性和教育性，都需要通过创设教育教学的情境进行相关的训练才能使学生对教师语言的运用有初步的把握。在训练中，要结合幼儿园的实际，根据幼儿教育教学的需要进行有针对性的训练，努力做到学以致用。

第三，幼儿教师语言技能训练是一门人文性很强的课程。幼儿教师口语训练并不是单纯的语言形式和语言技巧的训练，它是一项综合性的语言活动。它以教师的职业情感、知识积累、个人心理素质等为基础。例如，一般语言交际训练中的朗读、演讲、辩论等内容的教学既要培养幼儿语言的逻辑性又要培养幼儿语言的创造能力和表现能力，使学生感知美、创造美；幼儿教师语言技能教学训练中要贯穿新的教育理念，传达对幼儿的理解和热爱，传递教师人格美的特质。如果教师没有高尚的人格、丰富的知识积累，即便他有良好的语言表达技巧，但是所表达的思想和内容还是干瘪乏味的。

二、幼儿教师语言的基本特征

语言是教师传道、授业、解惑及与学生交流、联络感情的重要工具。在幼儿园这个特殊的环境里，幼儿教师的语言又具有一定的特殊性，对幼儿的成长和发展起着非常重要的作用。幼儿教师的语言魅力就在于：它是架起幼儿相互沟通的桥梁，也是幼儿打开知识宝库的钥匙，它在幼儿活动的过程中能够化深奥为浅显、化抽象为具体、化平淡为神奇，从而激发幼儿的学习兴趣，引起幼儿的注意力和求知欲，提高幼儿的审美能力，陶冶幼儿的情操。

在实际教学中，每个教师的语言风格都不一样，在教学中自己慢慢地积累探索出属于自己的语言艺术，但都有一个殊途同归的结果，那就是要贴近生活，贴近孩子的感受，贴近童心，有亲和力和认同感。这样，孩子和家长会被你的风格吸引，自己也会在工作中不断磨砺，变得游刃有余。那么，幼儿教师的语言应该具有哪些基本特征呢？

（一）规范性

规范是指教师的语言应当符合国家的要求，教师只有使用规范的语言，才有可能对儿童产生正面的示范效应。教师语言的规范包括语音、词汇、语法等方面要符合"全国通用的普通话"的规范。在语音方面，要符合普通话的发音标准，做到发音清楚、吐字准确，不使用方言，不念错字，避免出现将"快进教室（shi）来"念成"快进教寺（si）来"。在词汇方面，不使用方言词，不生造词汇，慎重使用尚不稳定的"新词"，如不说"这达"（这个地方）、"照清楚"（看清楚）等普通话中没有的词汇，尽量少使用像"很酷""SOHO 一族"等新词。在语法方面，力求避免搭配不当、语句不通等不规范现象。在修辞方面，避免说用词不当、前后矛盾的话。总之，教师应当熟练掌握普通话在语音、词汇和语法方面的知识和技能，应当能够顺畅、准确地使用普通话。教师经常读错字音、说话语病较多、口头禅泛滥，天长日久，就会对幼儿语言学习产生消极的影响。

教师在讲述中用词要具体，词语顺序、词语搭配要正确。介绍故事发生的地点，说"从前在一个地方"，就不如说"在一座小房子里""在一棵大树下"更具体；介绍交通规则，说"一个"汽车，"一伙"人，就不如说"一辆"汽车、"一群"人更规范。幼儿爱动、好奇，教师就要把动词、形容词使用好，还有象声词的运用，更能激起幼儿的兴趣。在这类知识性活动中，幼儿不仅发展了智力，丰富了知识，而且受到了规范化语言的训练。

（二）科学性和逻辑性

所谓语言的科学性和逻辑性,指的是教师在使用语言时必须使其内容符合事物的客观规律,必须根据思维的逻辑准确运用概念,恰当做出正确的判断。虽然幼儿的逻辑思维尚处在初级发展阶段,他们理解和掌握的许多概念基本上是一种日常概念,对科学概念的理解还有一定的困难,但这并不意味着教师就可以不注意自己的语言逻辑和事物的科学规律。教师在使用语言时注意内容的科学性和表述的逻辑性,有利于幼儿掌握正确的信息,促进幼儿逻辑思维的发展。

【示例】

在一次小班的活动中,教师发现一个小朋友将事先准备好的纸棒放到嘴边说话,便对其他幼儿说:"刚才老师看见××小朋友把小嘴巴对准纸棒在说话呢,现在我想请你们每个人找一个好朋友,一个对着纸棒说话,另一个用小耳朵听,听听你的好朋友说了些什么?"幼儿玩了一会儿后,教师提问:"小朋友听到你的好朋友说的话了吗?"幼儿纷纷抢着回答……教师小结:"这个长长的、圆圆的、空心的纸棒,能把我们说的话传出来,我们给它起一个名字,叫传声筒。"

教师在这里给"传声筒"下的定义虽然不是一个特别严密的科学定义,但显然符合幼儿的生活逻辑,是可以为幼儿所接受的。教师使用的"传声筒"是一个日常概念。对传声筒日常概念的使用和解释,为幼儿以后学习其他科学概念起到了一定的促进作用。

比如,在幼儿教师表扬孩子时,有时会随口说"今天表现最好的有:×××、×××、××"。"最"表达独一无二的意思,教师在"最"字后面加了好多个孩子,这种看起来微不足道的错误实践,也会对幼儿产生影响。

幼儿评价一个事物时会随意说:"大灰狼很坏""小猴不对"等简单的话,却说不出为什么。这时教师可以重复幼儿的话,再加以引申。"对,大灰狼很坏,它把'小红帽'吃了。他又干了什么坏事呀?"这就能使幼儿加深对事物的认识,更准确地表达出自己的感受来。当幼儿不能清楚地进行表述时,教师应帮助他用一些介词、连词来完整全面地表达自己的意思。

（三）儿童化和纯洁性

语言不是一种独立的现象,它与思想品德、文化素养等密切相关,一个品德高尚的教师,她的语言应该是纯洁、文明、健康的,应该能促进幼儿的智力开发,能够激发幼儿的学习兴趣,能够培养幼儿健康向上的情感。反之,粗俗的语言只能给幼儿带来负面的影响。例如:

有的教师给孩子起绰号;有的教师套用"滚出去""猪脑子""笨死了""讨厌"等不文明的粗俗语言。作为教师,我们要尽量用纯美的语言去触动幼儿,使幼儿形成纯洁、文明、健康的心灵世界。幼儿的特点就是天真、活泼、好奇、好问,因此这时的教师也应抓住这一阶段孩子的特点来进行言语引导。不能让孩子们感觉话语和所讲的道理距离他们太远,否则孩子们听起来不亲切、不入耳、不理解,从而大大降低教育效果。因此,幼儿教师无论是讲解还是提问,都力求符合3～6岁学龄前幼儿的特点,语调和语气贴近孩子,有儿童化倾向和天真活泼的语言氛围。

【示例】

让三岁班的孩子认识白兔,了解白兔的主要特征和用途,并知道应该保护它,与它做朋友,老师是这样讲解的:

师:这个小动物,小朋友们认识吗?

幼儿:认识。

师:它叫什么名字啊?

幼儿:小白兔。

师:很好,大家仔细看一看它长得有什么特点呢? 先说它头上有什么?

幼儿:耳朵。

师:白兔的耳朵跟小猫的耳朵比较,哪一个长啊?

幼儿:小白兔的耳朵长。

师:我们再来看一看它的眼睛是什么样子的?

幼儿:是圆圆的、红红的。

师:它的嘴呢?

幼儿:(幼儿用手指一指)在这儿呢。

师:大家发现白兔的嘴和我们的一样吗?(老师将白兔的嘴扒开给孩子们看)

幼儿:不一样。

师:怎么不一样? 它嘴唇的中间是怎么样的?

幼儿:分开的。

师:对,白兔是三瓣嘴。小朋友们再看看它嘴的两边还长着什么?

幼儿:胡子。

师:它身上长着什么?

幼儿:毛。

师:摸它的毛感觉怎么样?(让孩子们摸一摸)

幼儿:很软乎,毛乎乎的。

师:它的身体后面还长着什么?

幼儿:尾巴。

师:它的尾巴长不长?

幼儿:不长,很短。

师:它的前腿和后腿一样长吗?

幼儿:不一样长。

师:那是前边的长呢,还是后边的长?

幼儿:后面的长。

师:白兔最爱吃什么东西?(老师将草、白菜、萝卜等拿出来,让孩子们喂)

幼儿:它爱吃蘑菇、青菜、萝卜,还有草。

师:大家看,它怎样走路啊?(老师把兔子放出来,让它走)

幼儿:它不会走,只会蹦。

师:对! 小朋友们观察得很仔细,说得也很好。下次我们再来认识另一种小动物……

在这段教学语言中,幼儿教师特别注重语言贴近幼儿,语气舒缓,语调亲切,如句末语气词的运用就使话语语气和蔼可亲,"它叫什么名字啊?""哪一个长啊?""它怎样走路啊?"等,使孩子们听后感到十分有趣。同时在讲解中运用了是非问、特指问等疑问形式,不断启发和引导孩子对小动物的观察与认识。这两种问句的作用,一方面可以引起幼儿的注意,让他们时刻跟着老师的思路走;另一方面这些问题也十分容易、简单,孩子们的回答和呼应会产生自身积极参与的行为,有利于孩子们学习和掌握知识。这段教学语言中还体现了教师所使用的幼儿常有的说话方式,如句子短小而能让幼儿听得明白,重复性词语的运用可以加深幼儿的印象和反应等。

总之,童真化的语言使教师的整个讲解过程从头到尾显得有顺序、有层次,既生动,又有趣,因而孩子们接受起来也感到轻松而自然。

（四）亲切性

幼儿教师与幼儿是互动的双方,作为互动一方的教师,其语言的亲切性应表现在以下三个方面。

1. 尊重幼儿

孩子虽小,但是他们也都有很强的自尊心,教师说话稍不注意就有可能伤害孩子的自尊心,给孩子的心灵或多或少地带来一些消极影响,所以我们在平时说话时应尽量注意保护孩子的"面子"。例如:

大班孩子尿裤子了,最怕老师当着小朋友的面说:"你怎么又尿裤子了?"让小朋友笑话自己,很没有面子,所以,他们即使尿了裤子也不会说出来,忍着。如果老师能为孩子考虑一下,照顾孩子的感受,不用带有责备的质问,而是蹲下来轻声说:"怎么尿裤子了,下次有尿跟老师说,老师带你去换裤子,不会被其他小朋友发现的。"这样孩子们就不会有顾虑了,并且还会对老师产生亲近感和信任感。

2. 平等交谈

在教学中,教师应该做幼儿学习活动的支持者、合作者、引导者,视幼儿为平等的合作伙伴,应以待商量的口吻和讨论的方式指导幼儿的活动,支持幼儿的探索。例如:

当幼儿不愿意收拾玩具时,可以说:"你能帮我一下吗?"而不是用强制的口吻:"快点,把积木收拾起来。"这样就有利于孩子主动性的发展和创造性的发挥。作为教师,我们应该说"你好、请、没关系、对不起、能不能,我们一起来好吗?"教师只有和幼儿在平等的关系下交谈,才会使幼儿对你产生亲切感和信任感。

3. 因人用语

对性格不同的幼儿,语言的使用就应该有所不同。对比较内向、敏感、心理承受能力差的幼儿,教师应该更多地采用亲切的语调、关怀的语气对他们说话,以消除幼儿紧张的心理;对反应较慢的幼儿,教师要有耐心,在语速上适当地放慢,以适应他们的心理;对脾气较急的幼儿,教师的语调要显得沉稳,语速适中,使幼儿的急躁情绪得以缓和。对刚入园的小班幼儿,要多使用儿童化、拟人化的语言,将一些无生命的东西赋予生命来吸引幼儿的注意;而对于略大一些的中大班幼儿,要注意语言的坚定性和亲切性。总之,对不同的幼儿,教师应该采用不同的表达形式,因人用语、因人施教,使每个幼儿在其原有水平的基础上得到发展。

（五）艺术性

幼儿教师面对的是一个特殊的群体,幼儿正处于发育阶段,大脑的发展尚不完善,因而很容易疲倦,他们的注意力不可能坚持太长的时间,所以教师的教学教育口语应尽力说得生动有趣,以吸引孩子的注意力,解除他们的疲劳。幼儿喜爱想象,教师就可用想象性的言语方式给孩子讲解知识和道理。

【示例】

有一次,幼儿园小班的小朋友们吃水果,老师看到有的小朋友不吃,就劝道:"香蕉是很有营养的,大家吃了对身体有好处。快吃吧,不吃等一会就没有了。"但有的小朋友对香蕉仍没有兴趣。后来老师改变了话语方式:"小朋友,你们看手里香蕉像什么? 对,像小船,像月亮,像小桥,像彩虹,它们又美又有营养,是不是? 我们把它慢慢地吃进肚子里的时候,那美丽的形象就会永远印在你的心里了。"于是小朋友们反应热烈,所有的人都愉快地、充满想象地完成了吃水果的任务。

再如,教幼儿学习语言,如果机械地进行言语示范,让幼儿记忆、背诵是不会有好的效果的。而如果把字、词、句、语义变成语言游戏,边做游戏老师边讲解,孩子们在自由想象和妙趣横生的氛围中即可愉快地得到教育。这就要求教师的语言要形象、生动、富有趣味性。

在幼儿的词汇库里,大多是一些表示直观形象的词语,极少有表示抽象意义的词语,而且他们对词义的理解能力也十分有限,因此教师在实施教育和教学口语时,不要用模糊、含蓄、曲折的言语表达而应多使用形象化的语句,让孩子们听后有如闻如见的感觉。苏联教育家乌申斯基在《〈祖国语言〉教学指南》一文中曾指出:"儿童的天性明显地要求直观性。教儿童五个他所不认识的字,他将会长久地、徒劳地受着几个字的折磨;但是,如果你把二十个这一类的字和图画联系起来,儿童就会飞快地掌握它们。"依据幼儿的这个特点,幼儿教师在讲解时应多运用幼儿熟知的物体做形象的描绘,使孩子们更容易理解。例如:

给幼儿讲"阅读识字"课中"左"与"右"的区分:"我们平时大都用右手吃饭,因此大家记住'右'字下面是个'口',就像我们的嘴巴;而左手常常与右手合作一块来干活、工作,比如端盆、开车、晒衣服等,因此'左'字下面是一个'工'字。小朋友们记住了吧?"这种形象的讲解很快就会让孩子们记住,而且印象深刻。

另外,颜色词、叠音后缀词、词语的重叠式和摹声词等也是幼儿所喜爱和常用的,也是直观而形象的。因而教师如果能够恰当使用这些词语,就会增加言语的感染力,使孩子愿意听,也容易理解。例如:

给孩子讲故事时常常这样描述:"太阳是红红的、圆圆的、亮亮的""火辣辣的太阳、静悄悄的树林、香喷喷的饭菜""雨淅淅沥沥地下,小鸭子摇摇摆摆地走来了,小花狗蹦蹦跳跳地跑来了""大肥猪用鼻子推呀推,鸭子用嘴巴铲呀铲,小花狗用爪子扒呀扒,小松鼠用尾巴扫呀扫""走啊走,走啊走,啪嗒! 摔了一大跤。哎哟,哎哟! 东东摔疼了头,擦破了手""嗨呦,嗨呦! 拔呀拔""'汪汪汪'小狗来了,'喵喵喵'小猫来了,'吱吱吱'小耗子来了",等等。形象化的词语增强了孩子们感性化的认识,让他们觉得可爱、可亲。

幼儿分辨事物的能力还欠灵敏,反应速度也不是很快。因此适度地使用夸张性的言语描述,可以吸引幼儿的注意力,加深他们对讲述内容的认识,使他们记忆得更牢固。例如,讲解两事物的大小、方位比较时,除教具中图片或实物有较大的差异外,言语运用也尽量让孩子们能清晰地分辨;讲故事时为了给孩子们留下深刻印象,就必须给故事中的各类形象配上夸张性的、强烈对比的声音处理。例如:

《小红帽》中的三个形象,奶奶的音色和语调要尽量低沉、和蔼,小红帽的声音要高昂、纯洁,而大灰狼的声音尽量凶恶、狡猾,并配以生动丰富的表情语,这样的讲述才会让孩子们很容易地去分辨故事中的是非、好坏,对故事中的人物才会印象深刻。另外,夸张语言的使用会形成诙谐幽默的效果,这是幼儿最感兴趣的:"小猫咪脏得让人分不清哪是鼻子哪是眼睛,成了一个'黑面包'。""大象大,老鼠小,大象最怕老鼠咬。老鼠钻进象鼻子,痒得大象受不了。'阿嚏'打个大喷嚏,老鼠坐上火箭炮。"可见适当的夸张性言语的运用会使教师的讲述更具吸引力。

为了发展幼儿语言的需要,还要注意避免两种倾向:一种是娃娃腔;一种是成人化。娃娃腔是指一些不规范的小儿语,如把汽车说成"嘟嘟",喝水说成"喝匣"。幼儿教师的语言要求浅显易懂,但绝不降低语言水平,迁就幼儿的不正确语言。成人化是走向另一极端的错误做法,把早晨景色用"雄鸡报晓""冉冉升起"等词语进行描述,致使幼儿理解不了。既不能太过儿童化,将汽车说成"嘟嘟",也不能太过成人化,将早晨景色表达成"雄鸡报晓",幼儿教师的趣味性语言应该是能够贴近幼儿心理的。

（六）激励性

鼓励性是启发性幼儿学习和发展的重要前提,目的是让幼儿更容易从心理上接受。当幼儿遇到问题不能正确解决,感到灰心与无望时,教师就要帮助他们,用激励性的语言引导他们积极地去探索。

1. 口语化

孩子们的语言能力还欠丰富、欠流畅,理解力还不是很强,所以幼儿教师的教学口语和教育口语就应该接近日常的对话,亲切、和蔼,语速稍慢,避免过多使用书面语和孩子们不理解的词语。例如,教小朋友念儿歌,给小朋友讲儿歌时,一定要将儿歌的内容讲解清楚,让孩子们充分理解其中的含义,听明白了再去念就自然容易了。

【示例】

教师为孩子们讲解儿歌《吹泡泡》

星星是月亮吹的泡泡,雨点是乌云吹的泡泡,露珠是小草吹的泡泡,橘子是果树吹的泡泡。

师:今天我们念一首儿歌,请小朋友们跟我读。……

下面我把它的意思讲给大家听,听懂了,明白了,小朋友们就记住了。你们说好不好?

幼儿:好。

师:(老师拿着小瓶和一个顶端带小圈的塑料棒,用塑料棒蘸一下瓶内的水,拿出来放在唇边轻轻一吹,只见一串透明的泡泡飞了出来)小朋友,老师在干什么呢?

幼儿:吹泡泡。

师:泡泡是什么形状的?

幼儿:圆的、亮的,一下出来很多个。

师:对,那么大家再想一想,天上的星星是不是很多,远看是不是圆的小亮点儿呀?

幼儿:是。

师:下雨的时候,雨点落得多不多呢?

幼儿:多。

师:下到地上也是一点一点的。那么秋天早晨起来,小草尖上的露珠是什么样子的呢?

幼儿:也是圆的、亮晶晶的。

师:很好,那么树上的橘子呢?多不多,圆不圆呢?

幼儿:多,圆。

师:好,星星、雨点、露珠、橘子都是圆的、多的,就像老师刚才吹的泡泡一样。泡泡有了,而这些泡泡又是谁吹出来的呢？小朋友们想一想，谁离它们最近？星星和谁近？

幼儿：月亮。

师：雨点是从哪儿下下来的？

幼儿：云彩里。

师：对，准确一点是乌云里。露珠是在谁的上面出现的呢？

幼儿：小草。

师：橘子是结在什么地方呢？

幼儿：树上。

师：好了，四个泡泡和四个吹泡泡的东西我们都找到了，这个儿歌大家也就懂了。下面我们来读几遍。看谁读得好，看谁背诵得快。

师：这首儿歌讲得非常好，也非常美。小朋友们拿画笔将它们画出来好吗？

幼儿：好。（孩子们开始画画）

师：小朋友们读得非常好，画得也非常好。

教师的语言要抓住幼儿爱幻想的思维特点，对儿歌内部的语义关系进行句句引导、层层点拨。教学口语中注重了口语化的表达，所用的词语都是通用词汇，句式都是短小简单的，极少用复句和关联词语，还常用省略句，使语义明确、表述清晰、生动有趣，如其中的"听懂了，明白了，小朋友们就记住了"。如果对成人说就可能变为复句"你们如果听懂了，明白了，也就很容易能够记住了"。而另一句"多不多，圆不圆呢"则承接前一句，显得语义简练、明确，幼儿容易听明白。

2."诗"化

富有诗意、具有韵律美、节奏明快的语言对教学能起到画龙点睛的作用。

【示例】

小弟和小猫

我家有个小弟弟，聪明又淘气，

每天爬高又爬低，满头脸面都是泥。

妈妈叫他来洗澡，装没听见他就跑；

爸爸拿镜子把他照，他闭上眼睛格格地笑。

姐姐抱来个小花猫，拍拍爪子舔舔毛，

两眼一眯"喵，喵，喵，

谁跟我玩，谁把我抱？"

弟弟伸出小黑手，小猫连忙往后跳，

胡子一撅头一摇，"不妙不妙！太脏太脏我不要！"

姐姐听见哈哈笑，爸爸妈妈皱眉毛，小弟听了真害臊：

"妈！妈！快快给我洗个澡！"

这些节奏明快、朗朗上口的儿歌，让幼儿在诗情画意的气氛中，轻松自然地学会了穿鞋子、叠衣服等本领，养成勤洗澡的好习惯，不仅提高了幼儿的自理能力和审美能力，而且陶冶了幼儿的情操。在教学中这种"诗"化的语言更是经常运用。例如：

绘画时，我们可以将所画内容按步骤要求编成生动形象、简短易懂的儿歌，边画边说。比如教幼儿画鱼时,我们可以一边画一边说:"小小鱼儿水中游,摇摇尾巴点点头,一会儿上,一会儿下,游来游去真自由。"

诗话的语言不仅激发了幼儿绘画的兴趣,帮助幼儿顺利完成绘画活动,而且发展了幼儿的语言能力。

(七)简明性

幼儿年龄小,理解能力较弱,这就决定了教师在使用语言时应当避繁求简,教师在与幼儿交谈时应使用句法结构较为简短、词汇设计范围较小的语句。因此,如果教师在上课时将知识深入浅出地讲出来,将各种道理变成浅显易懂的语言,变成自身简单的行动,孩子们就容易理解,并自然地接受。例如:

教育孩子们要热爱劳动,如果只讲大道理收获甚微,但教师可以这样对他们说:"你们慢慢长大了,也变得聪明、有力气了,那么像洗手绢、擦桌子、穿衣服、倒垃圾等事情就可以去做了,正像我们学过的儿歌说的那样'自己的事情自己做',这样才是有能力、有本事的孩子,大家说对不对呀?"

语言中表达的意思尽量是字面意思与实际意思一致,不要用双关、反语、暗示等修辞手法,因为孩子们的知识有限,理解程度有限,如果语义不明就会产生错误的理解。例如,有一个老师生气地说:"明明,你为什么说脏话?你再说一遍我听听!"明明似乎知道自己做错了什么,但又不明白老师让他做什么,只好按照老师说的又把刚才的脏话重复了一遍。其实我们知道,那位老师并不是让明明重复脏话,而是不想让他再说了,可是那孩子却只理解老师话语的表面意思。可见,教师口语表达的简明性对幼儿来说是接受教育时理解和记忆的基础。

【示例】

幼儿去商店里看见糖果就伸手去拿,采用以下两种说法,哪种效果会更好?

1. "没有付钱,就不能拿糖果店里的糖果。"

2. "糖果,虽然仅仅是一粒,但不给钱就拿走是一种损人利己的行为,它会使自己的思想沾上污点,我们每人都应引起注意。"

当幼儿不愿意吃胡萝卜时,我们如果说:"胡萝卜里含有大量的胡萝卜素,可以转化成维生素A,给身体提供所需营养,能预防各种疾病,提高身体免疫力,所以小朋友都要吃胡萝卜。"这样告诉孩子,他们不能理解,自然效果就不尽如人意。但是如果简单地说"胡萝卜有营养,小朋友吃了身体好",这样孩子更容易理解。因此,教师的语言应力求简单直白,让幼儿容易理解接受。

【思考拓展】

1. 简述幼儿教师语言技能的概念和特征。

2. 如何体现幼儿教师语言的艺术性?举例说明。

3. 结合自己童年的经历谈一谈印象中最深刻的幼儿教师的语言魅力。

4. 以"春天"为题,创编一首儿童诗歌,并朗读。

5. 在幼儿园里有时会听到个别老师对幼儿使用暴力性的语言,比如"你再不听话,就把你的耳朵剪掉!""小明,再说话就往你的嘴里打针了!"等等。结合所学的知识,谈谈你对这种现象的看法。

第二节　幼儿教师语言技能的功能及构成要素

【训练目标】　了解幼儿教师语言技能的功能,掌握幼儿教师语言技能构成要素中的基本语言技能和不同类型教学中的语言技能。

一、幼儿教师语言技能的功能

（一）幼儿教师语言技能可以保证准确、清晰地,富有说服力地传递教育教学信息,较好地完成教育教学任务

在幼儿园教育中,教师对幼儿的指导主要有两条途径,即言传和身教。言传就是通过语言指示、建议等进行指导、教育、传授知识;身教则是通过示范、演示等有目的的行为进行指导。由于幼儿所具有的身心各方面的特点,幼儿园教师是以语言指导为主的,当幼儿对活动的内容不理解、有畏难情绪时,或者是对幼儿进行个别教育时,教师可采用示范或演示的方法,即便如此,示范和演示在多数情况下也是教师伴随着语言进行的。因而,相对来说,语言指导的功能在幼儿园活动中起的作用更大,在教师的指导行为中显得更为重要。

教师的语言技能是教师能力素质中重要的内容和组成部分,是教师从事教育、教学、科研工作,向幼儿传授知识、进行一系列教育活动的先决条件和必备条件。因而可以肯定,教师语言技能的优劣、强弱,直接影响着幼儿对知识的吸收及对学习活动的兴趣和积极性,也关系到教师教育、教学活动的效果如何。换言之,教师的语言技能直接影响到教师在教育、教学活动中的主导作用如何发挥及发挥的效果。此外,语言不仅能够表达教师对所面对的语言对象的看法,同时也能表达教师的态度和情感。教师说话时的口气、说话时态度以及声调等,都会对幼儿的行为和情绪、幼儿与教师的关系和情感发展等起着极大的作用。由此可以看出,教师的语言技能的确至关重要。

首先,教师语言应具有层次比较丰富的多适应性。所谓多适应性,就是适应各种不同的幼儿。因为即使是处于同一年龄阶段的幼儿,由于其个性不同、家庭生活背景等方面的不同,所以幼儿在接受教育、获取知识等方面的可接受性也不同。教师语言的选择和运用,应当必须选定在幼儿现有语言接受能力的起点上,并能够促进幼儿语言的提高和语言思维发展这个范围之内。这当中就蕴含了教师在语言上要因人用语,对不同的幼儿所使用的语言应当是不同的。所谓不同,主要指幼儿个体之间存在的不同之处,比如对性格不同的幼儿,语言的使用就不同。具体来说,对性格较为敏感、容易紧张、心理能力较差的孩子,教师语言应采用亲切的语调、关怀的语气对他们说话,消除幼儿紧张的心理;对反应较慢的幼儿,教师的语言在语速上应当适当地慢一些,显得更有耐心;对性格较急的孩子说话时,教师的语调要显得沉稳,语速适中,使幼儿焦躁的情绪得以缓和,等等。总之,教师的语言绝对不能是千篇一律的,对不同的幼儿必须采用不同的语言表达形式,如此才能使教师的语言起到良好的教育效果。

其次,教师的语言应当做到口齿清晰、鲜明、准确。教师的语言,应当如同珠落玉盘、清晰悦耳,一字一词不能含糊不清。语言的表意达情,首先要让幼儿听懂、听清教师在说什么,只有听得清楚,才能逐渐理解。教师的语言发音必须准确,力求做到字正腔圆。众所周知,幼儿语

言的获得多由模仿而来,在家庭,幼儿主要模仿家长;在幼儿园,幼儿的模仿对象主要是教师,因而,只有听清楚教师每一个词汇的发音,幼儿才能准确地模仿,幼儿的语言才可能得到更好的发展。

最后,教师的语言要用词准确,切忌词不达意。幼儿教师的语言不能单纯追求词汇丰富、语言生动形象,避免以词害意。教师的语言,关键不在多而在于精,应当练就成一种言简意赅的本领。口若悬河和侃侃而谈都不应是教师所追求的。另外,教师的用语必须规范化,用词要求准确、符合科学性。在遣词造句上应当力求达到炉火纯青。准确、鲜明是教师语言技能中不可分割的因素,离开了准确,表意就会发生扭曲;离开了鲜明,再准确的语言也变得苍白无力,缺乏效果。学龄前儿童正是积累词汇的最佳时期,此时的幼儿表现出对词汇极大的兴趣,他们关注新词,愿意利用一切机会使用新词,因而,幼儿教师使用词汇的水平直接地影响幼儿对词汇的积累和使用。

只有达到这些语言技能的要求,幼儿教师语言才可以保证准确、清晰地,富有说服力地传递教育教学信息,较好地完成教育教学任务。

(二)幼儿教师语言技能可以使幼儿的智力得到提高,能力得以培养

幼年是人生智力发展的基础阶段,又是发展最快的时期,适当、正确的学前教育对幼儿智力及其日后的发展有很大的作用。幼儿的语言能力是在交流和运用的过程中发展起来的。应为幼儿创设自由、宽松的语言交往环境,鼓励和支持幼儿与成人、同伴交流,让幼儿想说、敢说、喜欢说并能得到积极回应。为幼儿提供丰富、适宜的幼儿读物,经常和幼儿一起看图书、讲故事,丰富其语言表达能力,培养阅读兴趣和良好的阅读习惯,进一步拓展学习经验。著名的意大利幼儿教育和心理学家蒙台梭利认为:一个人的智力发展和他形成概念的方法,在很大程度上取决于他的语言能力。这说明,从小培养孩子的语言能力,对其智力的发展至关重要。如何培养幼儿的语言交流能力呢?

1.应给孩子营造宽松、无压力的交流环境

幼儿阶段正是语言接受能力最强的时期,如果教师能有意识地对幼儿进行语言的培养,一方面可以增进师生之间的感情交流,另一方面可以增加幼儿用语言进行表达的机会,为其语言的发展创造一个良好的环境。在交流时,教师要特别围绕在幼儿身边的事情和环境,谈一些孩子比较感兴趣的话题,让孩子乐于表达和交流。

(1)开展游戏活动。游戏具有社会性、创造性、概括性、兴趣性等特点,有利于促进幼儿的身心发展。在游戏中,幼儿是游戏的主人,他们的想象得以自由驰骋,好奇心强、好模仿和好活动的需要能够得到满足。教师在进行幼儿语言教学时,多采用游戏的方式,能使幼儿在轻松愉快中理解快、感受深、记忆牢。由于在游戏过程中,运用、练习语言的机会多,对幼儿发展口语表达能力也有显著作用,因此幼儿园可以进行一些角色游戏活动,如在话吧、超市、医院等不同类型的情景模拟中让幼儿多看、多听、多讲,为幼儿创设交往、表达的机会。

(2)给幼儿讲故事。动听的故事、优秀的图书具有强烈的感染性和直观性。幼儿在文学知识和精彩图片的耳濡目染下,可以充分发挥他们的想象力和逻辑思维能力,从而增强用语言表达思想、表现世界的能力。因此,故事是孩子探索未知世界的窗口,是我们训练幼儿语言表达能力的有效方法。

讲故事时让孩子看着书,教师指着上面的图画用自己的语言讲述,讲的过程中也可以停下

来提问题,让孩子思考、回答并给予鼓励。当获得了老师的肯定后,孩子渐渐变得勇敢、自信起来,为语言能力的进一步发展奠定了基础。讲完后让孩子自己看着图画进行复述。孩子开始复述时要给予帮助,复述后要给予鼓励,在适当的时候再安排孩子照着书本讲故事。这样坚持训练能够有效地培养孩子的表达能力。当幼儿敢说、爱说之后,教师可以提出更高的要求(从模仿型的介绍转向创造型的讲述):鼓励幼儿自己编故事的结尾与开头,这样既培养了孩子的想象力,又提高了其思维能力。

(3)开展跨班级交流活动。当幼儿有了一定的交往能力时,以班级为单位的小集体游戏就无法满足幼儿模仿社会活动的需要了,这时可扩大幼儿的交往范围,开展跨班级的相互交往活动,也可开展"大带小"活动。例如,让大班的孩子到小班帮助小弟弟和小妹妹穿衣服、整理被褥、擦桌子等。和不同班级的孩子在一起活动时,孩子们感到特别有趣,有新鲜感,能够体验交往的乐趣,同时也提高了语言交往的能力。

(4)鼓励幼儿间的语言交谈。经常开展谈话活动能够较好地促进幼儿语言交往能力的发展。幼儿教师可以在课间向幼儿提出话题,让幼儿自由交谈。例如,你喜欢什么动画片,里面的人物你喜欢谁?此外,教师还可以让幼儿围绕一个主题进行讨论,如怎么爱自己的爸爸妈妈?在自由交谈中,幼儿的语言能力会得到锻炼和提高。

2.多种手段丰富孩子的生活经验,增大其语言信息量

丰富孩子的生活经验,开阔孩子的眼界,会让孩子在观察周围事物的实际活动中,逐步增加交流体验。在此过程中,让孩子经常讲述发生在身边或者自己亲身经历的事情,既能够提高孩子的语言表达能力,又可以激发孩子言语交往的积极性和主动性。

(1)充分利用各种媒体。孩子的接受能力、模仿能力非常强,有时看过一次广告就能流利地说出广告词。因此,教师可以选择一些合适的电视节目让幼儿欣赏,特别是孩子喜欢的动画片等,这对于孩子发展语言是很有好处的。家长也可以选择带有配乐的优美儿童诗,时间长了幼儿自然会跟着读,以锻炼他们的语言表达能力。

(2)选择完成任务的手段,使孩子主动交流。有的孩子怕与生人接触,见生人不敢说话,这对其将来与人交往很不利。教师可以用交代任务的方式使其逐渐解除顾虑,克服心理障碍,学会与人交往。比如孩子要吃冰棒,你可以同意并马上拿出买冰棒的钱要他到路边老爷爷摊上去买,孩子如果不愿去,就说:"那就没办法了,我同意你吃,钱也给你了,不买就只好算了。"孩子在吃冰棒的强烈愿望驱使下只好去买。第一次你可带他走到冰柜边,但要坚持让他叫"老爷爷",说"买冰棒"。此举成功后,马上肯定他的进步:"你又长大了,会自己买东西了。"孩子既吃到了冰棒,又受到了表扬,感到与陌生人说话并不那么可怕。这样,在亲身实践中,孩子慢慢有了自信,自然也就克服不敢与陌生人说话的心理障碍了。有位家长就是通过让孩子给邻居带报纸、送信的方法,把一个腼腆怕人的小男孩锻炼得外向活泼、善于交往。

总之,幼儿语言交流能力的发展直接影响着幼儿智力的开发,幼儿教师一定要在实践中多策并举,把握好对幼儿语言能力的培养。

(三)注意提高语言技能,还可以促进教师个人的思维发展和能力提高

教师应有意识地加强自己的语言修养。语言修养注重的是个体运用语言的熟练度、准确度和流畅度,以及在各种语言环境中的言语行为。教师的语言修养绝非一日之功,需要教师日积月累逐渐地形成,因而要求教师在日常工作中应注意以下几个方面:

一是要求教师必须加强思想修养。古人说："言为心声"，没有心灵的丰满，就没有语言的丰满；没有心灵的高尚，就不会有高尚的语言。教师只有高尚的师德，其语言才可能健康、文明、丰富、美好。另外，教师必须加强语言基本功的训练。它包括语音的训练，即练好普通话；仪态的训练，即举止稳重、态度大方、讲究仪容、从容镇定；必要的朗读训练、胆量训练和讲话训练，等等。

二是要求教师掌握幼儿语言发展的特点。对于幼儿教师来说，把握幼儿语言发展的特点，是掌握语言技能、运用语言策略的前提。幼儿语言的发展与幼儿思维、理解的发展有密切的关系。比如，幼儿不能理解教师的"反话"，当教师用讽刺、挖苦的语言对幼儿说话时，他们听不出老师的正话反说。有一个初入园的小班幼儿，在回答老师的"人有几只眼睛？"的问题时说："有三只眼睛。"老师非常生气，于是说："人的眼睛有四只。"幼儿马上点头跟着说："是四只。"这样的语言只能造成幼儿的思维更加混乱，不会起到好的教育效果。幼儿对语言的理解也只能按表面的意思去理解，很难理解喻义或语言的深层含义，年龄越小，这种特点表现得越明显。教师只有把握幼儿语言发展的特点，特别是把握幼儿理解成人语言的能力和水平，才能更有效地在不同场合、在幼儿园各种活动中，有效地运用语言对幼儿进行指导和教育。

三是要求教师树立正确的教育观念。语言策略是教育观念的反映。如前所述，语言策略和语言修养并不是一回事儿，语言策略与教育观念相联系。作为幼儿教师，即使具有良好的语言修养，但如果没有正确的教育观念，比如没有完全弄清教育过程中教师的主导作用与幼儿的主体地位之间的辩证关系，就不可能形成较好的语言策略。由于教师的教育观念支配着教师在教育活动中的语言和行为，因而，如果要形成良好的语言策略，教师必须树立正确的教育观念，比如对幼儿学习的正确认识，对幼儿园以活动为主观念的认识，对游戏是幼儿的主要活动形式的认识，对尊重幼儿的认识，等等。有了正确的教育观念，教师才会掌握准确的语言策略。总而言之，语言技能和语言策略是评价幼儿教师语言活动质量的重要指标，优秀的幼儿教师必须具备良好的语言技能和语言策略，这就需要幼儿教师不懈的努力，从加强自身修养，提高自身素质入手，力求使自己成为真正适应新时期幼儿教育发展的合格教师。

二、幼儿教师语言技能的构成要素

（一）基本语言技能

幼儿好模仿，缺乏语言的识别能力，在幼儿园里，教师就是他们模仿的对象，学习的榜样。所以教师的一言一行、一腔一式，甚至口头禅，幼儿都非常敏感，都乐于模仿。因此，我们说教师的语言具有很强的示范作用。一个合格的幼儿园教师，如果不具备良好的语言素质，不但不能很好地组织开展教育教学活动，甚至在幼儿一日生活中的各个环节都会遇到障碍。不光是在教育教学中，在一日生活的每一个环节，可以说是方方面面、角角落落都离不开教师的语言。教师的语言艺术直接影响到幼儿活动的积极性、主动性以及幼儿的情绪变化，教师说话的语气、态度、声调、表情、动作不仅对幼儿的情绪以及师幼之间的和谐关系、情感发展起着重大作用，而且直接关系到教育教学活动的有效进行。

1.贴近儿童，清晰流畅

幼儿的课堂教学口语应以儿童化的语言与孩子们沟通，以清晰的吐字、恰当的语速和浅显的语汇传达基本的知识信息。

这首先要求幼儿教师要能讲一口标准的普通话,其次语言要贴近儿童,指导用幼儿化的语音、语调、语速、语汇,即语音准确、语调活泼、语速较慢、语义浅显。一要做到内容贴近儿童。幼儿喜爱动物,而且都赋予他们人的性格和言语,因而讲知识和讲道理时可以多用小动物作比喻和比较。言语内容想象丰富、生动有趣、形象鲜明、爱憎夸张。二要做到形式贴近儿童,游戏为主,形式多样,目的性强,自然活泼,重于启智。清晰流畅是要求口语表达清楚、语言顺畅,不吞吞吐吐,不油嘴滑舌,不说污言秽语,语调不低沉郁闷,内容层次清晰分明,给幼儿以顺畅的思路和清晰的线索,使孩子们易于理解。

2. 激发兴趣,寓教于乐

在愉快的言语气氛中传授知识才会让幼儿产生兴趣,如果只是语言的平铺直叙、泛泛而谈,只能使孩子们感到厌倦和乏味。

激发兴趣是幼儿学习的最佳动力。有了兴趣孩子们就愿意听、愿意学、愿意玩,教师了解了幼儿的生理特点、心理特点和思维特点后,应有目的、有方法地使用恰当的言语激发孩子们的兴趣。幼儿兴趣的特点是比较广泛,差异性强,有时出现不良兴趣的苗头。教师培养幼儿的兴趣应注意成人对他们的积极影响,直观性、游戏性对他们的作用,等等。法国人蒙田就曾说过:"教育孩童首先激发其兴趣和爱心,否则只是填鸭式的灌输,毫无意义。"根据幼儿的特点,在言语材料上注意叹词活用,如"小猪'哎'了一声就跑了出去";摹声词活用,如"老虎'啊呜'一口咬掉了狐狸的鼻子";大量修辞手法的运用,如拟人、比喻、反复、顶真、回环等,如"你不洗手绢,手绢上的小花猫就生气地躲起来了""圆圆的月亮像小盘,弯弯的月亮像小船""鼠宝宝坐在一旁眯眯笑,连忙说:'不要,不要'",让语言灵活起来、活泼起来,令孩子们有情感上和形象上的共鸣。寓教于乐可以让孩子们经常保持愉悦的情绪,增强孩子们的记忆能力,有利于其身心的健康发展。幼儿常常是无意识注意,而且多偏重于事物的外部特点,因而教师应使用情感信息多、诙谐滑稽的言语进行形象的刻画和描述,以适应幼儿个性特征、情感风格和特殊心态。

3. 富有爱心,灵活生动

教师的语言就像播种机,将智慧的种子撒进孩子们的心田。而教学口语又是千变万化的,孩子们在课堂上注意力集中的时间很有限,教师应根据具体情况进行灵活应变。

富有爱心。父母对孩子的爱在很大程度上是出于本能,而教师对孩子们的爱则是作为教育工作者的一种职责。只有从内心喜爱孩子,才会有极度耐心和恒心的言语体现于教学口语之中。例如,有的孩子在学做手工时,因掌握不好要领而失去信心,这时老师的安慰性话语会给孩子继续实践的勇气和信心。"做不好没关系,我们慢慢来。我再来讲一遍制作过程,小朋友们可以跟着我大胆试一试,如果有困难,实在做不出来,我可以帮助你们。"有了鼓励和关爱的教学口语,孩子们才会自然、愉快地接受知识与技能,并产生较理想的效果;有了爱心,教学的口语才可能有分寸,那些调皮、任性的孩子才不至于遭受冷落。

灵活生动,是不照搬固定的模式,同样的内容面对接受程度不同的孩子应有不同的讲法。教学和教育内容灵活生动,不拘泥于原有的形式,相似的内容在不同性格孩子的身上要有不同的阐释方法。教学与教育形式灵活生动,不简单沿袭过去惯用的做法,不断寻找和探求更新鲜、更有趣的方式。

4. 注重实践,追求创造

在实施教学口语时,应特别注意用启发、激励的言语去开发幼儿的创造能力,提高他们的实践能力。幼儿学习概念，理解其中的道理，大多是通过亲身实践和教师直观性的讲述得来的。因此，教师在教学口语中总是时刻注意幼儿思维的变化和接受的程度，并依据掌握知识的具体情况进行重点引导，鼓励他们进行各种实践练习。当他们遇到困难时能及时安慰他们，使他们不至于失去信心。因为在各种教学实践中，孩子们可以逐步发展他们的记忆能力、思维能力、感知能力、推理判断能力等，可以逐渐培养他们的情感、意志、个性与品行，循序渐进地锻炼他们脑力与体力结合的能力，形象思维与抽象思维结合的能力，独立处理问题的能力，等等。而创造性思维对幼儿来说又显得十分重要，一般认为，儿童有着天生的创造力，思路开阔，对任何事物都表现出兴趣与好奇，这是极其可贵的。教师应根据幼儿爱创新的特点，进行必要引导，如"小朋友们，请你们想象一下火星人的样子，把他画出来。""为什么大象爱吃香蕉，白兔爱吃萝卜呢？"等，孩子们天真的想象与创造会使他们的思路变得无拘无束、自由开阔。我们如果在早期的教育中不注重保护和开发孩子们的这种创新意识，那么随着时间的推移，创造性很可能逐步被越来越多的定式思维所笼罩，从而渐渐失去它的光彩。例如，可以常问孩子们："……为什么的问题"——"水为什么会变冷？""天为什么会变黑？""人为什么会变老？""花为什么有各种颜色？"等；"如果……将会发生什么的问题"——"如果你会飞，将会发生什么？""如果没有钟表，将会发生什么情况？""如果大家都穿一样的衣服，将会发生什么情况？"等；还有"……有多少种使用方法的问题"——"汤匙有多少种不同的使用方法？""纽扣有多少种不同的使用方法？""镜子有多少种不同的使用方法？"等。教师不断地激发幼儿的创新思维，对他们以后的发展有着十分重要的意义。

（二）不同类型教学的语言技能

现在，人们对幼儿阶段的教育都非常重视，并对幼儿实施比较全面的教育。

教学包括语言教学、计算教学、常识教学、音乐教学、美术教学、体育教学等。教学的内容不同，教师的口语技巧就有所不同。

1. 幼儿语言教学

（1）语言是交流和思维的工具。幼儿期是语言发展，特别是口语发展的重要时期。幼儿语言的发展贯穿于各个领域，也对其他领域的学习与发展有着重要的影响。幼儿在运用语言进行交流的同时，也在发展着人际交往能力、理解他人和判断交往情境的能力、组织自己思想的能力。通过语言获取信息，幼儿的学习逐步超越个体的直接感知。

幼儿的语言学习需要相应的社会经验支持，应通过多种活动扩展幼儿的生活经验，丰富语言的内容，增强理解和表达能力。应在生活情境和阅读活动中引导幼儿自然而然地产生对文字的兴趣，用机械记忆和强化训练的方式让幼儿过早识字不符合其学习特点和接受能力。

幼儿期是口语学习和发展的初始期，他们从小班发音模糊不清逐步过渡到大班吐字准确鲜明，运用词汇量也有明显差别。一般情况下，3 岁的幼儿掌握的词汇量大约 1000 个，而且经常不能正确使用词汇，说话时语句不够完整，有时缺少必要的句子成分；4 岁的幼儿掌握的词汇量大约为 1500～1800 个，他们对词义的理解比以前正确而深刻，连贯语言开始发展，但有时仍会出现逻辑错误；5～6 岁的幼儿词汇量已较丰富，大约为 3000～3500 个，能用复合句表达自己的意思，语言的完整性和连贯性也得到加强，但仍多运用简单句。要养成孩子们良好的语言学习和语言表达的习惯，教师应特别注意吐字发音的准确到位，使用词语的恰当贴切，运用语法的正确规范，选择修辞手段的形象与生动等。

说话课主要是教幼儿学习发音和词语运用等，教师应先从一个一个的词开始教，注意口型和音色，对方言中易混淆的声母、韵母、声调等做标准、科学的示范，如 zi—zhi、n—l、d—t 不分，en—eng、in—ing 不分等现象，教师要多做示范，多进行复习。然后逐步过渡到连词成句，连句成话。先要求孩子们简单、清楚地把自己想说的表达出来，把词语的语音发准，再逐步要求表达的话语意思通畅，用词正确，没有语误。教师要注意孩子们发音错误的规律，并有目的地加强练习。说话中还要不断丰富孩子们的词汇，讲解新词的语义和它的用法，并把学过的词语在说话中进行实际运用。儿歌教学有利于孩子们发音和说话，因为儿歌语句简单、形式整齐、意义浅显，很容易记住，因此很适合幼儿学习。但在学习儿歌时应认真、仔细地为他们讲述儿歌的内容，让他们在充分理解意思的基础上再去朗读和背诵。还有故事教学，孩子们最喜欢听故事，故事里有生动的人物、有趣的语言和吸引人的情节，而且通过听故事可以让孩子们模仿故事语言，从而提高幼儿的说话能力。形式可以包括听录音故事、老师讲故事、幼儿复述故事、幼儿自己编故事、共同表演故事等。

（2）现今越来越多的幼儿园已经开设英语课程，幼儿英语的教育已经成为未来幼儿教师必备的素质之一。无论是幼儿教师的英语学习，还是幼儿教师的英语教学，其根本就是培养学生学习和应用英语语言的能力，使学生能真正把英语当作一种交际工具，在学习英语的过程中，幼儿教师要根据职业特点，创设自然的英语学习环境，多采用灵活和创新的学习和教学方法，尽可能地提高英语学习质量，同时也培养运用所学知识教学的能力。

在语言学习中，"习得（acquisition）"与"学得（learning）"是很多人都在研究的两个重要概念。美国语言学家克拉申曾提到："习得指学习者在丰富、自然、真空的语言环境中，无意识地将隐性知识内化，即没有任务压力，没有任务意识地自然地掌握一门语言。""习得"是一种知识内化的过程，是没有压力的，因此，"习得"比"学得"在语言学习中更加有效。可能人们都会有这样的体会，儿时潜意识里记住的歌谣要远比课堂上老师要求我们背诵的课文牢固得多。而对于幼儿教师来说，"习得"所具备的自然、轻松、无学习任务压力的学习特点正适合幼儿的年龄、心理特点和学习要求。乔姆斯基说过，我们大概应该努力为正常人本身拥有的本能的直观推断能力创造一个丰富的语言环境。在有利的语言环境中，非正规性学习可能要远远高于正规课堂的学习效果，好的英语环境在学生的英语学习中起着至关重要的作用。这种情况，大家在学自己的母语时都深有体会。那么，英语学习也应当是如此，这就要求幼儿教师在平时的英语学习和教学中，尽可能多地创造更好更自然的"习得"环境，创设更多的"习得"机会，能够更有效地学习和教授英语这门语言。

【示例】

创设"no Chinese"课堂。在英语课堂上，学生应尽量多说英语或者只能说英语，久而久之，在坚持自己多说和多听老师说的环境下，自然就"习得"了英语。

这样创设"no Chinese"课堂，可以学得流畅，也就是说在学习和认识新事物时就直接接触英语，而不是用母语的思维方式理解完了再翻译成英语，这样可以培养幼儿英语的思维方式，从而促进其对英语知识的理解和应用，形成了自然的"习得"环境，提高了幼儿的英语水平。

在创设全英课堂的同时，想方设法增加英语语言输入量，但是要求针对幼儿教师职业特点，采用灵活有效的学习方法，避免枯燥。多看经典英文电影的原著，听少儿英语故事，唱少儿英语歌曲，扮演英语幼儿故事等。还可以多阅读优秀英语杂志和英语小说等，以此来增加英语输入量，为英语输出时的准确和轻松打下良好的基础。

学是为了用,特别是能够在自己的幼儿教学中得以应用。那么,怎么把自己已学的英语知识用到将来的幼儿教学中呢?怎么去引导少儿更好地学习英语呢?幼儿教师可以把自己学习英语的方法和体会进行总结,使之在将来的幼儿园英语课堂教学中得到更好的应用。孩子的思维方式是直观行动思维,主要是以直观的、行动的方式进行。因此,在教学中,可以在和孩子玩闹的过程中自然地让孩子接触英语、学习英语并复习英语。比如,可以采用做游戏、找卡片、找实物、找朋友等方法增加孩子看、说、练英语的机会。让孩子在游戏中记忆和学习,潜移默化地产生学习英语的兴趣和积极性,不能让孩子感到有学习压力,要给他们自然的习得环境。对于幼儿英语教师而言,应该在遵循语言规律的基础上创新教学方法、创新教学过程,同时调动包括学生家长和社会上的一切有用资源,鼓励和激发孩子的创新意识和创新潜能,促进学生英语"习得"能力的提高。

2.幼儿计算教学

这类课是教授幼儿一些粗浅的数学知识,开发幼儿的智力,使他们建立起简单的数量关系和空间关系的概念。教师在讲解时,应注意言语清晰、语速缓慢、语调抑扬顿挫、内容重点突出,多用直观教具加以强调,态势语丰富,让孩子们感到贴近生活、活泼有趣。

幼儿对数的概念理解程度不同,教师要依据不同情况在运用教学口语时做出不同年龄的言语侧重,及时调整言语的音量、语速、节奏以及用词等,让不同年龄段的孩子都能顺利地接受,取得相应的教学目标和教学结果。一般3~4岁的幼儿要先认识许多数,然后逐步开始比较两组物体的多少,再学习上下、前后、左右、长短和方形、圆形、正方形等概念,知道早晨、晚上和白天、黑夜的时间概念等。而4~5岁的幼儿要学会按物体的两个特征来分类;学会按物体的某一特征正确排出10个物体的序列;学会点数10以内的实物;认识10以内数的形成、序数和相邻数;认识长方形、椭圆形,并根据形体的明显特征分类;认识粗细、厚薄、高矮和昨天、今天、明天等概念。5~6岁的幼儿应学会按物体两个以上的特征分类;学习10~1的倒数,区别10以内的单双数;学习正确书写阿拉伯数字1~10;学习10以内个数的组成,并迅速、准确地进行加减运算;认识球体、圆柱体、正方体、长方体,并根据形体特征进行分类等。教师在讲解时应尽量将抽象的数字概念、图形概念、时间概念、空间概念变成直观化的、趣味化的形象,让孩子们似乎可以看得见、摸得着。

【示例】

"盘子里有三个苹果,小猪一下子吃掉了两个,现在盘子里还有几个苹果?"

"原来树上站着五只小鸟,后来又飞来了三只,现在树上一共落着几只鸟?"

"妈妈领着毛毛去买咸鸭蛋,妈妈先拿了四个放进篮子里,毛毛也赶忙拿了两个放进去,小朋友们算一算,现在篮子里共有几个咸鸭蛋呢?"

孩子们一听都是自己身边发生的事,都很认真地思考起来,并且积极发言,从而可以产生较好的教学效果。

3.幼儿常识教学

这类课的目的是引导幼儿认识周围的世界,并向幼儿进行初步的科学启蒙教育。这是幼儿熟悉自然和社会的开始,许多事物他们见到了,也知道了,但到底为什么,有什么特点却不是很清楚,这就需要教师的精心教育和讲解。因此,教师在运用教学口语时应注意重点引导和耐心描述,做浅显易懂的解释和说明,并抓住幼儿好奇、求异的思维特点,引导他们去认真、细致地观察,用自己的言语描绘自己看到或知道的自然现象、动物及植物的形状与特点。

首先要引导儿童初步认识自然,其中包括认识四季,认识常见的动植物,认识常见的、浅显的自然科学现象,认识五官,以及种植植物、饲养小动物等。其次引导幼儿初步认识社会时,应以他们身边经常接触的事物和环境为主导,用舒缓的节奏、温馨的语调、常用的词汇清楚地叙述,使孩子们慢慢认识家庭、幼儿园、周围环境,认识日常生活用品、交通工具和常见的生产工具与机器,认识家乡、祖国、重大节日、主要少数民族等,丰富其知识,开阔其视野。教师讲述时多用说明性言语和演示性言语,一边领着幼儿观察一边为他们讲解,以实物为对象,让孩子们真正感受到大自然的奇妙。

【示例】

一位老师为幼儿讲解水的三种状态:

小朋友们,今天我们一块儿来看一看水会有什么变化? 看看我手里拿着的一小块冰。我把冰放在小碗里,过一会,它会有什么变化呢? (10分钟后)大家看到了,小碗里有了一些水,这水是从哪儿来的呢? 对,是小冰块慢慢化成的。现在我们再把小碗里的水放在酒精炉子上烧一烧,看它还有什么变化? (5分钟后)小朋友看一看,小碗里的水已经烧开了,往上冒热气了。大家再观察一下,小碗里的水是不是越来越少了呢? 里面的水是不是像个魔术师? 很冷的时候会冻成冰,热了的时候会化成水,而再热的时候又会变成气,大家说我们大自然里的这些东西有没有意思啊? 以后我们还会再给大家讲很多奇怪和好玩儿的东西呢。

在教师的话语中,句末用了一些语气词,使语调变得柔和亲切;前后用了几个特指问句,以引起听话对象的注意;还用了几个正反问句,让孩子们在语义明确的情况下很容易回答和呼应;另外运用了比喻,将水的三种状态交代得很清楚,形象地说明了这三种物质之间的内在联系,使所讲解的概念明确而清晰。

4.幼儿音乐舞蹈教学

音乐活动是幼儿喜闻乐见的一种活动形式,音乐利用声音有规律的变化来表现现实世界和人类的情感。悠扬的旋律会给人带来美的享受,孩子们都非常喜欢唱歌、跳舞和各种乐器。音乐教育是孩子们身心健康发展的重要一环,老师在教学时应注意反复示范,以便让孩子们去尽力模仿。当幼儿有了一点儿成绩时,教师应及时给予表扬和鼓励,如"小朋友们唱得很好,要唱出感情来,我们再来一遍好吗?"经常性的鼓励会使他们增强继续学习的信心。而如果没有学会,教师要特别予以关注,用激励的言语促使孩子们鼓起勇气,战胜困难,"没关系,这一句确实很难唱,我们多练几遍一定会唱得很好,大家有没有信心呢?"赞扬、鼓励的话语可以起到给孩子们鼓劲、加油的极好作用。在教学中,教师需要将孩子们不明白的地方反复讲解,并带领孩子们进行反复练习,因而教师应特别有耐心、有热心;言语中不能够表现出烦恼、灰心、生气等情绪,应依据具体的教学内容,用饱满的情绪、优美的音色、简洁的话语把孩子们带入动人的音乐殿堂。

【示例】

教师教唱《我爱北京天安门》

师:今天老师教小朋友唱歌。我不说唱什么,先请小朋友跟我到大厅看一幅画。小朋友出教室要轻轻地,像小猫走路那样,没有一点声音。你们看那幅画(指墙上大型壁画),画的是什么地方? (幼儿回答:"天安门。")对,这地方是北京天安门。北京天安门是全世界人民都喜欢的地方。天安门上有谁的画像？（幼儿："有毛主席的相片。"）对,有伟大领袖毛主席的画像,他以前领导我们向前进。我们爱天安门,也爱毛主席。好,现在老师教你们唱《我爱北京天安门》。

例如,教师带领小朋友唱《三条鱼》这首歌,先给孩子们戴上事先准备好的头饰,三人一组自由选择朋友,一边念歌词一边表演动作,并鼓励他们根据歌词的意思用自己的动作表现出来,孩子们"玩"得很开心,歌词记得也很快。从教学形式上看,孩子们没有坐得那么端正,没有那么安静,有秩序,但他们很开心,正是在"玩中学"。教师利用幼儿对艺术活动自发的兴趣,借助"角色表演"为载体,逐渐提升幼儿对唱歌的兴趣程度。

唱歌教学中应根据幼儿的生理特点选择曲目和讲解语言。幼儿的发声器官和呼吸系统还处于发育的早期,比较稚嫩,声带较短,肺活量小,因而有区别于成人的独特音色。童音音域较窄,音色透明,声音既高又细。这些特点决定了在教学中应选择形式与内容符合幼儿特点的歌曲,要求音域适当、节奏简单、乐句短小,而且用情趣盎然的语言把它们讲解出来,教唱出来,让幼儿感到喜爱,有兴趣,易于理解。

再如舞蹈教学中,应注意讲解时语言与示范动作的协调配合,掌握先后顺序,从易到难,从手到脚,描述细致。言语清晰、明了,让孩子们听清、看清,顺利模仿。无论是小班要模仿的打鼓、吹喇叭、开火车、蹦跳步等动作,还是中班要模仿蝴蝶飞、摘果子和手腕转动、小步跑、踏点步、垫步等动作,以及大班要模仿的采茶、扑蝶、挤奶、骑马和跑跳步、进退步、交替步等动作,在教学时教师都应注意讲解时言语清楚而有层次,具体而又生动,并注意重点动作的节奏特点、组合顺序、基本要领等的解说与示范。

5.幼儿美术教学

美术是一门视觉艺术,它以观察作为基础,以想象和创造作为动力,以色彩和线条作为表现,它可以锻炼孩子们的形象思维能力、实际运作能力和想象创造能力。美术课的教学口语应着重启发幼儿的想象能力和创新思维,激起他们对美好事物的幻想,增强他们对绘画的兴趣。

【示例】

"小朋友们想一想,画一画。月亮上有些什么东西呀？"

"太阳和月亮如果能碰面,那会是什么样子啊？"

"我们未来的果树、房子、衣服、自行车会是什么样子呢？"

"你能想象一下,为人们设计出会变化的玩具、会说话的书包、黑夜看得见东西的眼镜儿、夏天穿上会变凉快的衣服吗？"

在教学中,教师应多用鼓励性的言语,让他们大胆地去实践;用启发性的言语,突出特点,逐渐引导。各年龄段幼儿的兴趣、特点不一,所以教学中语言要有针对性、区别性。比如,幼儿往往对事物鲜艳的颜色、不平常的形状、奇特的声音和气味感兴趣,因此在教育孩子时,要注意多使用表示艳丽颜色的色彩词,如"蓝天""白云""红墙""黄瓦""绿树"等,给孩子们鲜艳的视觉效果描述;用描摹各种声音的象声词,如"'丁零丁零'响""'扑通扑通'跳下去""'咕噜咕噜'吐出来""'哗啦哗啦'流过去"等词语,给孩子们清晰悦耳的听觉效果;用叠音后缀的词语描述形象与气味,如"香喷喷的米饭""绿油油的田野""脆生生的萝卜""胖嘟嘟的小脸"等词语,给孩子们以触觉、味觉、嗅觉的逼真感和形象感。

6.生活中的语言

(1)坚持主动。因为幼儿的思想表现和行为意识都缺乏持久性与稳定性,因而教师在实施教育口语时就要体现出预测性与主动性。

【示例】

一位老师看到幼儿有"以自我为中心"的言行时,就去主动劝导他:"如果只有你一个人,没有任何人的帮助,你能不能生活呀? 对,不能。我们大家在一起生活,在家里有你的爸爸、妈妈,在幼儿园有你的老师、同伴,在周围有阿姨、叔叔、爷爷、奶奶,在其他地方还有许多许多的人。大家都需要别人的帮助,也需要你帮助别人。所以,要想做个好孩子,就要学会关心别人、热爱别人。比如,在家里要爱爸爸妈妈,在幼儿园要尊敬老师、关心小朋友。如果总想着自己,那么以后其他人也都不再关心和爱护你了,你也没办法快乐地生活了。你说,老师讲得有没有道理呀? 那么今后好好去做,争取成为大家都喜欢的、懂道理的好孩子。"

老师这一段平和而富有爱心的话语,使孩子明白了个人必须生活在集体之中才会有幸福的道理,并明白了自己今后应该怎样去做。这样,主动说服的言语就发挥了它必要的作用。通过师生间的语言交流,教师就有了幼儿共性特征与个性特征的详细材料,说起话来就会有的放矢,针对性强。

(2)关怀的声音。对幼儿的关心是多角度、全方位的,无论忽略了哪一方面,对孩子来说都会造成一生的遗憾,因为他们将来要成为德、智、体、美、劳全面发展的人。例如,有一个孩子小时候不太爱说话,幼儿园的老师也很少用关心、爱护的语言鼓励他发言,结果他每次见到生人最害怕的就是讲话。上了大学之后,别的同学侃侃而谈,幽默潇洒,而他总是一个旁观者,于是自卑感一直困扰着他,后来竟成为了他的一块心病,导致他成为有心理障碍的人,学习成绩不断下降,最后不得不休学回家。可见,不用温暖人心的言语调动幼儿学习和锻炼的积极性,就极有可能产生无法挽回的后果。

幼儿教育口语实施虽然有其普遍性的一面,但针对不同对象所实施的教育手段又不尽相同。

①不同性格的幼儿教育。性格是人在对待外界事物以及自身的态度和行为方式中表现出来的、稳定而习惯的个性心理特征。孩子性格的不同,取决于遗传基因、家庭环境、社会影响等诸多因素。一般的孩子虽然性格各异,但基本上能够较好地融入集体之中,能够与老师和其他同伴友好相处,但对少量性格不甚健全的孩子来说,老师就应该特别给予关注,用循序渐进的、耐心细致的教育口语进行委婉暗示和说服,使他们逐步克服性格中的弱点,成为身心健康的孩子。对于孤僻、不合群的孩子,教师应多用爱心来温暖他孤寂的心灵,亲近孩子,用体贴的话语温暖他。对于骄傲、爱虚荣的孩子,可以给他提出更高的要求,并增加一些挫折教育,让他感到有成绩、有优点不应是骄傲的资本,能接受别人的批评是一个好孩子应该具备的品质。对于任性、爱吵闹、撒谎、霸道、爱打闹的孩子,应加强他的纪律观念,必要时应进行严肃地批评教育,让他明白打人、霸道都是极不文明的表现,应增强自我控制能力,将多余的精力用在学习和正当的游戏中,在团结、帮助小朋友上显示他的能力,才算得上真正的英雄。

②不同水平的幼儿教育。由于孩子们的家庭条件不同、智力水平不同、接受能力不同,对于老师所讲的内容、所教的技巧,掌握起来就有差异。教师应通过观察与调查,全面了解孩子们的智力差别和能力差别。在教育谈话中,应特别注意那些反应特别快的和接受特别慢的孩子。对于基础好、接受快的孩子,教师应肯定他们的成绩,并激励他们去帮助其他同伴,但也不能一味地偏爱,还应将目光面向大多数的孩子,让其他孩子多一点锻炼的机会。对于基础差、接受慢的孩子,老师应该用更多关心与照顾的话语增强他们的自信心,用表扬的话语肯定他们

的优点,用委婉的话语指出他们身上存在的缺点与不足。

③有特长的幼儿教育。苏霍姆林斯基说过:"每个儿童都有他自己的爱好和长处,有他自己的先天素质和倾向。必须发展这些东西,必须把学生安排在这样的条件下,使他的长处能最充分地发挥出来。"因此,幼儿教师应特别注重发现每个孩子的优点与特长,并有意识地在教育口语中选择恰当的语调、节奏和词汇,从内心影响他们,发挥自己的特长,利于其今后的发展。对于有文艺、体育、书画等特长的孩子,教师应利用他们对某一方面的偏爱和专能,用肯定、鼓励、希望的话语,增强他们的自信心,注重他们能力的发挥。

④有缺陷的幼儿教育。这是一个特殊的群体,一个特别需要关心和照料的人群。他们由于各种原因造成语言上、智力上、身体上或其他方面的缺陷,常常表现为忧郁、自卑和孤僻,对这样的孩子首先不能歧视他们,而应教育所有的同伴与他们交朋友,把他们看成集体中不可缺少的成员。鼓励他们不气馁、不悲观、不顾忌自己的缺陷,要激励他们勇敢地面对困难与挫折,鼓起勇气像正常孩子一样去愉快地学习和生活,去战胜困难,这样才会有快乐。

【思考拓展】

1.简述幼儿教师语言技能的功能。

2.结合所学的知识,以教唱儿歌《小燕子》为例,设计一堂课,并写出教案。

3.为幼儿园大班的小朋友设计一堂数学课,要求:结合道具、图画、音乐、舞蹈、讲故事等元素。

4.结合自身的体验,谈一谈需要从哪些方面来提高幼儿教师的语言技能。

第三节　幼儿教师语言技能的应用原则及训练要求

【训练目标】　从科学性和艺术性的统一,教育性和审美性的统一,声、形、情、义的统一,这三个方面来掌握幼儿教师语言技能的应用原则,了解和掌握幼儿教师语言技能训练的具体要求、教学原则和评价标准。

一、幼儿教师语言技能的应用原则

幼儿教师的语言是一种创造性的语言应用艺术,包括幼儿教师富有独创性的口语风格、巧妙的口语策略、敏锐的口语应变能力和对语言美的不断追求。它是幼儿教师先进的教育思想、丰富的知识积淀、娴熟的技巧和高超的语言运用能力的完美结合,也是幼儿教师人格美、情操美和语言美的统一。幼儿教师语言技能的应用具有如下一些原则。

(一)科学性和艺术性的统一

科学性是指幼儿教师口语既符合教学的学科特点,具有专业用语的科学性,表述力求准确、全面、严密,又符合语言学意义上的科学性,即语言的规范性。它的艺术性则表现在语言运用的巧妙与灵活,是经过转化的书面语和经过优化的口头的"合金",是幼儿教师精心创造的艺术精品。

(二)教育性与审美性的统一

优秀的幼儿教师口语的教育性不仅体现在语言内容包含着积极的思想和健康的情感上,

而且体现在以下三个方面:一是创设优美的语境。教师娴熟地运用语言的机智、出神入化的讲说、完美的逻辑推导等,形成一种引人入胜的优美语境,给幼儿以浓郁的审美感受。二是幼儿教师口语自身的语言美。例如,优美的词汇、甜美的语音、悦耳的语调等,具有很高的审美价值。三是教学口语的整体流程美。这包括融洽畅达的沟通、新鲜有趣的导入、天衣无缝的衔接、动静交错的起伏、抑扬顿挫的节奏和耐人回味的结语,整个教学流程中的言语构成了一种整体性美。教育性与审美性的完美统一,也是优秀幼儿教师语言技能的显著特点。

(三)声、形、情、义的统一

优秀幼儿教师的语言技能,还体现在声、形、情、义的结合上。

1. 声

声音清亮、甜美,吐字清晰,字正腔圆,表达流畅;语调讲究抑扬顿挫,富于音乐美和韵律美。

2. 形

绘声绘色的描述和恰当、及时、得体的态势语是幼儿教师语言的外显形象,能极大地激发幼儿的审美情趣。

3. 情

话语中饱含真情,能用亲切、深情的语气来感染幼儿。

4. 义

用词准确,表达精炼,意蕴深厚,给以丰富的知识和启迪幼儿。

声、形、情、义的统一,能使幼儿为之动脑,为之动情,做到善于激趣,深于传情,工于达意,这样的语言对幼儿会产生吸引、感染力,产生春风化雨般的魅力。

二、幼儿教师语言技能训练的具体要求、教学原则和评价标准

(一)幼儿教师语言技能训练的具体要求

幼儿教师口语课程包括三个方面的内容:一是普通话训练;二是一般口语交际训练;三是教师职业口语训练。

普通话训练是基础和前提,语音训练贯穿本课程教学的始终。

一般口语交际能力是每一个社会人所应该具备的言语表达能力,它是教师职业口语能力的基础。一般口语交际训练是对普通话训练的继续和深化,并为教师职业口语训练打好基础。

幼儿教师职业口语能力是幼儿教师从事教育教学工作必须具备的职业技能,幼儿教师职业口语训练建立在一般口语交际训练的基础之上,与教育教学的实际相结合,职业的特色非常鲜明。

教学语言技能训练的具体要求有:

第一,热爱祖国的语言,积极贯彻国家语言文字工作的方针政策,增强语言的规范意识和法制意识。通过学习,明确教师在语言文字规范化工作中所应承担的历史使命。

第二,掌握科学的用气发声、共鸣控制、吐字归音等技能,使语音响亮清晰、圆润饱满、持久不衰;掌握态势语运用的技巧,能运用态势辅助有声语言进行表达。

第三,熟练掌握声母、韵母、声调的正确发音,掌握语流音变的规律,具备一定的方言辨别

的能力,能够说一口标准的或比较标准的普通话。普通话水平测试等级不低于二级乙等。

第四,掌握一般口语交际的技能,拥有良好的倾听能力和表达能力。掌握朗读、儿童故事讲述、演讲、辩论等技巧。努力做到主题明确、目的鲜明、吐字清晰、语调生动、感情饱满真挚、态势得体自然。

第五,初步掌握幼儿教师职业口语的基本技能。能够根据教育、教学和其他工作情境的需要,调控声音的高低强弱,运用停连、重音、语气、节奏等声音修辞技巧进行表情达意,掌握各教学主要环节的用语技巧和各类教育用语技巧,使教育教学语言准确鲜明、生动流畅,富有针对性、启发性、教育性等,提高课堂教学效率,提升教育质量。同时,能对幼儿的口语表达和运用进行有针对性的指导。

(二)幼儿教师语言技能训练的教学原则

本课程是训练学前教育专业学生运用普通话进行口语表达的实践性课程,应着重训练和提高学生运用普通话进行口语表达以及教育教学实践的能力。幼儿教师口语的教学应遵循以下原则。

1.坚持理论和实践相结合

幼儿教师语言技能的教学要以理论为指导,以训练为主导。理论讲授的目的在于指导学生科学地开展各类语言训练,减少训练的盲目性和随意性。比如,学习"儿童故事讲述"时,训练之前先明确儿童故事讲述的要求,技巧方面要重点讲清楚"话"和"表"的区别,这样学生就能根据文本的特点科学地进行处理,并根据讲授的要求进行生动地表达。在教育教学口语训练中,首先要用教育学、心理学等知识对案例进行分析,然后再开展口语实践训练,这样才能保证训练的科学性和有效性。

2.课堂示范和自我调节相结合

课堂示范包括老师、同学的示范,也包括录音、录像中幼儿教师的示范,这些示范能供全体同学讨论、研究、借鉴。但是,本课程学习的最终目的是要促进每一个学生的口语表达能力得到提升,因此,光欣赏老师、同学的"表演",评价对方的得失是不够的,每一个同学都要参与到实践中去,通过训练提高自己的口语表达水平。教师要组织并教育学生开展自我训练,确保训练的时间和质量,只有这样,口语表达能力才可能获得提高。

3.课内学习和课外活动相结合

幼儿教师口语的教学存在着课时数少而内容多的矛盾。为了缓和这个矛盾,必须努力把课内的教学向课外延伸,拓宽训练的渠道,拓展学习的空间。具体包括:把本课程的教学与各科教材教法的学习相结合,与各科的"说课"训练相结合,训练学生的职业口语表达能力;把本课程的教学与校内外社团活动以及其他社会实践活动相结合,加强一般口语交际能力训练,提高学生的朗诵、演讲、辩论等水平;把本课程的教学与学生的见习结合起来,通过同学的互评和指导老师的点评,在实践中反思,在反思中提高。总之,幼儿教师口语课程教学要形成以课内教学为指导,以课外训练为巩固、补充和提高的课内外结合的多渠道、多空间的教学模式。

4.传统教学方法与现代教学手段相结合

幼儿教师口语教学离不了传统的课堂讲授,但是,由于教育教学口语训练是在一定情境下的即兴口语表达,由于学生对幼儿园生活和教育对象的了解比较缺乏,再加上教师的示范也不可避免会存在一定的局限性,因此,利用录音、录像等音像资料,采用声像观摩、微格教学等现代教学手段进行教学,也可以深入幼儿园去观摩学习,不但有助于增强学生的学习兴趣,而且能够提高教学的效率。

(三)幼儿教师应具备的口语能力评价标准

1. 能说一口标准的或比较标准的普通话

按照国家的有关规定,幼儿教师的普通话水平要达到二级乙等及以上水平。幼儿教师必须系统掌握汉语语音知识,在理论的指导下,利用汉语拼音方案这个正音工具,学会准确发音,并注意自己的方言和普通话之间的差异,找到方言和普通话的对应关系,减少并克服方言色彩,努力提高自己的普通话水平。

普通话水平在口语表达能力中居于基础的地位,如果教师的普通话不过关,一方面会影响教育教学内容地表达;另一方面对幼儿的语言发展会产生负面的影响。幼儿时期是孩子学习语言的关键时期,他们对语音和词汇非常敏感,模仿能力很强。因此,教师的普通话水平直接影响到孩子的语音与表达;教师语言的质量,在很大程度上影响了幼儿语言的发展水平。

2. 声情并茂地表达

美妙的语音一方面能更好地传授教师的教育理念,揭示教学的内容;另一方面能给幼儿以美的感受,极大地激发他们听讲的兴趣,提高他们听课的注意力。对于幼儿来说,他们的注意力是以无意注意为主的,教师声情并茂地表达,提升了教育教学语言的表现力和感染力,从而能够极大地吸引他们的注意力,提升他们的学习兴趣。

具体来说,教师要学会科学用气发声的技巧,使声音圆润饱满、吐字清晰;掌握停连、重音、语气和语调、节奏等表达技巧,使语调生动富于表现力;能运用抑扬顿挫、轻重缓急的声音,绘声绘色地向幼儿传授知识、阐明道理,给他们以启迪和教诲。

3. 儿童化的语言,浅显易懂

教师必须根据教育对象的特点,根据特定的教育情境选择恰当的方式进行表达。教师要针对幼儿认知水平较低、知识积累不多的现实,根据他们的心理需求和接受特点,首先对所讲述的内容进行全面的把握,明确重点是什么,难点是什么,并考虑采用怎样的方式进行表达,使重点得以突出,使难点得以突破;其次对词、句等进行选择,做到简洁、浅显、富于童真童趣,多用比喻、比拟、摹声等修辞手法,使自己的表达易于幼儿理解和接受。

4. 示范正确、评价到位、应变灵活

幼儿教师应该具有良好的语言示范和评价能力。幼儿的发音是通过模仿学会的,如果教师的发音平翘舌音不分,前后鼻韵尾混淆的话,幼儿的发音也会存在这些问题;如果教师在表达时运用了方言词和方言语法,幼儿进行表达的时候,也会像老师那样使用这些不规范的词语和语法。因此,教师必须从语音、词汇、语法等方面规范自己的语言,并用清晰、响亮、动听的声音进行表达,给幼儿提供正确的示范。同时,教师要对幼儿的价值观、道德认知和行为习惯、学习态度、语言表达进行评价。教师的评价要讲究语言的艺术性,尊重幼儿的人格,以积极肯定为主,同时善于指出幼儿认知、行为习惯等方面存在的问题,以情动人,以理服人,努力提高幼儿的道德和智力水平。

在教育教学过程中往往会出现一些意想不到的问题,这就要求教师能敏锐地发现问题,灵

活及时地运用应变语言进行处理。应变能力体现了教师的教育机智,是教师语言水平的集中体现。它要求教师有足够的知识储备,拥有良好的心理自控能力、敏捷的思维能力等。因此,未来的幼儿教师要努力学习,不断丰富自己的各方面知识,提高自身的修养,并主动在教育教学工作中大胆实践,在实践中反思,在反思中提高。

【思考拓展】

1.简述幼儿教师语言技能的应用原则和具体要求。

2.结合语言技能的科学性和艺术性,为幼儿讲述"神舟十号"飞船进行的科学探索。

3.结合所学的知识,说说你认为现今的幼儿园教师语言技能存在哪些问题? 如何解决。

4.有专家认为,过早地为幼儿教授英语,会对母语的学习起到负面的干扰,并导致两种语言的学习质量和效果下降,最终影响国家母语安全,你如何看待这个问题?

5."幼儿教师口语训练并不是单纯的语言形式和语言技巧的训练,它是以教师的职业情感、知识积累、个人心理素质等为基础,在理论的指导下开展的综合性很强的语言实践活动。"请你谈谈对这句话的理解。你认为幼儿教师应具备怎样的素养?

第二章　幼儿教师语言技能基础训练

【内容提要】　语言技能是幼儿教师最基本的技能之一,幼儿教师面对特殊的教育对象,掌握语言技能是非常重要的。本章内容我们将从语音、朗读、口语表达三个方面进行技能训练。朗读、解说、讲故事、演讲、交谈、辩论等语言形式的表达,都离不开音素、声调、音节、音变的训练。而口语的表达不只是停留在会说,还要优雅、好听,才能吸引幼儿,所以呼吸共鸣、吐字归音等技能的训练和掌握,可为提高幼儿教师语言技能打下坚实的基础。

第一节　语音训练

【训练目标】　掌握普通话语音声母、韵母、声调的概念;发准普通话的声母、韵母和声调;掌握普通话语流音变规律、音节的拼写规则,具有相应的听音辨音能力。运用呼吸共鸣、吐字归音的方法,学习用气发声,提高发音水平。

现代社会,经济迅猛发展,文化交流也日益频繁,语言表达能力成为现代人所应具备的最基本的能力。我们国家五十六个民族有上百种语言。从大的方面讲有七大方言区,各方言区有若干种次方言区,若干种次方言区又有若干的方言土语,这些方言土语之间差别非常大,由此给人们的交流带来了许多的不便。

普通话作为我国的代表语言,具有科学的语言体系,它严谨、丰富、优美、悦耳,又有很强的节奏感与自然和谐的音韵美。正如德国语言学家洪堡特所说,"为什么母语能够用一种突如其来的魅力愉悦回归家园者的耳朵,而当他身处远离家园的异邦时,会撩动他的恋乡之情? 在这种场合,起决定作用的因素并不是语言的精神方面或语言所表达的思想、情感,而恰恰是语言最不可解释、最具个性的方面,即语音。每当我们听到母语的声音时,就好像感觉到了我们自身的部分存在。"现代汉民族共同语,它是以北京语音为标准音,以北方话为基础方言,以典范的现代白话文著作为语法规范的普通话。语音的沟通,需要"语同音"才能实现。虽然它要兼顾语音、词汇、语法,但语音是核心。作为"口耳之学"的语音,它不像词汇、语法可以自学获得,语音的学习需要教师的指导。尤其作为一名幼儿教师,面对牙牙学语的特殊对象,具有较强的语言表达能力显得尤为重要。

普通话语音纯正、规整,是语言技能训练的前提,就如同一棵枝繁叶茂的大树的根深埋在地下,坚实而牢固,无论狂风暴雨都不会倾倒一样。同样的道理,作为一名幼儿教师,如果连最基本的语音都发不准,怎能使语言这座美丽的大厦漂亮而不变形,坚固而不坍塌呢?

一、音素

要具备较高的语言表达能力,说一口纯正、标准、优雅的普通话,首先要了解音素。音素是最小的语音单位。它是从音色的角度划分出来的。它包括辅音和元音。辅音是气流经过口腔或咽头受到阻碍而形成的音素,又叫子音。如 b、m、f、d、l、k、zh、c 等;元音是气流震动声带发出声音,经过口腔、咽头不受阻碍而形成的音素,又叫母音,如 a、o、e、i、u 等。音素是学习音节、音变、呼吸共鸣、吐字归音的基础。下面我们就从声母、韵母入手进行音素训练。

（一）声母训练

声母,就是汉语音节开头的辅音,但声母不等同于辅音。平常念声母,一般念它的呼读音。普通话声母共有 22 个,其中包括 21 个辅音声母即辅音音素和 1 个零声母。

b p m f　　d t n l　　g k h　　j q x　　zh ch sh r　　z c s

辅音声母的发音,是由不同的发音部位和发音方法决定的。声母发音的基本要领是:屏住呼吸,准点处巧用力。一般来讲,发声母要在发音部位的"三分之一处"巧用力,这样发出的音既轻巧又清晰,且不失弹性。如,双唇不送气清塞音 b,在上下唇的三分之一处闭合,软腭上升堵塞鼻腔通路,较弱的气流冲破阻碍,爆发成声。普通话声母总表如表 2-1 所示。

表 2-1　普通话声母总表

发音方法＼发音部位	塞音（清音）		塞擦音（清音）		擦音		鼻音	边音
	不送气	送气	不送气	送气	清音	浊音	浊音	浊音
双唇音	b	p					m	
唇齿音					f			
舌尖前音			z	c	s			
舌尖中音	d	t					n	l
舌尖后音			zh	ch	sh	r		
舌面音			j	q	x			
舌根音	g	k			h			

1. 声母的发音训练

（1）辅音声母的发音训练。

b（双唇不送气清塞音）

斑驳　辨别　辩驳　背包　表白　颁布　奔波　宝贝　版本　标兵

p（双唇送气清塞音）

匹配　评判　偏旁　品评　乒乓　偏颇　批判　批评　澎湃　品牌

m（双唇浊鼻音）

埋没　满面　满目　谩骂　盲目　茂密　冒昧　没命　美满　美貌

f（唇齿清擦音）

发放　非凡　反复　方法　防范　仿佛　纷繁　纷飞　芬芳　奋发

d（舌尖中不送气清塞音）

达到　打倒　打动　大度　带电　带动　单调　当代　当地　导弹

t（舌尖中送气清塞音）

调停　坍塌　谈天　探听　淘汰　梯田　体贴　天堂　头痛　图腾

n（舌尖中浊鼻音）

恼怒　农奴　牛奶　能耐　泥泞　南宁　男女　袅娜

l(舌尖中浊边音)

| 拉力 | 来历 | 劳累 | 劳力 | 勒令 | 冷落 | 理论 | 历来 | 立论 | 利率 |

g(舌根不送气清塞音)

| 改观 | 尴尬 | 感官 | 杠杆 | 高贵 | 更改 | 公共 | 公馆 | 攻关 | 巩固 |

k(舌根送气清塞音)

| 刻苦 | 坎坷 | 宽阔 | 空旷 | 可靠 | 慷慨 | 开垦 | 夸口 |

h(舌根清擦音)

| 憨厚 | 含混 | 航海 | 行会 | 豪华 | 好汉 | 呼喊 | 花卉 | 化合 | 皇后 |

j(舌面不送气清塞擦音)

| 机警 | 肌腱 | 积极 | 基建 | 激进 | 嘉奖 | 集结 | 计价 | 季节 | 急救 |

q(舌面送气清塞擦音)

| 亲切 | 确切 | 请求 | 崎岖 | 欠缺 | 恰巧 | 秋千 | 全勤 | 祈求 | 情趣 |

x(舌面清擦音)

| 唏嘘 | 习性 | 喜讯 | 细小 | 细心 | 狭小 | 遐想 | 下行 | 下旬 | 先行 |

zh(舌尖后不送气清塞擦音)

| 战争 | 长者 | 招致 | 折中 | 褶皱 | 珍重 | 珍珠 | 真正 | 真挚 | 斟酌 |

ch(舌尖后送气清塞擦音)

| 查处 | 拆除 | 蟾蜍 | 长城 | 超产 | 超常 | 超出 | 车床 | 成虫 | 惩处 |

sh(舌尖后清擦音)

| 杀伤 | 霎时 | 山水 | 闪烁 | 赏识 | 少数 | 舍身 | 设施 | 射手 | 绅士 |

r(舌尖后浊擦音)

| 仍然 | 柔软 | 荣辱 | 忍让 | 如若 | 荏苒 | 容忍 | 软弱 |

z(舌尖前不送气清塞擦音)

| 自尊 | 走卒 | 藏族 | 造作 | 罪责 | 总则 | 曾祖 | 粽子 | 祖宗 |

c(舌尖前送气清塞擦音)

| 层次 | 参差 | 催促 | 粗糙 | 猜测 | 苍翠 | 措辞 | 仓促 | 草丛 |

s(舌尖前清擦音)

| 思索 | 松散 | 琐碎 | 瑟缩 | 洒扫 | 色素 | 僧俗 | 诉讼 | 搜索 |

(2)零声母发音训练。

零声母就是不用辅音开头的音节声母,习惯上叫"零声母"。它分为两种情况:一种是以 i、u、ü 打头的零声母音节,如 yā(呀)、wú(无)、yǔ(语)等,发音时会感到 i、u、ü 都有轻微的摩擦,我们把这种摩擦形成的音称作半元音[j]、[w]、[ɥ];还有一种不是以 i、u、ü 打头的零声母音节,如 ài(爱)、é(额)等。

例字:衣　武　于　押　瓦　叶　约　我　外　摇　迎
　　　阿　哦　额　而　爱　热　偶　安　恩　昂　欸

例词:异议　皑皑　娃娃　微微　渊源　遨游　额外　偶尔　万物

2.声母的辩证训练

(1)注意不送气音和送气音。

b—p　d—t　g—k　z—c　zh—ch　j—q

如:爸—怕,滴—踢,哥—科,季—气,纸—尺,字—次等,不送气音 b、d、g、j、z、zh 易发成送气音,如:"肚子饱了。"易说成"兔子跑了。"

纠正:强调送气与不送气的方法和力度。

①吹薄纸法。让学生观察,先发不送气音,然后再发送气音,可用对比法。

②哈气法。五指并拢,手心向嘴先发 b,手心有一点气流,再发 p,让学生感觉气流强弱。发音不准确的学生,可以把手放到老师嘴前,老师发音让学生体会。

③连续发音法,让学生发 b,看看一口气能发几个,再发 p,一口气发不了几个。

④感受胸脯收缩,气流强弱不一样。

(2)f、h 的发音方法。

发音要领:

f:唇齿、清、擦音。

上唇放松,下唇上收,碰到上齿,不要咬,唇齿接触,腮帮略微有点鼓,有点像露齿微笑。

h:舌根、清、擦音。

舌面后部紧张,抬高,接近软腭,发 h 声音响亮并能拖长。

(3)分辨鼻音 n 和边音 l。

发音要领:在发音部位、发音方法上想办法,控制软腭和小舌的升降。如图 2-1 所示。

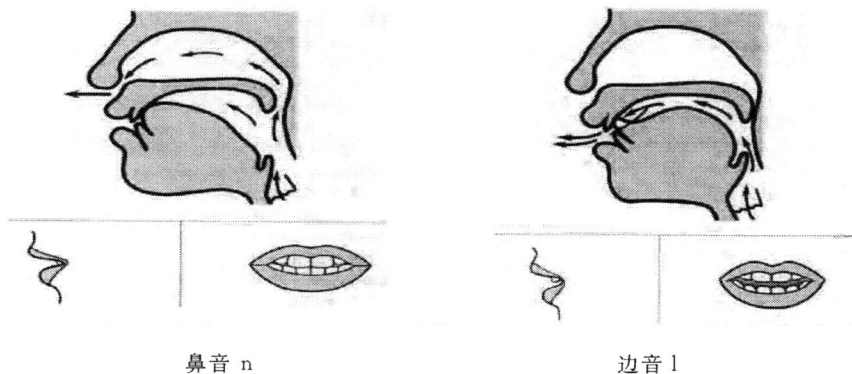

鼻音 n   边音 l

图 2-1

办法:

①捏鼻法:用手捏鼻子后体会鼻音与边音的发音;

②记少不记多:用偏旁类推记哪些是 n 声母的字,哪些是 l 声母的字。

(4)区分舌尖前、舌尖后音。

①注意发音部位。

zh、ch、sh:舌尖翘起,对准硬腭前部,舌体稍稍向后缩,口微开,上下齿稍分开;

z、c、s:舌尖平放,对准上齿背,上齿掩住下齿尖,无缝隙。如图 2-2 所示。

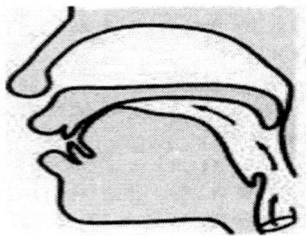
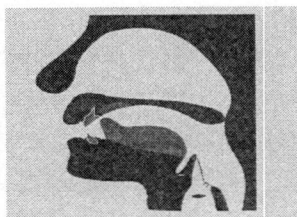

　　　　　舌尖前音　　　　　　　　　　　　　　舌尖后音

图 2-2

②注意口型、开口度等,肌肉紧张状态,如表 2-2 所示。

表 2-2

声　母	口　型	唇　形	开口度	肌肉紧张
zh、ch、sh	比较圆	向外伸,向外翘	稍张开,较大	松弛
z、c、s	扁	伸展	较小	较紧张

【技能训练】

1.读下面绕口令,要求分清送气音和不送气音,由慢到快反复练习。

(1)白猫黑鼻子,黑猫白鼻子,黑猫的白鼻子,碰破了白猫的黑鼻子。白猫的黑鼻子碰破了,剥个秕谷壳儿补鼻子,黑猫的白鼻子没有破,就不剥秕谷壳儿补鼻子。

(2)会炖我的炖冻豆腐,来炖我的炖冻豆腐;不会炖我的炖冻豆腐,别胡炖乱炖,炖坏了我的炖冻豆腐。

(3)吃葡萄不吐葡萄皮,不吃葡萄倒吐葡萄皮。

2.读下面绕口令,要求分清 f、h 的发音,由慢到快反复练习。

(1)风吹灰飞,灰飞花上花堆灰。风吹花灰灰飞去,灰在风里飞又飞。

(2)笼子里面有三凤,黄凤红凤粉红凤。忽然黄凤啄红凤,红凤反嘴啄黄凤,粉红凤帮啄黄凤。你说红凤啄黄凤,还是黄凤啄粉红凤。

3.读下面绕口令,要求分清边音和鼻音,由慢到快反复练习。

(1)念一念,练一练,n、l 的发音要分辨。l 是边音软腭升,n 是鼻音舌靠前。你来练,我来念,不怕累,不怕难,齐努力,攻难关。

(2)有座面铺面朝南,门口挂个蓝布棉门帘。摘了蓝布棉门帘,看了看,面铺面朝南;挂上蓝布棉门帘,看了看面铺还是面朝南。

4.读下面绕口令,要求分清平翘舌音,由慢到快反复练习。

z—zh

红砖堆、青砖堆,砖堆旁边蝴蝶追,蝴蝶绕着砖堆飞,飞来飞去蝴蝶钻砖堆。

c—ch

紫瓷盘,盛鱼翅,一盘熟鱼翅,一盘生鱼翅。迟晓池拿了一把瓷汤匙,要吃清蒸美鱼翅。一口鱼翅刚到嘴,鱼刺剌进嘴缝里,疼得小池拍腿挠牙齿。

s—sh

石、斯、施、史四老师,天天和我在一起,石老师教我大公无私,斯老师给我精神粮食;施老师叫我遇事三思，史老师送我知识钥匙。我感谢石、斯、施、史四老师。

（二）韵母训练

1. 韵母概述

韵母是指汉语音节中声母后面的那一部分。比如"德"中，d 是声母，e 就是韵母。在没有声母的情况下，韵母可以自成音节，即零声母音节。比如 ao（袄）等。韵母是音节的主要部分，所以一个音节可以没有声母，但绝不能没有韵母。

39 个韵母内部结构非常复杂，有的由一个元音构成，如 a、o、e、ê 等；有的由两个元音构成，如 ao、ai、ou 等；有的由三个元音构成，如 iao、uei、iou 等；还有的由元音加辅音构成，如 an、ing、ueng 等。但无论它是哪种韵母，都有一个主要元音，这个主要元音就是韵腹。它的发音最响亮，开口度最大，发音时一定要快，而且干净利落。在任何一个音节里，韵腹都是必不可少的。韵头是指韵腹前面的那个元音，由于它发音轻而短，又处于声母和韵腹之间，所以也叫介音。韵尾是指韵腹后面的那个音素。韵尾的音质含糊而不太固定。在某些音节中，也可以没有韵尾。

韵母的发音要领是：拉开立起，收音干净。

2. 韵母发音训练

（1）单韵母发音训练。

单韵母由一个元音构成，在整个发音过程中，舌位、唇形及开口度始终不变，没有动程。发音时要注意口腔、舌位及唇形的配合。

第一，舌位的高低，是指发音时舌头隆起部分的最高点同上腭距离的大小。舌位的降低与抬高同口腔的开合有关，舌位越低开口度越大，舌位越高开口度越小。

第二，舌位的前后，是指发音时舌头隆起部分即舌高点的前后。前元音，发音时舌头向前平伸至下齿背，舌高点在舌面的前部；后元音，发音时舌头后缩，舌高点在舌面的后部；央元音，发音时舌头居中，舌高点在舌面中部，与硬腭中部相对。

第三，唇形的圆展，是指发音时双唇是拢圆、展开还是呈自然状态。

a［A］舌面 央 低 不圆唇元音

茶　　塔　　栅　　码　　发　　辣　　哈　　擦　　卡　　把
蛤蟆　麻花　大厦　喇叭　沙发　砝码

o［o］舌面 后 半高 圆唇元音

模　　破　　佛　　波　　婆　　默
婆婆　馍馍　饽饽　磨破　泼墨　薄膜

e［γ］舌面 后 半高 不圆唇元音

车　　课　　色　　勒　　德　　测　　热　　特　　讷　　河
褐色　割舍　隔阂　塞责　特色　折射

ê［ɛ］舌面 前 半低 不圆唇元音

ê 韵母不和任何辅音声母相拼，自成音节的字只有一个作叹词用的"欸"。

i［i］舌面 前 高 不圆唇元音

意　　批　　体　　气　　滴　　及　　系　　笔　　密　　你
集体　礼仪　犀利　体系　稀奇　利益

u[u] 舌面　后　高　圆唇元音

湖　　故　　府　　读　　　组　　　粗　　　捕　　　努　　　枯　　　书

瀑布　督促　鼓舞　互助　　速度　　祝福

ü[y] 舌面　前　高　圆唇元音

据　　女　　渠　　律　　　许　　　居　　　需　　　雨　　　绿　　　菊

区域　序曲　语序　聚居　　须臾　　雨具

一i[ɿ] 舌尖　前　高　不圆唇元音

四　　词　　子　　司　　　紫　　　次　　　字　　　辞　　　此　　　咨

其次　沉思　近似　子嗣　　此次　　字词

一i[ʅ] 舌尖　后　高　不圆唇元音

迟　　日　　只　　诗　　　池　　　指　　　是　　　志　　　师　　　尺

知识　志士　食指　咫尺　　日食　　值日

er[ər] 卷舌　央　中　不圆唇元音

而　　儿　　耳　　饵　　　尔　　　二　　　贰

而且　耳朵　健儿　儿女　　男儿　　儿孙

（2）复韵母发音训练。

前响复韵母（二合韵母）训练：ai、ei、ao、ou。发音时，前面元音清晰响亮，音值稍长，后面元音音质含混。

ai：爱戴　　采摘　　海带　　开采　　拍卖　　灾害

ei：肥美　　妹妹　　配备　　黑霉　　蓓蕾　　飞贼

ao：懊恼　　操劳　　高潮　　骚扰　　逃跑　　早操

ou：丑陋　　守候　　口头　　漏斗　　收购　　喉头

后响复韵母（二合韵母）训练：ia、ie、ua、uo、üe。发音时，前面元音轻短模糊，后面元音清晰响亮。

ia：假牙　　恰恰　　压价　　加价　　下架

ie：结业　　贴切　　铁屑　　歇业　　趔趄

ua：挂花　　耍滑　　娃娃　　花袜　　画画

uo：错落　　硕果　　脱落　　阔绰　　哆嗦

üe：雀跃　　约略　　决绝　　缺略　　月缺

中响复韵母（三合韵母）训练：iao、iou、uai、uei。中响复韵母是由三个音素组成的，中间一个音素是韵腹，发声最响亮，前面一个音素是韵头，后面一个音素是韵尾。

iao：巧妙　　飘摇　　教条　　吊桥　　逍遥

iou：悠久　　绣球　　久留　　求救　　优秀

uai：外快　　摔坏　　怀揣　　乖乖　　外踝

uei：魁伟　　鬼祟　　摧毁　　归队　　回味

（3）鼻韵母发音训练。

发音特点：发鼻韵母时，由元音向鼻辅音滑动。鼻辅音韵尾只有成阻和持阻阶段，没有除阻阶段，鼻音一生即收。鼻韵尾成阻时，归音必须到位（不同于元音韵尾），即成阻部位完全闭塞，以形成鼻辅音。

前鼻音韵母训练：an、en、in、ün、ian、uan、üan、uen。发音特点是由元音开始，然后舌尖抵住上齿龈，使气流从鼻腔出来。

an：	a－－－n	汗衫	灿烂	谈判	感染	散漫	暗含
en：	e－－－n	深圳	沉闷	本分	愤恨	认真	根本
in：	i－－－n	辛勤	引进	贫民	亲近	近亲	濒临
ün：	ü－－－n	均匀	军训	逡巡	音韵	遵循	群众
ian：	i－a－n	偏见	艰险	显眼	变迁	连绵	边沿
uan：	u－a－n	专款	宛转	官官	贯穿	软缎	专断
üan：	ü－a－n	源泉	全院	圆圈	渊源	涓涓	席卷
uen：	u－e－n	温顺	温存	论文	春笋	困顿	馄饨

后鼻音韵母训练：ang、eng、ing、ong、iang、uang、ueng、iong。发音特点是由元音开始，然后舌根抬起，抵住软腭，使气流改从鼻腔中出来。

ang：	a－ng	商场	党章	帮忙	上当	沧桑	长方
eng：	e－ng	丰盛	更正	生成	征程	整风	省城
ing：	i－ng	命令	行星	清明	宁静	评定	兵营
ong：	o－ng	总统	公众	从容	冲动	隆重	轰动
iang：	i－a－ng	湘江	响亮	两样	想象	向阳	踉跄
uang：	u－a－ng	装潢	慌忙	狂妄	矿床	双簧	状况
ueng：	u－e－ng	嗡嗡	渔翁	老翁	水瓮		
iong：	i－o－ng	汹涌	歌咏	运用	凶狠	胸怀	雄伟

3.韵母发音要领

（1）单韵母发音时，舌位、唇形及开口度按发音要求维持发音状态，始终不变，没有动程。如图 2-3 所示。

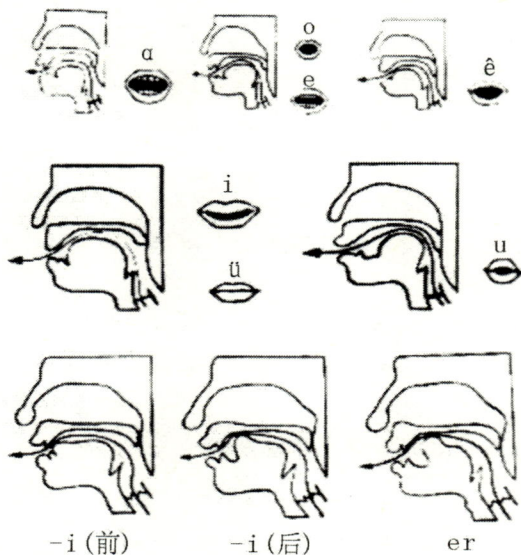

图 2-3

（2）复韵母发音时没有明显的动程。

　　(3)发鼻韵母时,注意区别前鼻韵尾和后鼻韵尾的发音;然后是由元音向鼻辅音滑动。如图 2-4 所示。

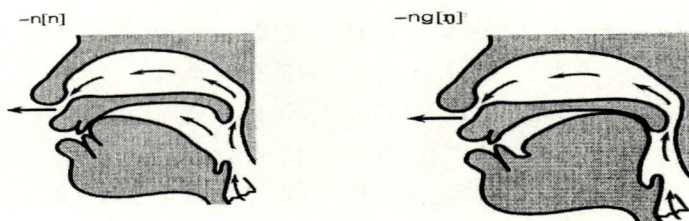

图 2-4

【技能训练】

1.单韵母"o、e"韵母字词训练:

波折	薄荷	墨盒	末车	模特	巨测	恶魔	摹刻
隔膜	折磨	刻薄	胳膊	磨破	薄膜	特色	隔阂

2.复韵母"ao、ou、iao、iou(iü)"的字词训练:

老少	潦倒	缭绕	疗效	窈窕	糟糕	招标	照耀
保守	报仇	潮流	导游	掉头	壕沟	好受	教授

3.鼻韵母训练:

(1)前鼻韵母+前鼻韵母。

亲人	人品	忍心	认真	妊娠	森林	呻吟	深信
温馨	文本	辛勤	亲近	阴沉	引申	珍品	殷勤

(2)前鼻韵母+后鼻韵母。

品评	品行	聘请	亲生	认定	申明	深情	深层
神灵	神情	神圣	身影	审定	心情	心声	新兴

(3)后鼻韵母+后鼻韵母。

省城	圣经	盛名	行程	行径	行星	行政	形成
性命	性情	姓名	英明	荧屏	应征	硬性	争鸣

(4)后鼻韵母+前鼻韵母。

烹饪	平民	评审	清晨	轻信	倾心	城镇	生根
声音	省份	胜任	憎恨	庭审	挺进	挺身	兴奋

(5)前后鼻韵母组合混合排列。

清新	滚动	阵营	成品	听信	分成	盛行	人称
心灵	成因	引进	真诚	聘请	真情	精心	风尘

(6)前后鼻韵母对比训练。

市镇—市政	因而—婴儿	珍珠—蒸煮	人民—人名
劲头—镜头	寝室—请示	民心—明星	缤纷—冰峰

4.鼻韵母辨证训练

(1)诗词训练。

en 韵诗

怎肯轻信愤世,说甚看破红尘,无病呻吟其何益,空腹好时辰。问人生真谛何在?奋进是根本。

少冷漠,要热忱,坚韧忠贞。趁青春年华,吐芬芳挑重任、显身手,报国门。

eng 韵诗

澎湖岛上登峰,山道嶒崚,怪石狰狞。望长空,烹煮黄昏霞如火,水汽蒸腾雾迷蒙。

转眼众星捧月,长庚独明,更有乘风大鹏,万里征程,猛志生成,却不是身在蓬莱,深入梦中!

in 韵诗

近河滨,景色新,绿草茵茵水淋淋,禽鸟长林荫。

政策好,顺民心,人人尽力共驱贫,辛勤换来遍地金,天灾难相侵。诗心禁不住,一曲今昔吟。

ing 韵诗

志士镇守在边庭。统猛丁,将精英,依形恃险筑长屏,亭燧座座警号鸣,惨淡经营。

屏侵凌,震顽冥,敌胆破望影心惊,其锋谁撄?八方平定四境宁,赢得史册彪炳,千古令名。

(2)绕口令训练。

①扁担长,板凳宽,扁担没有板凳宽,板凳没有扁担长。扁担绑在板凳上,板凳不让扁担绑在板凳上。

②一平盆面,烙一平盆饼,饼碰盆,盆碰饼。

③任命是任命,人名是人名,任命不能说成人名,人名也不能说成任命。

二、声调

(一)声调的含义

声调是依附于音节上的超音段成分,是音节当中能够区别意义的音高变化形式。它主要是由音高决定的。

声调和音乐中的音阶都是由音高决定的。因此,声调可以用音阶来模拟,学习声调也可以借助于自己的音乐感。但要注意,声调的音高是相对的,不是绝对的;声调的升降变化是滑动的、连续的、渐变的,中间没有停顿,不像从一个音阶到另一个音阶那样跳跃式地移动。

(二)调值和调类

调值,声调的实际读音,也就是声调高低变化的具体形式。调值用五度标记法来标记;音的高低、长短、升降、曲直成为调形;用线条描摹音高的升降变化形状,传统音韵学叫"四声"。

调类是调值的分类。相同调值的音节归为一类,在同一语音系统中,有几种调值就有几个调类。普通话有四个基本调值,相对有四个调类:阴平、阳平、上声、去声。

(三)声调训练

阴平:念高平,也叫高平调。声带绷到最紧,始终无明显变化,气流较强,保持音高。例如:

吧　发　瞎　瓜　吃　呼　屋　装　撑　慌

青春光辉　　　春天花开　　　公司通知　　　新屋出租

阳平:念高升(或说中升),起音比阴平稍低,然后升到高。声带从不松不紧开始,逐步绷紧,直到最紧,声音从不低不高到最高,但不拐弯。例如:

渤　和　情　评　台　华　人　能　节　扶

人民银行　　　连年和平　　　农民犁田　　　圆形循环

上(shǎng)声:念降升,起音半低,先降后升。声带从略微有些紧张开始,立刻松弛下来,音高降到最低,稍稍延长拐弯,然后声带迅速绷紧,但没有绷到最紧。例如:

好　找　影　懂　喜　脑　笔　靶　哪　哄

彼此理解　　　理想美满　　　永远友好　　　管理很好

去声:念高降(或称全降),起音高,接着往下滑。声带从紧开始到完全松弛为止,声音从高到低,音长是最短的。例如:

去　闹　创　下　静　洞　妙　欲　控　贺

下次注意　　　教育在线　　　报告胜利　　　创造利润

【技能训练】

1.按普通话四声的调值念下面的音节。

一姨乙艺	yī yí yǐ yì	辉回毁惠	huī huí huǐ huì
风冯讽奉	fēng féng fěng fèng	飞肥匪费	fēi féi fěi fèi
通同桶痛	tōng tóng tǒng tòng	迂于雨遇	yū yú yǔ yù

2.按阴阳上去的顺序念语句。

| 风调雨顺 | fēng tiáo yǔ shùn | 千锤百炼 | qiān chuí bǎi liàn |
| 光明磊落 | guāng míng lěi luò | 花红柳绿 | huā hóng liǔ lǜ |

3.按去上阳阴的顺序念语句(上声按变调念)。

| 破釜沉舟 | pò fǔ chén zhōu | 调虎离山 | diào hǔ lí shān |
| 弄巧成拙 | nòng qiǎo chéng zhuō | 信以为真 | xìn yǐ wéi zhēn |

4.四声调发音混合练习。

阴+阳	宣传	优良	欢迎	中华	科学	批评
阳+阴	来宾	崇高	回家	蓝天	平安	除非
上+阴	指标	解说	普通	雨衣	雨声	展开
上+阳	果园	改革	坦白	远洋	口才	普及
上+去	稿件	请假	统治	理论	苦难	左右
去+阴	特征	列车	录音	唱歌	律师	认真
去+阳	问题	地图	配合	调查	面前	自然
去+上	汉语	阅览	幻想	默写	下雪	创举

5.绕口令练习。

(1)珍珍绣锦枕,绣枕用金针,双蝶枕上争,珍珍的锦枕赠亲人。

(2)铜钉和铜板,铜钉钉铜板,铜板钉铜钉,钉钉铜,铜钉钉。

(3)鞠碧在屋外扫积雪,郝玉在屋里做作业。郝玉见鞠碧在屋外扫积雪,急忙放下手里的作业,去屋外帮助鞠碧扫积雪,鞠碧扫完了积雪,立即进屋里做作业。

三、音节

(一)音节的结构

1.音节结构的特点

音节是交谈时自然感到的最小语音单位,发音时发音器官紧张一次就形成一个音节。音节由一个或几个音素组成。通常一个汉字就是一个带调音节,有后缀"儿"的字例外,两个汉字组成一个音节构成儿化词,如"花儿""兔儿"。

一个音节由声母、韵母和声调三个组成部分,如"京"。如果再进行分析还可以把韵母分成韵头、韵腹、韵尾三个部分。有些音节可以没有韵头或者没有韵尾。辅音声母也并不是每个音节都具有的,如"额""阳"。一个音节可以只有一个音素,但必须是元音音素(只有少数例外,如:n 嗯、m 呒、呣等)。

普通话音节有以下特点:

(1)一个音节最多由四个音素构成,如"闯";最少由一个音素构成,如"饿"。

(2)音节中元音占优势。元音最少有一个,如"噢""地",最多可以有三个,而且连续排列,分别充当韵母的韵头、韵腹和韵尾,如"怀"。韵腹一般都是元音。

(3)音节可以没有辅音,如"夜"。辅音只出现在音节的开头或末尾,在末尾出现的辅音只限于 n 和 ng,没有辅音连续排列的情况。

(4)韵腹是音节中最主要的元音,可以由十个单元音充当,韵头由 i、u、ü 这三个高元音充当,韵尾由元音 i、o、u 和辅音 n、ng 充当。

2.音节结构的规律

音节是由声母、韵母、声调构成的,但并不是任意拼合。哪些声母和哪些韵母能否相拼是有一定规律的。普通话声母和韵母配合表如表 2-3 所示。

表 2-3 普通话声母和韵母配合表

韵母 声母	开口呼	齐齿呼	合口呼	撮口呼
b p m	巴 坡 慢	比 批 明	不 朴 木	
f	法 非 否		富	
d t	单 汤	地 天	读 图	
n l	那 浪	你 李	奴 露	女 律
j q x		几 求 小		句 却 寻
g k h	赶 开 哈		古 哭 话	
zh ch sh r	指 查 山 热		住 穿 双 若	
z c s	字 擦 三		组 催 所	
零声母	啊 额 儿	依	屋 翁	于

从表中可以总结出声母和韵母的配合规律是:开、合不拼 j、q、x,撮拼舌面加 n、l,齐齿不拼唇齿 f,舌尖前后 g、k、h。

(二)音节的拼写规则

《汉语拼音方案》对普通话音节的拼写做出如下具体规定。

1.隔音字母 y、w 的用法

汉语拼音字母 y(读 ya)和 w(读 wa)是隔音字母。它们只起避免音节界限发生混淆的作用。例如,把"大衣"拼写成"dai",就会以为是一个音节"呆",i 的前头加了 y,写成"dayi",音节界限就分明了。

(1)韵母表中 i 行的韵母,在零声母音节中,如果 i 后面还有别的元音,就把 i 变为 y。例如:

ia→ya(牙)　　　　ie→ye(夜)　　　　iao→yao(腰)　　　　iou→you(优)

ian→yan(烟)　　　iang→yang(阳)　　　iong→yong(用)

如果 i 后面没有元音,就在 i 前面加 y。例如:

i→yi(依)　　　　in→yin(因)　　　　ing→ying(英)

(2)韵母表中 u 行的韵母,在零声母音节中,如果 u 后面还有别的元音,把 u 变为 w。例如:

ua→wa(哇)　　　　uo→wo(喔)　　　　uai→wai(歪)

uei→wei(威)　　　uan→wan(弯)　　　uen→wen(温)

uang→wang(汪)　　ueng→weng(瓮)

如果 u 后面没有别的元音,就在 u 前面加 w。例如:

u→wu(唔)

(3)韵母表中 ü 行的韵母,在零声母中,不论 ü 是韵头还是韵腹,一律要在 ü 前面加 y,加 y 后,ü 上的两点要省写。例如:

ü→yu(鱼)　　　　üe→yue(月)　　　　üan→yuan(渊)　　　　ün→yun(晕)

拉丁字母 y、w 一般是用来表示半元音的。高元音[i][u][y]稍抬高一点,带擦音成分,就成为半元音[j][w][ɥ]。上述零声母音节前头多少带有摩擦,拼写形式以 y、w 开头,就是实际读音。但要知道 y、w 不是声母,只是起隔音作用的字母。

2.隔音符号的用法

a、o、e 开头的音节连接在其他音节后面的时候,如果音节的界限发生混淆,就用隔音符号"'"隔开。例如:

xī'ān(西安)——先 (xiān)　　　　pí'ǎo(皮袄)——piāo(飘)

kù'ài(酷爱)——kuài(快)　　　　dàng'àn(档案)—— dāngàn(单干)

shàng'è(上腭)——shān gē(山歌)

fāng'àn(方案)——fǎn gǎn(反感)

3.省写

(1)韵母 iou、uei、uen 的省写。

《汉语拼音方案》在"韵母表"后面的说明中做了这样的规定:iou、uei、uen 前面加辅音声母的时候,写成 iu、ui、un。例如:

q—iou→qiū(秋)　　　d—uei→duī(堆)　　　h—uen→hūn(昏)

l—iou→liù(六)　　　zh—uei→zhuī(追)　　　c—uen→cūn(村)

(2)ü 上两点的省略。

ü 跟 n、l 以外的声母相拼时都省写两点。例如:

j—ǔ→jǔ(举)　　　x—ü→xù(续)　　　q—ún→qún(群)

q—üè→què(确)　　　j—üān→juān(捐)　　　x—üān→xuān(宣)

不能省写两点的,只限于韵母 ü 单独出现在声母 n、l 后面,因为如果省了,这些音节就会发生混淆。例如:

nǔ(努)—nǚ(女)　　　　　lù(路)—lǜ(绿)　　　　　lǔ(鲁)—lǚ(吕)

为什么有的可省写,有的不可以省写呢?因为声母 j、q、x 不能和合口呼韵母相拼,省写了两点也不会误认为是合口呼的韵母“u”,音节不发生混淆。

4. 标调法

标调法有好几种,这里只讲《汉语拼音方案》规定的一种。

(1)如果只有一个元音,声调符号就标在这个元音上;如果一个音节有两个以上元音,声调符号就标在开口度最大、舌位最低、声音响亮的元音上。例如:

yǐn(引)　　　　　mián(免)　　　　　fēng(风)

(2)在 iu、ui 这两个韵母中,声调符号规定标在后面的 u 或 i 上面,因为—ui、—iu 是 iou、uei 的省写形式,其韵腹 o、ê 与韵尾 u、i 结合紧密。例如:

chuíliǔ(垂柳)　　　　　qiúduì(球队)

(3)调号恰好标在 i 的上面,那么 i 上的小点要省去。例如:

yī(依)　　　　　xīn(新)　　　　　duì(对)

(4)轻声音节不标调。例如:

zhuōzi(桌子)　　　　　miánhua(棉花)　　　　　luóbo(萝卜)

(5)标调口诀:a 母出现别放过,没有 a 母找 o、e,i、u 并列标在后,i 上标调把点抹。

5. 音节连写和大写

(1)同一个词的音节要连写,词与词一般要分写。句子或诗行开头的字母要大写。例如:

Rénmín　　jūnduì　　wúbǐ　　qiángdà
人民　　　军队　　　无比　　强大

(2)专用名词和专用短语中每个词开头字母都要大写。例如:

Dùfǔ　　　Shànghǎi　　Guāngmíng　　Rìbào
杜甫　　　上海　　　　光明　　　　日报

(3)标题中的字母可以全部大写,也可以每个词的开头字母大写;有时为了简明美观,也可以省略声调符号。例如:

KEXUE FAZHANGUAN SHI LIGUO ZHI BEN
科学　　发展观　　　　是　　立国　　之　　本

四、音变

在连续的语流中,前后音节会互相影响,致使某些音节的音素或声调发生语音变化,这就是音变。普通话中常见的音变现象有:变调、轻声、儿化、语气词“啊”的变读等。

(一)变调训练

有些音节的声调在语流中连着念时会起一定的变化,与单念时的调值不一样,这种声调的变化叫作变调。变调是人们顺应语流的走势而做的声调改变,音节变调常常是受后一个音节声调的影响而引起的。

变调有以下几种情况。

1.上声的变调

(1)上声字单念时——上声(214)。

走　想　甩　海　嘴　铁　晓　款

(2)上声＋上声——阳平(35)＋上声(214)。

领(214)＋导(214)→领导(35＋214)

了解　　处理　　广场　　所以　　粉笔　　管理

(3)上声＋非上声——半上声(211)＋非上声。

①上声＋阴平。

火(214)＋车(55)→火车(211＋55)　　老(214)＋师(55)→老师(211＋55)

小说　首先　指挥　紧张　普通　主观　本身

②上声＋阳平。

祖(214)＋国(35)→祖国(211＋35)

几何　语言　总结　美人　旅行　可能　以前

③上声＋去声。

讨(214)＋论(51)→讨论(211＋51)

感动　请假　美术　马上　表示　美丽　主动

④上声＋轻声。

a.尾(214)＋巴→尾巴(211＋轻声)

耳朵　姐姐　斧头　老爷　椅子　老实　矮子

b.本(214)＋领→本领(35＋轻声)

想起　老鼠　可以　讲讲　等等

⑤上声＋上声＋上声。

a.前两个音节为一个词语,即"双单格"阳平(35)＋阳平(35)＋上声(214)。

展(214)＋览(214)＋馆(214)→展览馆(35＋35＋214)

洗脸水　虎骨酒　管理组　水彩笔　手写体　洗染组　草稿纸　选举法

b.后两个音节为一个词语,即"单双格"半上(21)＋阳平(35)＋上声(214)。

很(214)＋理(214)＋想(214)→很理想(21＋35＋214)

老保守　小拇指　耍笔杆　纸雨伞　请允许　好总理　鲁厂长　冷处理

c.三个以上的上声音节相连,则按词语或语气先划分若干部分,再按上述规律变调。

永远/友好　　　　(35＋214＋35＋214)

请/往北/走　　　　(211＋35＋35＋214)

我/很/了解/你　给/你/两碗/炒米粉　展览馆/里/有/好/几百种/展览品

2."一"的变调

(1)单念或在词语末尾及序数词、基数词中,读阴平(55)。

一　　统一　第一　七·一　始终如一

(2)在阴平、阳平、上声前变读为去声(51)。

①在阴平前。

一张　一边　一些　一封　一方　一家　一般

②在阳平前。

一头　　一直　　一行　　一时　　一连　　一齐　　一团

③在上声前。

一手　　一体　　一起　　一总　　一早　　一举　　一本

(3)在去声前读阳平(35)。

一道　　一半　　一并　　一定　　一度　　一律　　一再

(4)夹在词语中间读轻声。

看一看　　走一走　　说一说　　跳一跳　　读一读

3."不"的变调

(1)单念或在词语末尾读原调(51)。

不　　　偏不　　　决不　　　她刚才高兴不

(2)在阴平、阳平、上声前读去声(51)。

①阴平前读去声。

不多　　不说　　不吃　　不高　　不安　　不堪　　不公　　不惜

②阳平前读去声。

不同　　不来　　不能　　不读　　不成　　不曾　　不凡　　不祥

③上声前读去声。

不想　　不买　　不远　　不齿　　不等　　不法　　不轨　　不朽

(3)去声前读阳平(35)。

不便　　不必　　不对　　不复　　不利　　不快　　不妙　　不幸

(4)夹在词语中间读轻声。

好不好　　行不行　　跑不跑　　差不多　　睡不着　　打不开

【技能训练】

朗读下面的句子或片断,注意需要变调的地方。

1.一切反动派都是纸老虎。

2.两国人民是永远友好下去,还是挑起事端燃起战火?

3.有些演讲者全神贯注在自己的讲稿上,从来不正视听众一眼。

4.这是五百块钱,你去买两百箱无尘粉笔。

5.你一走,他就给了我一张经典CD碟。

6.座座青山紧相连,一朵朵白云绕山间,一片片梯田一层层绿,一阵阵歌声随风传。

7.不了解情况就不要乱说,更不应该随便下结论。

8.这不假思索的一番话,搞得大家不尴不尬。

(二)轻声训练

1.轻声概述

普通话中有些音节在词语或句子里,常常失去原有的调值,读成一种又轻又短的调子。这种又轻又短的调子,叫做轻声。轻声不是四声之外的第五种声调,而是四声的一种特殊音变。轻声主要表现在,和原来的调值相比,音长变短,音强变弱,音高不固定,音色变化不定,听感上是既短又模糊。例如,"棉花、石头、奶奶、坐下"这些词语中"花、头、奶、下"它们各自单念的时候,都有固定的调值(阴平 55 调、阳平 35 调、上声 214 调、去声 51 调),但在这些词语中却念得又轻又短。由于这些音节在口语中长期处于弱读地位,久而久之便失去了原有的调值,形成了自身特有的音高模式,大致情况如下:

阴平字＋轻声字→.$|^2$(半低)　　跟头　　桌子　　蹲下　　金的　　姑姑

阳平字＋轻声字→.$|^3$(中调)　　锄头　　瓶子　　爬下　　黄的　　爷爷

上声字＋轻声字→.$|^4$(半高)　　里头　　椅子　　底下　　紫的　　姐姐

去声字＋轻声字→.$|^1$(最低)　　上头　　兔子　　地下　　绿的　　爸爸

轻声音节不仅仅引起音高、音强、音长的变化,还影响到声母和韵母中辅音以及元音音色的变化:(1)清声母浊音化,如"耳朵""鼻子"等。(2)清塞音声母变浊塞音声母,如"秧歌""坐着"等。(3)单元音韵母央化,如"妈妈""哥哥"等。(4)韵母脱落,如"豆腐""天气"等。

2.轻声的作用

有些轻声音节具有区别词义和区别词性的作用。例如,"对待这件事我们不能大意"和"这篇文章的段落大意很清楚",前一个"大意"是"疏忽"的意思,形容词,"意"读轻声;第二个"大意"指"主要意思",名词,"意"读去声。

轻声在语言表达上还有一个重要的作用,那就是发音省力、语流顺畅,重点突出、听感轻松,增强语言的节奏感,使语言更富有弹性,表现力也更强。例如,朱自清的《春》,全文 622 个字,其中 178 个字读轻声。

3.部分轻声词训练

(1)助词的、地、得;着、了、过;啊、吗、呢、吧读轻声。例如:

①红的、绿的、黄的、粉的、紫的都是我的、你的、他的,其实是我们大家的。

②只要认真地、仔细地做,目标就会渐渐地、一步一步地、不知不觉地接近我们。

③让我们玩得愉快,学得轻松,记得牢靠。

④他看了、听了、学了、说了、讲了,任务也算完成了。

⑤我们打过、闹过,也曾深深地交谈过。

⑥他说着、笑着、蹦着、跳着,向这边走着。

⑦他来了吗? 他还是我的朋友呢。我很想见到他呀!

(2)叠音名词和动词第二个音节读轻声。例如:

叔叔　　爸爸　　星星　　铎铎　　蛐蛐　　听听　　说说　　写写

(3)AABB 式的形容词和 ABAB 式动词,二、四音节读轻声。例如:

清清楚楚　　干干净净　　热热闹闹　　打扫打扫　　研究研究　　拾掇拾掇

(4)部分词缀子、头、们等读轻声。例如:

桌子和椅子　　砖头和木头　　你们和他们

满园子栽满了柿子树、栗子树、桃子树、橘子树,果子满园子飘香。

(5)动词、形容词后面表示趋向的词"起来""下去"等读轻声。例如:

他高兴地笑起来。

春天来了,山坡绿起来了,太阳的脸红起来了,燕子从南方飞回来了。

(6)某些表示方位的词或语素读轻声。例如:

书在桌子上　　箱子在床底下　　人在院子里　　他站在后边

(7)叠词中"一""不"一般读轻声。例如:

好不好　来不来　重不重　说一说　看一看　讲一讲

(8)部分双音节单纯词,第二个音节读轻声。例如:

葡萄　蘑菇　蛤蟆　葫芦　玻璃　窗户　马虎　哆嗦

【技能训练】

1.四字短语练习。

我的师傅　关上抽屉　怎么搞的　喜欢打扮　容易明白　吃点东西

打扫打扫　研究研究　糊里糊涂　迷迷糊糊　清清楚楚　明明白白

2.语句练习。

同学们!把窗户打开,透透气,把玻璃擦擦再关上。听明白了吗?

我的朋友从东边来,穿着一身漂亮的衣裳,大老远就叫了一声,看他那快活的样子,也不知道为了什么,倒把我弄糊涂了。

3.短文训练。

懒汉吃鱼

懒汉碰巧钓到一条大鱼。他急忙拎回家,不等洗净就下锅,没有烧熟,就狼吞虎咽地吃起来。一边吃着,一边赞美着说:"嘿!我敢发誓,鱼是世界上最好的东西!"

突然有根鱼骨一样的东西卡住了他的喉咙,咽又咽不下去,吐又吐不出来,疼得他满脸流汗。他一边跺脚,一边气愤地说:"鱼是世界上最坏的东西!"

这时,一个邻居走来,帮他取出卡在喉咙里的东西——原来不是鱼骨,而是鱼钩。

(三)儿化训练

1.儿化的概念

"儿"单用的时候,它是一个独立的音节,读"ér"。"儿化"是指在一个音节中,"儿"作为后缀与它前面一个音节结合成一个音节时,这个音节的韵母就带上了卷舌色彩,这种特殊的音变现象就叫作"儿化"。带有卷舌色彩的韵母就叫"儿化韵"。带儿化韵的音节是一个音节代表两个汉字,如"花儿"读"huār"在"huā"后面加以卷舌动作,"烟卷儿"读"yānjuǎnr",同样在"juǎn"后面加以卷舌动作。

2.儿化的发音

卷舌音的发音,口腔略开到自然程度,舌位居中,舌头稍后缩,舌尖向喉咙的方向卷,与硬腭前端相对。发音时声带颤动,软腭上升,堵塞鼻腔通路,舌根放松。

儿化时由于要卷舌,致使开口度小的前高元音 i 或 ü 发不成而丢失,同时韵腹也受到影响而"央化",或添加一个央元音;"u"发音时开口度不大也不小,不影响卷舌;有韵尾 i、n、ng,韵尾脱落,后鼻韵尾 ng 脱落后元音还要"鼻化"。

总之,儿化音变的结果是伴随着脱落、增音、更换、同化等现象。这些音变只针对韵尾和韵腹,对韵头和声母没有影响。

3.儿化的作用

儿化的作用不仅仅有区别词性和词义的作用,更重要的是儿化能表达情感,或亲切或喜爱或鄙视,更接近口语。适当地儿化,不仅让人有亲近感,而且听感上给人以审美的快感。这是因为卷舌音都是由有乐音的开元音构成的,这就形成了语音开朗的特点;由于卷舌时口腔大开,共鸣增强,语音就非常的饱满。

【技能训练】

1.绕口令训练。

进了门

进了门儿,倒杯水儿,喝了两口运运气儿。顺手拿起小唱本儿,唱了一曲儿,又一曲儿,练完了嗓子练嘴皮儿,绕口令儿,练字音儿,还有快板儿对口词儿,越说越唱越带劲儿。

小饭碗

有个小孩儿叫小兰儿,口袋里装着几个小钱儿,又打醋,又买盐儿,还买了一个小饭碗儿。小饭碗儿,真好玩儿,红花儿绿叶儿镶金边儿,中间儿还有个小红点儿。

一个老头儿

一个老头儿,上山头儿,砍木头,砍了这头儿砍那头儿,对面儿来了个小丫头儿,给老头儿送来一盘儿小馒头儿,没留神撞上一块大木头,栽了一个小跟头儿。

2.短文练习。

问路

有一个南方人,第一次到北京来,道路很不熟悉。有一天,他参观了故宫以后,想顺便到王府井大街逛逛。人家告诉他,要去王府井,最好从故宫东门儿出去。他出了故宫东门儿,没走多远就遇到一个十字路口儿。往哪边儿走才是王府井呢? 正巧过来一个老头儿,他赶快去问路。老头儿说:“我耳朵可有点儿背,您问什么井,我们这儿都是用自来水儿!”等这个人说明了自己的意思,老头儿告诉他说:“您从这儿一直往东边儿走,顶多有一两里地,就是一个十字路口儿,到了那儿您就别再往东边儿走了,那儿是金鱼胡同儿;您也别往北边儿拐,北边儿是灯市口儿,您得往南边儿拐,一拐弯儿就是王府井北口儿了。”这个南方来的同志谢过老头儿,一边儿走一边儿念叨着:“东边儿,南边儿,北边儿……我们南方只说左边儿、右边儿,怎么北京这么多边儿?”

(四)语气词“啊”的音变训练

“啊”是语气词,本音读阴平(55调)。如果放在句首,表示惊异或赞叹等,随着情感的不同,也可以读成阳平(35调)、上声(214调)、去声(51调)。表示追问读二声。如:“啊? 你说什么呢?”表示惊疑读三声。如:“啊,这难道是我的影子吗?”表示应答的或明白过来的读四声。表示应诺(音较短)。如:“啊,好吧,我就去。”表示明白过来(音较长)。如:“啊! 原来就是写个简历,挺简单,我会了。”它常常在其他音节后面出现,受到前一个音节的影响而发生音变。“啊”的实际读法要根据它前一个音节韵母的韵尾来决定。具体情况如下:

(1)前一个音节末尾的音素是 a、o、e、i、ü、ê 时“啊”变读为 ya,写作“呀”。例如:

好香的花呀!　原来是你呀!　多么漂亮的小鱼呀!　还在学车呀!

(2)前一个音节末尾的音素是 u(ao)时,“啊”变读为 wa,写作“哇”。例如:

这药真苦哇!　说得真妙哇!　加油哇!

(3)前一个音节末尾的音素是 n 时,“啊”变读为 na,写作“哪”。例如:

这道题真难哪!　你可要注意安全哪!　真是认真哪!

（4）前一个音节末尾的音素是 ng 时，"啊"变读为 nga，写作"啊"。例如：

放声唱啊！　　人和动物都是一样啊！　　怎么不想啊！

（5）前一个音节末尾的音素是－i[ɿ] 时，"啊"变读为[za]，写作"啊"。例如：

这可是工资啊！　　多好的陶瓷啊！　　这么细的萝卜丝啊！

（6）前一个音节末尾的音素是－i[ʅ] 时，"啊"变读为 ra，写作"啊"。例如：

他是我的老师啊！　　多么好的事啊！　　是店小二啊！

【技能训练】

看啊（na），多美的一幅画啊（ya）！那上面有山啊（na），水啊（ya），树啊（wa），花儿啊（ra），还有许多小动物呢，有公鸡啊（ya），白鸭啊（ya），猪啊（wa），羊啊（nga），大水牛啊（wa），枣红马啊（ya），还有一只小白兔啊（wa），多热闹啊（wa）！

是啊（ra），画得就像真的一样啊（nga）！

五、呼吸共鸣

不少老师上课一张嘴就能吸引学生的注意力，因为他们拥有甜美响亮、圆润饱满、浑厚动听的嗓音，这不仅增强了语言表达能力，而且可以提升个人魅力，起到事半功倍的教学效果。如果幼儿教师，说话声音嘶哑，音量不足，发音南腔北调，含混不清，就会对幼儿的语言学习带来不良的影响，也就很难胜任学前教育教学工作。

怎样才能让讲课变得更轻松自如？让说话的效果更美，更有底气？最主要的就是要了解和训练呼吸与共鸣。因为有足够的气息才能准确的发音，有足够的气息才能维持长音，有足够的气息才能将产生的声音输送到共鸣腔而产生美化的作用。共鸣可以使声音美化，说话时声音没有经过共鸣的美化，会显得干瘪柔弱。作为一名教育工作者，主要是用有声语言向学生传授知识，传播人生道理，尤其是幼儿园老师每天用嗓子发声超过声带负荷，所以还要学会正确的发声，这就需要掌握正确的呼吸方法。

（一）呼吸方法

各种呼吸训练，目标都是为了深吸气，做到气沉丹田。"气乃音之帅""气动则声发""内练一口气""有气才有艺"。呼吸是发声的动力，声音是否响亮圆润、清晰饱满有磁性，与气息的调节有很大的关系。如果抛开了正确的呼吸去谈论声音的魅力，就如同鸟儿放弃了翅膀去谈论飞翔一样可笑。我们平时生活中采用的是自然式呼吸，这种是下意识的，气吸得少而浅，呼气也不用控制，一次呼吸只要 3 秒钟左右，这种呼气不能用于演讲、辩论或朗诵。科学的呼吸方法有三种：胸式呼吸法、腹式呼吸法、胸腹联合呼吸法。

1. 胸式呼吸法

胸式呼吸又称肋式呼吸法、横式呼吸法。这种呼吸法单靠肋骨的侧向扩张来吸气，用肋间外肌上举肋骨以扩大胸廓。有甚者，吸气时双肩上抬，因为气息吸得浅，因此又称为浅呼吸、锁骨式呼吸等。这种呼吸方式主要是胸部的扩张和收缩，横膈膜的运动较小。这样，呼吸多集中在肺的上、中部进行，肺的下部运动较小。这种方法的缺点是：（1）只用胸腔上部，即抬肩来呼吸，气息吸的不深，容量少。（2）容易导致颈部的喉外肌紧张，影响音域的扩大和声区的统一。许多人都习惯于只用胸式呼吸，尤其是女生。

2.腹式呼吸法

在吸气过程中,腹部自然地鼓胀起来,注意不要太用力——其生理原理是横膈膜下降,使得肺部有更大的扩张空间。在呼气过程(说话、朗诵)中,随着胸腔内气量的减少,腹部在逐渐收缩的过程中要继续保持轻度的鼓胀感——其生理原理是吸气肌与呼气肌之间的轻度相持对抗能够延缓腹部收缩的速度,使得气流稳定持久。每次呼吸往往长达十几秒钟,声音的高低强弱、抑扬顿挫的变化,全靠呼吸肌灵活的相持对抗运动来完成。声音的大小、强弱完全由气流、呼吸肌来控制,而不是由咽喉嗓子控制。这就是所谓的"声靠气传"。

提示:腹式呼吸法可以在上课时、走路时、睡觉时、吃饭时、卧床时、说话时等几乎任何时候练习,最好能形成平常呼吸的习惯。

3.胸腹联合呼吸法

正确的呼吸既不是呼吸时两肩上抬胸廓紧张的浅胸式呼吸法,也不是呼吸时腹部一起一伏胸部僵硬紧逼的纯腹式呼吸法,而是打开口腔用胸腔和腹腔联合运动而完成的呼吸动作。正确呼吸的要领是:操纵气息的部位在胸部和腹部的连接处,即横膈膜。吸气时,胸部放松,腰部周围明显扩张,两肺底部的横隔膜向下运动,气息自然充分地吸入身体。呼气时,胸腔扩张挺起,小腹向内向上收缩,横膈膜向上运动,将气息由肺部挤出,完成发声过程。这一过程叫作胸腹联合呼吸法。也是歌唱、说话中最科学、最完美和最理想的呼吸方法。它是由意大利美声学派在漫长的艺术实践中总结出来的宝贵经验,是声音训练的原则和说唱艺术的精髓。

胸腹联合呼吸虽然是说、唱最理想的呼吸方法,但它也是最难掌握的一种呼吸方法。由于它区别于正常生活中的自然呼吸,是由身体内部各器官协调对抗的结果。所以,必须采用一定的手段,经过一定时间的训练才能获得。

(二)呼吸要领

吸气最好要让别人看不出来,以鼻子吸气为主,嘴可以微张,切忌张大口拼命吸气。因为那样气是吸不深的,只能将气吸在肺尖部(人的肺形状是上尖下圆呈椭圆形)。其实,这是满而不多,犹如用小酒杯盛水。吸在上部,吸得满满的(相对于肺尖的空间来说),不仅憋得慌,并且一张嘴,气很快就会全部跑光。所以,我们主张深呼吸。用鼻微吸,就能吸得深。要做到鼻微微一吸,腰围和横膈膜有膨胀感觉,但千万别去下死劲膨胀它,要把气稳在下面。即在吸气使腰围微微膨胀以后,既不要有意识往上提(那就会用气过多,把气堵在上面),也不必拼命使劲把气压住,不让它上来(那就无法说话),而是让其自然地沉在底下。只要在用气发声时,能做到用多少拿多少就行,既不能把队伍都集结到门口,准备向外冲出去,也不能用绳子拴起来,一个也出不去。要自然沉稳按需供气,保持自然状态。

总之,呼吸要做到:头正肩垂略挺胸,闻花吸气要从容。偷取换就都要懂,气沉丹田喉放松。

(三)呼吸训练

1.吸气训练

(1)闻花香。想象自己处于一个美丽的花园之中,深深地闻了一下鲜花的异香——这就是吸气,这样吸得气才深。

(2)抬重物。想象准备抬起一件重物,首先需要深呼吸一口气,最后到屏气阶段时,腹部用力的紧张感与小腹收紧的感觉相似,反复吸气加以体会。

（3）打哈欠。不张大嘴地打哈欠，最后一刻的感觉与气沉肺底，腹部饱满的感觉相似，注意体会。

（4）手挤腰。如找不到小腹收缩的感觉，可采取站姿或端坐，两手叉腰，吸气时体会腹部胀满顶出的感觉；吐气时两手挤压腹部两侧，帮助体会小腹收缩的感觉。

（5）深呼吸。站立或端坐，做深呼吸。慢数"1、2、3、4"吸气，"5、6、7、8"呼气。反复训练，体会两肋外展，腰带周围渐紧，小腹有意识地收缩，而腹部、喉部始终保持放松自如。

吸气要用鼻和口同时自然地进行，尽力做到平稳轻巧、柔和，不可用强制力量，不能僵，气要吸得深，不可吸在上胸和心窝处。吸气以后要有像打喷嚏前那样短暂的一憋，体会一下腰周围的扩张、膨胀的感觉。找到这种感觉是关键。

2.呼气训练

（1）呼气的方法就是利用横膈膜的力量把腰腹扩张的感觉一直保持住。想象自己手里拿一大瓶香油往另一个小瓶里灌时那种小心翼翼，憋住气息的感觉，呼气要均匀、舒缓。

（2）同学们准备一张 10 平方厘米大小的薄纸片，放在墙上，距离它 4 至 6 厘米，吸气后保持一下，然后用口吹气使之不落地，30 秒钟以上便为合格。

（3）点燃一支蜡烛，对着火苗发"U"音，正确的气息是火苗倒而不灭，时间越长越好。

3.训练横膈膜的力量

横膈膜的力量对气息的保持和声音的力度都很重要。传统的训练方法有以下几种：

（1）慢吸慢呼数数字。深吸一口气，腰腹的力量保持住，从 1 开始数，数到 60 为合格。数数要均匀，有节奏，不能偷气。

（2）吹灰。深吸一口气，然后就像吹掉桌上的灰尘一样往前吹气，节奏是一慢二快，体会横膈膜的力量。

（3）吸气后发单韵母。a、o、e、i、u、ü，每发一个单韵母，持续的时间越长越好，同时保持音色纯净，音高一致。

（4）快吸慢呼大声喊人。发响亮的音节，如"黄刚、王强、田华、张兰"由远及近、由近及远。

（5）仰卧起坐。将双手放在头下，仰卧，抬起上半身或者仰卧举双腿至胸前。要求每天不停歇连续做 30～50 次，以增强腰腹的力量。

【技能训练】

1.读绕口令训练。

一树枣儿

出东门，过大桥，大桥底下一树枣儿，拿着杆子去打枣儿。青的多，红的少。一个枣，两个枣，三个枣，四个枣，五个枣，六个枣，七个枣，八个枣，九个枣，十个枣；十个枣，九个枣，八个枣，七个枣，六个枣，五个枣，四个枣，三个枣，两个枣，一个枣。这是一个绕口令，一气说完才算好。

慢吸慢呼数葫芦

葫芦架，爬葫芦，葫芦开花结葫芦，看葫芦，数葫芦，一二三四数糊涂，葫芦圆，圆葫芦，葫芦个个大肚肚。一个葫芦，两个葫芦，三个葫芦，四个葫芦，五个葫芦，六个葫芦，七个葫芦，八个葫芦，九个葫芦，十个葫芦；十个葫芦，九个葫芦，八个葫芦，七个葫芦，六个葫芦，五个葫芦，四个葫芦，三个葫芦，两个葫芦，一个葫芦。

2. 读诗词：用舒缓、平和的语气朗读，朗读过程中逐渐减少换气的次数。

相　思

王维（唐）

红豆生南国，春来发几枝。

愿君多采撷，此物最相思。

乌衣巷

刘禹锡（唐）

朱雀桥边野草花，乌衣巷口夕阳斜。

旧时王谢堂前燕，飞入寻常百姓家。

（四）共鸣训练

1. 共鸣的特点

共鸣是利用强而有力的气息，将声音提升到口腔、咽腔、鼻腔及头腔等共鸣腔，使声音加上一些回响。共鸣腔有胸腔、喉腔、咽腔、口腔、鼻腔等。发声时的声音就是通过体内的各个共鸣腔体引起共振，产生共鸣。根据声音特色和声区划分，分别有头腔共鸣、口腔共鸣和胸腔共鸣三种。头腔共鸣能使声音高亢明亮；口腔共鸣能使声音结实清晰、字音亲切；胸腔共鸣能使声音浑厚洪亮有力。共鸣能起到美化声音、扩音的作用。任何一个优秀教师，其发声的美妙都是建立在这种基础上的，所以这是一个非常重要的基本功。

2. 共鸣的要领

我们有这样的体会：越是在嘈杂的地方，我们说话越是大声，结果声嘶力竭，嗓子很累。其实上课的时候类似这种情况，如为了让同学们都听到，尤其人多的时候，我们就会不自觉地提高音调嗓门，不久就有"失声"的感觉。

其实，会用声的人，使用在声带上的能量只占总能量的五分之一，而五分之四的力量用在控制发音器官的形状和运动上面。在产生共鸣的过程中，共鸣器官把发自声带的原声在音色上进行润饰，使声音圆润、优美。科学调节共鸣器官可以丰富或改变声音色彩，同时起到保护声带的作用，延长声带的寿命。

一般来说，高音区主要以头腔共鸣为主，中音区以口腔共鸣为主，低音区以胸腔共鸣为主。在对语言的美化方面，胸腔、口腔、咽腔共鸣的作用虽然不如鼻腔那么直接和明显，但它们与鼻腔共鸣交替配合、紧密协作，通常三个共鸣腔配合使用，发出的声音既圆润饱满、洪亮浑厚，又淳朴自然、清晰真切。

幼儿教师面对特殊的群体，讲课时要把声音送到每个幼儿的耳朵里，必须充分利用以口腔共鸣为主，三腔协调配合的共鸣方法，以扩大音量，美化声音，吸引幼儿的注意力。

3. 共鸣训练

（1）体会胸腔共鸣。微微张开嘴巴，放松喉头，闭合声门（声带），像金鱼吐泡泡一样轻轻地发声或者低低的哼唱，体会胸腔的震动。发 hei、huo 两个音，韵母为 ei、uo，容易找到胸腔共鸣的感觉。

（2）降低喉头的位置。微微张开嘴巴，喉部放松，放松喉头。低音大声呼号："立正！""向前看！""一二一""一二三四"等。

（3）打牙关。所谓打牙关，就是打开上下大牙齿（槽牙），给口腔共鸣留出空间，用手去摸摸耳根前大牙的位置，看看是否打开了，然后发 a、o、e、i、u、ü，把声音从喉咙中"吊"出来。

（4）提颧肌。微笑着说话，嘴角微微向上翘，同时感觉鼻翼张开了。试试看，声音是不是更清亮了。

（5）挺软腭。打一个哈欠，顺便长啸一声，发复元音韵母 ai、ei、uai、uei，体会声流冲击上腭中线前行，挂于前腭的感觉。

注意：在大声说话时，注意保持以上几种状态就会改善自己的声音。切记，一定要"放松自己"，不要矫枉过正，更不要只去注意发音的形式，而忘了说话内容。

【技能训练】

1.绕口令练习：放慢语速，中间略微停顿，要求声音洪亮，体会口腔共鸣的作用。

山上五株树，架上五壶醋，林中五只鹿，柜中五条裤，伐了山上树，取下架上醋，捉住林中鹿，取出柜中裤。

名词、动词、数词、量词、代词、助词、连词、形容词组成诗词、歌词、唱词和快板词。

2.用中音朗诵短诗，一字一音。注意体会牙关、软腭、颧肌的提紧与下巴、咽喉及胸部放松的关系；体会声音"吊"出来时上下贯通的感觉和声流冲击硬腭前部的感觉。

关　雎

关关雎鸠，在河之洲。窈窕淑女，君子好逑。

参差荇菜，左右流之。窈窕淑女，寤寐求之。

求之不得，寤寐思服。悠哉悠哉，辗转反侧。

参差荇菜，左右采之。窈窕淑女，琴瑟友之。

参差荇菜，左右芼之。窈窕淑女，钟鼓乐之。

暮江吟

白居易（唐）

一道残阳铺水中，半江瑟瑟半江红。

可怜九月初三夜，露似真珠月似弓。

六、吐字归音

"吐字归音"是我国传统说唱理论中提及咬字方法时所用的一个术语。从汉语音节特点出发，把汉字一个音节的发音过程分为出字、立字、归音三个阶段。吐字是指对字头、字腹的处理；归音是对字尾的处理。吐字归音是口腔控制的重要手段。通过对每个发音阶段不同的控制，使吐字达到清晰、饱满、弹发有力的境界。

（一）吐字归音的要求

吐字归音最基本的要求就是要"字正腔圆"。"字正"就是发音要规整、清晰；"腔圆"指的是声音圆润饱满，优雅动听。这就需要口、唇、舌、腭、鼻等各发音器官、发音部位协调配合，尽量使每个汉字的出字、立字、归音过程构成一个完整、立体的形状——"枣核形"，它不仅是吐字归音的本质，也体现了清晰集中、圆润饱满的审美要求。核心是韵腹，韵腹都是由主要元音来充当，发音时，口腔大开，声音响亮，持续时间较长。一头是声母或者韵头（介音），发音轻短，又是整个字的着力点，所以发音要用力咬准；另一头是韵尾，发音时唇舌的动作要"到家"，轻轻收住韵尾。达到"枣核形",为的是让每一个音节犹如一颗颗珍珠那样圆润饱满,自然流畅,达到"字正腔圆"。

但是,也不要片面强调字字如核,这样必然会违背语言交流的本质。如果一味地去追求技巧和方法,会削弱声音的感情色彩,破坏语言的节奏。

(二)吐字归音的方法

1. 出字——找准部位,叼着有力

"咬字千斤重,听者自动容",充分说明字音清晰在语言表达中的重要性,更强调了"出字"在发音中的难度。出字是指字头(声母)和韵头(介音)的发音过程,即"咬字"阶段,如"表"biǎo。发字头 b 音时,先在准确位置(上唇和下唇紧闭)成阻,蓄积足够气力,然后迅速除去双唇的阻力,打开口腔,并迅速与韵头前高不圆唇元音 i 结合。老艺人把出字过程形象地比作"嘴",说"嘴字如嘴虎",意思是说,出字时就像大老虎叼着小老虎跳跃山涧一样,既不能叼死,也不能掉在地上。咬得太紧,字音僵硬,放得太松,字音含糊,咬字要用七寸三分劲儿。说明出字要用巧力,须集中而富于弹性。

字头部位是否准确,咬字是否适当,是汉语语流中是否字字清晰,并且有一定"亮度"的关键。

2. 立字——拉开立起,开合适度

立字是指韵腹(字腹)的发音过程。韵腹的发音要"拉开立起",还要"立得住",也就是说发音时不光要注意口型准确,做到"开口音稍闭,闭口音稍开",松紧相宜,还要注意共鸣要强。汉字音节中,口腔开合度最大、共鸣最丰满、声音最响亮的就是韵腹(主要元音)。韵腹是声调(字神)的主要体现者,声调和韵腹充实的声音结合在一起,在有声语言中形成抑扬顿挫的语言音乐美。

3. 归音——字音发全,字尾弱收

归音是指音节发音的收尾过程。要求字尾弱收,肌肉由紧渐松,口腔随之由开渐闭、渐松。归音干净利索,既不可拖泥带水留尾巴,也不可唇舌不到位。开尾音节收音时应注意用减弱的气流来收音尾,不要改变口腔的大小,不可"吃字""倒字""丢字"。"吃字"即丢了字头,出字不好;"倒字"即韵腹发音不到位,字没立住;"丢音"即归音不到家,丢了字尾。

尤其是 i、u、n、ng 等做韵尾时,要注意口型的变化。

(三)吐字归音训练

一个汉字的音程很短,大多在三分之一秒就会结束,要在短短的时间内兼顾声、韵、调和吐字归音,必须从日常训练开始严格要求。

(1)按照发音部位先发所有的声母,注意口腔的开合与唇、舌、腭的灵活性。

(2)把所有声母与 a、o、e、i 相拼,注意声母的发音要清晰、有弹性,口腔开合自如,唇、舌、腭要有力度,咬字器官要灵活。

(3)按照四呼的顺序发韵母,要随着韵腹的拉开使韵母在口腔中"立"起来。

开口呼 a、o、e、ê、er、—i[1]、—i[ʅ]或 a、o、e 开头的韵母。

齐齿呼韵母为 i 或 i 开头的韵母,如 iou、iao、ie、ia。

合口呼韵母为 u 或 u 开头的韵母,如 ua、uo、uai、uei。

撮口呼，如 üe、ün、üan。

（4）四声练习。

要求：叼住弹出字头（声母），快速有力；拉开立起字腹（韵腹），圆润饱满；弱收字尾（韵尾），干净利落。

①顺序组合。

兵强马壮	光明磊落	山穷水尽	山明水秀	山盟海誓	千锤百炼
飞檐走壁	飞禽走兽	风调雨顺	心怀巨测	心直口快	心明眼亮

②逆序组合。

逆水行舟	妙手回春	热火朝天	驷马难追	自以为是	信以为真
背井离乡	遍体鳞伤	步履维艰	地广人稀	调虎离山	奋起直追

【技能训练】

1.读诗词。

泊秦淮

杜牧

烟笼寒水月笼沙，夜泊秦淮近酒家。

商女不知亡国恨，隔江犹唱后庭花。

忆秦娥·娄山关

毛泽东

西风烈，长空雁叫霜晨月。霜晨月，马蹄声碎，喇叭声咽。雄关漫道真如铁，而今迈步从头越。从头越，苍山如海，残阳如血。

2.读绕口令。

要求：以气托声，口齿清楚，发音规整，语气连贯，字音饱满；发音器官喷吐有力,滑动自如，协调灵活。

发声要领口诀

学好声韵辨四声，阴阳上去要分明。部位方法须找准，开齐合撮属口形。

双唇班报碧百波，舌尖当地豆点丁。舌根高狗工耕故，舌面积结教尖精。

翘舌主争真志照，平舌资则早在增。擦音发翻飞分复，送气查柴产彻称。

合口呼午枯胡古，开口河坡歌安争。嘴撮虚学寻徐剧，齐齿衣优摇业英。

前鼻恩因烟弯稳，后鼻昂迎中拥生。咬紧字头归字尾，不难达到清和纯。

十道“黑”

一道儿黑，两道儿黑，三、四、五、六、七道儿黑，八道儿黑、九道儿黑、十道儿黑。我买了个烟袋儿乌木杆儿,掐着它的两头儿是一道儿黑。二姑娘描眉去打鬓,照着那个镜子是两道儿黑。粉皮儿墙，写"川"字儿，横看竖瞧是三道儿黑。象牙桌子乌木腿儿，搁在那个炕上是四道儿黑。我买了个小鸡儿不下蛋，搁在那个笼子里捂到黑。

挺好的骡子不吃草，牵到那个街上去蹓到黑。买了个小驴儿不套磨，背上那个鞍鞯是骑到黑。二姑娘南洼去割菜，丢了她的镰刀是拔到黑。月窠儿的孩子得疯病，团了几个艾球儿是灸到黑。卖瓜子儿的打瞌睡，哗啦啦撒了那么一大堆，笤帚簸箕不凑手，一个儿一个儿拾到黑。

一个优秀的幼儿教师,讲课不仅吐字要清晰,对于最基本的汉字音节的组成部分声母、韵母、声调也要读准。21个辅音声母的训练要严格掌握其发音部位和发音方法,发音要有力;39个韵母的训练要控制好口腔的开合、唇形的平展圆敛及舌头的升降伸缩;声调的训练也不能马虎。更重要的是会用气发声,发出的声音要浑厚、圆润、富有弹性,让幼儿爱听。语言技能不是一朝一夕所能获得的,需要长期的语言实践,才能不断提高语言表达水平。

【思考拓展】

1.想一想:怎样才能使声音明亮、清晰、圆润、浑厚起来?想清楚后练一练。

2.根据要点归纳吐字归音的口诀,以便记忆和发音。

3.朗读下面文章,注意声母、韵母、声调的发音。

繁　星

爱月夜,但我也爱星天。从前在家乡七八月的夜晚在庭院里纳凉的时候,我最爱看天上密密麻麻的繁星。望着星天,我就会忘记一切,仿佛回到了母亲的怀里似的。

三年前在南京我住的地方有一道后门,每晚我打开后门,便看见一个静寂的夜。下面是一片菜园,上面是星群密布的蓝天。星光在我们的肉眼里虽然微小,然而它使我们觉得光明无处不在。那时候我正在读一些天文学的书,也认得一些星星,好像它就是我的朋友,它们常常在和我谈话一样。

如今在海上,每晚和繁星相对,我把它们认得很熟了。我躺在舱面上,仰望天空。深蓝色的天空里悬着无数半明半昧的星。船在动,星也在动,它们是这样低,真是摇摇欲坠呢!渐渐地我的眼睛模糊了,我好像看见无数萤火虫在我的周围飞舞。海上的夜是柔和的,是静寂的,是梦幻的。我望着许多认识的星,我仿佛看见它们在对我眨眼,我仿佛听见它们在小声说话。这时我忘记了一切。在星的怀抱中我微笑着,我沉睡着。我觉得自己是一个小孩子,现在睡在母亲的怀里了。

有一夜,那个在哥伦波上船的英国人指给我看天上的巨人。他用手指着:那四颗明亮的星是头,下面的几颗是身子,这几颗是手,那几颗是腿和脚,还有三颗星算是腰带。经他这一番指点,我果然看清楚了那个天上的巨人。看,那个巨人还在跑呢!

——节选自巴金《繁星》

4.朗读下面材料,要求科学运用气息共鸣和吐字归音的技巧,唇、舌、腭等发音器官喷吐有力,各器官活动协调;字字响亮,发音圆润饱满。

满江红

岳飞

怒发冲冠,凭栏处、潇潇雨歇。抬望眼、仰天长啸,壮怀激烈。三十功名尘与土,八千里路云和月。莫等闲、白了少年头,空悲切!

靖康耻,犹未雪;臣子憾,何时灭?驾长车、踏破贺兰山缺。壮志饥餐胡虏肉,笑谈渴饮匈奴血。待从头、收拾旧山河,朝天阙。

沁园春·雪

毛泽东

北国风光,千里冰封,万里雪飘。望长城内外,惟余莽莽;大河上下,顿失滔滔。山舞银蛇,原驰蜡象,欲与天公试比高。须晴日,看红妆素裹,分外妖娆。

江山如此多娇,引无数英雄竞折腰。惜秦皇汉武,略输文采;唐宗宋祖,稍逊风骚。一代天骄,成吉思汗,只识弯弓射大雕。俱往矣,数风流人物,还看今朝。

5.朗读下面绕口令,要求咬字准确、有力,吐字清晰、饱满、响亮。

天上看,满天星

天上看,满天星;

地下看,有个坑;

坑里看,有盘冰。

坑外长着一老松,

松上落着一只鹰,

松下坐着一老僧,

僧前放着一部经,

经前点着一盏灯。

墙上钉着一根钉,

钉上挂着一张弓。

说刮风,就刮风,

刮得男女老少难把眼睛睁。

刮散了天上的星,

刮平了地上的坑,

刮化了坑里的冰,

刮倒了坑外的松,

刮飞了松上的鹰,

刮走了松下的僧,

刮乱了僧前的经,

刮灭了经前的灯,

刮掉了墙上的钉,

刮翻了钉上的弓。

6.齐读下面歌词尽量使每个人声音圆润,群声和谐嘹亮。

同一首歌

鲜花曾告诉我你怎样走过,大地知道你心中的每一个角落,甜蜜的梦啊谁都不会错过终于迎来今天的这欢聚时刻。

水千条山万座我们曾走过,每一次相逢和笑脸都彼此铭刻,在阳光灿烂欢乐的日子里,我们手拉手想说的太多。

星光撒满了所有的童年,风雨走遍了世间的角落,同样的感受给了我们同样的渴望同样的欢乐给了我们同一首歌。

阳光下渗透所有的语言,春天把友好的故事传说,同样的感受给了我们同样的渴望同样的欢乐给了我们同一首歌。

第二节　朗读技能训练

一、朗读的意义

朗读是幼儿语言教学的一个重要组成部分,它在培养幼儿的想象力、语感、审美感,特别是情感方面的作用,是显而易见的。朗读是学习语言知识必须掌握的一种基本技能,是学好语言的基础。幼儿教师在朗读时要和幼儿密切配合,否则,感情不可能像电流一般沟通,产生共鸣。如果双方的心灵不打成一片,相互沟通,那么,教师的朗读就等于一个天使在地狱的诟淬声中唱天国的颂歌。幼儿教师如果朗读不够真诚严肃、全神贯注,课堂上就无法与幼儿沟通。要想真正领略一首诗文的内容和艺术价值,就必须反复朗读,用心体味。朗读不仅是一项活动,更是一门艺术,是课堂教学中不可缺少的内容,它无论对幼儿的识字,还是语言的训练、心灵的熏陶,都有积极意义。

（一）朗读有利于体味文字,便于更深入地理解和体验作品

朗读的目的不是仅仅熟悉作品的字词句,而是在熟悉作品字词句的基础上,加深对作品的理解和体验。朱自清说:“诵读这种写出来的话,得从意义里去揣摩,得从字里行间去揣摩。而写的人虽然想着包含那些,却未必能包罗一切的;揣摩的人也未必真能尽致。”也就是说,朗读时的语言表达是建立在理解文章意思的基础上的。首先,要理解作者所表达内容的表层意思与深层意蕴的匠心所在。其次,作品是作者的所感所悟所得,语言具有私人性、多义性、不确定性等特点,不像口头对话那样具有现场情境的制约性和可用动作、表情辅助等特点,所以教师在诵读的过程中可以通过自身的理解、体验,采取不同的声音表达方式,在揣摩作者口气的基础上变得如出己口。反复地默读固然也能加深理解和体验,但效果不如朗读,这种默读更多的是“能知道它们的意义”,不如出声的读“能体会它们的口气”。

（二）朗读有利于展现作品内涵,增强艺术感染力,是一种高尚的精神享受

朗读,无论对朗读者还是听众都是一种高尚的精神享受。通过朗读,作品中蕴涵的思想、高尚的情操,会不断陶冶幼儿的性情,提升他们的精神境界;通过朗读,作品中那美好的憧憬、语言的美感,伴随着老师那自如的声音、悦耳的语调、生动的语气流入幼儿的心田,激荡着幼儿的心灵,使幼儿在高尚的精神享受中领略散文的艺术魅力,感受诗歌的童趣,体会故事中人物的美好心灵,最大限度地调动幼儿的听觉、视觉、触觉,拨动他们的心弦,使其产生强烈的共鸣,为幼儿插上想象的翅膀。

（三）朗读是学习普通话,提高口语表达水平,强化普通话训练,达到语言规范化的有效途径

要学好普通话光靠呆板的一字一词的正音训练并不能长久地吸引幼儿的兴趣,他们更乐意用普通话朗读喜爱的作品,去表达他们的情感体验,这正是老师利用朗读进行普通话正音的

最好机会。因为普通话不只是字音符合北京语音,更重要的是语调、语气、语速、轻重格式等都符合北京语音系统,否则就会显得生硬。而这些因素在字词训练中是无法学到的,只有在朗读中将一个个音节放在变化、生动的语流表达中,才能更真切地体味和掌握普通话的各种语音规律。所以朗读是掌握标准、规范普通话的最好手段。作为幼儿教师,普通话必须规范标准,表达必须准确,否则便不足以作为表率而让幼儿去模仿。

(四)朗读是教育教学的重要手段,可以激发幼儿的兴趣

人们常说,兴趣是最好的老师,所以加强朗读大有裨益。朗读是教育教学,特别是幼儿语言教学的重要手段。对于幼儿来说,朗读是把躺着的书面文字,用声音让它立起来,出口时的声音负载着思想感情,增强了语言文字的可感性。朗读,能练习读准发音。大声朗读,才能有抑扬顿挫。读出语感、体会词语的妙用、锻炼当众发言的胆量,都会在朗读中得以解决,而且还会在"润物细无声"中使幼儿受到潜移默化的影响和熏陶,让幼儿在快乐的体验中,读记文中生动的字词,在不经意中帮助幼儿完成从学习口语到书面语的过渡,有利于从幼儿园到小学阶段的衔接。

二、朗读与朗诵

朗读是一种极其普遍的有声语言活动,是运用普通话把书面语言清晰、响亮、富有感情地读出来。也就是朗读者在理解作品的基础上用自己的语音塑造形象,把书面文字作品转化为声音语言,变文字这个视觉形象为听觉形象的创作活动。有感情地朗读具有再创性和艺术性的特点,而且对口语技能的形成也是一种有力的促进。幼儿教师经常进行这方面的训练,既训练了语音,丰富了词汇,还能形成良好的语感,优美作品的语言会不知不觉地迁移到你的口语表达之中。

但是有人常常把朗读和朗诵混为一谈,认为朗读就是朗诵,朗诵就是朗读,其实这是一种误解。朗读和朗诵之间既有区别也有联系。

朗读就是出声地读,更生活化。一句话,朗读者所要做的就是"照本宣科",把"沉默"的字、词、句、篇转换成有声语言。评价一个人朗读水平的好坏就是看他朗读时是否做到正确、清晰、完整。除了要读准声、韵、调,还要做到不添字、不漏字、不回读、不颠倒语序、语调平稳。概括地说,朗读就是用声音再现文本内容,不仅再现文字,甚至标点符号、行文格式、表达的内容都要再现出来。因此,朗读除了要求说好普通话,还要正确处理好停顿、语调、语气,并力求做到"眼口一致"。

朗诵,就是用清晰、响亮的声音,结合各种语言手段来完美地表达作品思想感情的一种语言艺术。朗诵是口语交际的一种重要形式。朗诵不仅可以提高阅读能力,增强艺术鉴赏水平,更为重要的是,通过朗诵,可以陶冶性情、开阔胸怀、文明言行、增强理解,有效地培养对语言词汇细致入微的体味能力,确立口语表述最佳形式的自我鉴别能力。

朗诵属于艺术表演范畴。朗读是一种再现,朗诵是一种再创造,是把书面语言转化为口头语言,把无声语言转化为有声语言的一种再创造的言语活动。教师在朗读作品时,不同的人生经历对作品会有不同的理解和把握,当这两种情感产生共鸣时,则达到了较高水平的朗读,也真正实现了"再创造"的活动。朗读强调的是忠实于原文,朗诵则允许朗诵者在忠实原文的基础上进行艺术加工,就是根据自己对作品的理解,用丰富多彩的语言手段及其他形式,比如用表情、态势语言表达情感;用音乐创造优美动人的意境和形象。因此,评价朗诵的优劣往往是看朗诵者的艺术创造是否能给人一种美的享受。这样，朗诵者的文化修养，对语言文字的感悟能力、语音运用技巧、艺术表现能力是决定朗诵水平高低的因素。

朗诵材料大多是抒情色彩较浓的文学作品。一般来讲，朗读考虑的是让听众听清楚，朗诵考虑的是让听众受感动。要感动别人首先要感动自己，所以，朗诵时一定要做到"眼前有景，心中有情"，可以借助音乐、态势等辅助手段造成一种"犹抱琵琶半遮面，未成曲调先有情"的氛围。在音色、音量、语速、节律等方面也可做些适当的夸张，以渲染气氛。

课本里选择的作品，一般来讲或是优美的散文，或是感人的记叙文，或是幽默风趣的童话、寓言故事等，这样朗读和朗诵的区别基本也就不着痕迹了，并且不管什么样体裁的文章一律要求有感情地朗读，幼儿教师更应该如此。

三、朗读的基本要求

朗读最基本的要求是使用普通话，做到语音正确清晰、自然流畅、感情丰富。正确清晰指的是读音正确，除不添字、漏字、改字外，还要求朗读时在声母、韵母、声调、轻声、儿化、音变以及语句的表达方式等方面都符合普通话的语音规范。朗读一篇作品，如果连普通话都读不准确，甚至读错了，那就会影响听众对原文的理解，甚至会闹笑话。自然流畅指的是语速适当，语流顺畅，能连贯地读下来。感情丰富指的是熟练地运用语音和表情，正确地把握语调的抑扬顿挫、语气的轻重缓急，把握文章的思想感情。

要使自己的朗读符合普通话的语音规范，可以从以下几个方面下工夫。

（一）用普通话语音朗读，字音规整

大部分同学都来自方言区，普通话和方言在语音上有的差异较大，朗读时注意区别。首先，朗读时，要发准声母、韵母、声调，同时要注意轻声词、儿化韵以及"啊"的变读学习。其次，还要注意多音字的读音。一字多音是产生误读的重要原因之一，必须特别注意。区分多音字可以从以下两个方面注意学习：一是意义不相同的多音字，我们要着重弄清它的几个不同意思，从几个不同的意思去记住它的不同的读音；二是意义相同的多音字，要着重弄清它的使用场合，即语境。这类多音字大多数情况是一个音使用的场合"宽"，一个音使用的场合"窄"，只要记住"窄"的就行。第三，要注意由于字形相近和形声字而张冠李戴，造成的误读。由偏旁本身的读音或者由偏旁组成的较常用的字的读音，去类推一个生字的读音而引起的误读，也很常见。所谓"秀才认字读半边"，闹出笑话，就是指的这种误读。最后，还要注意的是异读词的读音。普通话词汇中，有一部分词（或词中的语素），意义相同或基本相同，但在习惯上有两个或几个不同的读法，被称为"异读词"。

【示例】

一群朋友郊游，我领头在狭窄的阡陌（qiānmò）上走，怎料迎面来了几头耕牛，狭道容不下人和牛，终有一方要让路。它们还没有走近，我们已经预计斗不过畜牲（chùsheng），恐怕难免踩到田地泥水里，弄得鞋袜又泥又湿了。正踟蹰（chíchú）的时候，带头的一头牛，在离我们不远的地方（difang）停下来，抬起头看看（kànkan），稍迟疑一下，就自动走下田去。一队耕牛，全跟着它离开阡陌，从我们身边经过。

我们都呆了，回过头来，看着深褐色的牛队，在路的尽头消失，忽然觉得自己受了很大的恩惠。

中国的牛，永远沉默地为人做着沉重的工作。在大地上，在晨光或烈日下，它拖着沉重的犁，

低头一步又一步,拖出了身后一列又一列松土,好让人们下种(xiàzhǒng)。等到满地金黄或农闲时候,它可能还得担当搬运负重的工作;或终日绕(rào)着石磨,朝同一方向,走不计程的路。

——节选自小思《中国的牛》

(二)根据思想内容,把握作品的基调

所谓基调,是指作品的整体风格和情调,是声与情的和谐统一,反映作品特定的"主旋律"。每一篇作品,都有一个统一完整的基调,不同题材的文章基调各不相同。教师朗读时必须把握住作品的基调,因为作品的基调是一个整体概念,是层次、段落、语句中思想感情的具体流露。要把握好基调,首先要熟悉作品,从理性上把握作品的思想内容和精神实质,只有透彻地理解作品的思想内容,才能有深切的感受,才能准确地掌握作品的情调与节奏,正确地表现作品的思想感情,并进行认真、充分和有效地解析。在此基础上,教师才能产生出真实的感情、鲜明的态度,产生一种内在的、不吐不为快的律动感。只有经历这样一个复杂的过程,作者、读者、听者的思想才能融为一体,产生共鸣。也只有经历这样一个复杂的过程,朗读者才能从作品思想内容出发,把握住基调。

1.想主题——深入感受文章主旨意蕴

【示例】

和时间赛跑

读小学的时候,我的外祖母去世了。外祖母生前最疼爱我。我无法排除自己的忧伤,每天在学校的操场上一圈一圈地跑着,跑得累倒在地上,扑在草坪上痛哭。

那哀痛的日子持续了很久,爸爸妈妈也不知道如何安慰我。他们知道与其欺骗我说外祖母睡着了,还不如对我说实话:外祖母永远不会回来了。

"什么是永远不会回来了呢?"我问。

"所有时间里的事物,都永远不会回来了。你的昨天过去了,它就永远变成昨天,你再也不能回到昨天了。爸爸以前和你一样小,现在再也不能回到你这么小的童年了。有一天你会长大,你也会像外祖母一样老,有一天你度过了你的所有时间也会像外祖母一样永远不能回来了。"爸爸说。

爸爸等于给我一个谜语,这谜语比课本上的"日历挂在墙壁,一天撕去一页,使我心里着急"和"一寸光阴一寸金,寸金难买寸光阴"还让我感到可怕;也比作文本上的"光阴似箭,日月如梭"更让我觉得有一种说不出的滋味。

以后,我每天放学回家,就知道一天真的过完了。虽然明天还会有新的太阳,但永远不会有今天的太阳了。

我看到鸟儿飞到天空,它们飞得多快呀。明天它们再飞过同样的路线,也永远不是今天了。或许明天再飞过这条路线,不是老鸟,而是小鸟了。

时间过得飞快,使我的小心眼里不只是着急,还有悲伤。有一天我放学回家,看到太阳快落山了,就下决心说:"我要比太阳更快回家。"我狂奔回去,站在庭院里喘气的时候,看到太阳还露着半边脸,我高兴地跳起来。那一天我跑赢了太阳。以后我常做这样的游戏,有时和太阳赛跑,有时和西北风比赛,有时一个暑假的作业,我十天就做完了。那时我三年级,常把哥哥五年级的作业拿来做。每一次比赛胜过时间,我就快乐得不知道怎么形容。

后来的二十年里,我因此受益无穷。虽然我知道人永远跑不过时间,但是可以比原来跑快

一步,如果加把劲,有时可以快好几步。那几步虽然很小很小,用途却很大很大。

如果将来我有什么要教给我的孩子,我会告诉他:假若你一直和时间赛跑,你就可以成功。

——节选自林清玄《和时间赛跑》

这篇清新、淡雅而又略带忧伤情绪的散文,讲的是"我"因外祖母的去世忧伤不已,后来,在爸爸一席话的启发下,从太阳落山、鸟儿飞行中"我"明白了应该怎样珍惜时间。文中用了很多和时间有关的名句:如"一寸光阴一寸金,寸金难买寸光阴""光阴似箭,日月如梭";"我要比太阳更快回家"等,体现了作者对时间的珍惜。教师朗读时只有深刻理解了作品主旨,把握了作品的基调,才能将作品朗读好。读出"我"因外祖母去世的哀痛,读出"我"体验时间流逝的哀愁,读出"我"跑在时间前面的喜悦。通过这些丰富多彩、个性鲜明的朗读,在朗读中明理、悟情。

2.想目的——明确朗读的社会意义

朗读是有目的的有声语言传播活动,目的是通过朗读达到所要达到的社会效果和意义,也就是了解作者当时的思想和写作的时代背景。想一想朗读的目的,会进一步激发和调动起朗读者强烈的朗读欲望。

【示例】

春　望

杜甫

国破山河在,城春草木深。

感时花溅泪,恨别鸟惊心。

烽火连三月,家书抵万金。

白头搔更短,浑欲不胜簪。

钱塘湖春行

白居易

孤山寺北贾亭西,水面初平云脚低。

几处早莺争暖树,谁家新燕啄春泥。

乱花渐欲迷人眼,浅草才能没马蹄。

最爱湖东行不足,绿杨阴里白沙堤。

要使朗读具有感染力,既传达出自己的感受,又让听众身临其境,朗读时就要把握好作品的感情基调,传达出作品的神。如果幼儿老师不了解杜甫《春望》中感伤的情感基调,就无法把离别之愁、身世之悲、亡国之恨、触动自身坎坷之痛之悲,一层一层传达出来;不了解白居易《钱塘湖春行》那正值阳春三月,大好的时光,白居易策马扬鞭于青山绿水之间,来一次淋漓尽致的抒发,就不能表现那轻松又愉悦的情怀。

3.想对象——建立积极的交流状态

朗读除了是有目的的有声语言传播活动外,同时也是有明确交流对象的语言传播活动。结合具体的内容想一想接受的具体对象,有利于朗读目的的实现并使朗读生动可感。幼儿老师朗读的听众对象是幼儿,教师的朗读一定是儿童的口吻,活泼的语调,还要设想他们听到朗读会有什么样的反应,对他们将有什么积极的作用,等等,用以调动自己的感情和朗读的欲望。

【示例】

一朵会说会笑的山菊花

两只粉红色的蝴蝶从妈妈身边飞走，追着扑棱棱的小辫儿，飘进花丛里不见了。

"妈妈，你找呀，看我藏在哪？"妈妈故意不往花丛那边看，却向一棵大树走去。树儿轻轻摇，发出哗啦啦、哗啦啦的响声，一簇簇小蘑菇，擎着伞儿站树下。

"妈妈，别到大树后面找，那里有小鸟，别吓飞了它！"妈妈停住了，还是不往花丛那边望，却故意用手拨开草丛。一只大肚蝈蝈被惊动了，一个高儿蹦到草尖上，悠悠打起了秋千。

"妈妈，别到草棵里找，那里有小兔，别吓跑了它！"这时，妈妈踮起脚尖儿，一步步向花丛走去。孩子闭着眼，格格笑着。突然，妈妈一下把孩子抱住了。

孩子仰着脸儿，不明白地问："妈妈，你怎么知道我藏在花里呀？"

妈妈甜甜地说："我的小妞妞，是朵会说会笑的山菊花！"

——节选自滕毓旭《一朵会说会笑的山菊花》

《一朵会说会笑的山菊花》是一篇叙事散文，叙述的是孩子和妈妈在树林里捉迷藏的欢快场面，写的是一个生活片断，却展现了一幅幼儿生活的动人情景。语言无比美丽，字里行间充溢着生活气息，处处跳动着稚拙的童心。教师的朗读要能使幼儿隐约感知到自然美、生活美，以引起他们对大自然对生活的热爱。

4. 根据不同题材文体特点，熟悉作品的内容和结构

对于不同题材文体的文章，应如何读出最佳效果，犹如语文教学专家所说：对于抒情性作品，应着重熟悉其抒情线索和感情格调；对于叙事作品，应着重熟悉作品的情节与人物性格；对于论述文，需要通过逐段分析理解，抓住中心论点和各分论点，明确文章的论据和论述方法，或者抓住文章的说明次序和说明方法。总之，只有掌握了不同作品的特点，熟悉了作品的具体内容，才能准确地把握不同的朗读方法。

（1）记叙文的朗读

记叙文是最常见的一种文体，如小说、散文、特写、通讯报道、寓言、童话等。记叙文，无论记人、叙事，还是写景、状物，总要通过事件给人启迪，发人深省，而这种启迪是在清晰、亲切的叙事过程中隐约流露的，很少有说教成分。幼儿教师教育的对象是幼儿，本教材只谈狭义的记叙文朗读，重点介绍小说、散文、寓言、童话、议论文的朗读训练。

朗读记叙文总的要求：记叙文的语言一般都是朴实而细腻的。只有朴实才会感人，只有细腻地叙述和描写，才能具体地展示作者的立意，所以，朗读时需要深入体会其中的韵味，准确表现。为了使表达细腻，我们必须特别注意以下几点：

首先，朗读要舒展。记叙文的大量篇幅都是在叙述，朗读时要注意断句，根据线索的主次关系，钉是钉、铆是铆地读清楚，这样，便于情感流露，有利于语气的自然、畅达。

其次，记叙文的描写都比较实在，它能使人产生真切地联想，加强形象感受。但是，朗读描写句时，不宜过分夸张、矫揉造作、自我陶醉，应该把描绘的生活图景实实在在地呈现给幼儿，让幼儿获得真实的形象，自如地去体味。

最后，人物要有神。记叙文中的人物是最主要的因素，朗读时一定要以表达人物的精神境界、思想深度为重点，同时还要照顾到人物的性格特征、年龄大小和人物之间的关系。

①小说的朗读。朗读小说时，首先要弄清楚小说叙述的性质和作者的态度。只有理解了

叙述的性质和作者的态度,才能在朗读中正确而充分地表达小说的思想感情。应尽量把小说中作者叙述的语言和人物交际的语言区分开来。叙述的语言要读得低些,人物对话则要读得高些。人物的语言往往最能体现人物的思想性格,要注意人物的年龄、性别、身份、地位、性格等个性因素,处理好人物对话间的衔接,能够从这个人物很快转到另一个人物,通过语言表达把不同人物逼真地显现出来。

有人可能会说,幼儿教师面对的听众是幼儿,其实儿童小说虽然是以幼儿、儿童生活为主要题材的,但是为了开阔幼儿的眼界,为他们塑造可效仿的形象,成人生活的题材也应在儿童小说中有所反映。事实上,幼儿生活与成人生活常常是联系在一起的。

儿童小说塑造的是以少年儿童为主的、性格鲜明的人物形象,既可以是先进少年儿童的典型,也可以是普通少年儿童的代表,还可以是有严重的过失或带有一定悲剧性的少年儿童形象。幼儿教师在朗读时主要要强调人物说了些什么,而不是强调人物是怎样说的。要从传达内容的目的出发,以自己的语言为基础进行朗读,必要时装饰自己的声音去扮演多种人物角色。朗读小说还要注意:突出人物的个性,表现情节的起伏变化(开端、发展、高潮、结局),做到情景交融。

【示例】

小橘灯

这是十几年前的事了。

在一个春节前一天的下午,我到重庆郊外去看一位朋友。她住在那个乡村的乡公所楼上。走上一段阴暗的仄仄的楼梯,进入一间有一张方桌和几张竹凳、墙上装着一架电话的屋子,再进去就是我的朋友的房间,和外间只隔着一幅布帘。她不在家,窗前桌上留着一张条子,说是她临时有事出去,叫我等着她。

我在她桌前坐下,随手拿起一张报纸来看,忽然听见外屋板门吱的一声开了,过了一会儿,又听见有人在挪动那竹凳子。我掀开帘子,看见一个小姑娘,只有八九岁光景,瘦瘦的苍白的脸,冻得发紫的嘴唇,头发很短,穿一身很破旧的衣裤,光脚穿一双草鞋,正在登上竹凳想去摘墙上的听话器。看见我似乎吃了一惊,把手缩了回去。我问她:"你要打电话吗?"她一面爬下竹凳,一面点头说:"我要××医院,找胡大夫,我妈妈刚才吐了许多血!"我问:"你知道××医院的电话号码吗?"她摇了摇头说:"我正想问电话局……"我赶紧从机旁的电话本子里找到医院的号码,就又问她:"找到了大夫,我请他到谁家去呢?"她说:"你只要说王春林家里病了,她就会来的。"我把电话打通了,她感激地谢了我,回头就走。我拉住她问:"你的家远吗?"她指着窗外说:"就在山窝那棵大黄果树下面,一下子就走到的。"说着就噔、噔、噔地下楼去了。

我又回到里屋去,把报纸前前后后都看完了,又拿起一本《唐诗三百首》来,看了一半,天色越发阴沉了,我的朋友还不回来。我无聊地站了起来,望着窗外浓雾里迷茫的山景,看到那棵黄果树下面的小屋,忽然想去探望那个小姑娘和她生病的妈妈。我下楼在门口买了几个大红橘子,塞在手提袋里,顺着歪斜不平的石板路,走到那小屋的门口。

我轻轻地叩着板门,刚才那个小姑娘出来开了门。抬头看见我,先愣了一下,后来就微笑了,招手叫我进去。这屋子很小很黑,靠墙的板铺上,她的妈妈闭着眼平躺着,大约是睡着了,被头上有斑斑的血痕,她的脸向里倒着,只看见她脸上的乱发和脑后的一个大髻。

门边一个小炭炉,上面放着一个小沙锅,微微地冒着热气。这小姑娘让我坐在炉前的小凳子上,她自己就蹲在我旁边,不住地打量我。我轻轻地问:"大夫来过了吗?"她说:"来过了,给妈妈打了一针……她现在很好。"她又像安慰我似的说："你放心,大夫明早还要来的。"我问："她吃过东西吗?这锅里是什么?"她笑着说："红薯稀饭——我们的年夜饭。"我想起了我带来的橘子,就拿出来放在床边的小矮桌上。她没有作声,只伸手拿过一个最大的橘子来,用小刀削去上面的一段皮,又用两只手把底下的一大半轻轻地揉捏着。

我低声问："你家还有什么人?"她说："现在没有什么人,我爸爸到外面去了……"她没有说下去,只慢慢地从橘皮里掏出一瓣一瓣的橘瓣来,放在她妈妈的枕头边。炉火的微光渐渐地暗了下去,外面变黑了。我站起来要走,她拉住我,一面极其敏捷地拿过穿着麻线的大针,把那小橘碗四周相对地穿起来,像一个小筐似的,用一根小竹棍挑着,又从窗台上拿了一段短短的蜡头,放在里面点起来,递给我说："天黑了,路滑,这盏小橘灯照你上山吧!"我赞赏地接过来,谢了她。她送我到门外,我不知道说什么好,她又像安慰我似的说："不久,我爸爸一定会回来的。那时我妈妈就会好了。"她用小手在面前画一个圆圈,最后接到我的手上："我们大家也都好了!"显然地,这"大家"也包括我在内。

我提着这灵巧的小橘灯,慢慢地在黑暗潮湿的山路上走着。这朦胧的橘红的光,实在照不了多远,但这小姑娘的镇定、勇敢、乐观的精神鼓舞了我,我似乎觉得眼前有无限光明!

我的朋友已经回来了,看见我提着小橘灯,便问我从哪里来。我说："从……从王春林家来。"她惊异地说："王春林,那个木匠,你怎么认得他?去年山下医学院里有几个学生,被当作共产党抓走了,以后王春林也失踪了,据说他常替那些学生送信……"

当夜,我就离开了山村,再也没有听见那小姑娘和她母亲的消息。

但是从那时候起,每逢春节,我就想起那盏小橘灯。

12年过去了,那小姑娘的爸爸一定早回来了。她妈妈也一定好了吧?因为我们"大家"都"好"了。

——节选自冰心《小橘灯》

《小橘灯》是著名作家冰心的"佳美"之作,选材上"以小见大","平中见奇"。——用第一人称"我",对十几年前往事的回忆。那是1945年春节前夕的重庆,国民党反动派加紧镇压共产党和爱国人士,广大人民生活在白色恐怖之中。那天,"我"拜访朋友却偶遇一位小姑娘后发生的事情。作者通过精巧的艺术构思,选取了小姑娘"打电话""照看妈妈""巧制小橘灯"等几件事,刻画了一个早熟、镇定、勇敢、乐观、纯真善良、富有内在美的中国农村贫苦少女的形象。她贫寒的外貌,令人同情;"我"和她攀谈,感受到她的懂事、可爱;"我"到她家探访,她沉静有礼地接待;她乐观地"笑谈"那寒酸的年夜饭,谨慎地解释爸爸的下落;熟练、敏捷地制作小橘灯;热情地送客;特别是对光明未来充满自信……文章中,"我"的感受也伴随着对小姑娘的描写而逐步流露,"我"的感情也伴随着对她的了解而不断升华。从初遇时的"同情",到了解后的"可爱",直到最后告别时的"敬佩",这些情感的变化,诵读时教师应注意事物、景物和人物的不同特点,恰到好处地予以处理,要力求展示出一个具有立体感的小女孩的形象。例如,"红薯稀饭——我们的年夜饭"可读出深沉、无奈的语气,速度可慢些。特别是文章最后一段话,要抓住"一定""都""好"等词句,读出坚定的语气,特别对于"好"要重读,以表达对小姑娘的思念和祝福,以及对光明未来的信心。

②散文的朗读。散文在结构上的特点是形散而神聚。这里的"神"是指贯穿全篇的灵魂,也就是作品的思想感情,即散文的笔法自由,但中心思想集中、明确,结构严谨,脉络清楚。它的范围很广,可指韵文以外所有的文章。散文是从作者主观视角来观察世界万物,从中有所感

悟,于是有感而发,抒发自己的感想。读散文,听散文,是跟着作者去看去想,最终和作者融为一体。因为它是一个看、想、感悟的过程,所以散文朗读的基调是平缓的,没有太大的起伏,即使是在作品的高潮,也不会像演讲那样异峰突起,慷慨激昂。朗读的语速要适中,音色柔和,一般用拉长而不用加重的方法来处理强调重音。散文多半是以抒发作者个人感受为主的文章,朗读散文,应注意把握朗读基调,感情真挚饱满。

朗读时要体现情感发展脉络,明确作品中流露的或激昂、或低沉、或明快、或舒缓的情感节奏以及作品的侧重点。散文的内容是多种多样的,它的取材十分自由,可以写天下大事、时代风云,也可以写花鸟草虫、人世沧桑。总的来说,朗读散文语气要比诗歌更接近于生活,更接近口语,并略慢于口语,尽量像述说自己的亲身经历一样,使幼儿如临其境,如见其人,如闻其声。

散文虽然形散,但也有规整的节奏和严格的韵律,也讲究节奏和韵律美。有时散文的局部和某些句子也有对称结构。例如,朱自清的《春》中:"风,轻悄悄的;草,软绵绵的。"在朗读时,我们可以用相同的语调来读这对语句,使文中的韵律美表现出来。

【示例】

雪花飘啊飘

清晨起来,拉开窗帘,一个银亮的世界展现在我的眼前。我一看见这纯白的雪片,就直想尽快扑进这雪白的世界。

妈妈送我走出家门,并三番五次地叮嘱我路上小心。我只顾观赏雪景,自然觉得妈妈啰唆。"回去吧,真烦人!"便头也不回地上路了。

"妈妈,快,快拉我跑!"

雪地中一位年轻的母亲拉着身后的小女儿跑着,笑着。忽然,母亲脚下一滑,摔倒在雪地上。我忙跑过去拉起她,她却不顾自己,而是马上扶起坐在地上的小女儿。女儿也很懂事地给妈妈拍去头发上的雪,轻轻地问了一声:"妈妈,您疼不疼?"母亲由衷地笑了,笑得那么舒心。

望着雪片纷飞中母女俩紧紧相偎的身影,我的脑海里立刻映出了十年前似曾相似的一幕:那时我也曾十分乖巧地为妈妈拍雪,扶妈妈走路。可十年后同样的雪天,我却只顾自己的兴致把妈妈的关心搁在一边。也许妈妈并未留意我的话,但十七岁的我应该理解父母的苦心,因为在他们的眼里我永远是个长不大的孩子。

也许刚才的那位母亲摔得很重,可小女儿简单的一句"妈妈,您疼不疼?"便已化解了她的疼痛。不管外界多冷,一股股暖流也会涌上心头,这便是世上最动人的欣慰,也是像雪一样纯的真情。

雪花飘啊飘,我目送那对母女远去,便急切地回转身,我要回家去对父母说:"爸爸、妈妈,雪大路滑,当心啊!"

——节选自曹展《雪花飘啊飘》

《雪花飘啊飘》是一篇叙事散文,作者从主观视角出发,描写自己看到雪地上母女情深的画面受到感染和启发,发现自己长大后不如小时候那样体贴、关爱母亲。文章一开头作者回答母亲的叮嘱是漫不经心的语气,紧接着出现了雪地中嬉戏的一对母女。对母女俩的描写以及小女儿天真无邪、活泼可爱的声音,还有文章最后作者反思时沉重的语气,这些都是需要在朗读中加以渲染的,它们是表现作者整个感情线索中的有机组成部分,受到作者感情线索的制约,而不是自由的,不能游离于作品之外。这段小故事虽然很短,却也包括了这样一些情节:母女俩在雪地里嬉戏;母亲摔倒了;我拉起她;她扶起女儿;女儿给妈妈拍雪,问妈妈疼不疼;妈妈笑得很舒心。

作为幼儿教师朗读时既要强调"我"扶起妈妈,助人为乐,又要强调母亲的反应,扶起女儿,体现母亲对女儿的疼爱等;最关键的是"为妈妈拍雪,扶妈妈走路";还有就是那一声"妈妈,你疼不疼?"这是给人留下印象最深刻的一笔。因为正是这一笔,使作者想到自己幼年时对母亲的深情,也猛然发现自己长大后的变化,并且真正领悟了父母对自己的爱!正由于此,才激发了作者对父母强烈的爱。从而使这段故事成为全文重要的组成部分并在全文起到画龙点睛的作用。

③故事的朗读。故事一般侧重对人物的刻画和事件的叙述,强调人物的形象性和情节的连贯性、生动性。幼儿故事的特点是篇幅精巧、情节曲折、语言形象符合幼儿的口味,是幼儿接触最多最早的文学形式之一。它的取材非常广泛,有充满神奇幻想的童话故事,有富含哲理和教训的寓言故事,有口耳相传、趣味性很强的民间故事,也有发生在自己身边的生活故事。幼儿教师要有驾驭故事材料的能力,要在理解和想象的基础上,娴熟地运用丰富的语言技巧为幼儿创设听故事、朗读故事的情境。

故事的种类很多,有童话故事、寓言故事、生活故事、民间故事等,我们重点讲童话故事和寓言故事的朗读。童话故事和寓言故事通常是用拟人的表现手法或假托故事来说明一个道理或教训,往往带有劝诫或讽刺的意味。朗读这类作品,首先要注意理解其深刻含义;其次要适当运用声音夸张技巧来刻画人物形象,尤其是动物寓言和童话故事。诸如善良的山羊、聪明的兔子、骄傲的孔雀、狡猾的狐狸、凶恶的老狼等,其性格特征、心理活动、行为动作常常是从动物们彼此的对话中得以表现的。朗读故事要尽量绘声绘色地读,从而感染和教育启发幼儿。

童话的朗读　童话对幼儿来说就是爱的礼物,它包含了幼儿想知道而在现实生活中又无法知道的万事万物的由来,以及做人的道理。童话是一种通过丰富的想象、幻想和夸张来创造形象、反映生活,对幼儿进行教育的文学体裁。童话世界又是五彩斑斓、瑰丽而生动的,童话中所描写的,无论是山川鸟兽、花草虫鱼,还是天地日月、风云雷电等各种自然现象,都被作者赋予它们以"人"的性格和情感,并以其鲜明的形象和独特的个性活跃在幼儿幻想的生活舞台上,深受幼儿的欢迎。同时,它还能发展幼儿的思维,丰富幼儿的想象力,给幼儿以美的享受,激发幼儿的创造欲望。

童话的语言浅显易懂、生动形象,它的情节风趣幽默,是幼儿喜闻乐见的一种文学形式,对幼儿有非常大的吸引力。拟人、夸张、象征、反复等是童话经常运用的表现手法。

怎样朗读好童话呢?

首先,幼儿教师要有一颗"童心"。有了童心,教师朗读时才能从幼儿的审美角度、认知水平、心理角度出发,处理好情节的发展和人物的活动之间的关系,通过老师的朗读把幼儿带到童话的世界,使幼儿明白,什么是好的,应该学习的,哪些是应该反对的,从而陶冶他们的情感世界,启迪他们的智慧。

其次,语言要自然生动,尽量接近口语,适当结合夸张。教师可以根据故事情节的发展,人物的不同性格、身份、年龄等,从节奏的起伏,语速的快慢,音量的大小、高低方面做适当的处理,通过声音体现出它们跟所扮演的人物角色的联系和相似之处,把"人性"和"物性"统一起来。这样才能使童话人物相互有所区别,才能读得更清楚、更生动,但不要刻意追求形似,做到神似即可。

最后要强调的是,朗读童话,最重要的还是读好开头和结尾,就是人们常说的龙头凤尾。

朗读时老师一定要把握好开头,一开始就把幼儿带入一个瑰丽的幻想的世界。在开头部分,充分地利用声音形象,调动孩子们的想象力,使幼儿进入"童话世界",这样才能吸引他们的注意力,达到寓教于乐的目的;结尾更要意味深长,留给幼儿想象的余地,这样才能使幼儿不仅情感世界受到熏陶,而且深化他们对世界和人生的认识,为他们人生观的形成打下基础。

【示例】

小红帽

从前有个可爱的小姑娘,有一次,奶奶送给她一顶小红帽,戴在她的头上很漂亮。从此,大家都叫她"小红帽"。

小红帽对妈妈说:"我会小心的,我去看奶奶啦!"说完小红帽就开心地走了。

小红帽刚走进森林就碰到一只狼。小红帽不知道狼是坏人,所以一点也不怕它。

狼说:"你好,小红帽!"

小红帽说:"你好,狼先生。"

"小红帽,这么早要到哪里去呀?"

"我要到奶奶家去。奶奶病了,我给她带了蛋糕和酒。"

狼问:"你奶奶住在哪里呀,小红帽?"

小红帽说:"在森林里,她的房子就在三棵大树下,你一定知道的。"

狼在想:"这个小孩白白的,味道肯定比那老太婆要好。我要把她们两个都吃掉。"于是它对小红帽说:"小红帽,你看周围这些花多么美丽啊,应该采点给你的奶奶,她一定会很开心的。"

小红帽想:"是啊,这些花这么漂亮,我该采一把鲜花给奶奶,她一定会很高兴的。"于是她离开大路,走进林子去采花。这时候,狼跑到奶奶家,敲了敲门。

奶奶问:"是谁呀?"

狼捏着鼻子说:"我是小红帽。我给您送蛋糕和酒来了,快开门哪。"

奶奶大声说:"哦,是我可爱的小红帽啊,你拉一下门就行了,门没有关,我身上没有力气,起不来。"

狼拉开门走了进来,他冲到奶奶床前,把她吞进了肚子。然后她穿上奶奶的衣服,戴上她的帽子,躺在床上,还拉上了帘子。

过了一会儿,小红帽来到了奶奶家,门没有关,小红帽直接走了进去,大声说:"早上好!"她走到床前拉开帘子,只见奶奶躺在床上,帽子把脸都遮住了。

小红帽说:"奶奶,您的耳朵怎么这样大呀?"

狼说:"为了更好地听你说话呀,乖乖。"

小红帽又问:"可是奶奶,你的眼睛怎么这样大呀?"

"为了更清楚地看你呀,乖乖。"

"奶奶,你的手怎么这样大呀?"

"可以更好地抱着你呀,乖乖。"

"奶奶,你的嘴巴怎么大得很吓人呀?"

狼说:"可以一口把你吃掉呀!"说完他就从床上跳起来,把小红帽吞进了肚子,狼吃饱就躺到床上睡着了。

一位猎人正好从屋前走过,看奶奶的屋子的门是打开的,于是他走进去看看,看见狼躺在床上,肚子还在动,于是,猎人拿起一把剪刀,把狼的肚子剪开了。

小红帽和奶奶都被救了出来,这时候猎人搬来几块大石头,塞进狼的肚子。狼醒来之后想逃走,可是那些石头太重了,它刚站起来就跌倒在地,摔死了。

他们高兴极了,奶奶吃了小红帽带来的蛋糕和喝了酒,感觉好多了。

《小红帽》选自德国著名的格林童话,也是幼儿特别喜爱的一部童话故事。文中叙述了礼貌懂事、天真幼稚、孝顺的小红帽和表面和善,其实凶狠狡猾、贪婪阴险的大灰狼两个个性鲜明的人物形象。文章一开始主人公小红帽美丽善良的形象就呈现在读者面前,"从前有个可爱的小姑娘,有一次,奶奶送给她一顶小红帽,戴在她的头上很漂亮。从此,大家都叫她'小红帽'"。交代了时间、人物、起因,告诉我们"小红帽"的由来,朗读时语速要慢,注意调动幼儿的"胃口"。"小红帽"到底讲述了一个什么故事,让幼儿产生一听为快的愿望,使幼儿的注意力集中在童话情节中。老师在朗读时一定要把握好人物的语言、动作以及心理活动。比如狼和小红帽的对话:狼说:"你好,小红帽!"小红帽说:"你好,狼先生。""小红帽,这么早要到哪里去呀?""我要到奶奶家去。奶奶病了,我给她带了蛋糕和酒。"狼问:"你奶奶住在哪里呀,小红帽?""郊外的森林里。"于是它对小红帽说:"小红帽,你看周围这些花多么美丽啊,应该采点给你的奶奶,她一定会很开心的。"狼假装慈善、友好以骗取小红帽的信任。朗读时要读出小红帽的善良、天真幼稚,狼的狡诈、阴险,幼儿才能从中体会到人物的好与坏;除此之外,朗读时还要仔细体会人物的心理活动。例如,狼想吃掉小红帽和奶奶,假惺惺地学小红帽和奶奶的口气说话,小红帽年龄小说话稚嫩,天真可爱,奶奶年老多病说话声音慢吞吞,而且音量小,老师朗读的时候要把握好节奏快慢等,以表现出狼的贪婪;还有小红帽的孝顺、懂事,如小红帽想:"是啊,这些花这么漂亮,我该采一把鲜花给奶奶,她一定会很高兴的。"朗读时语气要活泼。最后,在猎人的帮助下,战胜了凶恶的狼,小红帽和奶奶获救,朗读时语气轻松,心情愉悦。

寓言的朗读　寓言是一种寄托着深刻含义的简短故事。它常用假托的故事或自然物的拟人手法来说明某个道理或教训,让读者体会、领悟,从中获得启发教育。寓言故事生动、形象具体,特别受幼儿的喜爱。寓言故事的特点是借事喻理,主题多是惩恶扬善、充满智慧。有的反映人们对生活的看法,有的是对某种社会现象的批评,有的是对某一阶层或某一类人物的讽刺,或提供给人们某种生活的教训,或进行某种劝诫。总之,寓言不同寓意各异,这是朗读寓言的关键所在。有的幼儿教师对寓言的理解只是表面化地处理寓言故事,不能把一则寓言的真正含义告诉幼儿,这样会显得有些幼稚。

如何朗读寓言呢?

首先,明确寓意——朗读要有层次感。

每读一篇寓言之前,首先要明确该寓言的寓意是什么。一般来讲,寓言的层次感特别强,通常开头和结尾或告诫或讽刺,也就是寓意所在,朗读时声音稍高以突出寓意;中间是通过人物对话和事件描写,采用拟人化的手法,叙述一个饱含寓意的小故事,朗读时教师一定要处理好人物对话和描写的基调,对描写部分要读得生动形象,通过有声语言把寓言描写的景物等呈现给幼儿。描写细腻之处,要从容,留出间隙,让听者有接受的时间。对话部分可以读得比较夸张,切忌不要刻意去学那些动物的声音或样子(这是幼儿教师在朗读寓言时的误区),只要读得逼真就行。这样才能使开头或结尾的点题显得有说服力。

其次,抓住特点——朗读要细腻传神。

每篇寓言所借喻的事物不尽相同,但它们都来源于生活,和现实生活是相通的,寓言是用动物和神怪来表现人间的事,从而寄托人们的美好愿望,以及对真善美的不懈追求。朗读时应注意把握住这个特点,因为在不同的故事中,不同的角色有不同的性格特点、语言行为。表达角色的语言关键在于形象传神,体现角色的个性,教师在朗读时一定要用自己的思想、感受去体会寓言故事中的角色和情节。

例如,《乌鸦和狐狸》这则寓言告诉我们不要被奉承搞得昏昏然。在朗读时,应着重读好狐狸的话,用柔和的、细声细气的声音和曲折的语调,突出其"媚"和狡猾,这样也衬托出乌鸦的愚蠢。

第三,揣摩形象——朗读要富于变化。

每一篇寓言中都会出现好几个不同的形象,作者对这些形象总是或褒或贬,故事情节有高潮,有矛盾冲突,内容丰富多彩、生动有趣。在朗读时语气语调是高是低、是大是小、是强是弱、是虚是实、是冷是暖、是远是近、是轻是重,都应好好揣摩,然后决定用什么语气语调朗读。当然在一篇寓言中不可能涉及这么多的变化,但在总基调背景下要准确把握。

【示例】

鹅

鹅对满院儿的家禽说:"从今后,咱们要互相学习,特别是我,有啥缺点大家尽管提,不要客气。"

"请你闲着没事儿别大喊大叫,吵得大家伙儿不得休息。""唔,我生来就是大嗓门儿,大家捂着耳朵也能解决问题。""我也来提醒你一声,吃起东西来可不能只顾自己。""哎,胃口大不能算缺点,何况大家没养成礼让的风气。""还有你的飞翔术并不高明,可总吹嘘天鹅要来请教你。""提意见也得有个分寸,不要纠缠那些鸡毛蒜皮。""有一回,你拉着小鸡的耳朵,说再提意见就把它拖下水。""我不过跟它开了个玩笑,这算什么批评,简直是打击!"

有些人拿着批评的武器,只是为了装饰自己,千万不要碰到他的痛处,轻轻的搔痒倒还可以。

朗读寓言要着重表现人物性格和思想内容,做到含而不露、引而不发。

《鹅》是一首寓言诗,其主人公鹅是一个虚伪、专横的角色。它表面上很谦和地在征求别人的意见,表示要和满院儿的家禽们互相学习。可当善良、正直的家禽们看到它的一些不良行为习惯,真的提出意见和建议时,它却不屑一顾一一驳回,甚至倒打一把,其虚伪、专横的秉性暴露无遗。朗读时要注意语气变化:家禽们提的意见都是中肯的,朗读时语气应该是真挚的、诚恳的;而鹅就不同了,语气应随着鹅的态度变化有所不同——鹅一开始假意征求意见,应该读出鹅的虚伪;当听到不同的意见时,在鹅的回答中,连用了两个语气词"唔、哎"应读出鹅的不以为然;后来对意见的答复是"什么批评""简直是打击",应该用极不耐烦,甚至恼怒,直至暴怒语气,读出鹅的专横。最后点题,可用叙述语调,但不能太呆板,语速稍慢,读得中肯但不能缺乏幽默,突出警示意味。

生活故事的朗读 幼儿生活故事主要是表现幼儿自己的生活,是幼儿生活的真实写照。取材大多是幼儿在家庭和幼儿园内外的生活,有些甚至直接以真人真事为原型,运用写实的手法,逼真地描述幼儿情感、思想、行为和性格。因此对幼儿有一种真实感和亲切感,能够比较直接地引导幼儿对照自己的思想行为,认识和思考自己的生活。

【示例】

小珊迪

迪安·斯坦雷（英）

故事发生在爱丁堡。

有一天，天气很冷，我和一位同事站在旅馆门前谈话。

一个小男孩走过来，他身上只穿着一件又薄又破的单衣，瘦瘦的小脸冻得发青，一双赤着的脚冻得通红。他对我们说："先生，请买盒火柴吧！"

"不，我们不需要。"我的同事说。

"一盒火柴只要一个便士呀！"可怜的孩子请求着。

"可是，我们不需要火柴。"我对他说。

小男孩想了一会儿，说："我可以一便士卖给你们两盒。"

为了使他不再纠缠，我答应买一盒。可是在掏钱的时候，我发现身上没带零钱，于是对他说："我明天再买吧。"

"请您现在就买吧！先生，我饿极了！"男孩乞求道，"我给您去换零钱。"

我给了他一先令，他转身就跑了，等了很久也不见他回来，我想可能上当了，但是看那孩子的面孔，看那使人信任的神情，我又断定他不是那种人。

晚上，旅馆的侍者说，有个小男孩要见我。小男孩被带进来了。我发现他不是卖火柴的那一个，但可以看出是那个男孩的弟弟。小男孩在破衣服里找了一会儿，然后才问："先生，您是向珊迪买火柴的那位先生吗？"

"是的。"

"这是您那个先令找回来的 4 个便士。"小男孩说，"珊迪受伤了，不能来了。一辆马车把他撞倒了，从他身上轧了过去。他的帽子找不到了，火柴也丢了。还有 7 个便士也不知哪儿去了。说不定他会死的……"

我让小男孩吃了些东西，跟着他一块儿去看珊迪。这时我才知道，他们俩是孤儿，父母早死了。可怜的珊迪躺在一张破床上，一看见我就难过地对我说："我换好零钱往回跑，被马车撞倒了，轧断了两条腿。我就要死了。可怜的小利比。我的好弟弟！我死了你怎么办呢？谁来照顾你呢？"

我握住珊迪的手，对他说："我会永远照顾小利比的。"

珊迪听了，目不转睛地看着我，好像表示感激。突然，他眼睛里的光消失了。他死了。

这个故事是 19 世纪迪安·斯坦雷，根据自己亲身经历的一个真实故事而写成的。故事发生在英国爱丁堡，讲述的是在资本主义社会里小珊迪靠卖火柴生活，不幸被马车轧断双腿，悲惨地死去的故事。这个故事表现了小珊迪诚实、善良的品质，揭露了资本主义制度的罪恶。

朗读时整个语调应该是低沉的，而"我"的语言热情、善良、关爱；"同事"的话虽只有一句，但要读得淡漠；"珊迪"和"利比"语调相近，都充满孩子的稚气，要通过朗读表现出他们单纯、善良的性格和诚实的优秀品质。

（2）诗歌的朗读

诗歌的特点是感情充沛、节奏鲜明。诗歌是一种运用高度凝练而形象的语言来反映社会生活、抒发感情的文学体裁。要朗读好诗歌，就要突出以下三个特征：

首先，要领会诗的语言，再现诗歌深邃的意境。意境是诗歌的精髓，"意"是指诗歌表达的思想感情；"境"是诗歌中描写的客观事物情景。诗歌中情与景的有机交融，汇成诗歌的深邃意境，使诗歌具有艺术魅力。只有深入领会诗的语言和意境，才能使自己和诗人的思想感情融为一体，与诗人产生共鸣，朗读起来才会以情带声、生动感人。

其次，生动地表达诗歌的音乐美。诗歌的音乐美表现在"音步"和韵脚上。"音步"即一句诗用停顿分成的段落，又叫节拍或节奏。它可以使人感到句式的变化，产生鲜明的节奏感，便于思考和理解。分析诗歌的节奏，应着重划分好每行诗的节拍。它是诗行中有规律的停顿，每个节拍包含几个音节，是根据各行诗的内容和语法结构确定的。古诗音步比较固定，新诗一般不是很整齐。传统格律诗中的五言诗，一般是每个诗行两个节拍，即 2＋3 形式。七言诗一般是每个诗行三个节拍，即 2＋2＋3 的形式。自由诗的节拍不像格律诗那样固定整齐，一般是两字或三字一拍，也有四字一拍的。一般音步里包含音节多的，读起来要紧凑；少的则舒缓，使两者所占时间大致相同。古诗平仄对仗，韵律严整；新诗无平仄要求，但讲求语势的抑扬。新诗、古诗都讲求押韵，韵脚宜用拖长字音显示，不宜用重音突出，否则会冲淡逻辑重音，影响语意的表达。

最后，声断情连，感情跳跃。诗歌概括性强，常常抓住最能有力地表达感情的几个词语，进行跳跃式的描写，诗段与诗节之间也常有较大跳跃。朗读时，要运用语调的变化，把前后连贯起来，使感情延续下来。

【示例 1】

我的"自白"书

陈然

任脚下／响着／沉重的铁镣，

任你／把皮鞭／举得高高，

我／不需要／什么自白，

哪怕／胸口／对着带血↓的刺刀！

人，／不能低下／高贵的头，

只有／怕死鬼／才乞求"自由"；

毒刑拷打／算得了什么？↑

死亡／也无法／叫我开口！

对着死亡↓／我／放声大笑↑，

魔鬼的宫殿／在笑声中／动摇；

这就是我↑——一个共产党员的／自白，

高唱凯歌／埋葬↓／蒋家王朝。

这是陈然同志被捕以后特务们逼迫他写的自白书。这首诗既是一个共产党员崇高内心世界的真实写照，又是对蒋家王朝必然灭亡的庄严宣判。全诗感情真挚，充满了激情，充分表现了先烈坚定的革命信念和大义凛然的革命气节。朗读这首诗的时候，要表现出作者视死如归的英雄气概和对敌人极端蔑视的口气，语调要高昂有力。

第一节，两个"任"字表现了革命先烈不怕敌人毒刑拷打的坚强意志，要读得重些；"不需要"三个字的语气是坚定的；"哪怕胸口对着带血的刺刀！"这个反问句，表示强调肯定的语气，"血"字的尾音要稍微拖长，并且往下降，表现出对敌人残酷屠杀的轻蔑。

第二节，"人"和"怕死鬼"形成对比，要读得稍重；"自白"的尾音要拖长，表示的是所谓的自白的意思；"毒刑拷打算得了什么？"一句要读出反问的语气。

第三节,是全诗的高潮,朗读时要感情奔放,语调昂扬,要表现出共产党人誓与敌人斗争到底的英雄气概和坚信革命必胜的乐观主义精神。

如果我们能领会诗的意境,就能深刻感受到作者坚贞不屈的英雄气概,激起我们与诗的内容相应的感情,再恰当地掌握重音和停顿,朗读时就会感情充沛,节奏鲜明,使听众受到强烈的感染。

【示例2】

春晓

春眠 / 不觉 / 晓,

处处 / 闻 / 啼鸟。

夜来 / 风雨 / 声,

花落 / 知 / 多少。

这是一首格律诗,朗读这首诗时,应该注意每个字都要吐音清晰,淌出诗的节奏。每行诗句都可处理为三处停顿:春眠/不觉/晓,处处/闻/啼鸟。夜来/风雨/声,花落/知/多少。念到"晓、鸟、少"时,字音要适当延长,略带吟诵的味道,使幼儿能感觉出诗的音韵美和节奏感。

前两句写诗人早上醒来后看到的景物,朗读时要用柔和、舒缓的语调,音量不要过大。"鸟"字的尾音可稍向上扬,表现出诗人见到的是春光明媚、鸟语花香的明朗景象。后两句写诗人想起昨天夜里又刮风又下雨,不知园子里的花被打落了多少。在读"花落知多少"时,要想象出落花满园的景象。可重读"落"字,再逐渐减轻"知多少"三个字的音量,表现出诗人对落花的惋惜心情。

总之,朗读诗歌时,要注意节奏鲜明,并根据诗歌的基本节奏采取相应的速度,该轻快的要朗读得轻快些,该沉重的要朗读得沉稳、稍慢些。就一首诗来说,朗读速度也不是固定不变的,而是要根据表现诗歌内容的需要来决定,并具有一定的变化。

(3)议论文的朗读

议论文是一种用逻辑推理的方式明辨是非、论说道理的文体,它的根本目的在于揭示客观事物的本质。朗读时除了要注意运用形象感受之外,更多的要注意逻辑感受的运用,朗读时应注意:态度明朗、感情含蓄地表达文章的思想,准确无误、旗帜鲜明地突现论点,清晰有力地展现论据。

【示例1】

毛泽东在《批评与自我批评》有这样一段话:

……对于我们,经常地检讨工作,在检讨中推广民主作风,不惧怕批评和自我批评,实行"知无不言,言无不尽","言者无罪,闻者足戒","有则改之,无则加勉"这些中国人民的有益的格言,正是抵抗各种政治灰尘和政治微生物侵蚀我们同志的思想和我们的肌体的唯一有效的方法。

这段话文字不多。但从做法、态度、原则、作用诸方面阐述了"认真实行自我批评"的必要性。语言精练、严密。朗读时需认真体会。

其实在议论文的朗读中,我们常常会感到,逻辑感受除了从作品的概念、判断、推理中获得之外,"虚词"在发展脉络,贯通文气,连接层次、语句上起着不可忽视的重要作用,如"因为……所以""不但……而且"等。在朗读议论文章时,能抓住这些虚词,厘清它们之间的关系,会收到事半功倍的效果。所以,有人形象地比喻虚词是文章的"鹊桥"。

【示例 2】

毛泽东《论鲁迅》中的一段话：

我们今天纪念鲁迅先生，首先要认识鲁迅先生，要懂得他在中国革命史中所占的地位。我们纪念他，不仅因为他的文章写得好，是一个伟大的文学家，而且因为他是一个民族解放的急先锋，给革命以很大的助力。他并不是共产党组织中的一人，然而他的思想、行动、著作，都是马克思主义的。他是党外的布尔什维克。尤其在他的晚年，表现了更年轻的力量。他不屈不挠地与封建势力和帝国主义作坚决的斗争，在敌人压迫他、摧残他的恶劣的环境里，他忍受着，反抗着，正如陕北公学的同志们能够在这样坏的物质生活里勤谨地学习革命理论一样，是充满了艰苦斗争的精神的。陕北公学的一切物资设备都不好，但这里有真理，讲自由，是造就革命先锋分子的场所。

这段话，毛主席运用了"不仅……而且"组成一个递进复句，指出纪念鲁迅的原因，接着又用"……然而……"组成一个转折复句，把纪念鲁迅的伟大意义讲得十分透彻。由此看来，朗读议论文在逻辑感受方面还要注意：言语目的要明确，不能似是而非；言语脉络要清晰，不能模棱两可。只有这样才能使文章贯通一气。

四、朗读的技巧

（一）停顿

停顿是指说话和朗读时，段与段之间、语句之间、词语之间的间歇。一方面是出于生理上或句子结构上的需要，停下来换口气或使结构分明；一方面也是充分表达思想情感的需要；同时，也可给听者一个领略和思考、理解和接受的余地，帮助听者理解文章含义，加深印象。一般朗读停顿的地方不同，往往会表达出不同的意思。例如，"老师/看见小朋友露出了笑脸"，在老师后面停顿，意思是"小朋友露出了笑脸"；"老师看见小朋友/露出了笑脸"，在小朋友后面停顿，意思是"老师露出了笑脸"。这两种不同的停顿，所表达的语意也不同。停顿包括生理停顿、语法停顿和强调停顿。

1.生理停顿

生理停顿也叫换气停顿，即朗读者根据气息需要，在不影响语义完整的地方做一个短暂的停歇。生理停顿不能妨碍语意表达或割裂语法结构。一般人的正常呼吸大约是五六秒钟一次，由于换气的需要，在表达过程中必然要有停顿，这种停顿即换气停顿。特别是有些长句，中间没有也不应有标点符号，而一口气却无法读完，必须酌情进行换气停顿。比如这样的长句：

（1）饮水思源，我们怎能不万分感激˘和无限缅怀伟大领袖毛主席˘和敬爱的周总理呢！

（2）我祝愿全国的青少年˘从小立志献身于˘雄伟的共产主义事业……

（3）这只没牙的大老虎˘真的变成瘪嘴老虎啦！

标有"˘"符号的地方是指需要换气停顿的地方。事实上，这里的停顿，还不仅是为了换气，而且是为了加强语言的清晰度和表现力。倘若将上述的三个长句不停顿地勉强一口气读完，既难做到清晰，又很难有大的表现力。

换气停顿要恰当，换气停顿必须服从内容和思想感情表达的需要，尽管换气停顿的具体方法因人而异，但是，不能随心所欲，想在哪里停顿就在哪里停顿。比如，上例第一句如果按下述方法换气停顿，变成："饮水‖思源，我们怎能‖不万分感激和无限缅怀伟大领袖‖毛主席和敬爱的‖周总理呢！"那就不能恰当地表达思想感情了,甚至会引人发笑,显得有些滑稽了。生理需要必须服从心理需要,不可因停害意、因停断情。例如:

(1)我是王书记派来的!

(2)已获得文凭的和尚未获得文凭的干部……

2.语法停顿

语法停顿是根据句子的语法结构所做的停顿。这种停顿,一般根据句中和句末标点符号进行时间长短不一的停顿,凡有标点符号的地方都应有适当的停顿。句中标点符号停顿时间大体是:"分号＞冒号＞逗号＞顿号"。冒号是一种较灵活的点号,它所表示的停顿一般较分号为长,较句号为短。句中的省略号和破折号也表示一定的停顿。句末点号(包括句号、问号、感叹号)表示的停顿,要根据其使用的地方和表情达意的具体情况来确定停顿时间的长短。一般根据标点符号采取不同的停顿,就能使朗读顿挫有度,语意层次分明。

【示例】

火光

很久以前,在一个漆黑的秋天的夜晚,我泛舟在西伯利亚一条阴森森的河上。船到一个转弯处,只见前面黑黢黢的山峰下面一星火光蓦地一闪。

火光又明又亮,好像就在眼前……

"好啦,谢天谢地!"我高兴地说,"马上就到过夜的地方啦!"

船夫扭头朝身后的火光望了一眼,又不以为然地划起桨来。

"远着呢!"

我不相信他的话,因为火光冲破朦胧的夜色,明明在那儿闪烁。不过船夫是对的,事实上,火光的确还远着呢。

这些黑夜的火光的特点是:驱散黑暗,闪闪发亮,近在眼前,令人神往。乍一看,再划几下就到了……其实却还远着呢!……

我们在漆黑如墨的河上又划了很久。一个个峡谷和悬崖,迎面驶来,又向后移去,仿佛消失在茫茫的远方,而火光却依然停在前头,闪闪发亮,令人神往——依然是这么近,又依然是那么远……

现在,无论是这条被悬崖峭壁的阴影笼罩的漆黑的河流,还是那一星明亮的火光,都经常浮现在我的脑际,在这以前和在这以后,曾有许多火光,似乎近在咫尺,不止使我一个人心驰神往。可是生活之河却仍然在那阴森森的两岸之间流着,而火光也依旧非常遥远。因此,必须加劲划桨……

然而,火光啊……毕竟……毕竟就在前头!……

标点符号只显示了文字语言的停顿关系,而语法关系的停顿也是有声语言的"标点符号"。我们不仅要掌握标点符号的停顿规律,还要掌握语法停顿的一般规律。

(1)主语、谓语之间的停顿。例如:

①深蓝色的天空里/悬着无数半明半昧的星。

②爸/不懂得怎样表达爱……而妈/则把我们做过的错事开列清单。

③育才小学校长陶行知/在校园看到学生王友/用泥块砸自己班上的同学。

(2)动词与较长的宾语之间的停顿。例如：

①我最爱看/天上密密麻麻的繁星。

②我常想/读书人是世间最幸福的人。

③我明白了/她称自己为素食者的真正原因。

(3)较长的附加成分和中心词之间的停顿。例如：

①从形云密布的天空中/飘落下来。

②我发现母亲正仔细地/用一小块儿碎面包/擦那给我煎牛排用的油锅。

③床架上方，则挂着一枚/我一九三二年/赢得耐斯市少年乒乓球冠军的/银质奖章。

(4)并列成分之间。例如：

①从那些往哲先贤/以及当代才俊的著述中/学得他们的人格。

②那些失去/或不能阅读的人是多么的不幸。

③上面布满了大大小小/形形色色的徽章、奖章。

3. 强调停顿

强调停顿是指句子中特殊的间隔。更多的时候我们为了强调某一事物或突出某个语意、某种感情而停顿；或为了加强语气，而在不是语法停顿的地方故作朗读停顿；或在语法停顿的基础上变动停顿时间，给幼儿以思考的余地，便于幼儿理解和接受，从而增强朗读的语言效果。又可叫逻辑停顿或感情停顿，此时的停顿没有明确的规律。总的来说，按文意、合文气、顺文势，是我们运用停顿的原则。这需要全面知识的综合应用。例如：

(1)为什么你已经有钱了/还要？因为原来不够，但现在/凑够了。

(2)点心/有十样，菜/有十碗，音乐/有十番，阎罗/有十殿，药/有十全大补……（鲁迅《再论雷峰塔的倒掉》）

点心、菜、音乐、阎罗、药等在短语中做主语，从语法的角度可停可不停，但要考虑到针对"十景"突出一组排比句中所——列举的事物，就应在"点心"等词后面停顿，以加强讽刺的力量。

(3)周//总//理///！（柯岩《周总理，你在哪里？》）

艺术家在朗诵《周总理，你在哪里？》时，悲恸的感情酝酿到高峰时，深情地呼喊一声"周//总//理///"然后戛然而止，尽管整个气氛凝聚，但听众的思绪会随着那一声悲恸的呼唤飞出室外，穿越高山、大海、森林去追寻总理的踪迹，听众会声泪俱下，对总理的缅怀、崇敬之情全凝聚、升华在这一艺术的停顿之中。

(4)遵义会议//纠正了/在第五次反"围剿"斗争中所犯的/"左倾机会主义性质"的/严重的/原则错误，//团结了/党和红军，//使得/党中央和红军主力/胜利地完成了长征，//转到了/抗日的前沿阵地，//执行了/抗日民族统一战线的新政策。

"遵义会议"之后没有标点符号，但是为了突出"遵义会议"的地位，强调"遵义会议"在我党历史上的伟大意义，就应有一个停顿，而且比下面的其他强调停顿时间要长一些。"纠正了""团结了""使得""转到了""执行了"这些词语后面也没有标点，但为清楚显示"遵义会议"的伟大历史意义，应用停顿，句中划"//"和"/"的都表示强调停顿。

（二）重音

重音是指朗读时对句子中某些词语或结构成分念得比较重，听起来特别清晰的音加以突出的现象。重音的特点表现在扩大音域和延续时间上,同时增加强度。从音色的角度看,复合元音的动程延长了,尾音就念得更加清晰。一句话,哪些词该读重音情况不一样,要根据突出语句的重点和作品的主题的需要而定。重音分为两种:一种是按照语法结构的特点而读的重音,叫语法重音;另一种是为了突出句中的主要思想或强调句中的特殊感情而重读的重音,叫强调重音(或逻辑重音)。

1. 语法重音

语法重音是句子里某些语法成分按语言习惯自然重读的音节。这些重读的音节大都是按照平时的语言规律确定的。一般来说,语法重音不带特别强调的色彩,它的位置比较固定,常见的规律是,谓语、宾语、状语、补语、定语常重读。

(1)主谓词组中的谓语通常读重音。例如:

①风停了,雨住了,太阳出来了。

②东风来了,春天的脚步近了。

③山朗润起来了,水涨起来了,太阳的脸红起来了。

④桂林的山真奇啊……桂林的山真秀啊……桂林的山真险啊……

(2)动宾词组中的宾语通常读重音。例如:

①跨过长江去,解放全中国。

②谈文学、谈哲学、谈人生道理。

③我爱月夜,但也爱星天。

④她的名字叫翁香玉。

(3)双宾语后一宾语通常读重音。例如:

①张老师教我们现代汉语。

②他给我一本小人书。

(4)定语、状语、补语比中心词要读得稍重些。例如:

①我们肩负着光荣的使命。

②现在正是枝繁叶茂的时节。

③天气渐渐地暖和了。

④大雪整整下了一夜。

⑤同志们干得热火朝天。

⑥他眼睛睁得大大的。

(5)疑问代词和指示代词通常读重音。例如:

①他什么都知道!

②谁在喊?

③那是什么?

④为啥他能去?

⑤李奶奶指着鸠山问道:"你这是什么话! 是你们把我儿子抓起来,是你们杀害中国人。你们犯下的罪过,难道要我这老婆子来承担吗?"

(6)比喻句中的比喻词和喻体通常要读得稍重些。例如:

①看,像牛毛,像花针,像细丝,密密地斜织着。

②春天像小姑娘,花枝招展的,笑着,走着。

(7)对比性重音通常读得重些。例如：

①骆驼很高，羊很矮。骆驼说："长得高多好啊！"羊说："不对，长得矮才好呢！"

②孔雀很美丽，但也很骄傲。

2.强调重音

强调重音是指句子中某些为了表示某种特殊的感情和强调某种特殊意义而读得重的一些词语，目的在于引起听者注意所要强调的部分。语句在什么地方该用强调重音，并没有固定的规律，而是受说话的环境、内容和感情支配的。强调重音又称为"逻辑重音"或"感情重音"。

强调重音的作用在于揭示语言的内在含义。表达的目的不同，强调重音就会落在不同的词语上，所揭示的含义也就不相同，表达的效果也不一样。下面同一句话由于重音位置的不同会表达出不同的意思来：

第一组

我知道你会这样做的。（别人不知道）

我知道你会这样做的。（不要以为我不知道）

我知道你会这样做的。（别人不会）

我知道你会这样做的。（你怎么说自己不会）

我知道你会这样做的。（你不会那样）

我知道你会这样做的。（不仅仅是说说而已）

第二组

我去过上海。（谁去过上海？）

我去过上海。（你去没去过上海吗？）

我去过上海。（北京、上海等地，你去过哪儿？）

注意：重音要精不要多，要站得住脚；要注意分寸，切忌强调过分；有时重音要与停顿结合，可在强调的字词前后加以停顿。重音不只是"加重声音"，我们可以通过声音的强弱变化、高低变化、虚实变化以及语速的快慢等变化来体现重音。总的来说，重音的表达方式应该服从于语言目的和所要表达的感情色彩的要求，其方法也应该是多种多样的。

常见的重音表现方法有重读法、轻读法、慢读法、顿字法等。

(1)重读法

重读是利用声音的强弱对比以突出重音的一种方法。也就是在读重音时，唇舌要有力一些，音量要加大一些，从而使重音的强声与非重音的弱声形成鲜明的对比，清晰地突现重音。这种方法一般用来表达明朗的态度、观点以及形象鲜明的事物。例如：

①催，你就知道催。

②我不是不肯，我是不会。

③你们是世界上最公正、最团结、最刚强的人，因为你们的名字叫工人。

④人的身躯怎能从狗洞子里爬出。

(2)轻读法

轻读是把被确定为重音的词或短语的声音压得低于非重音，有力地轻轻吐出。具体来说，就是在读重音时，尽量把发音部位往后靠，降低音高加大气音，然后有力地轻轻吐出。这种方法常常用来烘托意境，表达深沉凝重、含蓄内向的细腻情感，听来轻柔真挚，回味无穷。

①在这幽美的夜色中，我踏着软绵绵的沙滩，沿着海边，慢慢地向前走去。海水轻轻地抚

摸着细软的沙滩,发出温柔的刷刷声。

②月光照进窗子来,茅屋里的一切好像披上了银纱,显得格外清幽。

③小草——偷偷地从土里钻出来,嫩嫩的,绿绿的。

（3）慢读法

慢读是把确定为重读的词或短语用声音的快慢对比以突出重音的一种方法。也就是在读重音时,放慢语速,适当拖长音程;读非重音时,语速适中。慢读的方法一般用于渲染内在的情绪,表达深沉真挚的情意等,富有抒情色彩。

①但我深深地知道。（重读拖长）

②我想那缥缈的空中,定然有美丽的/街市。（轻读拖长）

（4）顿字法

顿读是把确定为重读的词或短语,在朗读时使其词或短语音节断续加以强调以突出重音的一种读法。也就是说朗读时,语速要稍慢,音节之间稍做停顿。这种方法常常用以表达积极向上、高兴愉悦的情感,读来语气加重,语调高昂;听来振奋人心,鼓动性强。

①更喜岷山千里雪,三军过后尽开颜。

②欲穷千里目,更上一层楼。

（三）语速

语速是指说话或朗读时每个音节的长短及音节之间连接的松紧。说话的速度是由说话人的感情决定的,朗读的速度则与文章的思想内容相联系。语速太快,会对幼儿的大脑皮层造成不间断的刺激,导致大脑皮层由兴奋转向抑制;语速太慢,会造成大脑思维状态的疲软,导致幼儿注意力的分散。只有快慢适度才能恰当地表达出作者在文章中所表达的思想感情。

作品的内在感情对语速的影响比较大,主要表现在以下几个方面:

其一,欢快、热烈、紧张、焦急、慌乱的情绪宜快读;悲痛、沉重、镇定、失重的心情宜慢读。

其二,争吵、急呼、辩论宜快读;闲谈、耳语、絮语宜慢读。

其三,抨击、控诉、指责、雄辩宜快读;叙述、说明、追思、回忆宜慢读。

一般来说,语速受以下三个方面因素的制约。

一是听众的年龄、知识结构、心理因素和生理因素。

二是作品的思想内容。通俗易懂的宜快,难涩深奥的宜慢;描写叙述的宜快,哲理论说的宜慢;环境描述的可轻快一些,紧张情节的叙述可急迫一些。有时为了调动听者的想象力,语流可做短时中断,留下"空白",会起到"此时无声胜有声"的表达效果。

三是环境因素。不同的空间距离,不同的会场气氛,不同的听者情绪,都会对语速有不同的要求。

【示例】

以《雷雨》中周朴园和鲁侍萍的对话为例,朗读时应根据人物心情的变化调整语速,而不应一律以一种速度朗读。

周:梅家的一个年轻小姐,很贤惠,也很规矩。有一天夜里,忽然地投水死了。后来,后来——你知道吗?（慢速。周朴园故作与鲁侍萍闲谈状,以便探听一些情况）

鲁:这个梅姑娘倒是有一天晚上跳的河,可是不是一个,她手里抱着一个刚生下三天的男孩,听人说她生前是不规矩的。（慢速。侍萍回忆悲痛的往事,又想极力克制怨愤,以免周朴园认出）

鲁:我前几天还见着她!(中速)

周:什么? 她就在这儿? 此地?(快速。表现周朴园的吃惊与紧张)

鲁:老爷,您想见一见她吗?(慢速。鲁故意试探)

周:不,不,不用。(快速。表现周朴园的慌乱与心虚)

周:我看过去的事不必再提了吧。(中速)

鲁:我要提,我要提,我闷了三十年了!(快速。表现鲁侍萍极度的悲愤以至几乎喊叫)

(四)句调

句调是指语句声音高低升降的变化。在汉语中,字有字调,句有句调。我们通常称字调为声调,是指音节的高低升降。而句调则称为语调,是指语句的高低升降。句调是贯穿整个句子中的,只是在句末音节上表现得特别明显。句调主要有以下四种:高升调、降抑调、平直调、曲折调。

1.高升调(↑)

高升调多在疑问句、反诘句、短促的命令句中,或者是表示愤怒、紧张、警告、号召等句子里使用。朗读时,注意前低后高、语气上扬。例如:

(1)我怎么会把您喝的水弄脏呢?(反诘)

(2)起来,不愿做奴隶的人们。(号召)

(3)世界上还有比这样在敌人的刑场上举行的婚礼更热闹的吗?(反问)

(4)保持肃静!(命令)

2.降抑调(↓)

降抑调一般用在陈述句、感叹句、祈使句或表示坚决、自信、赞扬、祝愿等感情的句子里。表达沉痛、悲愤的感情,一般也用这种语调。朗读时,注意调子逐渐由高降低,末字低而短。

(1)罗盛教烈士的国际共产主义精神与朝鲜人民永远共存。(坚决)

(2)天路,是多么令人心驰神往的路啊!(感叹)

(3)唉,我不知何时再能与他相见。(陈述)

3.平直调

平直调一般多用在叙述、说明或表示迟疑、思索、冷淡、追忆、悼念等句子里。朗读时始终平直舒缓,没有显著的高低变化。

(1)闲话少说,你自己看着办吧。(冷淡)

(2)读小学的时候,我的外祖母过世了。(叙述)

(3)灵车缓缓地前进,牵动着千万人的心。(悼念)

4.曲折调

曲折调用于表示特殊的感情,如讽刺、讥笑、夸张、强调、双关、惊讶等句子里。朗读时由高而低后又高,或由低而高后又低,把句子中某些特殊的音节特别加重加高或拖长,形成一种升降曲折的变化。

(1)啊,亲爱的狼先生,那是不会有的事。(讥笑)

(2)好个国民党政府的友邦人士,是些什么东西。(讽刺)

(3)这是何等的有责任心哪!(惊讶)

前面我们谈到句调,这里还要说说句调的高低升降跟声调(字调)高低升降的关系:句调的高低升降变化常常影响到字调调值的变化。例如:

(1)句调上升

如果字调也是上升的,就使字调升得更高。如:你姓陈?

如果字调是平直的,就使字调后部上升。如:你姓张?

如果字调是降的,就变成先降后升。如:你姓赵?

(2)句调下降

如果字调是下降的,就使字调降得更低。如:你姓仲?

如果字调是平调,就使字调变成平降调。如:你姓周?

如果字调是上升的,就使字调变成先升后降。如:你姓王?

总的来说,停顿、重音、语调和语速是朗读的四种技巧,它们一起共同完成朗读的有声语言的再创造。幼儿教师面对的是一个个感情丰富、天真无邪、爱憎分明的个体,他们的心灵干净透彻,他们对诗歌故事的理解,有时是靠老师朗读的语气、节奏来调动他们的喜怒哀乐。下面我们再就朗读的语气、节奏作一说明。

(五)语气

语气是朗读表达技巧之一。它是在思想感情运动状态支配下语句的声音形式。语气由两方面构成:一是具体思想感情,这是语气的灵魂。二是具体声音形式。语气的声音形式可以说是语气的躯体,语气的感情色彩和分量将通过恰当的声音形式体现出来,用不同的声音和气息表达不同的语意和感情,即"声气传情",音随意转,气随情动,因情用气,以情带声;不但以气托声,而且以声、气传情。二者相辅相成,前者决定后者,后者对前者有反作用。

在朗读中,总的色彩体现在作品的思想感情基调中,具体的色彩体现在语气中。例如:

"爱"的语气一般是"气徐声柔"的,给人以温和感。发音器官宽松,用声自如,气息深长,出语轻柔。

"恨"的语气一般是"气足声硬"的。发音器官紧,气猛而多阻塞,似忍无可忍,咬牙切齿,给人以挤压感。

"悲"的语气一般是"气沉声缓"的。发音器官欲紧又松,气息于先,出声于后,郁闷沉静,欲言又止,给人迟滞感。

"喜"的语气一般是"气满声高"的。发音器官松弛,似千里轻舟,气息顺畅,激情洋溢,给人以兴奋感。

"欲"的语气一般是"气多声放"的。发音器官积极敞开,气息力求顺达,似不竭之江流,给人以伸张感。

"惧"的语气一般是"气提声凝"的。发音器官迟钝,气息似积存于胸,出气强弱不匀。像冰封,出语不顺;像倒流,给人以"衰竭感"。

"急"的语气一般是"气短声促"的。吐字弹射有力,气息急迫如穿梭,出语间隙停顿短暂,给人以催逼感。

"冷"的语气一般是"气少声单"的。发音器官松,气息微弱,给人以冷寂感。

"怒"的语气一般是"气粗声重"的。发音器官力度加大,气息纵放不收,语势迅猛不可遏制,给人以震动感。

"疑"的语气一般是"气细声黏"的。发音器官欲松还紧,气息欲连还断,吐字夸张韵腹,给人以踌躇感。

以上综合运用又有主次之分，语气切忌一味浓墨重彩地渲染。

（六）节奏

节奏是朗读过程中运用的一种重要表达技巧。节奏主要表现在有声语言抑扬顿挫、轻重缓急的回环往复。把握节奏，首先要引发思想感情，使之处于运动状态，重要的是把握有声语言的变化，这变化不同于停连、重音，也不同于语气，要着眼于"回环往复"。因此，这种思想感情所决定的抑扬顿挫、轻重缓急的回环交替的声音，就是节奏。

节奏不是硬性加工出来的，而是朗读者随着情感的起伏自然形成的，是由文章的词、句、结构层次的推进而形成的。节奏的类型有轻快型、凝重型、低沉型、高亢型、舒缓型、紧张型。

朗读训练是普通话语音训练的继续、巩固和提高，也是作为一名幼儿教师必须掌握的基本技能。朗读能有效地提高一个人的语言表达能力，并且有助于形象思维与逻辑思维能力的锻炼。总之，我们在朗读中要学会巧妙地用声音的"可塑性"进一步提高教师职业口语的运用能力。

【技能训练】

1. 朗读《桂林山水》——明确朗读目的。

人们都说："桂林山水甲天下。"我们乘着木船荡漾在漓江上，来观赏桂林的山水。

我看见过波澜壮阔的大海，玩赏过水平如镜的西湖，却从没看见过漓江这样的水。漓江的水真静啊，静得让你感觉不到它在流动；漓江的水真清啊，清得可以看见江底的沙石；漓江的水真绿啊，绿得仿佛那是一块无瑕的翡翠。船桨激起的微波扩散出一道道水纹，才让你感觉到船在前进，岸在后移。

我攀登过峰峦雄伟的泰山，游览过红叶似火的香山，却从没看见过桂林这一带的山，桂林的山真奇啊，一座座拔地而起，各不相连，像老人，像巨象，像骆驼，奇峰罗列，形态万千；桂林的山真秀啊，像翠绿的屏障，像新生的竹笋，色彩明丽，倒映水中；桂林的山真险啊，危峰兀立，怪石嶙峋，好像一不小心就会栽倒下来。

这样的山围绕着这样的水，这样的水倒映着这样的山，再加上空中云雾迷蒙，山间绿树红花，江上竹筏小舟，让你感到像是走进了连绵不断的画卷，真是"舟行碧波上，人在画中游"。

朗读提示：

朗读不能远离文章的思想内容而另起炉灶，但也不能把作品的思想内容和朗读目的等同起来。朗读既要体现作者的意图，又要体现朗读者的态度；既要使作者的情感态度再现出来，又要使朗读者的情感态度流露出来。只有两者有机结合，才能实现朗读的目的。斯坦尼斯拉夫斯基在《论演员自我修养》一书中说，"假使你有一个清楚明了的目的，你很快获得一个具体而正确的内心状态……假使目的暧昧不定，你的内在情调很容易流于飘忽。"因此，只有明确目的，朗读者的态度才能在声音、语气中自然流露出来。鲜明的态度和真实的感情，才是朗读的灵魂。

在《桂林山水》一文中作者通过诗情画意的描述，为读者展现了"桂林山水甲天下"的主旨，教师在朗读时不仅要把作者的意图体现出来，更重要的是要通过有声语言的表达，如作者用了许多形象的比喻，描绘了漓江水的静、清、绿，桂林山的奇、秀、险以及"舟行碧波上，人在画中游"，构成了一幅优美动人的画卷。让这些词句，在老师的心中活起来，唤起幼儿对祖国美丽如画的大好河山的热爱之情，朗读才能收到最佳效果。这就是这篇作品的朗读目的。

2. 朗读《卖火柴的小女孩》——把握朗读技巧、明确朗读对象。

天冷极了，下着雪，又快黑了。这是一年的最后一天——大年夜。在这又冷又黑的晚上，一个光着头赤着脚的小女孩在街上走着。她从家里出来的时候还穿着一双拖鞋，但是有什么用呢？那是一双很大的拖鞋——那么大，一向是她妈妈穿的。她穿过马路的时候，两辆马车飞快地冲过来，吓得她把鞋都跑掉了。一只怎么也找不着，另一只叫一个男孩捡起来拿着跑了。他说，将来他有了孩子可以拿它当摇篮。

小女孩只好赤着脚走，一双小脚冻得红一块青一块的。她的旧围裙里兜着许多火柴，手里还拿着一把。这一整天，谁也没买过她一根火柴，谁也没给过她一个钱。

可怜的小女孩！她又冷又饿，哆哆嗦嗦地向前走。雪花落在她的金黄的长头发上，那头发打成卷儿披在肩上，看上去很美丽，不过她没注意这些。每个窗子里都透出灯光来，街上飘着一股烤鹅的香味，因为这是大年夜——她可忘不了这个。

她在一座房子的墙角里坐下来，蜷着腿缩成一团。她觉得更冷了。她不敢回家，因为她没卖掉一根火柴，没挣到一个钱，爸爸一定会打她的。再说，家里跟街上一样冷。他们头上只有个房顶，虽然最大的裂缝已经用草和破布堵住了，风还是可以灌进来。

她的一双小手几乎冻僵了。啊，哪怕一根小小的火柴，对她也是有好处的！她敢从成把的火柴里抽出一根，在墙上擦燃了，来暖和暖和自己的小手吗？她终于抽出了一根。哧！火柴燃起来了，冒出火焰来了！她把小手拢在火焰上。多么温暖多么明亮的火焰啊，简直像一支小小的蜡烛。这是一道奇异的火光！小女孩觉得自己好像坐在一个大火炉前面，火炉装着闪亮的铜脚和铜把手，烧得旺旺的，暖烘烘的，多么舒服啊！哎，这是怎么回事呢？她刚把脚伸出去，想让脚也暖和一下，火柴灭了，火炉不见了。她坐在那儿，手里只有一根烧过了的火柴梗。

她又擦了一根。火柴燃起来了，发出亮光来了。亮光落在墙上，那儿忽然变得像薄纱那么透明，她可以一直看到屋里。桌上铺着雪白的台布，摆着精致的盘子和碗，肚子里填满了苹果和梅子的烤鹅正冒着香气。更妙的是这只鹅从盘子里跳下来，背上插着刀和叉，摇摇摆摆地在地板上走着，一直向这个穷苦的小女孩走来。这时候，火柴又灭了，她面前只有一堵又厚又冷的墙。

她又擦着了一根火柴。这一回，她坐在美丽的圣诞树下。这棵圣诞树，比她去年圣诞节透过富商家的玻璃门看到的还要大，还要美。翠绿的树枝上点着几千支明晃晃的蜡烛，许多幅美丽的彩色画片，跟挂在商店橱窗里的一个样，在向她眨眼睛。小女孩向画片伸出手去。这时候，火柴又灭了。只见圣诞树上的烛光越升越高，最后成了在天空中闪烁的星星。有一颗星星落下来了，在天空中划出了一道细长的红光。

"有一个什么人快要死了。"小女孩说。唯一疼她的奶奶活着的时候告诉过她：一颗星星落下来，就有一个灵魂要到上帝那儿去了。

她在墙上又擦着了一根火柴。这一回，火柴把周围全照亮了。奶奶出现在亮光里，是那么温和，那么慈爱。

"奶奶！"小女孩叫起来，"啊！请把我带走吧！我知道，火柴一灭，您就会不见的，像那暖和的火炉，喷香的烤鹅，美丽的圣诞树一个样，就会不见的！"

她赶紧擦着了一大把火柴，要把奶奶留住。一大把火柴发出强烈的光，照得跟白天一样明亮。奶奶从来没有像现在这样高大，这样美丽。奶奶把小女孩抱起来，搂在怀里。她们俩在光明和快乐中飞走了，越飞越高，飞到那没有寒冷，没有饥饿，也没有痛苦的地方去了。

第二天清晨，这个小女孩坐在墙角里，两腮通红，嘴上带着微笑。她死了，在旧年的大年夜冻死了。新年的太阳升起来了,照在她小小的尸体上。小女孩坐在那儿,手里还捏着一把烧过了的火柴梗。

"她想给自己暖和一下……"人们说。谁也不知道她曾经看到过多么美丽的东西,她曾经多么幸福,跟着她奶奶一起走向新年的幸福中去。

朗读提示:

朗读无论是给自己听还是给别人听,都存在着跟朗读对象交流的问题,否则就不可能实现朗读的目的。《卖火柴的小女孩》是幼儿特别喜欢的一部童话,老师在朗读时除语音准确,内容清楚、亲切、有趣外,还要运用朗读技巧激发幼儿情感起伏,唤起幼儿的共鸣,使幼儿同情小女孩,痛恨不公平的社会制度的"爱和恨"像一根红线一样,贯穿文章始终,激励幼儿从小有一颗热爱祖国之心,以实现朗读目的。

对这篇文章的朗读,老师要把握好对重音的处理。例如,开头一句"天冷极了,下着雪,又快黑了。"这些词语刺激着幼儿的视觉。因此,朗读时不能仅仅把它们看成白纸黑字,应透过这些字词,让幼儿看到天色、雪花,从而感到"冷"。为了使小女孩的形象在幼儿心中高大起来,教师在朗读时还要注意对一些实词的处理。例如,好像"看到""听到""闻到""尝到"一样,这些词处理得好就很容易调动起幼儿的视觉、听觉、嗅觉、味觉等综合性的感知。这样朗读才能感动人,才有血有肉,这也正是朗读的魅力所在。

3.朗读鲁彦的《听潮》——注意停连、重音、语调的运用。

一年夏天,我和妻坐着海轮,到了一个有名的岛上。

这里是佛国,全岛周围30里内,除了七八家店铺以外,全是寺院。岛上没有旅店,每一个寺院都特设了许多客房给香客住宿。而到这里来的所谓香客,有很多是游览观光的,不全是真正烧香拜佛的香客。

我们就在一个比较幽静的寺院里选了一间房住下来,——这是一间靠海湾的楼房,位置已经相当地好,还有一个露台突出在海上,朝晚可以领略海景,尽够欣幸了。

每天潮来的时候,听见海浪冲击岩石的音响,看见空际细雨似的,朝雾似的,暮烟似的飞沫升落;有时它带着腥气,带着咸味,一直冲进我们的窗棂,粘在我们的身上,润湿着房中的一切。

"现在这海就完全属于我们的了!"当天晚上,我们靠着露台的栏杆,赏鉴海景的时候,妻欢心地呼喊着说。

大海上一片静寂。在我们的脚下,波浪轻轻吻着岩石,像朦胧欲睡似的。在平静的深谙的海面上,月光辟开了一款狭长的明亮的云汀,闪闪地颤动着,银鳞一般。远处灯塔上的红光镶在黑暗的空间,像是一颗红玉。它和那海面的银光在我们面前揭开了海的神秘,——那不是狂暴的不测的可怕的神秘,而是幽静的和平的愉悦的神秘。我们的脚下仿佛轻松起来,平静地,宽阔地,带着欣幸与希望,走上了那银光的路,朝向红玉的琼台走去。

这时候,妻心中的喜悦正和我一样,我俩一句话都没有说。

海在我们脚下沉吟着,诗人一般。那声音仿佛是朦胧的月光和玫瑰的晨雾那样温柔;又像是情人的蜜语那样芳醇;低低地,轻轻地,像微风拂过琴弦;像落花飘在水上。

海睡熟了。

大小的岛拥抱着,偎依着,也静静地恍惚入了梦乡。

星星在头上眨着慵懒的眼睑,也像要睡了。

许久许久,我俩也像入睡了似的,停止了一切的思念和情绪。

　　不晓得过了多少时候,远寺的钟声突然惊醒了海的酣梦,它恼怒似的激起波浪的兴奋,渐渐向我们脚下的岩石掀过来,发出汩汩的声音,像是谁在海底吐着气,海面的银光跟着晃动起来,银龙样的。接着我们脚下的岩石上就像铃、铙钹、钟鼓在奏鸣,而且声音愈响愈大。

　　没有风。海自己醒了,喘着气,转侧着,打着呵欠,伸着懒腰,抹着眼睛。因为岛屿挡住了它的转动,它狠狠的用脚踢着,用手推着,用牙咬着。它一刻比一刻兴奋,一刻比一刻用劲。岩石也仿佛渐渐战栗,发出抵抗的嗥叫,击碎了海的鳞甲,片片飞散。

　　海终于愤怒了。它咆哮着袭击过来,猛烈地冲向岸边,冲进了岩石的罅隙里,又拔剌着岩石的壁垒。

　　音响就越大了。战鼓声,金锣声,呐喊声,叫号声,啼哭声,马蹄声,车轮声,机翼声,掺杂在一起,像千军万马混战了起来。

　　银光消失了。海水疯狂地汹涌着,吞没了远近大小的岛屿。它从我们的脚下扑了过来,响雷般地怒吼着,一阵阵地将满含着血腥的浪花泼溅在我们的身上。

　　"彦,这里会塌了!"妻战栗起来叫着说,"我怕!"

　　"怕什么。这是伟大的乐章!海的美就在这里。"我说。

　　退潮的时候,我扶着她走近窗边,指着海说:"一来一去,来的时候凶猛;去的时候又多么平静呵!一样的美。"

　　然而她怀疑我的话。她总觉得那是使她恐惧的。但为了我,她仍愿意陪着我住在这个危楼。

　　我喜欢海,溺爱着海,尤其是潮来的时候。因此即使是伴妻一道默坐在房里,从闭着的窗户内听着外面隐约的海潮音,也觉得满意,算是尽够欣幸了。

　　4.模拟朗诵叶挺同志的《囚歌》——注意句调的处理。

　　为人进出的门紧锁着,(→平调)(冷眼相看)

　　为狗爬出的洞敞开着,(→平调)

　　一个声音高叫着:(↗曲调)(嘲讽)

　　——爬出来吧,给你自由!(↘曲调)(诱惑)

　　我渴望自由,(→)(庄严)

　　但我深深地知道——(→平调)

　　人的身躯怎能从狗洞子里爬出!(↑升调)(蔑视、愤慨、反击)

　　我希望有一天,(→平调)

　　地下的烈火,(稍向上扬)(语意未完)

　　将我连这活棺材一齐烧掉,(↓降调)(毫不犹豫)

　　我应该在烈火与热血中得到永生!(↓降调)(沉着、坚毅、充满自信)

【思考拓展】

　　1.什么是朗读?怎样的朗读训练才是正确的?

　　2.在教学中如何把握好朗读与朗诵的关系?

　　3.朗读有哪些要求和技巧?

　　4.不同体裁文章的朗读如何区别?

　　5.请给下面的朗读材料设置重音,并朗读全文。

乡　愁

余光中

小时候，乡愁是一枚小小的邮票；

我在这头，母亲在那头。

长大后，乡愁是一张窄窄的船票；

我在这头，新娘在那头。

后来啊，乡愁是一方矮矮的坟墓，

我在外头，母亲在里头。

而现在，乡愁是一湾浅浅的海峡，

我在这头，大陆在那头。

骆驼和羊

骆驼长得高，羊长得矮。骆驼说："长得高好。"羊说："不对，长得矮才好呢。"骆驼说："我可以做一件事，证明高比矮好。"羊说："我也可以做一件事，证明矮比高好。"

他们走到一个园子旁边。园子四面有围墙，里面种了很多树，茂盛的枝叶伸出墙外来。骆驼一抬头就吃到了树叶。羊抬起前腿，扒在墙上，脖子伸得老长，还是吃不着。骆驼说："你看，这可以证明了吧，高比矮好。"羊摇了摇头，不肯认输。他们俩又走了几步，看见围墙有个又窄又矮的门。羊大模大样地走进门去吃园子里的草。骆驼跪下前腿，低下头，往门里钻，怎么也钻不进去。羊说："你看，这可以证明了吧，矮比高好。"骆驼摇了摇头，也不肯认输。

他们去找老牛评理。老牛说："你们俩都只看到自己的长处，看不到自己的短处。这是不对的。"

6.朗读泰戈尔的散文《金色花》。泰戈尔的写作风格是：以歌颂母爱、赞美童心为主题，从儿童的视角去观察自然，感受生活，用孩子的口吻描绘他们充满童稚想象的绮丽世界。他的作品因为有了儿童情愫的注入而流泻出纯真和情趣，以极强的审美意味给幼儿以美的熏陶。朗读时注意体会。

假如我变成了一朵金色花，为了好玩，长在树的高枝上，笑嘻嘻地在空中摇摆，又在新叶上跳舞，妈妈，你会认识我吗？

你要是叫道："孩子，你在哪里呀？"我暗暗地在那里匿笑，却一声儿不响。

我要悄悄地开放花瓣儿，看着你工作。

当你沐浴后，湿发披在两肩，穿过金色花的林荫，走到做祷告的小庭院时，你会嗅到这花香，却不知道这香气是从我身上来的。

当你吃过午饭，坐在窗前读《罗摩衍那》。那棵树的阴影落在你的头发与膝上时，我便要将我小小的影子投在你的书页上，正投在你所读的地方。但是你会猜得出这就是你孩子的小小影子吗？

当你黄昏时拿了灯到牛棚里去，我便要突然地再落到地上来，又成了你的孩子，求你讲故事给我听。

"你到哪里去了，你这坏孩子？""我不告诉你，妈妈。"这就是你同我那时所要说的话了。

7.运用朗读技巧朗读《长江之歌》。以对长江"赞美""依恋"的真挚感情作主线，把长江源远流长、历史悠久、力量无穷、贡献巨大融为一体，给幼儿以强烈的艺术感染，进而升腾起对祖国大好河山的热爱之情。

长江之歌

你从雪山走来，
春潮是你的风采；
你向东海奔去，
惊涛是你的气概。
你用甘甜的乳汁，
哺育各族儿女；
你用健美的臂膀，
挽起高山大海。
我们赞美长江，
你是无穷的源泉；
我们依恋长江，
你有母亲的情怀。

你从远古走来，
巨浪荡涤着尘埃；
你向未来奔去，
涛声回荡在天外。
你用纯洁的清流，
灌溉花的国土；
你用磅礴的力量，
推动新的时代。
我们赞美长江，
你是无穷的源泉；
我们依恋长江，
你有母亲的情怀。
啊，长江！

8. 朗读美文。

旅行者之歌

柯·蓝

　　我愿意当一个长久的忠实于生活的旅行者。我在大山和海洋之间行走，我跨过山岭、河流和无数的小路。我要去找大山做朋友，找海洋做朋友，找河流跟道路做朋友。

　　大山它使我坚强、镇静，让我长得像一片茂盛的树林。

　　大海它使我心胸开阔，热情汹涌。

　　所有的河流，使我灵巧活泼，永远前进……

　　我愿意一生在这些地方行走，从它们那里去寻找这些东西，分送到每一个人的心里……

　　所以我愿意当一个长久的忠实于生活的旅行者。

不可缠绕的心灵

曹文轩

我们的天性是自由的,但我们却会因为一些僵硬的知识的束缚而失去自由。

十二岁那年春天,我在田野上发现了一株很瘦弱的小树苗,便将它挖回来栽在菜园里。它一天一天地长大了,两年后就蹿成一米多高。春天来临,它的树干是亮灿灿的紫铜色。它长得结实而漂亮。再过两年,它就能挂果——我想。然而,两年后,它并没有如我所期盼的那样。我的小桃树再也没有长高,而且还显出奄奄一息的样子。记得那时我很难过。

后来我终于找到了原因:我的老祖母借它为瓜架,在它的根下种了丝瓜,那些刁钻的丝瓜藤就沿着它的树干攀缘而上。若是直上也罢了,却是像锁链那样一道道地把树干箍扎起来,对它千缠百绕。我把它们全扯掉了。第二年,桃树又生机勃勃地成长起来。那年,春寒料峭,它开花了。夏天,桃子成熟了,十分可爱。

如果我们也像这株桃树一样,被僵硬的知识的藤蔓所缠绕,我们就会失去创造力,失去生命的光彩,甚至会精神窒息。

一位从事诗歌研究的朋友曾介绍过两首台湾小孩写的诗。诗的题目我都记不得了,诗句也已忘却,但大概意思还记得。一首诗说一群孩子去捉鱼,可是已没有什么鱼好捉了,他们自己就互相把对方作为鱼而玩起捉鱼的游戏来。在他们的欢笑声中,透出了一股悲哀。另一首诗说一个无拘无束的小孩光着脚丫在地板上跑起来,留下的脚印就像游动的鱼。妈妈来了,却用拖把将这些"鱼"一网打尽。这两首诗简直妙极了。我想,它们只能出自两颗未被僵硬的知识束缚的心灵。

金色的草地

普里什文(俄罗斯)

我家住在乡下,窗前是一大片草地。草地上长满了蒲公英。当蒲公英盛开的时候,这片草地就变成金色的了。

我和弟弟常常在草地上玩耍。有一次,弟弟跑在我前面,我装着一本正经的样子,喊:"谢廖沙!"他回过头来,我就使劲一吹,把蒲公英的绒毛吹到他脸上。弟弟也假装打呵欠,把蒲公英的绒毛朝我脸上吹。就这样,这些并不引人注目的蒲公英,给我们带来了不少快乐。

有一天,我起得很早去钓鱼,发现草地并不是金色的,而是绿色的。中午回家的时候,我看见草地是金色的。傍晚的时候,草地又变绿了。这是为什么呢? 我来到草地上,仔细观察,发现蒲公英的花瓣是合拢的。原来,蒲公英的花就像我们的手掌,可以张开、合上。花朵张开时,它是金色的,草地也是金色的;花朵合拢时,金色的花瓣被包住,草地就变成绿色的了。

多么可爱的草地! 多么有趣的蒲公英! 从那时起,蒲公英成了我们最喜爱的一种花。它和我们一起睡觉,和我们一起起床。

9.宋词赏析。

水调歌头

苏轼(宋)

丙辰中秋,欢饮达旦,作此篇兼怀子由。

明月几时有,把酒问青天。不知天上宫阙,今夕是何年。我欲乘风归去,又恐琼楼玉宇,高处不胜寒。起舞弄清影,何似在人间! 　　转朱阁,低绮户,照无眠。不应有恨,何事长向别时圆？人有悲欢离合，月有阴晴圆缺，此事古难全。但愿人长久，千里共婵娟。

第三节　口语表达技能训练

【训练目标】　通过解说、讲故事、备稿演讲等凭借文字的表达和即兴演讲、交谈、辩论等无文字凭借的表达训练，提高幼儿教师口语表达的基本技能，做到：语音规整，表意准确、简练，条理清晰，应变自如，态势得体自然。

口语表达形式可分为两种类型：一种是有现成文字材料复述性的说话，称作再现型口语表达；另一种是无现成文字材料创造性的说话，称作原发型口语表达。原发型口语表达，就是我们平常所说的能说如珠妙语。要把话说的准确、清晰、流畅、得体，出口成章、脱口即秀，有时实在是太勉为其难。为了进一步提高幼儿教师的口语技能，我们把有现成文字材料复述性的说话作为训练的初级手段。因为有了文字凭借，难度相对降低，就能较快取得训练效果。当我们较快地对文字材料进行口语化的转化和加工，真切地再现出文字材料的话语情态时，没有文字凭借的现想现说的创造能力就比较容易形成了。

一、解说

(一)解说的意义

解说是一种解释说明具体事物、对抽象的事理做准确介绍的表述方法。它往往用言简意明的文字，把事物的形状、性质、特征、成因、关系、功能等解说清楚。它是人们获得知识的重要途径。解说在日常生活中随处可见：出外旅游有导游的解说，体育赛场有解说员的精彩解说，广告对新产品的介绍等，都用到解说这种表达形式。可见，解说与我们每个人的生活密切相关。解说训练，有助于积累知识、获取信息，有利于培养缜密细致的观察能力，以及敏捷的反应能力和准确科学的表达能力。在幼儿园教学中也会常常用到解说这种表达方式。例如，对故事的介绍、新玩具玩法的介绍、一些科学常识的介绍等。

(二)解说的要求

1.重点突出，层次清晰

解说者对解说的内容要纯熟，讲解要细心，应准确表达所解说内容的完整性。解说的内容一般都是听众不大熟悉，比较陌生的，内容不要太长、太杂。不使用"大概""可能""好像"之类的模糊语言。有句名言道："言语的暧昧是由于思想的朦胧。"所以教师在解说时要及时找到与主题相符的切入点。解说的关键是说得明白，尤其是教师，对幼儿解释一些科学知识要准确。解说不能只停留在事物的表面，必须根据事物的条理和规律以及人们对事物的认识精心安排解说的顺序，否则，会给人层次不清、思维混乱的印象。

【示例】

对故事《狐狸与老山羊》的解说：

一只狐狸失足掉到了井里，不论他如何挣扎仍然不能成功地爬上去，只好待在那里。公山羊渴极了，四处找水喝，终于发现了这口井。他探着头，看见狐狸在井下，便问他水好不好喝。狐狸觉得机会来了，心中暗喜，马上镇静下来，极力赞美井水好喝，说这是天下第一井水，清甜爽口,并劝山羊赶快下来,与它痛饮。一心只想喝水的山羊信以为真,便不假思索地跳了下去,当他咕咚咕咚痛饮完后,就不得不与狐狸共同商议爬上去的办法。狐狸早有准备,他对山羊说:"我倒有一个方法,你用前脚趴在井墙上,再把角竖直了,我从你后背跳上井去,再拉你上来,我们不就都得救了吗?"公山羊同意了他的提议,狐狸踩着他的后脚,跳到他背上,然后再从角上用力一跳,跳到了井沿上。狐狸上去以后,准备独自逃离。公山羊指责狐狸不遵守诺言。狐狸回过头对公山羊说:"喂,朋友,你的头脑如果像你的胡须那样完美,你就不至于在没看清出口之前就盲目地跳下去了。"

这个故事解说是要告诉幼儿:无论做什么事,首先要去考虑事情的结果,然后再去做。也就是说,不能盲目地听信别人的话。要是不考虑结果,盲目地去做的话,就容易上当受骗。严重的时候,还会有很大危险。世上有很多心口不一的人,不能随便听信这些人的话。还有许多坏人,用甜言蜜语诱骗人们,所以更要认清这种人的真面目,时时刻刻提防他们,否则到时候就会追悔莫及。

在具体的介绍过程中:首先介绍原因,有一只狐狸不小心掉到了井里。再介绍经过,狐狸看见老山羊走来,就把山羊骗到井里,然后自己登着山羊的背跳出了井。最后介绍结果,狐狸不遵守诺言,不但没把山羊救出来,反而对山羊说:"喂,朋友!你的头脑如果像你的胡须那样完美,你就不至于在没有看清出口之前就盲目地跳下去了。"这样内容完整,条理清晰,幼儿听得明白。

2.语言简洁,通俗易懂

解说必须要有弹性,且要有对突发状况的沉稳反应及适当地回应。解说的语言要简明,避免用方言词、文言词和生僻词,要善用数字,巧作比喻,力图将抽象深奥的道理和专业知识介绍得简洁明了,具体可感。

【示例1】

"距离我们最近的星球,在56兆公里之外。"

具体可解说为:如果一列火车以每分钟1.6公里的速度行驶,要花4800万年才能到达距离你最近的星球;如果我们在那个星球上唱歌,然后声音再传回到这里,也要花380万年;如果把地球和那个星球用蜘蛛丝连接起来,蜘蛛丝的重量将达到500吨。

一般来说,人们对"56兆公里"没有具体可感的概念,所以,究竟有多"近"人们无法体会到,更不用说幼儿。解说时运用列举数字、打比方的说明方法可以给人们以具体可感的概念。

【示例2】

乐山大佛高71米,也就是快有北京饭店新楼这么高了,数十里外都可以看到。它的头长14.7米,宽10米。头顶上每一个螺髻都可以放入一张大圆桌。他的耳朵长7米,耳朵眼里可以钻进两个人。它的脚背宽8.5米,可以围坐100多人。它比山西大同云冈石窟最高的大佛要高出3倍,过去认为世界最大的阿富汗巴史安大立佛,高53米,而乐山大佛比它要高出18米,乐山大佛真是大得惊人。

运用打比方、列数字的说明方法能够做到言简意赅,通俗易懂。

3.语速宜慢,适当重复

为了使幼儿理解和接受所介绍的道理和知识,解说的速度不宜太快,说到重点字、词或关键的地方及难懂的术语,要说得慢些,有时可运用停顿、重音加以强调,必要时对重要内容加以重复,使幼儿加深理解。但不能反反复复,颠来倒去地解释、说明,尤其是幼儿教师在向幼儿介绍游戏规则、生活常识、新玩具的玩法时要特别注意,啰唆的话语往往会使幼儿失去耐心。

【示例】

大班语言"绳子可以变什么"活动介绍:

小朋友"绳子可以变什么"的活动目标是通过观察、想象,感受绳子用途有多大。它可以制作毛线画"绳子拉车"。活动前老师要准备毛线粘贴画若干张,各类毛线、绳子、胶水、剪刀等;小朋友也要准备纸、胶水、各类毛线、绳子。活动过程主要分以下几个步骤:

首先,老师给小朋友讲一个小鸭子的故事(激发幼儿学习兴趣),然后我们以问答的形式学习儿歌。(在问答中教师相应地配带动作,并从对话的神情、声音上加以区分)。

其次,我们根据儿歌内容做一个游戏:绳子变变变。小朋友把自己想变的东西粘贴在纸上,然后告诉老师。小朋友可以大胆的想象、讨论、交流、亲手操作粘贴(培养幼儿的想象力、动手操作能力和语言表达能力)。

再次,教师要和小朋友比一比,看谁粘的东西好?(老师出示"绳子拉车图",引出绳子可以做什么)。

最后,我们开个讨论会。想想生活中还有哪些绳子呢?如何正确使用绳子?

此解说对于幼儿来说,不仅可以从语言表达、思维想象上获得重大突破,还可以启发幼儿动手去创造新东西。老师以绳子为主题,用故事引题。幼儿用语言表达绳子的变法,最后去想象制作。对活动过程的介绍,语速要慢,使幼儿听明白;对重点内容的介绍,要加重语气,以引起幼儿重视。

(三)解说的种类

解说的种类根据时空条件和对象的不同可分为以下几种。

1.简约解说和详细解说

这是从内容的详略来划分的。简约解说是对所有内容进行筛选过滤,舍弃旁枝侧叶,提炼解说中心,选择规范、言简意赅的词语进行解说。"言不在多,达意则灵。"解说的核心不是全面,而是清楚明白。

【示例1】

大班语言活动:

《去年的树》的解说:

《去年的树》讲述了一个朋友之间遵守约定的动人故事。鸟儿和树是好朋友,它天天唱歌给树听,将要飞回南方时答应树的请求——回来再唱歌给它听。可第二年春天,当鸟儿飞回来找它的朋友时,树却不见了。鸟儿四处寻访,最后只找到由树做成的火柴点燃的灯火。于是,鸟儿在灯火前唱起去年的歌。

【示例2】

"黄山松"的解说:

说起黄山"四绝",排在第一位的当然是奇松。黄山松奇在什么地方呢?

首先是奇在它有无比顽强的生命力,你见了不能不称奇。一般来说,凡是有土的地方就能长出草木和庄稼,而黄山松则是从坚硬的花岗岩石里长出来的。

黄山到处都生长着松树,它们长在峰顶,长在悬崖峭壁,长在深壑幽谷,郁郁葱葱,生机勃勃。

千百年来,它们就是这样从岩石迸裂出来,根儿深深扎进岩石缝,不怕贫瘠干旱,不怕风雷雨雪,潇潇洒洒,铁骨铮铮。你能说不奇吗?

其次是黄山松还奇在它那特有的天然造型。

从总体来说,黄山松的针叶短粗稠密,叶色浓绿,枝干曲生,树冠扁平,显出一种朴实、稳健、雄浑的气势,而每一处松树,每一株松树,在长相、姿容、气韵上,又各不相同,都有一种奇特的美。

人们根据它们不同的形态和神韵,分别给它们起了贴切自然而又典雅有趣的名字,如迎客松、黑虎松、卧龙松、龙爪松、探海松、团结松等。

上面第一例是简约性解说,言简意赅,清楚明了;第二例是详细性解说,对"黄山松"的解说先分别从黄山松"顽强的生命力""天然造型"两方面具体介绍黄山松"奇"的特点,最后总说黄山"每一处松树,每一株松树,在长相、姿容、气韵上各不相同,都有一种奇特的美",并把黄山松生长的环境用丰富优美的语言向幼儿(游客)进行解说,让幼儿(游客)有一睹为快的感觉。

2.平实性解说、形象性解说和谐趣性解说

这是从解说内容的风格上来划分的。

平实性解说是用生活化的语言把事物、事理解说清楚,语言平实,不讲究文采,多用口语表达,避免难懂的书面语和音节拗口的词语。这种解说方法多用短句,不用长句,以便说起来干练、顺口,听起来轻松,易懂,给人以可靠、真实的感受。

【示例1】

"蓬莱仙洞"的解说:

"是仙人送子,你看她,左手抱一个,背上驮一个,前面跪一个,身后还跟着一大群,哭哭啼啼,一片凄惨景象,真是儿多母苦啊!"

听完解说马上就有听众回应说"还是计划生育好哇!"说明大家一听就明白。

形象性解说是指为了使解说内容更人性化、更有意义、更有趣,可以运用一些技巧手段进行表述解说。在对事物和事理进行描述时可适当运用举例、比喻、引述、对比、轶闻等。使静止的转化为活动的,无生命的变为有生命的,抽象的成为具体的,使静止不动的景观变为活生生的画面,从而使人对所解说的内容产生浓厚的兴趣。

【示例2】

"日月潭"的解说:

日月潭是我国台湾省最大的一个湖泊。那里青山环抱、树木葱茏,是个著名的风景区。说起日月潭,还有一个动人的传说。

很久很久以前,两条恶龙吞吃了太阳和月亮,天地间漆黑一团。

为了降伏恶龙,拯救日月,人们聚集在一起商量办法。有人说:"恶龙躲在潭底,只有请到水性特别好的人才能战胜它们。"还有人说:"恶龙非常凶猛,只有拿到阿里山里的金斧头和金剪刀,才能将它们制服。"可去哪儿找水性特别好的人呢?怎么才能得到阿里山里的金斧头和金剪刀呢?就在人们一筹莫展的时候,年轻的渔民大尖哥和水社姐挺身而出,要去降伏恶龙。

大尖哥和水社姐手拿砍刀,高举火把,来到阿里山。他们翻山越岭,披荆斩棘,历尽千辛万苦,终于从阿里山的山洞里拿到了金斧头和金剪刀。回到潭边,他俩又冒着生命危险,纵身潜入湖底,与两条恶龙激战了三天三夜。大尖哥用金斧头砍死了它们,水社姐用金剪刀剪开了龙肚子,救出了太阳和月亮,人们重又见到了光明。

大尖哥和水社姐又累又饿,便用龙肉来充饥。他们吃下龙肉后,身子就一个劲儿地往上长。转眼间,大尖哥和水社姐就化作了两座青山,永远地守卫在潭的两边。

人们为了纪念这两位为民造福的年轻英雄,就把这两座山命名为大尖山和水社山,把这个潭叫作日月潭。

此解说,把日月潭景点演变成一个与每个人的生活息息相关的传说,使解说变得有深度且生动有趣。创造性地把具有启发作用的信息传达给幼儿,由此可以提高幼儿对解说内容的兴趣并从中获得知识。

【示例3】

《说话长江》中的一段解说:

"有人说三峡像一幅展不尽的山水画卷,也有人说,三峡是一条丰富多彩的文化艺术长廊。我们说,三峡倒更像一部辉煌的交响乐。它由'瞿塘雄、巫峡秀、西陵险'这三个具有各个不相同的旋律和节奏的乐章所组成。"

这一段解说词中用四个生动的比喻,揭示出长江三峡的内在美。

谐趣性解说是打破常规思维,在解说事物、事理的时候语言带上诙谐、幽默的色彩,使幼儿在听讲的过程中获得轻松愉快的心理感受,这是解说艺术高超的体现。

含蓄和幽默本身就要求具有丰富的文化底蕴,它追求的是意境,给人的意趣既深远又有回味。诙谐性解说在人际交往中,有时不动声色,含而不露,妙趣横生。

一般来说,诙谐性解说避免使用陈词套话、中规中矩的表达方式,而多采用大词小用、双关、夸张、幽默等手法,化平实为俏皮,变平实为生动。

【示例4】

"青岛的夏天"导游解说:

青岛的风光向来以"碧海、金沙、红瓦、绿树、蓝天"著称于世。一位导游员却赋予其新意:"青岛的风光可分为五个层次:碧海、金沙、红瓦、绿树、蓝天,很像乐曲的五线谱。勤劳、聪明的青岛人民,犹如五线谱上的音符,通过自己的辛勤劳动,谱写出一曲曲动人的英雄乐章!"

"你们即将离开青岛,青岛留给你们一样难忘的东西,它不在你的拎包里和口袋中,而是在你们身上。请想一想,那是什么?"导游员停顿了一下,接着说:"它就是你们被青岛的阳光晒黑了的皮肤,你们留下了友情,而把青岛的夏天带走了!"话音刚落,他就赢得了热烈的掌声和笑声。

此解说把青岛风光五大景点比作"乐曲的五线谱",使人浮想联翩、流连忘返;把勤劳、聪明的青岛人民比作"犹如五线谱上的音符",一语双关,把静的景观变得跳动起来。最后的俏皮话显得更有亲和力,增加了人文色彩,使解说更加丰满。

3.实物解说、程序解说和事理解说

实物解说是就某一事物的特点、功能、用途、性状等做具体说明;程序解说就某事物的操作过程做具体说明;事理解说是对事物内在的机理、原理所做的具体说明。

【示例】

"滑滑梯游戏"规则介绍:

吃过晚饭,妈妈带固民去肯德基的滑滑梯玩,那里已经聚集了好几个小朋友,他们正玩得起劲,小民想上滑滑梯,被其中一个大一点儿的姐姐拦住了去路,小民见"门"被堵住了,就用身子去撞,但姐姐就是不松手。妈妈正要说她为什么不让小弟弟过去,但还是忍住了,决定先观察一下再说。后来发现别的小朋友经过那里就说一句"open",那个姐姐就松开一只手放她们过去,然后再拦起来。妈妈赶紧对小民说,亲爱的,你上去时对姐姐说一句"open",她就会开门了。果然,小民上去说了一句"open",之后"门"就开启了,看到儿子很开心地走了过去,还乐此不疲地在玩。妈妈庆幸没有训斥那个姐姐,不然儿子就不能玩得那么高兴了。

此解说教师没有循规蹈矩地说教,而是在"恶作剧"游戏中,通过"姐姐"担任游戏启动者的角色,带动其他孩子有规则的游戏,使幼儿从中悟出游戏规则,并自觉执行游戏规则,真可谓独具匠心。幼儿在自主游戏规则中,很容易领悟到规则意识的重要性,最终明白游戏中人人都是平等的,只有遵守游戏规则才能畅通无阻。

(四)解说的综合训练

解说一要有逻辑性,让人听起来更有条理,不至于东一榔头西一棒子,使听众不得要领。二要适当运用修辞,让人耐听、爱听、喜欢听。

【示例1】

幼儿园老师自我介绍

我叫赵××毕业于定西师专学前教育专业,在大学三年的专业学习中,学前教育的理念已深入到我的心中,让我对学前教育有了比较深刻的认识与了解。在新学期即将到来之际,我对自己充满信心,相信自己会以饱满的热情投入到新学期的工作中去,让爱心感染幼儿,以诚信感动幼儿,让幼儿快乐地在××幼儿园度过珍贵的每一天。一切为了孩子,为了孩子的一切,作为一位幼儿园教师,我会付出我所能付出的一切,认真照顾与培养每一位幼儿,相信在人生的起跑线上,我们的孩子会是最耀眼的那颗明星!

这段介绍共三句话,说了三层意思:既有对自己情况的客观而详细的陈述,还有自己今后的打算和决心。句句都有明确的针对性和显示内涵的力度;说的都是实话,条理清晰,逻辑性强。

训练内容:

(1)假设你想去某单位应聘,你如何做平实性的自我介绍?请面对录音机说一遍。学习赵××的说话风格。

(2)如果你是一个幼儿教师,请用平实的解说方式向幼儿介绍一种新的玩具的性能、特点以及它的玩法。

【示例2】

青蛙的舌头长得很特别:舌头根长在嘴边上,舌头尖却倒过来向着喉咙。舌头长得又尖又长,上面有黏液,平时折叠起来。但是,一看到虫子,它的舌头一下就翻到嘴外面,把虫子一粘,就送到嘴里吃掉了。有人做了统计,一只青蛙,一天平均要吃掉70多只害虫,所以人们都说,青蛙是捕捉害虫的能手。

这段对青蛙舌头的解说,突出青蛙舌头的特点和功能,采用列举数字的方法进一步说明青蛙是"捕捉害虫的能手"。

训练内容:

运用举例、比较、数字等说明方法,就下列话题做简约性解说。

(1)说说体育锻炼的好处。

(2)介绍自己的一条学习或生活经验。

【示例 3】

风景纪录片《西藏的诱惑》中就有很多这样的解说：

"西藏的诱惑，是那大自然动人的诗章，是那第三女神的圣洁，是那高山林海的苍茫，是那世界屋脊的满目纯澄，是那离太阳最近的地方那束奇光……"

这段解说运用排比，它以整齐的语言形式形成一种雄辩的语势，表现出语言的节奏美，先声夺人，感染力强。

训练内容：

(1)话题训练："猜猜我说的是什么?"先想好自己要说的是什么事物(某种玩具、热水瓶等)，然后做形象解说，解说后让其他同学说说你讲的是什么。(尽量少用态势语，主要训练描述性口语解说能力)

(2)用形象性解说讲讲随地吐痰的坏处。

(3)用形象性解说讲讲自己从家到学校怎么走。

重复也是常见的一种解说方法。一般人们写文章会尽量避免重复，否则会显得词汇单调，但作用于听觉，重复却可以收到特殊的艺术效果。配合着语言对听觉的反复冲击，人们在心理上可以结合着画面而加深或放大某种感应。如果画面上是污水，垃圾涌入运河，配上"排放、排放还是排放"这样的解说，更能强烈地表现出危机感;若画面上表现的是沙漠中的驼队，配上"骆驼慢悠悠、慢悠悠地行进在沙海中;驼铃响在静悄悄、静悄悄的瀚海里"这样的解说，让人更感到大漠的宁静与驼队的从容，如慢镜头一样，突出渲染了一种平和的意境。

解说中运用顶真和回环，使人从听觉认知上产生整体感，让前后句子之间紧密联系起来，在听众心中形成余音绕梁、挥之不去的感受。例如，介绍胡杨："胡杨生来千年不死，死后千年不倒，倒下去千年不朽。"再如，对重庆山城的介绍："重庆是一座山城，从上到下，从下到上，山是一座城，城是一座山。"解说中，"山、城"的回环接续让人"听"不暇接，心中也会牢牢烙下"山城"的概念，这就圆满地传达出解说者想要传达的信息。

谐趣更是听众喜闻乐见的解说方法，它往往会使语言显得幽默、讽趣、生动鲜活。例如，电视片《话说运河》的解说就体现了自然意趣。"船走得很稳，能打个盹儿"听起来很平实，细琢磨是很有趣的;又如"拉纤毕竟不是闲庭信步。当然喽，不是为了填饱肚子，更没有鞭子在空中飞舞，而只是为了娶媳妇，为了盖房子，那么，谁都难以诉说，这肩头几分是甜几分是苦……"这样的思维，这样的语言，都是很朴实地揭示了生活本身的情趣。

在《庐山——别墅春秋》中有这样一段解说："当蒋介石得到美庐(注:别墅名)正好是 8 月 8 日。'八八''发发'，他没有发到底，却弃庐而去。"这种谐音处理在字面上看，效果并不突出，而听起来却是韵味十足，让人不禁会心一笑，联想到蒋介石那种迷信、失落、仓皇的情状。

训练内容：

用诙谐性解说方式做话题训练。

(1)根据自己的体验，说说假冒伪劣产品是怎样进入市场诱骗顾客上当的。

(2)介绍自己的家庭。

(3)如果不控制计划生育，千年后人类将生活在怎样的一个世界中?

解说是一种结合多种人文科学的传播艺术，全面介入人们的生活，成为信息和文化传播中一支雅俗共赏、无可替代的中坚力量。幼儿教师在教学中应注意解说的信息性和启发性等特点。

二、讲故事

在幼儿园,讲故事是寓教于乐的最好的教学形式,用讲故事来解决幼儿的思想问题,不同的故事可以从不同角度给予幼儿以启迪。绚丽斑斓,情节生动曲折的故事带给幼儿无数的欢笑和快乐。故事是一种语言,是一种情感,是一种绘声绘色的表演,它就像一只神鸟张开彩色的翅膀载着幼儿飞向广阔、新鲜而神奇的天地。幼儿都非常喜欢听故事,健康而有教育意义的故事,是幼儿不可缺少的精神食粮,它能给幼儿智慧和美德,将幼儿的心灵塑造得更美好。给孩子讲故事不仅是一门艺术,更是我们幼教工作者所必须掌握的一项基本技能。故事除了图书中的童话、寓言、民间故事,还有结合生活中的事物及幼儿所表现的行为习惯而编写的生活故事,寓道理于故事中对孩子进行教育。孩子从这些故事中得到的教益,成为"种子",埋藏在心田,等待着将来发芽、开花、结果。那么,讲故事有哪些特点?

(一)讲故事的特点

1. 故事的完整性

从内容上看,整体轮廓要有序而完整。讲故事要有头有尾,不管故事的篇幅多么短小精悍,它都包括了事件的开端、发展、高潮、结局。开头一定要引起幼儿注意,引起他们寻根问底的渴望,中间要讲清楚故事的经过,结尾要留给幼儿回味的余地。

【示例】

蓝色的树叶

奥谢耶娃(俄)

卡佳有两支绿颜色的铅笔,可是莲娜一支也没有。莲娜向卡佳请求说:"借我一支铅笔吧。"但是卡佳回答说:"我得问一问妈妈。"

第二天,两个小姑娘都到学校去了。

莲娜问:"妈妈允许了吗?"

卡佳停了一下才说:"妈妈倒是允许了,可是我还没有问过哥哥呢。"

莲娜说:"那有什么关系,再问问哥哥吧。"

第二天卡佳来的时候,莲娜问道:"怎么样,哥哥答应了吗?"

"哥哥倒是答应了,可是我怕你把铅笔弄断了。"

莲娜说:"我会小心些用的。"

卡佳说:"小心些,不要削,不要太用劲儿使,不要放到嘴里去,不要用得太多啊!"

莲娜说:"我只要把那图画纸上的树叶,画成绿颜色的就够了。"

"这可多啦!"卡佳说着,紧紧地皱着眉头,脸上还做出不乐意的样子来。

莲娜看了看她就走开了,也没有拿铅笔。

卡佳奇怪了,跑着去追她。

"喂,你怎么啦? 拿去用吧?"

莲娜回答说:"不要啦。"

上课的时候,老师问道:"莲娜,为什么你的树叶是蓝色的呢?"

"我没有绿颜色的铅笔。"

"那你为什么不跟自己的女伴去拿呢?"

莲娜默默地不说一句话。

卡佳羞红了脸，像只大红虾似的，说道："我给她啦，可是她没拿去。"

老师看了看两个人说："要好好地给，别人才肯接受呢。"

教师在讲述时要交代清楚故事的前因后果、来龙去脉。着力通过人物对话来刻画和塑造人物形象，表达不同的人物性格特征和思想感情。

故事的起因：卡佳有两支绿颜色的铅笔，可是莲娜一支也没有。莲娜向卡佳请求说："借我一支绿铅笔吧。"

故事的经过：卡佳的回答："我得问问妈妈。""妈妈倒是同意了，可是我还没有问过哥哥。""哥哥倒是答应了，可是我怕你把铅笔弄断了。"

故事的结果：上课的时候，老师问道："莲娜，为什么你的树叶是蓝色的呢？"莲娜虽默不作声，但卡佳的脸羞红了。

2. 故事的生动性

讲故事讲求的是生动，尤其是给幼儿讲故事。因为幼儿的注意力很容易分散，如果老师平淡无味地讲述故事情节，难以激发他们的兴趣。幼儿故事情节的生动曲折，是由人物动作、语言以及活动来体现的。所以教师要通过不同的语气语调以及讲故事的技巧把故事中的人物讲活，把细节讲生动。

【示例】

云端掉下一只烤鸡

小约翰什么都不怕。爸爸警告他："要小心！"妈妈也常常警告他："小心呀！小约翰！"爷爷说："小约翰，不要太调皮，小狗生气了，会咬你喔！"奶奶说："你不要把小猫当玩具，小猫生气了，会抓你喔！"但是，小约翰依然我行我素。

小约翰最喜欢逗弄小狗、小猫，小狗、小猫也爱和他玩耍，所以，小约翰完全不理会大人那一套，大人每次都紧张兮兮的，其实根本就没什么好怕的嘛！小约翰想："到底什么是害怕呢？我一点也不知道害怕，而且它永远也不会发生在我的身上。"可是，家里的大人不以为然，都说："以后你就会知道害怕了。"

小约翰的家在摩天大楼上，那栋大楼非常高，我们在地上看不到它的顶端，那顶端仿佛消失在云里。大楼里有一座电梯，禁止小孩子单独进入。所有的人，都曾警告过顽皮的小约翰："不准单独进去，那很危险哟！"小约翰却想："我是最勇敢的人，什么都不怕！如果能一个人坐电梯，自己按钮，坐上去再坐下来，那该多棒啊！"这一天，机会来了！小约翰和爸爸买东西回来，在楼下大门遇到一位邻居，爸爸就跟那位老先生聊了起来。

小约翰提着菜篮站在旁边，觉得很无聊，他抬头问爸爸："爸爸，我在电梯门口等您，好吗？"爸爸正在讲话，可是还不忘叮咛小约翰："好！可是一定要等我！你不能一个人坐电梯哟！"小约翰点了点头。他的确很听话，乖乖地站在门口等爸爸。可是，等了很久很久，爸爸还是没有出现。

小约翰忍不住，终于按了钮，门开了，他独自进入电梯。奇怪！爸爸怎么还不来？小约翰等得不耐烦了，他决定自己先回家！可怜的小约翰，他的个子是这么的小！而家里的按钮却在最高的地方，所以，无论他如何努力地踮脚尖，还是按不到。怎么办呢？小约翰心想："我先尽力按到最高的钮，再爬楼梯上去吧！"

　　他在黑暗中继续摸索着，慢慢爬上楼，一层又一层，不知爬了多少层。他找到一扇门，但是门后传来动物的吼叫声，还有很多奇怪的噪音。这里是不是住了一些怪物啊？小约翰不禁又害怕起来。等到镇定下来之后，他再仔细听才发现那声音不是什么怪物，是楼下邻居养的小黑狗嘛！小约翰更有信心了，继续往上爬。爬呀爬呀，好黑啊，到底到家了没有？最后，小约翰的面前不再有楼梯，只剩下一扇门挡住了去路。

　　小约翰打开这扇门，发现竟然已经到了顶楼，他忘记了害怕，高兴地跑来跑去，仔细看看这层被云围绕的顶楼。玩得好累啊！该下楼了。可是，大门已牢牢关住，糟糕！他被困在这里了！小约翰又开始害怕起来，他不禁想着："我一定会被困在这里，没有人发现我，不会有人看得见云里的我，我好害怕啊！"他急得快哭出来了！

　　看着脚旁的菜篮，他想到一个妙计。小约翰把篮子里的东西统统掏出来，有五根香蕉、妈妈的新抹布、爸爸的围裙、弟弟的围巾、姐姐的毛线团，还有晚餐时要吃的烤鸡。他用姐姐的毛线把东西一个个绑住，然后吊到楼下。这串东西经过大楼每一个住户的窗前，越落越低，直到地面。

　　大门前，小约翰的爸爸还在聊天！老先生抬起头，吃了一惊说："有只烤鸡从云端掉下来了！"爸爸赶紧抬头一看，果然有只鸡，还有……

　　天啊！不只有鸡，还有抹布、围裙、香蕉……哎呀！这一定是小约翰的杰作！爸爸立刻搭上电梯，赶到顶楼，果然发现小约翰正拿了根线吊着那一串东西！地面上的老先生和路上的行人们，都眼睁睁地看着那只烤鸡又被吊了上去，然后消失在云端里。

　　爸爸既心疼又生气，小约翰又吓得害怕起来，他乖乖站着，不敢再调皮。

　　最后，父子俩还是高高兴兴地收拾起篮子里的食物，赶回家享受烤鸡大餐！什么是害怕？这下子，小约翰终于找到答案了！

　　这则故事情节曲折、离奇，具有某种怪异和神秘的色彩，情节的发展出奇制胜。教师讲述时除运用有声语言表达外，应恰当地配合态势语言，如用表情、眼神来刻画主人公小约翰害怕、想哭、遇事动脑筋等心理活动，使得调皮、可爱、聪明的小约翰的形象更具体、更形象，通过拟声的手段对动物的叫声惟妙惟肖的模仿，渲染环境气氛，把孩子们带到故事所描写的情境中，激起幼儿的兴趣，随着"案情"的发展，最后真相大白，孩子们才会愉快地接受这个有趣的故事情节。

　　3.故事的趣味性

　　儿童故事的趣味性，即使幼儿听后感到愉快、有意思又有吸引力和感染力。如果老师讲的故事平淡无奇，就很难把他们带到故事中去。幼儿喜欢生活中那些能引起他们兴趣使他们会心微笑的东西。幼儿故事的趣味性往往体现为幼儿的情趣，即天真的想象、稚嫩的思考、特有的行为动作。所以教师讲故事的语言要抑扬顿挫有幽默感，表情要丰富善变，动作可做适当夸张。

　　【示例】

圈儿圈儿圈儿◎

安伟邦

　　大成爱看书，可是不爱写字，老师教他写字，他心里说："我只要能看书就行了。"

　　一天，上语文课，老师要大家听写，大成一听就慌了，他拿着铅笔，手有点发抖，只听老师念道:"啄木鸟,嘴儿硬,笃笃笃,捉小虫,大家叫它树医生。"

大成有好几个字写不出来,只好在纸上写道:

"◎木鸟,◎儿◎,◎◎◎,◎小虫,大家叫它◎医生。"

大成写完,就交给老师。

第二天,老师让他把自己写的念一念。他念道:

"圈儿木鸟,圈儿圈,圈儿圈儿圈儿,圈儿小虫,大家叫它圈儿医生。"念着念着,同学们哗的一声笑了。大成很难为情。

老师说:"大成,你自己写的东西,自己都看不懂,别人怎么看得懂呢?"

大成想:"老师说得对呀!我应该好好学习。要是别人把字也画成圈儿,我到哪里去找书看呢?"

这是一则趣味性很强的幼儿故事,可运用各种声调搭配来讲故事内容,语言要做到幽默,讲到大成难为情时,使幼儿皱起眉头;讲到开心的事,使幼儿露出笑容,甚至一边讲一边笑,甚至讲到让幼儿激动得手舞足蹈、捶胸顿足,才是讲故事的最高境界。

(二)讲故事的要求

讲故事之前必须明确四点:一是熟悉和掌握所讲故事内容——讲什么;二是明确讲故事的目的——为何讲;三是清楚讲述对象——给谁讲;四是把握好讲述技巧——怎样讲。

故事之所以为幼儿所喜爱,是因为它是一种文学艺术作品。它具有吸引人的情节,有生动的人物形象,有优美的艺术语言,有深刻的教育意义。所以教师在讲故事时要把故事中的人物形象、事件和环境栩栩如生地呈现在幼儿的面前,必须做到以下三点:

第一,紧扣一个"讲"字。讲故事得突出一个"讲"字,因为讲故事不等同于朗读或背诵,故事的语言不同于其他文学形式的语言,其最大的特点是口语性强、个性化强。所以当老师拿到故事材料的时候,不要马上就开始练习讲,而是要先把材料改造一下,改成适合我们讲的故事。如有些故事中人名、地名太多,孩子听起来容易搞乱,也记不住。在讲述时,可以把不必要的人名、地名去掉或变换一下,如讲到哥弟三人的时候,就用老大、老二、老三,这样一听就清楚。与此同时,还要注意丰富发展幼儿的词汇,可以将口语和书面语两者有机结合。前面出现书面语,后边接着对它解释,将解释贯穿在故事讲述中,让幼儿体会,从中学到新词汇。

第二,要突出一个"情"字。讲故事时应讲究一个"情"字,教师要充分地运用语气语调、声音来表现人物的生动和情节的曲折,力求做到"闻其声见其人"。随故事情节的发展而变化,语调要有轻有重。要善于采用拟声手段绘声绘色地模仿各种人物、动物及环境中的声音,可以加些象声词,如大风"呼呼",大雨"哗啦啦",小猫"喵喵"叫,小弟"哇哇"哭等来渲染气氛。再如,表现孙悟空说话时,可以用爽快、干脆的语调,声音尖一点,节奏快一点。让幼儿一听,噢,这就是机智勇敢的孙悟空。表现猪八戒时,可用慢一点的节奏、厚一点的声音,表现他憨实的性格。这样幼儿才能入情入境感到有趣,并易于感知和理解,从而受到教育。

第三,态度要真诚。教师要真诚地对幼儿故事抱有兴趣和新鲜感。无论故事怎样简单,也无论过去曾讲过多少遍,都应该像第一次讲一样有新鲜感。

(三)讲故事的技巧

教师给幼儿讲故事,是一种综合性的教育实践,也可以说是以故事为形式的教学活动。故事不仅内容丰富,包含各方面的知识,同时故事作为文学形式,充满童趣,幼儿在极易接受的同时也会产生浓厚的兴趣，这是向幼儿进行教育、传授知识、发展语言的重要文学形式。教师在讲故事的过程中，要保持微笑，吐字要清楚，语速要慢，口气要柔软，具体要做到以下几个方面。

1. 选好故事，合理加工

（1）根据需要，灵活选材。首先要注意选取有利于幼儿身心健康的故事。其次故事要适合幼儿的年龄和心理特点。再次要注意配合政治、时事、纪念日、教学日等内容，有时也利用当日发生的事情，进行选材讲故事。教师可以观察幼儿的兴趣点，比如男孩子喜欢《三国演义》，为了纠正孩子们做事随意、不认真倾听的习惯，教师可重点把诸葛亮这个人物进行夸张讲述，着重强调"为什么诸葛亮能成为一个人人尊敬、钦佩的人"，原因在于"他善于观察和思考，做事认真"。大部分幼儿听完故事后都愿意改掉自己做事随意、不认真倾听的习惯，并且希望自己成为"小诸葛"。女孩子喜欢《白雪公主》，教师可根据故事主人公白雪公主的善良美丽和王后的毒辣凶狠做对比，启发幼儿思考分辨真、善、美。但无论讲哪种故事都应该注意故事的思想性、知识性和趣味性。

针对幼儿个性选择故事。如果发现幼儿个性上的不足，可有针对性地选择一些适当的故事，潜移默化地引导幼儿个性向良好的方向发展。比如，对胆小懦弱的孩子，要多讲些英雄勇士的故事；对粗暴霸道的孩子，要多讲些谦逊礼让的故事；对爱慕虚荣的孩子，要多讲些颂扬内在美的故事。幼儿犯了错误，有时直接批评会给他造成心理压力，或产生逆反心理，强化错误行为。这时，如果借助具有教育功能的故事，就能有效地避免负面影响，让幼儿在轻松的氛围中不知不觉地接受教育。

（2）熟悉故事，收放自如。老师在讲故事前，首先要了解内容，确立讲故事的基调。有的故事生动活泼，有的诙谐幽默，有的深情感人，有的严肃悲壮，有的充满神奇，有的富有哲理……不论讲什么样基调的故事，都要有一个符合故事基调的语调和节奏，否则，讲故事时结结巴巴，就会冲淡幼儿对故事的总体印象，无法引起幼儿的兴趣。

其次要熟悉故事情节，分析情节，确立好故事的高潮和低谷，根据故事中人物不同的性别、年龄、性格，以及他们在故事中的发展变化来进行讲述。比如，我们要讲《皇帝的新衣》这个童话故事，老师在讲故事前就要先研究人物的性格特征，国王的愚蠢无知，骗子的狡诈阴险，大臣的阿谀奉承、不分是非，小孩的天真无邪等。这是一项讲故事之前老师必须做的工作。这项工作做好了，讲的故事才能刚柔相济、收放自如，达到引人入胜的效果。

（3）合理加工，富于情趣。讲故事之前对原材料做必要的处理，使故事更富于幼儿情趣。如果只是一五一十地照搬书中的话句，就显得有些呆板，讲出的故事就会很枯燥。教师可根据幼儿的思维特点，在不改变故事原有情节的基础上进行想象，把故事的细节进行扩充，把故事的语言进行美化，加上幼儿爱听又能听得懂的语言，更生动地表现故事情节。教师要善于使用重复、象声词等方法来调动幼儿的胃口，使故事充满童稚性。形象化加工，可以把一些平铺的叙述改编成人物的活动和对话。例如，故事里说：小花狗看到小青蛙，叫他一块儿出去，小青蛙不肯上岸，要到泥里去睡觉。可以改成：小花狗一看见小青蛙就喊："小青蛙！小青蛙！"小青蛙把头从水里伸出来："什么事呀？""小青蛙，这么冷的天，别在水里游泳了，上来跟我一块儿玩去吧！"小青蛙一听，呱呱呱地笑起来："小花狗，我不是游泳，我要到泥里睡觉，明年春天再见吧！"加工后的语言更符合幼儿的语言习惯。

2. 运用技巧，绘声绘色地讲好故事

讲故事是靠语言技巧和体态语相互配合，来调动幼儿的听觉和视觉，激发幼儿的形象思维,使幼儿如闻其声、如见其形、如临其境,从而受到感染和教育。

（1）语言生动,富有节奏感。给幼儿讲故事,首先要使语言准确生动,语速适中,并掌握好停顿和声音的高低,尽量避免语病和地方口音;其次要掌握好故事层次,把故事讲得富有节奏感。老师在给幼儿讲故事时,必须把握故事的层次,并用语调的轻重缓急、抑扬顿挫等变化把这种层次表现出来,这样才能使幼儿更深切地感受故事的内容和艺术美。也只有这样,才能增强故事的感染力,引起幼儿听故事的兴趣,激发幼儿的感知、联想。例如,讲小白兔时,语言欢快,两手放在头两侧展示小白兔的两只大耳朵,把小白兔活泼可爱的形象表现出来。讲大灰狼时,语言粗暴,脸部要把大灰狼的狰狞面目表现出来。这就给孩子脑海里留下了小白兔和大灰狼一好一坏的深刻印象。再如,学老爷爷说话,声音粗、动作慢;学小朋友说话,声音脆、动作快。讲悲伤情节时,声音低、速度慢;讲高兴情节时,声音大、速度快。绘声绘色地讲,孩子就能入迷。

（2）卖卖关子,激发幼儿兴趣。教师讲故事之前,可根据故事的语境以及幼儿的情况巧妙地加一"楔子",造成悬念,吸引幼儿的注意力,激起幼儿听故事的兴趣。中间适当的时候可设置提问,卖卖关子（即合理的停顿）。

（3）角色互动,让幼儿身临其境。讲故事是教师和幼儿的双边活动。教师在讲故事的过程中可在适当的时候穿插一些小游戏,可以模仿故事中的人物、动物等展开对话提问,使幼儿以主人公的角色参与进来,让幼儿与故事中的角色进行互动,这样可以使幼儿的兴趣和情绪大大提高,提升幼儿的想象空间。因为幼儿有不能分清想象与真实的界限的思维特点,所以教师可以根据幼儿的这一思维特点,让幼儿直接融入到故事的情节中。

幼儿由于缺少知识和经验,对于一切事物都感到新奇,遇事喜欢问为什么。听故事时,有些故事是他们生活中经历过的事,能听得懂,有些内容他们听不懂或者还要进一步去探究。因此,讲故事时要满足幼儿的求知欲,及时提出问题,对一些不善于提问的幼儿,老师讲完一段后,启发他提问,使他能结合故事内容去思考。例如,讲"龟兔赛跑"的故事,教师可提问:"乌龟和兔子谁跑得快"? 孩子会回答说"兔子跑得快",讲到结束时可再问"为什么乌龟先跑到呢?"让孩子通过思考再回答。

（4）态势辅助,讲述相得益彰。体态语言表达技能是指教师能熟练地利用表情、眼神、手势等非语言因素,辅助口头语言传递信息和表达情感。教师巧妙地运用态势语言表达技能给幼儿讲故事,为的是增强艺术效果,沟通与幼儿的情感。

法国作家罗曼·罗兰说:"面部表情是多少世纪培养成功的语言,是比嘴里讲的复杂千百倍的语言。"因此,教师在给幼儿讲故事过程中的一颦一笑,甚至一个感叹,都会对幼儿产生某种暗示作用,幼儿会从教师的表情中"读"出内涵。微笑所产生的良好效果往往优于枯燥的说教,教师给幼儿一个微笑,幼儿会给你一个明媚的春天。

教师给幼儿讲故事还可以借助眼神和幼儿沟通,以达到"心有灵犀一点通"的境界。教师的眼神是最富表现力,最吸引幼儿的。教师在讲故事时,眼神要自然、亲切,充满真诚,不能离开幼儿,要使所有的幼儿都能从教师的眼睛里真正感受到自己就是故事中的一员。眼神的闪动有时会产生"此时无声胜有声"的艺术感染力。

手势也是体态语的重要组成部分。手势是人们用手和胳膊的动作与造型来传递信息、表情达意的体态语言。恰当地运用手势,可以使故事内容的表达更加直观、具体、生动形象,从而增强有声语言的感染力和表达效果。手势语的运用要自然明了、简练协调,切忌矫揉造作;手势的运用要适量适度,切忌手舞足蹈、手势过多。

总之,有声语言丰富多彩,无声语言千姿百态。态势语的设计要遵循自然、得体、适度、和谐的原则,使其成为有声语言得力的辅助手段,使二者相得益彰。

3.利用多媒体手段加强故事的效果。

幼儿对故事中"新、奇、动"的人物形象、环境以及故事情节特别好奇、敏感,对声音、色彩、形状的描述又特别感兴趣,所以可以利用多媒体或投影仪制作丰富的课件,让幼儿听故事不单单只有想象,还可以有物可依。课件中的人物、动物等制作得要灵活一点,带有神秘和动作色彩,能够更加吸引幼儿。故事里常常需要各种音响效果,比如动物的叫声、风雨声、雷声、流水声等,可借助画面、声音让幼儿模仿这些声音,参与到故事中来,帮助他们进一步感知事物,同时可以丰富他们的语言,这样幼儿听起来才会趣味盎然。

【技能训练】

1.比较下面两则故事,根据讲故事的要求讲幼儿故事。

龟兔赛跑 1

兔子和乌龟赛跑,兔子嘲笑乌龟爬得慢,乌龟说,总有一天他会赢。兔子说,我们现在就开始比赛。乌龟拼命地爬,兔子认为比赛太轻松了,他先打了个盹,自以为是地说很快就能追上乌龟。乌龟一刻不停地爬行,当兔子醒来的时候乌龟已经到达终点了。

龟兔赛跑 2

兔子长了四条腿,一蹦一跳,跑得可快啦。

乌龟也长了四条腿,爬呀,爬呀,爬得真慢。

有一天,兔子碰见乌龟,笑眯眯地说:"乌龟,乌龟,咱们来赛跑,好吗?"乌龟知道兔子在开他玩笑,瞪着一双小眼睛,不理也不睬。兔子知道乌龟不敢跟他赛跑,乐得摆着耳朵直跳,还编了一支山歌笑话他:

乌龟,乌龟,爬爬,

一早出门采花;

乌龟,乌龟,走走,

傍晚还在门口。

乌龟生气了,说:"兔子,兔子,你别神气活现的,咱们就来赛跑!"

"什么,什么? 乌龟,你说什么?"

"咱们这就来赛跑。"

兔子一听,差点笑破了肚子:"乌龟,你真敢跟我赛跑? 那好,咱们从这儿跑起,看谁先跑到那边山脚下的一棵大树。预备! 一,二,三……"

兔子撒开腿就跑,跑得真快,一会儿就跑得很远了。他回头一看,乌龟才爬了一小段路呢。兔子心想:"乌龟敢跟兔子赛跑,真是天大的笑话! 我呀,先在这儿睡上一大觉,让他爬到这儿,不,让他爬到前面去吧,我三蹦二跳地就追上他了。""啦啦啦,胜利准是我的嘛!"兔子把身子往地上一躺,合上眼皮,真的睡着了。

再说乌龟,爬得也真慢,可是他一个劲儿地爬,爬呀,爬呀,爬,等他爬到兔子身边,已经累坏了。兔子还在睡觉,乌龟也想休息一会儿,可他知道兔子跑得比他快,只有坚持爬下去才有可能赢。于是,他不停地往前爬、爬、爬。离大树越来越近了,只差几十步了,十几步了,几步了……终于到了。

兔子呢？他还在睡觉呢！兔子醒来后往后一看，唉，乌龟怎么不见了？再往前一看，哎呀，不得了了！乌龟已经爬到大树底下了。兔子一看可急了，急忙赶上去可已经晚了，乌龟已经赢了。

乌龟胜利了。

兔子跑得快，乌龟跑得慢，为什么这次比赛乌龟反而赢了呢？

《龟兔赛跑》是幼儿熟知的寓言故事，第一个故事只是梗概，没有具体的故事情节，形象也不突出，因此谈不上生动。而第二个故事，主题和第一个故事是相同的，不同的是第二个故事在第一个故事的基础上进行了合理的加工，增加了许多生动的情节。比如，对主人公兔子和乌龟的心理刻画、动作描写以及它们的对话，使得它们的形象变得栩栩如生。

在讲故事时可以采用不同的表达方式，把双方的对话和心理活动用恰当的语气和语调加以表现，同时运用态势语言辅助，就能把故事讲得生动传神。也可根据幼儿的特点和讲述的目的，采用提问加"楔子"的方法，激发幼儿听故事的愿望和兴趣，引导他们把注意力集中到听故事上来。

2.阅读故事，在熟悉内容的基础上，运用讲故事的技巧讲述下面的故事。

搬开"巨石"

从前，有位古希腊国王，因为年纪大了，很想从三位王子中挑选一个继承人。事先，他吩咐一个大臣在一条两边临水的大道上放置一块巨石。任何人想通过大道，都得面对这块巨石。要么从水路绕过，可太费时；要么从石头上爬过，可石头太光滑；要么你能把它推开，可谁有那么大的力气呢？

国王叫来三位王子，吩咐他们先后经过那条大道，分别把信最快地送到对面的大臣手里。最后，三位王子都完成任务回来了。国王问："你们是如何通过那块巨石的？"

大王子说："我是划船过去的。"

二王子说："我是游水过去的。"

小王子说："我是从大道上跑过去的。"

"这怎么可能呢？难道巨石没有挡住你的去路吗？"大王子和二王子都很奇怪。

"没有啊，我只是用手使劲儿一推，它就滚到河里去了。"

"孩子，你是怎么想到用手去推它的？"国王问他的小儿子。

"我只不过想去试试，"小王子说，"谁知我一推它，它就动了。"

原来，那块巨石是国王和大臣用很轻很轻的材料做的。所以最后，这位敢于尝试的小王子继承了王位，成为了新国王。

这个故事主要讲的是搬开"巨石"——增强克服困难的勇气。生活中很多人在面对困难的时候，之所以失败，不是因为他们缺少克服困难的方法，而恰恰是因为缺少克服困难的勇气。遇到困难，往往只要你大胆地去试一试，或许就能成功。尤其是幼儿由于他们年龄小、见识少，遇到困难总想依靠爸爸、妈妈、老师来解决。教师在讲这则故事的时候，要善于运用语言因素和非语言因素，突出小王子在困难面前，敢于尝试解决困难并战胜了困难，取得最后的胜利。引导幼儿：课堂回答问题答错不要紧，至少要有解决问题的勇气，这比起那些不思考的人要好得多，因为他们连面对困难的勇气都没有。启发幼儿思考问题并积极表达。

孤独的小熊

小熊长着圆圆的鼻子,脖子上系着红领结,帅极了。他每天都昂着头,板着脸,很神气的样子。只是,脸上从来没有一点笑。

妈妈问他:"小熊,你为什么不笑呀?"

小熊说:"我是最漂亮的小熊,应该别人对我笑,我才不去对别人笑呢。""唉——"熊妈妈叹了一口气。

小熊去找小猪。一看到板着脸的小熊,小猪吓跑了。

小熊去找小猴。一看到从来不对别人笑的小熊,小猴躲起来了。

小熊每天孤零零的,谁也不跟他玩。

小熊找到大河马,难过地问:"我是漂亮的小熊,为什么谁都不跟我玩呀?"

大河马说:"你得对别人笑,因为大家都喜欢和开心的朋友在一起。"

小熊说:"我从来没笑过,不知道怎样笑。"

大河马说:"你心里想着笑,就会笑。不信,你照着镜子瞧瞧。"

小熊心里想:"只要笑一笑,就会有朋友和我玩了。"小熊一边想,一边对着镜子瞧自己。哟!小熊的眉毛弯弯,嘴角咧开,他笑起来了。

哦!小熊没想到自己笑起来会那么好看,心里一乐,"哈哈哈……"地笑起来。

大河马看到从来不会笑的小熊"哈哈"大笑,也乐得"哈哈哈……"地大笑起来。大河马笑得那么响,把动物们都引来了。

动物们看到小熊不再板着脸,在那里"哈哈"笑,都过来一起乐,一起笑。"哈哈哈,哈哈哈……"大家笑得好开心。这一回,小熊再也不感到孤独了。

这个故事讲了一只漂亮的小熊,每天孤零零的,谁也不跟他玩。他有些纳闷,去找小猪,小猪跑掉了;又去找小猴子,小猴子躲起来了;最后,小熊去问大河马:"为什么我这么漂亮却没有朋友?"大河马告诉小熊,要对别人微笑,这样大家才会愿意和他交朋友。小熊终于明白动物们喜欢的不是它的圆鼻子,也不是它脖子上的红领结,而是它好看的微笑。教师在讲这个故事时要面带微笑,声音柔和,语气语调要轻松、愉快。

煎饼帽子

迈克尔在看妈妈摊煎饼。他特爱吃煎饼了。只见妈妈用面粉、鸡蛋、盐和水调成面糊糊。然后在平低铁锅里放些油,油烧热了,就往里面均匀地倒些面糊糊。当煎饼的一面烧得金黄时,妈妈就端起铁锅,手腕用力一抖,煎饼在空中翻个个儿,落下来时再用锅接住。过一会,另一面也烧黄了,一张又香又脆的煎饼就做成了。迈克尔觉得摊煎饼又新鲜又好玩,央求妈妈让自己试一试。妈妈提醒说:"你要小心,可不像看起来那么简单。"迈克尔用双手抓住锅把儿,也学着妈妈的样子,用力把煎饼抛向空中。咦,怎么没落下来?他抬头一看,哟,贴到天花板上了。正这时,煎饼又飞下来,啪的一声盖在了他的头上。"得,你有一顶煎饼帽子了。"妈妈笑着说。迈克尔不甘心,他又试了一次。这一次,抛向空中的煎饼正好落回锅里。他做出了第一张煎饼。"你成功了!"妈妈高兴地为他祝贺。

《煎饼帽子》这个故事把童话式的夸张用在生活故事里,它的诱惑力在于又开心又有意味。作者抓住一个生活细节,将其经营成了一个完整的、趣味盎然的故事。故事告诉我们:看似简单容易的烙煎饼的家务活,要做好,如果没有学习的过程,没有经验和技巧的积累,也还是不行的。不过,这个故事中最值得赞赏的是,在情节转弯的关头却引进了童话的夸张——迈克尔因为也想像妈妈那样让"煎饼在空中翻个跟头",来一个精彩的表演让妈妈瞧瞧,不料用力过大,用劲儿过猛,一抛把煎饼抛到了天花板上,贴住了,一时没落下来。这就夸张出童话味儿来了。待到煎饼从天花板上落下,不左不右,不前不后,啪,扣在了男孩的头上。这时,妈妈没有大呼小叫:"哎唷,我的宝贝儿子哎,烫着了吧?"(这样的大呼小叫用来表现今天中国城市的妈妈是近乎准确的)结尾处,西方妈妈的"你成功了"的祝贺一语,是妈妈式的情语、喜语,也是妈妈式的幽默语。在朗读时要特别加以强调。

总之,要想绘声绘色地讲好每一个故事,并使之能吸引幼儿,对幼儿起到良好的教育作用,是需要多学多练、熟练掌握讲故事的艺术处理方法的。只有这样,才能讲出幼儿喜欢听的故事,带给幼儿艺术的享受。同时,这也是幼儿教师必备的一项基本技能和素养。

三、演讲

演讲等于演加讲。演,作用于听众的视觉;讲,作用于听众的听觉,以讲为主,以演为辅。演讲有时也称为演说,它是一种在特定的环境中,面对特定的听众,就某个问题向听众系统、鲜明地阐明自己的观点和主张,以感召听众产生共鸣的一种带有艺术性的演说活动。

演讲的题材应该是真实的,必须歌颂真善美,要求形式是美的、语言是美的、态势是美的,要使人产生愉悦,听一次演讲不仅是一次心灵的净化,而且是一次审美观的升华。演讲是集思维展示、语言表达和非语言因素运用为一体的口语艺术,它是教师思想、知识、能力、毅力、生活态度、审美品位等综合素质的体现。

幼儿教师可以通过演讲很好地训练自己的思维能力和口语表达能力。

(一)演讲的意义

就幼儿教师而言,演讲可以提高其语言技能,激励其为幼教事业多做贡献,促进其迅速成才,还可以帮助其融洽人际关系。演讲对社会的作用也非常大:第一,可以祛邪扶正,形成正确的舆论,促进社会文明发展;第二,可以培养高尚美好的情感;第三,可以唤起听众的行动和实践。

成功的演讲必须引导听众有正确的行动。不能引导听众正确行动的演讲绝不是好的演讲。所以,教师进行演讲时应当刻意追求这种导向作用,使演讲产生强烈的现实意义和历史价值。

1. 从演讲的宏观目的看

从总体上看,演讲的目的就是演讲者与听众取得共识,使听众改变态度,激起行动,推动人类社会向理想境界迈进。演讲无论是宣传自己的政治主张、观点,或是传播道德伦理情操,还是传授科学文化知识和技艺都是为了让听众同意自己的主张、观点和立场以取得共识,并在此基础上激发听众的实际行动,向着理想境界迈进。

2. 从演讲的微观目的看

迄今为止,尚未有专职演讲家。一般演讲者都有自己的正式职业或专业,如鲁迅是文学家,闻一多是学者、诗人,林肯是总统,丘吉尔是首相。由于其职业不同、专业不同、经历不同等多种因素,演讲的目的、内容也有所不同。幼儿教师的演讲,可以从自身的职业特点出发,选择适合幼儿成长或对幼儿家长有借鉴作用的一些内容进行演讲。

3. 从听众听演讲的目的看

听众是无数个个体的集合。由于他们年龄、性别、文化程度、兴趣、职业等不同,听演讲的目的也各不相同。比如,林肯解放黑奴的演讲,听众有拥护的,也有反对的,可见其目的根本不同。即使目的都一样的听众,对同一内容的演讲也往往各取所需。

当今社会,各种各样的演讲活动层出不穷,政治理论演讲、英雄人物事迹演讲、学术演讲、法庭陈词演讲、岗位竞聘演讲等已成为人们日常生活中很常见、很普遍的活动。对幼儿教师来说,演讲也是提高语言表达能力的重要途径,因此,幼儿教师要掌握演讲的基本知识和基本技能。

(二)演讲的特点和功能

演讲是演讲者在现场与听众双向交流信息的活动。严格地讲,演讲是演讲者与听众、听众与听众的三角信息交流,演讲者不能以传达自己的思想和情感、情绪为满足,必须能控制住自己与听众、听众与听众情绪的反应和交流。所以,演讲具有以下几个方面的特点。

1. 针对性

演讲是一种社会活动,是用于公众场合的宣传形式。它以思想、感情、事例和理论来打动听众,感化听众,所以演讲必须要有现实的针对性;其次是要懂得听众有不同的对象和不同的层次,要注意听众的年龄、身份、文化程度等;而"公众场合"也有不同的类型,如党团集会、专业性会议、服务性俱乐部、学校、社会团体、宗教团体以及各类竞赛场合,准备演讲稿时要根据不同场合和不同对象,为听众设计不同的演讲内容。

【示例】

竞选班长演讲

尊敬的老师,亲爱的同学们:

大家好!

我今天要参加竞选班长职务。我相信凭着我的勇气和才干,凭着我坚强的毅力和勇于拼搏的决心,这次演讲带来的必定是下次的就职演说。

我之所以竞选班长职务,是因为我的学习成绩优秀,是同学们的好朋友,老师的得力小帮手,我的领导能力也很好,可以带动全班同学一起学习。我热爱这个集体,责任心强,对老师分配的工作认真负责,从不拒绝。

如果老师与同学们认为我能干好这项工作,请大家支持我,投我神圣的一票。如果竞选成功,我会努力做好以下三点:

1. 加强学习,严格要求自己。

2. 关心集体,团结同学。

3. 与其他的委员合作,配合做好班里的每一件事,帮老师多做事,让同学们满意,让班主任放心。

如果没有竞选成功,说明我还要努力,下次我会继续竞选。

相信我,一定能成为这个班的领导者。

上例是一名小学生自己竞选班长时的演讲。演讲中,小同学从自己竞选班长的原因、态度、决心三个方面很自信地提出"我一定能成为这个班的领导者"。演讲的目的很明确,针对性很强。

2. 口语性

演讲是优于一切现实的口语表现形式,它要求演讲者去除一般讲话中的杂乱、松散、平板的因素,以一种集中、凝练、富有创造色彩的语言进行演讲。演讲的本质在于"讲",而不在于"演",它以"讲"为主、以"演"为辅。由于演讲主要是口头语的表达,它讲究的是"上口"和"入耳"。所谓上口,就是讲起来通达流利。所谓入耳,就是听起来非常顺畅,没有什么语言障碍,不会发生曲解。

【示例】

难道我不是个女人?

索琼娜·特鲁斯

没人帮我推车,或是掘沟,也没人给我任何最好的地位!难道我不是个女性吗?看着我!看着我的手臂!我一直在耕作收割,男人都不能超过我!难道我不是个女性吗?我可以做的和男人一样多,也可以吃的和男人一样多。而我也同样能经受住鞭子!难道我不是女性吗?我生了13个孩子,也眼看着大多数被卖做奴隶。当我为我母亲去世而哭泣时,除了上帝没有其他人注意到!难道我不是个女性吗?

上例索琼娜·特鲁斯是一位女性奴隶,后来在纽约州奴隶制废除后被解放,她从此成为一位知名的废奴主义者,并周游全美国。这篇演讲稿没有晦涩难懂的词汇,反复讲"难道我不是女性吗?"语言很直白,但讲起来很有说服力。

3. 鼓动性

鼓动性是演讲成功与否的一个标志。没有鼓动性,就不成为演讲。政治演讲也好,学术演讲也好,都必须具备强烈的鼓动性。演讲是一门艺术。好的演讲都有一种激发听众情绪、赢得好感的鼓动性。要做到这一点,首先要演讲稿思想内容丰富、深刻,见解精辟,有独到之处,发人深省,起到传播真理、陶冶人们的情操的作用,满足人们对真、善、美的追求;其次,语言表达要形象、生动,富有感染力,要以自己的心声去呼唤听众的心声,以自己的情感火花点燃听众胸中的熊熊烈火,从而产生情感上的共鸣,使演讲者与听众达成观点的共识。

【示例】

莫斯科红场阅兵演讲

斯大林

红军和红海军战士们,指挥员和政治工作人员们,男女工人们,集体农庄的男女庄员们,智力劳动者们,在敌后暂时陷在德国强盗压迫下的兄弟姐妹们,我们那些破坏德国侵略者后方的光荣的男女游击队队员们,同志们!

我代表苏维埃政府和我们布尔什维克党向你们致敬,并庆祝伟大的十月社会主义革命二十四周年。

同志们!今天是在严重情况下庆祝十月革命二十四周年的。德国强盗背信弃义的进攻和强加于我们的战争,造成了对我们的威胁。我们暂时失去了一些地区,敌人已经进犯到列宁格勒和莫斯科的门口。敌人认为,在第一次打击之后,我们的军队就会崩溃,我们的国家就会屈膝投降。可是,敌人大大地失算了。我们的陆海军虽然暂时失利,但仍然在整个战线上英勇地反击着敌人的攻击,使敌人损失惨重,而我们的国家,我们全国已经组成了一个统一的战斗阵营,同我们陆海军一起共同来粉碎德国侵略者。

　　我们的国家曾经经历过比现在的处境更加危急的时日。试回忆 1918 年我们庆祝十月革命周年纪念时的情形。当时我国四分之三的领土都在外国武装干涉者手中。我们暂时失去了乌克兰、高加索、中亚细亚、乌拉尔、西伯利亚和远东等地区。当时我们没有同盟国,我们没有红军(那时我们才刚开始创建红军),我们缺乏粮食,缺乏武器,缺乏被服。当时有十四个国家围攻我国。可是,我们不曾灰心,不曾丧气。当时我们在战争的烈火中组织了红军,并把我国变成了一座军营。当时,伟大的列宁精神鼓舞了我们为反对武装干涉者而战。结果怎么样呢?结果我们粉碎了武装干涉者,收复了全部失地并争得了胜利。

　　现在,我国的状况要比二十三年前要好得多。现在,我国无论工业、粮食和原料,都比二十三年前丰富许多倍。我们现在有同盟国,他们同我们一起结成反德国侵略者的统一战线。我们现在拥有精锐的陆军和精锐的海军,他们正在挺身保卫着我们祖国的自由和独立。我们无论对于粮食、武器或被服都不感到严重的缺乏。我们全国,我国的各族人民都一致支援我们的陆海军,帮助他们粉碎德国法西斯分子侵略匪军。我们有源源不断的人员后备。现在伟大的列宁的精神和他的胜利旗帜,就像二十三年前一样,仍然鼓舞着我们去进行卫国战争。

　　我们能够并且一定会战胜德国侵略者,这难道可以怀疑吗?

　　敌人并不像某些惊慌失措的知识分子所形容的那样强大。魔鬼也不像人们所描述的那样可怕。谁能否认,我们红军曾屡次把大受吹捧的德军打得仓皇而逃呢?如果不是根据德国宣传家大肆吹嘘的声明来判断问题,而是根据德国的真实状况来判断,那就不难了解,德国法西斯侵略者正面临崩溃。现在饥饿和贫困笼罩着德国,在四个月的战争中,德国已损失士兵 450 万,德国血流殆尽,人员后备宣告枯竭,不仅陷于德国侵略者压迫下的欧洲各国人民,而且连看不到战争尽头的德国本国人民都充满了愤怒的情绪。德国侵略者正在做垂死挣扎。毫无疑问,德国是不能长久挣扎下去的。再过几个月,再过半年,也许一年,希特勒德国一定会由于其罪行累累而崩溃。

　　红军战士和红海军战士,指挥员和政治工作人员,男女游击队队员,同志们!全世界都注视着你们,把你们看作是能够消灭德国侵略者匪军的力量。处在德国侵略者枷锁下的被奴役的欧洲各国人民都注视着你们,把你们看作是他们的解放者。伟大的解放使命已经落在你们的肩上。你们不要辜负这个使命!你们进行的战争是解放战争,正义战争。让我们的伟大先辈——亚历山大·涅夫斯基、季米特里·顿斯科伊、库兹马·米宁、季米特里·波扎尔斯基、亚历山大·苏沃洛夫、米哈伊尔·库图佐夫的英勇形象,在这次战争中鼓舞你们!让伟大的列宁的胜利旗帜引导你们!

　　彻底粉碎德国侵略者!

　　消灭德国占领者!

　　我们光荣的祖国,我们祖国的自由,我们祖国独立万岁!

　　在列宁旗帜下向胜利前进!

　　斯大林这篇慷慨激昂的演讲,是在兵临莫斯科城下,首都危在旦夕时所做的动员性演讲,其目的不但是使人"信",而且使人"行"。承接自然,过渡巧妙,详略得当,遣词准确,生动凝练,起伏跌宕,一气呵成;显声色之美,生气贯长虹之势。充分体现了斯大林持重、刚毅的演讲风格,极富感召力和鼓动性,坚定了人们必胜的信心,令人产生强烈的行动欲望。

　　4. 临场性

　　演讲活动是演讲者与听众面对面的一种交流和沟通。听众会对演讲内容及时做出反应,或表示赞同，或表示反对，或饶有兴趣，或无动于衷。演讲者对听众的各种反应不能置之不理。因此，演讲时，要充分考虑它的临场性，要注意留有伸缩的余地。要充分考虑到演讲时可能出现听众的提问等种种问题，以及应对各种情况的对策。总之，演讲要具有弹性，要体现出必要的控场技巧。

【示例】

著名节目主持人杨澜在一次主持节目中，上台时不慎被话筒线绊倒了。当时台下观众发出了一片欷歔声和倒掌声，气氛降到了零点。杨澜很从容地站起来，不慌不忙地走到话筒前，微笑着对观众说："同志们，我确实为大家的热情倾倒了！谢谢！"会场顿时响起了热烈的掌声。

上例著名主持人杨澜在不慎绊倒的尴尬情况下，她一个微笑，一句"同志们，我确实为大家的热情倾倒了！谢谢！"赢得了观众的掌声。演讲也是一样，如果事先没有充分考虑到应对各种突发情况的对策，很可能会出现冷场，影响演讲效果。

5. 综合性

演讲是一门艺术，演讲者在演讲时要有各方面的充分准备，要将思想、知识、文采、情感融为一体，用幽默风趣的语言表达自己鲜明的观点和深邃的思想，用得体的态势语言来辅助表情达意。这就是演讲的综合性。例如，《改造我们的学习》中的一段："这两种人都凭主观，忽视客观实际事物的存在。或做讲演，则甲乙丙丁、一二三四的一大串；或做文章，则夸夸其谈的一大篇。无实事求是之意，有哗众取宠之心。华而不实，脆而不坚。"这样的演讲稿讲起来朗朗上口，听起来铿锵悦耳，很有吸引力。又如，恩格斯《在马克思墓前的讲话》，把马克思的"逝世"说成"睡着了"，这样不仅形象地写出马克思逝世后从容、安详的神态，而且也饱含了作者内心无限悲痛的心情。

（三）演讲的基本要求

一般来讲，演讲的施受面大，影响力强，所以无论哪种形式的演讲，都要注意体现演讲的基本要求，以正确发挥演讲的职能和作用。

1. 演讲要内容正确、观点鲜明、平易近人、亲切感人

演讲必须要有实实在在的内容。单纯追求演技而内容空泛的演讲，只会给人留下无病呻吟或哗众取宠的印象。演讲的内容，即我所要讲的中心思想是什么？我打算用哪些资料或素材来说明问题？必须做到心中有数。演讲的内容必须是正确的，一要实事求是，二要具有科学性、真实性，不能出现知识性错误，更不容许宣传迷信、错误或反动的思想。演讲所阐发的各种思想，必须观点鲜明，赞成什么，反对什么，提倡什么，否定什么，必须旗帜鲜明，便于听众做出明确的选择。同时，演讲所阐发的思想观点，要在人们现有的知识、认知水平和认识方法上有所突破创新，或新颖，或深刻，或独到别致，总要给人以启发教益。演讲最忌讳"老生常谈"，没有新意，没有个人意见。而无论多么重要，多么正确，多么先进的思想，都要平易近人，切忌拿真理吓人，或板着面孔说教，或打着名人的幌子压人。

2. 演讲要材料充实、论据确凿、论证严密、逻辑性强

演讲要靠事实说话，演讲所占有的材料，一是要充分，既有名人名言和在群众中广泛流传的格言警语的引用，也有情节生动、感人的故事和讲述，还可以列举图表、数字、图画或实物说明问题；二是要确凿，各种用以说明问题的材料，不能总是"大概""估计"，而是要确实、肯定。各种材料，既应该是新鲜、有用的，又应该是典型、有力、最能说明问题的。而材料能否发挥它

应有的作用,在很大程度上取决于材料与观点的结合。以什么样的方式组织材料?顺序安排是否有逻辑性?起承转合是否恰当?各部分的详略安排是否得当?所以,演讲要论证严密、说理透彻,要让整个材料与观点的组合产生一种不可辩驳的逻辑力量。

3. 演讲语言要通俗明白、生动流畅,声音要清晰明亮

演讲的语言应该是典型的大众化语言。除了一些礼仪性惯例式的演讲,讲究措辞或使用一些固定词汇、固定表达方式外,一般演讲都要做到通俗明白、深入浅出、生动活泼。一是要句式短、句型灵活、节奏感强;二是要多用音节流畅、直接性和渗透性好,表述庄重、简洁明确的口语词汇,尽量少用专门术语。演讲语言的使用,最忌讳堆砌辞藻、文白夹杂,或行文不畅、生涩难懂。同时,演讲者的声音必须清晰明亮,以适应"大庭广众"的特定场合需要。

4. 演讲感情要真挚朴实,态势要自然得体

演讲必须"动之以情",才能"晓之以理"。但演讲中的感情流露,一要真挚,不装腔作势;二要朴素自然,要随着演讲的节奏、内容与进程的需要,自然而然地流露,切忌不合时宜地铺陈张扬、虚张声势,以免弄巧成拙。有些演讲,通篇慷慨激昂,一味地追求所谓高亢、铿锵,以为这就是"有情",其实这只是另一种形式的平淡。演讲中的态势语是比较丰富的,有的演讲家还以善用态势语闻名。但演讲中的态势语,要服从内容表达的需要,切忌过多过滥。有些演讲者,演讲时动作过多,喧宾夺主或举止不雅,造成失态,不仅降低了演讲的效果,也给听众留下了矫揉造作的印象。

(四)演讲的分类及训练

1. 根据演讲的内容和功能划分

根据演讲的内容和功能,可分为政治演讲、竞聘演讲、学术演讲、生活演讲和法庭陈词演讲。

(1)政治演讲

政治演讲是指政治家或代表某一权力机构的要员阐述自己政治主张和见解,出于一定的政治目的和动机,针对某一政治问题以及与政治有关的问题的演讲。政治演讲要求演讲者要有卓越的政治远见、高超的政治水平、高度的政治责任感,是一种十分严肃的演讲。

【示例】

主席、各位代表先生:

举世瞩目的亚非会议已经开始。中华人民共和国代表团能同与会的各国代表团一起在这个会议上讨论我们亚非国家的共同问题,感到非常高兴。我们能够在这里会晤,首先要感谢缅甸、锡兰、印度、印度尼西亚和巴基斯坦5个发起国家的倡议和努力,我们还应当感谢这次会议的主人印度尼西亚共和国政府为会议做了很好的安排。

亚非两洲有这么多的国家在一起举行会议,这在历史上还是第一次。在我们亚非两洲的土地上生活着全世界半数以上的人民。亚非人民曾经创造过光辉灿烂的古代文化,对人类做出了巨大的贡献。近代以来,亚非两洲的大多数国家在不同程度上遭受了殖民主义的掠夺和压迫,以致被迫处于贫困和落后的停滞状态。我们的呼声受到抑制,我们的愿望受到摧残,我们的命运被旁人摆布,因此我们不得不起而反对殖民主义。由于同样的原因而受到的灾难和为了同样的目的进行的斗争,使我们亚非各国人民容易互相了解,并在长期以来就深切地互相同情和关怀。

主席、各位先生,任意摆布亚非人民命运的时代已经一去不复返了。我们相信,如果我们决心维护世界和平,就没有人能够把我们拖入战争;如果我们决心争取和维护民族独立,就没有人能够继续奴役我们;如果我们决心友好合作,就没有人能够分裂我们。

我们亚非国家所需要的是和平和独立,我们并无意于使亚非国家同其他地区的国家对立,我们同样需要同其他地区的国家建立和平合作的关系。

我们的会晤是难得的。尽管我们中间存在着许多不同意见,但是这不应该影响我们所具有的共同愿望。我们的会议应该对于我们的共同愿望有所表示,使它成为亚非历史值得珍贵的一页。同时,我们在这次会议中建立起来的接触应该继续保持,以便我们对于世界和平能够做出更大的贡献。

印度尼西亚共和国总统苏加诺阁下说得对,我们亚非人民必须团结起来。

让我们预祝会议成功。

上例是 1955 年 4 月,周恩来率领我国政府代表团出席在印度尼西亚万隆召开的亚非会议上的演讲。周恩来根据情况,提出"求同存异"的方针,奠定了会议取得成功的基础,显示了国务院总理周恩来高超的领导才能和卓越的政治远见。

【技能训练】

团委书记在植树节动员会上的演讲

【提示】

明晰的政治目的。"植树节"是一些国家以法律形式规定的以宣传森林效益,并动员群众参加造林为活动内容的节日。1979 年 2 月,第五届全国人大常委会第六次会议根据国务院的提议,通过了将 3 月 12 日定为我国植树节的决议,这项决议的意义在于动员全国各族人民积极植树造林,加快绿化祖国和林业建设的步伐。

为了达到演讲的目的,可从以下几个方面做准备:

其一,历史背景:植树节的由来、意义;

其二,现状分析:国外、国内;

其三,青年学生怎样做;

其四,植树寄语:如果要以一种独特的形象代表地球的活力,有一种单纯的生命象征,那就是树,进入树的世界就像进入美与神秘的境地;

其五,结尾要有感召力。

(2)竞聘演讲

竞聘演讲是指演讲者为获得某一职位或某项工作,凭口才实施的演讲活动。竞聘演讲要求演讲者用良好的口才展示自己的能力和才华,同时向听众展示自己的理想和未来的宏伟蓝图,获得听众的理解与支持。竞聘演讲要能对听众临场提出的各类问题做出得体的回答。

【示例】

幼儿园副园长岗位的竞聘演讲

各位领导各位老师:

大家好!

感谢各位领导为我提供了这个锻炼自己,展现自我的机会。学校中层领导实行竞争上岗,是我校深化人事制度改革的重大举措,也是加强学校干部队伍建设的有效途径,我一是拥护,二是支持,三是参与。记得卡耐基曾说过:"不要怕推销自己,只要你认为自己有才华,你就应该认为自己有资格担任这个或那个职务。"为了磨砺自己,提高自己,今天我勇敢地走上台来,竞聘××幼儿园后勤副园长这个职位,我自信我有能力挑起这副重担。

请允许我作一个简略的自我介绍:我××年毕业于××幼儿师范学校,××年获得××教育学院学前专业大专学历,××年获得××师大学前专业本科文凭,工作以来能刻苦钻研业务,不断提高教学理论和实践水平,曾多次获得镇、市级优秀教育工作者称号,先后有5篇论文发表在《早期教育》《幼教园地》等杂志上,有8篇论文分别获省、市级论文评比一、二等奖。

首先我想谈谈对幼儿园副园长岗位的理解:

我认为作为幼儿园后勤副园长,要甘当园长助手,当好助手;甘当园长参谋,当好参谋;甘于奉献,乐于奉献。还要自觉维护园长的权威,自觉服从园长的领导,做到思想上合心、组织上合力、工作上合拍,协助园长有效地开展好工作。

我认为后勤副园长要做到为幼儿服务、为家长服务、为教学服务、为全体教职工服务;同时在生活中、工作中要以诚待人、以理服人、以言动人、以情感人;对待教职工要能尊重别人的长处,善待别人的短处,理解别人的难处,关心别人的苦处。要以真心换真情,多一些理解,少一份疑虑;多一些真情,少一份虚伪;多一些体贴,少一份冷落;多一些温暖,少一份疏远。

我认为高效率是后勤副园长工作能力的综合体现。俗话说实干兴邦,空谈误国。幼儿园后勤事务繁杂琐碎,要实现高效率就要做到腿勤、嘴勤、手勤、脑勤。一方面要力戒空谈干实事,少说多做;另一方面,要讲究方法干好事,干就干好,干就干实,减少工作失误,开拓创新,保证幼儿园各项工作顺利开展。

我感到自己参加幼儿园后勤副园长岗位的竞争还是有一定优势的:

首先,业务比较熟悉。我有在该岗位多年锻炼的经历,熟悉幼儿园卫生保健等方面的要求与标准,业务熟悉,可谓驾轻就熟。长期的工作中我也积淀了一些自己的经验并能够付诸实施,带出了一支过硬的员工队伍,先后经历了幼儿园搬迁、省示范园复查等重大活动的考验,特别是在省示范园复查中,我园的后勤保健工作与员工队伍素质获得了专家组的一致好评。

其次,组织协调能力我还是有一点的,能独当一面地开展工作。近年来我先后完善了幼儿园的安全组织机构、员工考核制度、财物管理制度等,组织开展了消防知识讲座、消防技能演练,保育老师、食堂人员的操作技能比赛,紧急疏散演练等多项全园性的主题活动,负责的各项工作均取得了良好效果,得到了领导和同志们的认可。

再次,我工作责任心较强,对园领导交办的工作任务能尽心尽力地完成,事事有回应,不讲价钱,不拖拉,不推诿。由于后勤工作繁多,我始终把握工作的轻重缓急,能分清主次,工作节奏把握得当。有一个特别的例子:幼儿园搬迁那个学期,由于生源充足,临时要扩招2个班,领导通知我时已经是8月30日下班时间,我在短短的一天时间内,将2个全新班级的幼儿教学、生活用品配置齐全,保证了9月1日的顺利开学。工作效率得到了领导的充分肯定。我还不断探索物材管理的科学性,坚持勤俭办园的原则,在全园上下倡导"幼儿园是我家,勤俭治园为大家"的节约风尚,收效明显。

我也能注重团结,与同志们和睦相处。我一直认为大家能够走到一起工作,本身就是一种缘分。因此,在工作和生活中我都非常珍惜"团结"二字,接人待物做到以诚相待,和同事都以姐妹相称,为开展好工作营造出团结和谐的氛围,使大家都有一个好的心情,齐心协力搞好工作。

虽然我有一点优势,也取得了一些成绩,但这些成绩的取得都离不开园长对我的关心与帮助,离不开老师们对我的理解与支持,在此,请允许我借此机会向大家表示感谢!

当然,人无完人,我也有许多有待提高的地方。相信我在以后的工作中将不断改进与提高。如果说我有幸当选副园长,我要为幼儿园创特色、创品牌、创优质服务,为提高核心竞争力出谋划策,发挥副职的参谋智囊作用。还要一如既往地为身边的同志们服务,努力营造宽松、和谐、愉快、信任的工作氛围,增强集体的吸引力、凝聚力和战斗力。更要进一步完善后勤工作管理制度,形成管理网络,结合本园实际,落实操作规范,进一步提升管理水平。简而言之,要以自身的行动感染人,要以共同的目标团结人,要以科学的管理激励人,努力实现指挥合理化、管理制度化、服务优质化、参谋有效化。

古人说:"不可以一时之得意,而自夸其能;亦不可以一时之失意,而自堕其志。"我将以这句话自勉。如果领导和同志们选择了我,我将不辱使命,全力以赴干好本职工作。如果我未能当选,我也会服从分配,一如既往地勤奋学习,努力工作。无论面对的是鲜花还是荆棘,是成功还是失败,有了这份经历和锻炼,相信我将更加坚实地踏上明天的征程。

【技能训练】

竞聘幼儿教师岗位演讲

【提示】

我叫×××,非常感谢给我提供一个展示自我、锻炼自我的机会,我竞聘的岗位是×××,下面我从六个方面进行阐述。

①个人基本情况介绍。

②工作简历回顾:时间段,担任职务。

③工作业绩回顾:工作成绩1,工作业绩2,工作业绩3,……

④对竞聘岗位的认识:1,2,3,……

⑤个人的优劣势分析:优势1,优势2,优势3,……劣势简介。

⑥工作设想:设想1,设想2,设想3,……

结尾:

①表达愿望。

②表明态度。

(3)学术演讲

学术演讲是就某一学科领域中的课题进行研究、探讨,向听众表述新的科学研究成果、传播科学知识的演讲。学术演讲一般指学校和其他场合的专题讲座,如学术报告、学术发言、学术评论。学术演讲必须具有内容的科学性、论证的严密性和语言的准确性三大要素。这是与其他类型演讲的最大区别。

【示例】

关于幼儿教育的演讲

各位家长你们好:

非常感谢你们的到来! 感谢你们对我工作的支持、帮助和肯定!

如今,家长对孩子的教育主要存在着以下几种心态:首先是"望子成龙,望女成凤"型的,这也是大部分家长的心态。可怜天下父母心啊,哪位家长不想自己的孩子有出息呢! 第二类是"随波逐流"型的,认为自己的孩子是龙,就是凤就会上天,是虫就要入地,有这样心态的家长也为数不少;第三类介于两者之间,对孩子的学习抓一阵,放一阵,三天打鱼、两天晒网,这种现象在孩子的后期教育中尤为明显。各种心态都有它自身的利和弊。我们先不妨看看现在幼儿教育的现状。现在的幼儿园，不管是公立的还是私立的，可以说是遍地开花，很多幼儿园为了扩大生源，为了自身的生存，就不得不迎合家长的意愿，在平时开展大量的认字、写字、算术的教学，致使出现了幼儿教育小学化的不良现象，我们孩子的身心得不到健康发展。那么家长选择幼儿园的标准是什么呢？有的是为了图个方便，有的是看中幼儿园的环境，等等，但更多的家长还是在选择哪所幼儿园孩子毕业时识的字多，会做算术。他们总是认为多教字、多做算术的幼儿园才是好的。到了大班，很多家长放学接孩子时，第一句话就是"今天写字了吗？""今天学了哪个拼音？"家长像模像样地把自己的孩子当作小学生。

今天就跟各位家长谈一谈幼儿教育小学化的弊端。幼儿教育小学化扼杀了幼儿的天性，严重损害幼儿的身心健康，幼儿身体正处于身体早期发育成长期，身心极为脆弱，幼儿的本性就是好动好玩，他们对什么事物都怀有一种新奇感，他们在游戏中得到乐趣和知识。幼儿教育小学化的做法，从根本上忽视了幼儿的生理及心理特点，剥夺了幼儿正常的身体发育和心理发展，严重影响了幼儿的健康成长，扼杀了幼儿的学习兴趣。

顺便插一点，看看我国的教育方式，明显跟西方国家不同，西方国家的家长去接孩子的时候问什么？问的是：今天你玩得快乐吗？今天你跟谁合作了？——强调的是孩子本能的发挥、个性的张扬和与人合作的精神；提倡让孩子主动、探究性地学习；培养的是孩子的兴趣和能力，让孩子举一反三地学。他们让小学生开展课题研究，让他们自己开展调查、收集资料、写研究报告。小学生能写出上万字的课题研究报告，这对我们来说是不可思议的。那么，在幼儿园是不是什么都不用教了呢？也不是的。我个人认为，在幼儿园要适当地教些字词和进行必要的、规范的言语训练，也应该给孩子一些数的概念。但这些都必须在相应的实践活动中进行教学，让孩子生动、直观、主动地接受知识，兴趣盎然地学会知识。表面听上去，我好像是说给幼儿园老师听的。其实不然，我是说给家长听的。我们家长完全可以借鉴学校的教育方法，创设各种生活情境让孩子动手、动脑、动口，拓展孩子的思维，同学校一道共同教育好孩子。

我园不断组织老师到兄弟幼儿园学习，和知名专家一起探讨如何开展有效教学；不仅如此，我园还把"早期阅读"作为办园特色；并把名师请到我园为老师指导教研。平时老师能在充分研究儿童身心特点的同时，精心备课，开展了一系列的知识教学和形式多样的游戏活动以及丰富多彩的实践活动。我们的幼儿教育分五大领域：健康、科学、语言、社会、艺术。

健康——培养幼儿最基本的卫生、生活自理能力。

科学——激发幼儿的好奇心和求知欲，了解自然常识；形成有关的基本概念；学习简单的数量关系，初步形成简单的数的概念和时空概念。

语言——培养幼儿愿意用语言与人交往，喜欢应答，能用简单句表达自己的请求和愿望；会礼貌用语；能够安静地倾听他人讲话，不插话；喜欢听故事、说儿歌，喜欢看感兴趣的图画书等。

社会——组织幼儿参加各种集体活动；培养幼儿能够和小朋友友好地玩，初步学习与小朋友合作；学会尊重他人，会用礼貌用语与人交往；对一些简单的是非问题能做出适当的判断；能了解基本的交通规则，有初步的自我安全、自我保护意识。

艺术——培养幼儿对色彩的兴趣，能认识三种以上的颜色，大胆练习绘画；培养幼儿的观察力；激发幼儿的想象力和创造力；会评价自己同伴、老师的美术作品；会感受自然界的美；喜欢参加音乐活动，并能保持积极快乐的情绪。

利用游戏的形式培养幼儿的学习兴趣,切实提高孩子的各项能力。

说到这儿,有些家长可能还是比较担心——别的孩子在入小学前都学会了不少汉字,会简单的加减运算,如果我的孩子什么都不会,能跟得上吗?这种担心也是合情合理的。但有失必有得,或许你的孩子在动手、动脑等方面已远远超过了其他同学,难道这不值得庆幸吗?至于暂时的落后,也关系不大,只要孩子有学习的兴趣,很快就能赶上去的。

所以,作为家长,适当地转变一下教育观念、了解一点当前的教育理念是很有必要的。平时,要更多地注意培养孩子对事物的兴趣和良好的学习、行为习惯。兴趣和习惯将影响人的一生。我曾经看到过这样一篇报道:有一位孩子的父亲是个"新闻迷",早上听收音机,晚上看新闻节目,成了这位父亲的必修课。而他的儿子呢,从小受到了潜移默化的影响,久而久之,也迷上看新闻。这是好事还是坏事呢?入小学后,老师发现这个孩子的听说能力、记忆力特别强,读起课文来,语感也特别好,看课外书,对身边的事也很感兴趣。刚入小学就能看《西游记》的学生版本了,问他,"字都认识吗?"他说有的认识,有的不认识,但大概能知道讲了什么事。而认识的那些字基本上是自己通过问父母,通过一遍又一遍反复地接触学会的。你看,孩子一旦有了兴趣,根本就用不着机械、死板地教他认字、写字了。这样,对这个孩子的一生来说,将是一个良性的循环,他的学习将会变得很轻松。

《国务院关于当前发展学前教育的若干意见》中提出,遵循幼儿身心发展规律,面向全体幼儿,关注个体差异,坚持以游戏为基本活动,保教结合,寓教于乐,促进幼儿健康成长。加强对幼儿玩具、幼儿图书的配备与指导,为幼儿创设丰富多彩的教育环境,防止和纠正幼儿园教育"小学化"倾向。

幼儿是生命的延续,民族的火种,人类的未来。为了孩子,为了国家,为了自己,请还给幼儿一片自由的天地吧!

【技能训练】

新时期幼儿教师形象

【提示】

古希腊学者阿基米德说过:"给我一个支点,我可以撬起整个地球。"阿基米德没有找到这样的支点,他当然也没有能够撬起地球。可我们——幼儿老师找到了这个支点,我们就托起了明天的太阳。

可提出并论证以下观点:

①感悟幸福——工作着、快乐着、幸福着。

②执着责任——关爱、习惯、观察。

③品味师爱——教导、沟通、奉献。

……

结尾:

作为幼儿教师中的一员,我感到自豪和骄傲。我们没有惊天动地的伟绩,也没有可歌可泣的事迹,但我们有坚定的信念做支撑,一样能发出璀璨的光彩!我们也许不能做到完美,但我们会努力做得更好,因为我们是老师,我们将人生的支点架在了幼教这片沃土上!

(4)生活演讲

生活演讲是指演讲者就社会生活中存在的各种问题、风俗、现象而做的演讲,表达演讲者对这些问题的看法、见解和观点。这种演讲涵盖的内容更加广泛,如学校生活、亲情友谊、吊贺、迎送、答谢等均属此类。

【示例】

没有一种冰不被微笑融化

老师们,同学们,大家好! 今天,我演讲的题目是:没有一种冰不被微笑融化。

一说到微笑,我们总会对它有许多不同的理解。在诗人的眼中,微笑是美丽的。一句"回眸一笑百媚生"就勾勒出了一幅赏心悦目的画面,这微笑让人心生向往。在画家的眼中,微笑是灿烂的。达·芬奇笔下雍容华贵的蒙娜丽莎让每一个驻足欣赏的人都叹为观止,这微笑让人感到无限美好。不同的人对微笑有着不同的诠释,但微笑并不只是停留在表面上的,而是拥有许多内涵的。

微笑,是遭遇挫折之后对自己的鼓励。就拿我们的成长过程来说,从我们呱呱坠地,到学习拼音,再到进入初三,可以说我们生命历程的每一段都在经历无数次跌跌撞撞、起起落落。我们以后会遇到的挫折和挑战可能会更加艰巨,当你陷入低谷而萎靡不振之时,该怎样去面对生活呢? 最好的办法是:给自己一个微笑。微笑就像是昏暗的天际下射出的一束阳光,照亮心中不散的阴霾。给自己一个微笑,就相当于给自己留了一条出路,一条走向正轨的出路,一条走向光明的出路。

微笑,是经历挑战时对困难的不屑。这就如同前体操运动员桑兰一样,她在一次跳马比赛前的热身练习中,在高空中动作变形,摔下来时头朝地。这次事故让她永远不能够再站起来感受这个世界,她永远都只能坐在狭窄的座椅上来生活。但这样的困难并没有击倒她,面对伤痛,她选择了微笑;面对人生,她也选择了微笑。就算这样沉重的打击,也没能让她放弃生活的希望,这一个释然的微笑,是对那些阻碍人生的挫折的一种不屑,是一种顽强奋斗的精神。

微笑,是对待失败的积极乐观。生活就像是一面镜子,如果你对它哭丧着脸,那它一定也对你垂头丧气;而如果你对它微笑,那它一定也会回你一个微笑。同样面对失败,悲观的人会觉得自己已经无药可救,从此一蹶不振;换做是一个乐观的人,他对此不过是淡然一笑,认真地反省自己的过失,为下一次的挑战做好充分的准备。泰戈尔曾说过:如果错过太阳时你流了泪,那么你也要错过群星了。这就告诉我们,如果不能以一个平和的心态去对待失败,不能用微笑去面对你遭遇的失败,那么就永远不能跨过这一道坎了。

微笑的含义如此之多,但归根究底是一种对人生的态度,一种乐观的精神。当我们开心时,我们会微笑;而当我们不开心时,我们更应该微笑。微笑是一种宣告,宣告你不会被面前的挫折所击倒,不会在成长路上止步不前!

我们会被荆棘满布的成长之路所绊倒,但就算这些挫折把我们伤得再深,我们也必须要微笑地站起来。世上只有亏好吃,我们应该感谢那些挫折,有了这些挫折才能使我们不断地学会曾经不了解的东西,才会一步一步地趋于成熟。所以,对于这些帮助你的挫折,我们何不以微笑来看待、以微笑来面对呢?

微笑如同寒冬里第一束勇敢的阳光,它会消释你心头的痛苦。就一个微笑,你可以跨越那些你认为不能跨越的障碍,走向成功的正途!

【技能训练】

人生需要张扬

【提示】

有人说,人生是一艘船,漂泊不定;有人说,人生是一条路,坎坷不平。但在我看来,人生如同一本厚厚的书,需要翻阅,需要张扬。

从童年的天真、少年的莽撞到青年的成熟,我们都在一页一页地翻阅着自己的人生。随着人生的翻阅,随着岁月的流逝,我们仿佛经历了许多,也明白了许多。人生需要超越,超越需要个性,个性需要张扬。

可提出以下观点:

第一,张扬是一种积极向上的人生态度。

举例:从古到今一些名人多张扬的态度;与"张扬"相对的是"平淡",以两者之间的优劣对比,证明自己的观点。

第二,张扬是一种勇气。

没有自信的人,不想张扬;没有勇气的人,不敢张扬。真正的张扬是日行千里的勇气,是横渡英吉利海峡的豪情! 从正反两方面讲述。

第三,张扬是人生积累的厚积薄发。

用大量的事例说明"张扬"并不是平常人所理解的"夸耀"和"无知"。

结尾强调:

当平淡的日子一天又一天过去,当就业的压力一浪又一浪袭来,当新年的钟声再一次敲响,让我们欣赏张扬,学会张扬,于张扬中实现自我,于张扬中磨砺生命。襟怀坦荡地去张扬,生命才会绽放璀璨的光芒!

(5)法庭演讲

法庭演讲即指公诉人、辩护代理人在法庭上所做的演讲以及律师的辩护演讲。法庭演讲有自己突出的特征,即公正性和针对性。

(6)宗教演讲

宗教演讲指的是一切与宗教仪式、宗教宣传有关的演讲。它主要包括布道演讲和一些宗教会议演讲。这种演讲在我国的影响不大,听演讲和做演讲的人都不多。我们不做详细说明。

2. 按照演讲的形式划分

按照演讲的形式,演讲可分为命题演讲和即兴演讲。

(1)命题演讲

命题演讲是指由别人拟定题目或演讲范围,并经过准备后所做的演讲。它包含两种形式:全命题演讲和半命题演讲。全命题演讲的题目一般是由演讲组织部门来确定的。

命题演讲的特点:

①演讲稿要讲究文采。演讲稿是进行口头演说的文字依据。演讲稿具有针对性、生动性、鼓动性、口语化的特点。

②主题明确集中,符合时代气息。观点鲜明、有新意,论据有说服力,逻辑性强。

③情节能够感人。选材结合现实,新颖、前卫;事例真实、典型。

④演讲要有魅力。语言幽默,声音抑扬顿挫,善于目光交流。

【示例】

师范生应该有口才

同学们:

全国著名劳动模范,北京市营业员张秉贵师傅曾经讲过这样一段话:有一次,有顾客光临本店,我赶上前去,热情地问道:"你要买什么?"那位顾客生性爱开玩笑:"我不买,看看总行吧?"

"那么,你要什么?"张师傅又改口问道。

"我要什么你都给吗?"

"……"

这件事,对张师傅启发很大。后来,他站柜台接待顾客开口总是问:"同志,你要看什么?"

读了这段张师傅的经验之谈后,我颇有感触。我们生活在社会中,每时每刻都要和周围的人交往,而交往的主要手段则是说话。师范生更应这样,然而,在我们周围却常常有这样一些情况:

课堂上,老师提问了,那些被点到名的同学慢吞吞地起来,抓耳挠腮,好不容易挤出几句话来,别说语气上下不连贯,就是内容也常常词不达意。而且三言两语便讲不下去了,那声音也是"理不直、气不壮",低得如嗡嗡的苍蝇声。尽管他们当中许多同学文化课成绩优异,有的甚至还能写一手行云流水的好文章,但在朝夕相处的师生面前,竟一开口便"只可意会,不可言传"。显而易见,这种情况肯定不会令人满意。而且不由地令人担心起来:这样的师范生将来如何"传道、授业、解惑"?

"五讲、四美"中有一条便是语言美,除了含有语言文明礼貌的意思外,我认为,其中也有这样的意思:就是要讲究说话的艺术,即口才。

良好的口才是个人修养的标志,和有口才的人谈话是一种享受。哲学家罗莎·卢森堡也说过:"米洛斯的维纳斯之所以千百年来一直保持着美丽的皇冠,是因为她不开口。"细细品味这句话,确实富有哲理性。试想,如果有那么一天,维纳斯脸庞上美丽的小嘴竟开口说话了,世人惊叹之后,也可能会使那些维纳斯美神的崇拜者们失望,因为从他们心中的偶像——维纳斯嘴里流露出来的语言所表现的内心世界并不如其身姿那么美丽多彩。口才之重要,由此亦可见一斑。

人们常用心灵的窗户来比喻眼睛,人的感情往往会在眼睛里流露出来。而语言也是内心世界的窗口,从每个人的谈吐中可以体现他的性格、修养等。所以作家们历来注重人物的语言描写,话剧尤为如此。

我聆听过许多优美感人的讲演。他们的讲演,吐字清晰,咬字准确,语调抑扬顿挫。有位同学敬佩之余,对我说:"大庭广众之下,说得这么好,真有魅力。"

口才除了其优美的语言,动人的语调以外,更重要的在于其内容。出口成章的人固然少有,然而每个人都应该做到语言流利,准确生动。要做到这一点,必须有良好的语言基本功和广博的知识来充实自己。在《最后一次讲演》中闻一多先生的"一个李公朴倒下了,会有千万个李公朴站起来"这句话巧妙地运用双关的手法,一方面对李公朴表达了赞美之情,说明中国人民有无穷的斗争力量;另一方面也给反动分子以严重警告。如果在我们的文章和口语表达中能恰到好处地运用一些诗词、格言之类的语句,那必定会使你的谈吐更加动人。

我们同学中也许有人将来想做一名外交官,那么口才的重要性就不言而喻了。作为一位外交官,他的举止言行关系到国家声誉和民族形象,而国际谈判桌上更是唇枪舌剑的语言交锋,其激烈程度并不亚于战争。在这种君子动口不动手的场合里,在某种程度上,外交官口才的好坏也常会决定谈判的结果。

也有同学十分羡慕大律师们雄辩的口才。的确,在庄严的法庭上旁征博引,据理力争,甚至力挽狂澜,如果没有良好的口才,往往会影响辩论效果。

作为一名教师更需要有良好的口才,因为我们肩负着培养下一代的重任,我们对学生的教育都是通过语言进行的,有良好的口才有助于对学生的引导教育,所以拥有良好的口才至关重要。

作为师范生,为了将来的重任,让我们用心练好口才吧!

【技能训练】

1.模拟训练。

训练内容:观看一段精彩的演讲片段(录像或老师现场演讲),要求当场默记,然后进行模仿。目的不是背诵内容,而是学习口语的表达和态势语的运用。

【提示】

演讲一般分为叙事性演讲、抒情性演讲、议论性演讲。模仿前要注意根据演讲的类型,定好演讲的基调。

2.仿说训练。

训练内容:利用下面的材料,做仿说练习(分组训练、评议)。

要求分清两段材料的演讲类型,然后处理口语与态势语,努力把人物当时的心境、演讲的思想内容表现出来。

(1)这是法国作家雨果在纪念18世纪启蒙思想家伏尔泰百年祭日时发表的一篇充满激情的演讲(片段)。他用诗一般的语言,歌颂了伏尔泰的历史功绩,赞扬了伏尔泰的正直、善良。

一百年前的今天,有一个人逝世了。他虽然辞世,却是不朽的。他走的时候满载着岁月,满载着著作,满载着最赫赫有名的、最令人生畏的责任感,这是富有经验的,改弦易辙的人类良心具有的责任感。他走的时候既受到诅咒,也受到祝福,被过去诅咒,被未来祝福,先生们,这是荣耀的两种崇高形式。他躺在灵床上,一边是他的同时代人和后代人的欢呼,另一边是残酷无情的往昔被他打倒的人发出的讥笑和仇恨得逞的叫声。他不只是一个人,他是一个世纪。他履行了一种职责,完成了一个使命。显然,他是由崇高的意志选来做他已完成的作品的;这崇高的意志既表现在命运的法则中,也表现在自然的法则中。这个人生活过的八十四年,占据的时间正好将处于鼎盛时期的君主制与处于曙光时期的大革命分隔开来。当他诞生的时候,路易十四还在位,当他去世的时候,路易十五还在位。因此,他在摇篮时能看到伟大的王座放射的最后光辉,而他的棺柩却见到了巨大深渊发出的最初亮光。

……

(2)郭沫若先生1948年在女作家萧红墓前有这样一段演讲:

年轻人之所以为年轻人,并不是单靠这年纪轻;假如是单靠年纪轻,我们倒可以看见好多年纪轻轻的人,却已经成了老腐败、老顽固,甚至活的木乃伊——虽然还活着,但早已死了,而且死了几千年。反过来我们的历史上也看到有好些年纪老的人,精神并不老,甚至有些人死了几千年,而且都还像活着的年轻人一样。所以一个人的年轻与不年轻,并不是专靠这生理上的年龄,而主要的还是精神上的年龄。便是"年轻精神"充分的,年岁老而不死;"年轻精神"丧失的,年岁轻而人已经死了。

3.续句续段训练。

训练内容1:根据下面所给的题目与开头,构思演讲脉络,并续一段话。

训练要求:演讲成功的关键之一是演讲的结构。开头不同,演讲的结构方式不同。

（1）题目：《信念的力量》

开头：有这样一种力量，它可以使人在黑暗中不停止摸索，在失败中不放弃奋斗，在挫折中不忘却追求。在它面前，天大的困难微不足道，无边的艰险不足为奇。这种力量，就叫信念。

（2）题目：《青春的使命》

开头：青春是什么？难道是携子之手，浪漫而温馨地漫步于桃红柳绿之中吗？难道是把头发染成五颜六色，在大街上旁若无人地大跳千奇百怪的街舞吗？难道是无休止地泡吧，疯狂地蹦迪吗？有些人一直在成长的十字路口徘徊。但是，我要问：难道青春仅仅就只剩下这些了吗？青春可以是远大的志向和崇高的理想；青春还可以是面对峰回路转，披荆斩棘，举步探索的毅力。

训练内容2：根据下面所给内容，加上恰当的结尾。

训练要求：结尾是演讲的高潮。根据不同的演讲类型和演讲内容，配以恰当的结尾，以求"画龙点睛"，加深听众印象，深化主题。

（1）……王羲之练字入了迷，拿馍馍沾墨汁往嘴里塞，还对夫人说好吃；爱迪生刚举行完婚礼，就一头扎进实验室，把新娘、吃喜酒全忘了，一直干到半夜12点；地质学家李四光思考问题入了神，竟然问站在面前的女儿："你是谁家的小姑娘？""力学之父"牛顿专心致志地搞实验，竟忘了自己请的客人，甚至连自己吃没吃饭都搞不清楚；"天才"音乐家莫扎特喜欢边走路边构思乐曲，回家时经常走错门……

（2）……在现代社会，人与人之间除了经济关系外，还应该有一种更崇高的、更可贵的社会交往，这就是"人人为我，我为人人"的奉献精神，这就是中国共产党人和中国人民创造和提倡的雷锋精神。我们可以设身处地想一想，假如你是一位商人，当你的商店惨遭一场大火威胁时；假如你是一位银行家，当你所经营的银行面临歹徒抢劫时；假如你是一位旅行者，当你的钱物不幸遗失时……

（3）……面对挫折与打击，他们没能凭毅力与智慧克服，因愚蠢而失败；面对生活的陷阱，他们没能悬崖勒马，因盲目而坠进其中。一切罪行的产生都是错的，看似生活的错，听似别人的错。我们是大学生，我们真挚、乐观、文明，我们对生活充满热忱，对人生满怀信念。这就是我们的实质。马加爵，他摒弃了这些，这是他的悲哀，但我们不要。我们理解生的意义，我们铭刻人生的哲理——把有限的生命投入到无限的为人类谋幸福之中，让精力之光照射万代，让人类之火熊熊燃烧。

（2）即兴演讲

即兴演讲是指演讲者在毫无准备的情况下，被眼前的事物、场面、情景所触发，临时兴致所至，当场发表的演讲。即兴演讲需要演讲者就某一话题必须快速展开思维，并以最快的速度找出恰当的语言来反映自己的思维。这就需要演讲者具备敏捷的思维能力和敏锐的语言感应能力。即兴演讲是锻炼思维和口语表达能力的最有效的演讲形式。

即兴演讲的特点如下：

①篇幅短小精悍。即兴演讲是临时起兴，不能事先做充分的准备，不容易长篇大论，而要求在短小的篇幅里能够阐明一个道理。另外，即兴演讲的场合多是生活中的一个场景，或答辩、或聚会，演讲者只是表达一下自己的心意和看法或者情感，因此不需要很长的篇幅。

②时境感强。即兴演讲现实性非常强，到什么山唱什么歌，什么场合说什么话，因此即兴演讲一定要切合现场的气氛，或严肃、或诙谐、或喜庆、或伤感，等等，时境感相当强。

③就事论事有感而发。即兴演讲必须从眼前的事、时、物、人中找出触发点,引出话题,然后再将心中的所思所想说出来,因此即兴演讲一般都是真实思想的流露,言为心声。

④形式自然,灵活多变。即兴演讲形式灵活,可以采取多种形式,就事论事,或引发一个故事分享,或发表一段感言,或就某个问题进行辩论,或来一段即兴点评,等等,形式不限,只要有感而发能表达自己的某一种感受或观点就行。

⑤语言生动,言简意赅。关键在于能够紧紧抓住主题,围绕主题选材,组织结构争取做到言犹尽而意无穷。令人回味无穷,才能吸引听众,激发听众的兴趣。即兴演讲是一种展示口才魅力,展现演讲者的气质和风采,全面考验演讲者的知识面和心理素质的有效途径。

【示例1】

1938年,陈毅率领新四军在浙江开化县休整,当地的抗日组织召开欢迎大会,邀请陈毅上台演讲。刚开始,主持人做介绍称陈毅为将军。陈毅登上讲坛,接过话头大声说:"我叫陈毅,耳东陈,毅力的毅,刚才司仪先生称我为将军,实在不敢当,我现在还不是将军。当然,叫我将军也可以。我是受全国老百姓的委托,去'将'日本鬼子的'军',这一'将'直到把他们'将'死为止……"

陈毅这段开场白,从对自己的称呼说起,又顺借"将军"的另一含义巧妙发挥,自然、幽默、睿智,且非常有气势,真可谓妙极!

【示例2】

一位母亲在募捐现场的讲话

各位父老,各位姐妹:

我是一个孩子的妈妈(怀里抱着刚满一岁的孩子),我想对在场所有的妈妈讲几句话:

大家都看到了吧,照片上这个小男孩长得多可爱(募捐倡议书上贴着孩子十二寸相片),大大的眼睛,圆圆的脸,他正在向您微笑,笑得那么甜。可是,有谁会想到,残酷的病魔正在吞噬着他的笑容……

常见的即兴演讲包括:自我介绍与介绍别人、竞聘演讲、生活、礼仪演讲等。

自我介绍　自我介绍的目的,就是让对方记住自己,对自己留下良好的、深刻的印象。"它就是人际交往的第一张有声名片"。除了讲清自己的姓名、单位、身份外,要根据不同的场合,确定介绍的内容和技巧,尽量做到:

第一,注重礼仪,表情生动。自我介绍场合上,最先给人印象的,不是言辞,而是礼仪和脸孔、态度、服饰等。学会用握手礼、点头礼、注目礼,首先给对方以尊重;其次,面带微笑,平静温和,落落大方地表现自己的真诚和热情。

第二,肯定的言辞,明朗的语调。这是精神饱满、充满自信、对自我充分认识的表现。

第三,语言生动幽默,蕴涵深意。自我介绍要求简洁而有新意,常常从名字、籍贯和个人特点出发,采用释义和自嘲的方法,增强幽默感和趣味性。

第四,善于公关,攻心为上。使用辅助材料,增强介绍的全面性、形象性。名片、自我推荐表、照片、图片、成果资料等等都可以帮助他人了解自己。

介绍他人时,除了讲明被介绍人的姓名、身份、职业、单位等基本信息外,还要对他的优势和特点适当加以夸大赞美。赞美是一门学问,它注重人性的光明面,体现出对他人价值的肯定和足够的尊重。

竞聘演讲　竞聘演讲是就某一职位所做的演讲。

竞聘演讲的要求及策略如下：

第一，竞聘职位要明确，有的放矢；

第二，表达自我要真诚，不讲大话；

第三，了解人心要认真，诚心诚意；

第四，认清工作要务实，不讲空话；

第五，语言表达讲技巧，突出个性。

演讲的内容可从以下几个方面入手：

第一，自我介绍。张扬个性，展示优势，用事实说话。

第二，对竞聘工作提出自己独到的见解、打算和工作思路。

第三，表明态度。进一步突出个性，显示信心，表明决心。

生活、礼仪演讲　生活、礼仪演讲在日常生活中运用非常广泛。如，在节日，纪念日，庆典（生日，结婚日，校庆，开业）等场合中的演讲，以及迎来送往时的欢迎（欢送、答谢）的演讲。这类演讲的具体要求是：

第一，要有浓厚的礼仪色彩。注意称呼语（尤其是各种尊称）的使用、各种祝福语的不厌其烦地堆积、各种感谢言辞的反复罗列。

第二，注意吉祥、喜庆、和谐、快乐、幸福、美满、成功氛围的渲染。语言上的修饰充满热情、充满激情、充满感染力。

第三，借题发挥，对这个演讲主题作延伸性的阐发和拓展，尤其要注意唱好赞歌。

第四，风格轻松、活泼、幽默，用词用句都注重色彩明亮鲜活，格调要昂扬向上，热烈奔放。

【技能训练】

1. 介绍演讲训练。

（1）请自己设置几个不同的场合分别做自我介绍。

（2）以"我爱（喜欢、赞美）我的……（同学、同事、朋友、亲人）"进行即兴演讲，介绍他们。

2. 竞聘演讲训练：就你理想的某一职位（班长、团支书、宿舍管理员、大学生辅导员、村官）进行即兴演讲。

3. 生活、礼仪演讲训练：假如你参加某位好朋友的婚礼，请为他即兴祝福。

4. 自由演讲训练。

（1）成语接成龙；

（2）游戏训练：接字游戏、比手画脚；

（3）请选择中国的某个节日，设置具体听众，做一次即兴讲演；

（4）散点连缀法训练。散点连缀法即将几个表面上看似没有关联的、甚至毫不相干的景物、词语，通过一定的语言表达方式，巧妙地连缀起来，组合成一段话，表达一个完整的意思。

示例：校友、咖啡、遭遇。

这三个词语，看似毫不相干，但通过散点连缀方法，可以即兴演讲，组成如下一段话：

在一次校友会上，我们几个老同学聚在一起聊天，主人问我喝什么饮料，我说来杯咖啡吧。咖啡加点糖，甜中有苦，苦中有甜，二者混在一起有股令人回味无穷的滋味。我想这正好与我们这代人的经历遭遇相似，分别几年了，我们都已经走向了不同的岗位，回想起来，真是有苦有甜啊！

其实无论多么散的事物，只要我们认真研究它们之间的关系，给它一个恰当的思想，总能把它们结合起来,表达出一个观点。这种训练方式非常有效,它不仅可以有效地训练我们的口语表达能力,还可以提高思维水平。同学们可以在平时的生活中经常运用。

下面给出几组词语,要求同学们快速组合成一段话,并能表达出一个中心思想,如果能够引出一段有回味的故事更好。

(1)劳模、国庆节、胸有成竹、安全帽。

(2)黄河、白板、水瓶、黑熊。

(3)学习、信封、瀑布、奥巴马。

(4)十全十美、皮带、篮球场、载歌载舞。

同学们也可以自拟题目,要求信手拈来,不要刻意创造,然后展开即兴构思。

四、交谈

(一)交谈的意义

交谈是人际交往中最直接、最简便、最广泛、最常用的一种交往方式,是社会交际的最基本的语言形式。交谈是指两个人或两个以上的人进行的对话。随着人类社会的高度发展,交谈已成为政治、外交、科学、教育、商贸、公关等各个领域中重要的、不可缺少的一项语言活动。它以话题灵活、听说兼顾、口语化为主要特点,进行面对面的学习讨论、沟通信息、交流思想感情、谈心聊天,一般不需要刻意加工润色,随想随说。

交谈不仅是人们交流思想的重要手段,而且是学习知识、增长才干的重要途径。善于同有思想、有修养的人交谈,就能学到很多有用的知识,"与君一席谈,胜读十年书"就是对交谈意义的深刻总结。英国文豪萧伯纳曾经说过:"你我是朋友,各拿一个苹果,彼此交换,交换后仍各有一个苹果;倘若你有一种思想,我也有一种思想,而朋友相互交流思想,那么,我们每个人就有两种思想了。"幼儿思想单纯,需要在和老师的交谈中获得信息、增强认识。因此,掌握交谈的要求、提高交谈的语言艺术,对于提高幼教工作水平和教学效果,具有极其重要的作用。

(二)交谈的基本要求

交谈作为一种口语表达方式,随着时间、场合、对象的不同,表达出各种各样的信息和丰富多彩的思想感情。了解交谈的要求,对我们顺利进行教育教学有莫大的帮助。

1.态度诚恳亲切

说话时的态度是决定谈话成功与否的重要因素,因为谈话双方在谈话时始终都相互观察对方的表情、神态,反应极为敏感,尤其是幼儿。所以谈话中一定要给对方认真、和蔼、诚恳的感觉。真诚的语言能敲开紧闭的心门,能瓦解不信任的防线,能架起友谊的桥梁。交谈要发自内心,不矫饰、不做作、不虚假,用真诚的话语打动对方,能让我们张开友谊之帆!

【示例1】

家长:老师,我可以进来和您谈谈吗?

老师:欢迎!请坐到这儿吧。(微笑着用手势示意家长坐下)

家长:你们老师真是辛苦,每天要带那么多孩子,真是不简单啊!

老师:(一边给家长倒茶)是呀。孩子小,自控能力差,而家长的期望值又那么高,我们的压力真是不小!

家长:(接过茶杯)谢谢!是啊,现在的孩子都是独生子女,每个家庭都对孩子宠爱有加。

老师：是的。独生子女存在的问题确实比较多，孩子不仅生活自理能力差，各种习惯也差。家长一边宠爱孩子，一边又对孩子寄予高期望。哎，可怜天下父母心哪！（摇头，很无奈的样子）哦，我忘了，你是不是有什么话要对我讲？（笑）

家长：（微笑着）是的。我家馨馨最近对跳舞的兴趣特别浓厚，每天嚷着要跳舞给我和她爸爸看，她爸爸看她这么感兴趣就特地给她买了一面大镜子，她对着镜子跳舞可开心了。

老师：哦？可是，在幼儿园我问她是不是不想跳舞，她告诉我说"是"。

家长：会不会馨馨在幼儿园跳舞跟不上同伴，不够自信？

老师：说实在的，馨馨对舞蹈的感受力和表现力确实一般。考虑到她最近腿脚不方便，我就让她坐在旁边看。

家长：谢谢您为馨馨想得那么多。我和她爸爸看她在家里那么喜欢跳舞，实在不忍心让她只看着小朋友跳舞。我们猜想她内心还是喜欢跳舞的，您说是不是？

老师：看来是的。

家长：我想，馨馨可能因为腿不好怕在老师和同伴面前丢脸才说不想跳舞的，她说的可能并不是心里话。

老师：可能是吧。馨馨在幼儿园表现欲得不到满足，就想在家里得到满足，有这种"补偿"心理是很正常的。是我太大意了，我应该考虑到这一点的。对不起，馨馨妈妈，从明天起我就让馨馨"归队"。

家长：（起身）谢谢了！再见！

【示例2】

家长：老师，我可以进来和你谈谈吗？

老师：欢迎！请坐到这儿吧。（微笑着用手势示意家长坐下）

家长：很忙是吗？

老师：（一边给家长倒茶）还可以，有什么话您尽管说好了。

家长：（责问）你们班每个孩子是不是都参加了舞蹈排练？

老师：是的。

家长：那你怎么就不让我家馨馨跳舞？她回家说，每次跳舞老师都让她坐着。

老师：那是因为最近馨馨的腿脚不方便，我问她是不是不想跳，她说"是的"，我这才让她坐在旁边看的。

家长：你知不知道她每天回家就嚷着要跳舞给我和她爸爸看，她爸爸看她这么感兴趣还特地买了一面大镜子。这样喜欢跳舞的孩子你说她在幼儿园不想跳舞谁相信？（情绪有些激动）

老师：我体谅动作不便的孩子，我尊重孩子的意愿有什么错？（语气加重）

家长：馨馨在家那么喜欢跳舞，你这怎么叫尊重孩子的意愿？（站了起来）

老师：馨馨在家的情况你可以向我反映，完全用不着用这种态度呀？

家长：你这样的态度就好了吗？什么老师？！我这就去找园长，如果可以，馨馨最好换个班级。（气冲冲地走出教师办公室）

其实，馨馨妈妈是想告诉教师：馨馨尽管腿不好，舞跳得不好，但还是想参加班级的舞蹈排练。我们从中可以看出，不同的交谈方式，沟通效果截然不同。前者顺利地达到了交谈沟通的目的，而后者非但达不到沟通目的，双方的心情也变得十分恶劣。

示例1中的家长一直持一种平和、诚恳、理解的态度，从而为顺利解决问题提供了有利条件。示例2中的家长则给人一种不真诚、盛气凌人或想操纵别人的印象。示例1中的家长在发出"我和她爸爸看她在家里那么喜欢跳舞,实在不忍心让她只看着小朋友跳舞了"这一信息时,虽隐含着对教师的不满,但依然能坦诚地向教师表达自己的感受,这种表达方式既能让教师反思自己的行为,又能避免直接指责带来的消极影响。她既没有直接指责教师"你怎么不让我家馨馨跳舞",也没有说"我们想让她参加跳舞",而是诱导教师自主地体谅和帮助家长解决问题,有效避免了对抗情绪的产生。而示例2中的家长却在语言中传递了责怪、嘲讽等意思,最终出现了难以控制的局面。

　　同样的事情,同样的地点,不同的人却有截然不同的结果,它告诉我们:交谈方法得当,问题就会迎刃而解或"化干戈为玉帛";方法不当,只会使问题复杂化。交谈是一种近距离的沟通方式,如果家长和教师能在相互尊重的前提下多沟通、多体谅,共同寻求解决问题的方法,其结果必定是"双赢"的。

　　2.语言简洁高雅,适合儿童口味

　　交谈中,措词的简洁和高雅是非常重要的一环。如果不讲究措辞,或故弄玄虚,不管谈话内容多好,也不会有很好的效果。措辞的简洁文雅体现在:要尽可能地让自己的语言丰富多彩,但要避免多次重复使用同一词语,即使是一个非常新鲜的词;语言修辞是语言表达中不可忽视的部分,但一定要有把握,不要弄巧成拙;对他人应多用敬语、敬辞,对自己则应多用谦语、谦辞。尤其是教师在和幼儿交谈时,用词要适合幼儿的口味,随时发现幼儿的闪光点并予以适当的表扬。幼儿在自豪的同时,往往会更加精益求精地去经营,以便使自己的优点更加发扬光大。老师应多留意幼儿情绪的变化,当发现幼儿情绪低沉时,通过交谈鼓励幼儿说出心事,然后"对症下药"地说些安慰的话,这样,幼儿的忧愁很快就会烟消云散。

【示例】

　　文佳小朋友刚入幼儿园,由于对环境不熟悉,不认识其他小朋友,刚进活动室就哭了。"妈妈,我不上幼儿园。"经过老师和家长的劝说,孩子的哭声终于小了,妈妈走了,可是她一直在哭,哭着对老师说:"老师,让妈妈在这儿等着我。"老师摸着文佳的头说:"妈妈在这等你怎么上班呀? 妈妈不上班又怎么能挣到钱? ……"

　　吃饭的时间到了,文佳小朋友又开始哭了。"老师,我不吃饭,让妈妈来接我。妈妈不是和你说好了吗?!""不,我不吃,我妈妈说中午来接我,不让我在这儿吃饭。"孩子坐在餐桌前直掉眼泪,嘴里喊着妈妈。不管老师怎么劝,她总也听不进去,就是不吃。

　　时间过得很快,转眼间已经过了一个星期,可是文佳的情绪还没有好转。离园时间到了,见到了妈妈孩子很高兴,像出了笼的小鸟,扑向妈妈的怀抱。与她妈妈交接时,老师听到了孩子的声音"妈妈,你给我买蛋糕了吗?"这时老师便蹲下了身子,抚摸着她的头说:"宝宝,明天过生日吗?!"孩子高兴地笑了。第二天,老师买了一件生日礼物,把她搂在了怀里,把礼物送给了她,告诉她:"老师也和妈妈同样喜欢你,小朋友也喜欢你。你看,小朋友都愿意和你交朋友。你愿意和小朋友一起玩吗?"老师和孩子们一起为她唱了生日歌。孩子笑了,笑得异常的开心。以后的日子里,文佳变了,变成了一个活泼可爱、爱说爱笑的孩子,而且每天都是伴着那清脆的"老师好"第一个来到幼儿园。那个又哭又闹的孩子再也找不到了。

　　上例中的文佳小朋友,第一天到幼儿园,由于环境的改变,使孩子产生了焦虑感,不愿去幼儿园。教师没有指责文佳,而是以妈妈的口吻安慰她;以关怀、接纳、尊重的态度和文佳交谈,使文佳克服心理障碍。通过交谈架起了教师与家长、幼儿紧密联系的沟通桥梁。

3.语音、语调平稳柔和

一般而言,语音语调以谈吐柔和为宜。我们知道语言美是心灵美的表现。有善心才有善言。因此交谈时教师要掌握柔言谈吐。首先应加强个人的思想修养和性格锻炼,同时还要注意在遣词造句、语气语调上的一些特殊要求。幼儿正是学习语言的关键时期,教师应注意使用谦辞和敬语,忌用粗鲁污秽的词语,在句式上,应少用"否定句",多用"肯定句";在用词上,要注意感情色彩,多用褒义词、中性词,少用贬义词;在语气语调上,要亲切柔和,诚恳友善,不要以教训人的口吻交谈或摆出盛气凌人的架势。

【示例】

一次,英国维多利亚女王与丈夫吵架了,丈夫独自回到卧室,闭门不出。女王回卧室时,只好敲门。

丈夫在里边问:"谁?"

维多利亚傲然回答:"女王。"

没想到里边既不开门,又无声息。她只好再次敲门。

里边又问:"谁?"

"维多利亚。"女王回答。

里边还是没有动静。女王只得再次敲门。

里边再问:"谁?"

女王学乖了,柔声回答:"你的妻子。"

这一次,门开了。

上例中,女王和丈夫吵架后回房时,女王仍像在宫廷一样,一本正经地让丈夫给自己开门,可丈夫始终没为女王开门。聪明的女王马上意识到问题在于自己,于是她立刻改变了说话的策略,结果门打开了。可见,在交谈中要学会以平等、柔和的态度待人,就没有打不开的门。女王尚且如此,何况老师对幼儿呢?

4.谈话要掌握分寸

由于幼儿年龄小、知识经验贫乏,智力发展水平又不均衡,对事物的辨别能力有的敏捷、有的迟缓,但他们有自己独特的思维方式。教师在和幼儿交谈中,一定要把握好分寸。在交谈中,哪些话该说,哪些话不该说,哪些话应怎样去说才更符合交谈的目的,这都是交谈时应注意的问题。一般来说,善意的、诚恳的、赞许的、礼貌的、谦让的话应该多说;恶意的、虚伪的、贬斥的、无礼的、强迫的话语不应该说,因为这样的话语只会造成冲突、破坏关系、伤及感情。有些话虽然出自好意,但措辞用语不当、方式方法不妥,好话也可能引出坏的效果。所以交谈时必须对说的话进行有效的控制,掌握说话的分寸,才能取得好的效果。

【示例 1】

李明今年大学毕业,他在去应聘时,和应聘单位领导有这样一段话。请看:

王经理:"李明同学,请坐吧。"

李明坐在办公桌前的椅子上说:"我是来应聘的。"

王经理:"好的,那么你为什么选择我们这家公司?"

李明:"我已经找了好几份工作了,都不满意,所以我今天来碰碰运气。"

王经理:"你有什么爱好?"

李明："我爱好广泛,喜欢唱歌,我的英语很好。"

王经理："你的英语很好?那真是太好了,我们招聘的职位刚好需要有较强的英语应用能力,那么你能用英语做自我介绍吗?"

李明尴尬地站了一会儿,没有说话,环顾四周。

王经理笑了笑,继续说:"那你觉得自己有什么优点和不足呢?"

李明听见这个问题,就滔滔不绝地说起来:"我觉得如果要说缺点,我想我的缺点就是干工作很拼命,常常忘记吃饭和休息,这对我的身体不好。我的优点很多,我爱好广泛,适应能力强,在大学上学的时候我是我们那个专业最突出的学生,从来没有人能够比得上我。我喜欢旅游和运动,所以我的身体素质很好。记得上大二的时候,有一次学校举行个人专业能力大赛,我们班的××想和我竞争,结果在初赛的时候我就把他淘汰了。我告诉他说,想和我比,门儿也没有。还有一次……"

李明说得眉飞色舞,丝毫没有注意到王经理已经有点不耐烦了。

终于,王经理打断了他的谈话:"李明同学,咱们今天就谈到这里吧,你先回去,有什么事我会电话通知你,好吗?"

李明意犹未尽,但也不好意思再说下去了,他站起来说:"行啊王经理,咱们今天也算是交了个朋友,改天我请你喝酒,怎么样?"

王经理:"有机会的话再说吧,不好意思,我要面试下一位了,就这样吧,再见。"

李明听了,说了声拜拜,然后就出门走了。

李明在整个对话中表现得很不好。

首先,他不够礼貌。王经理让座的时候他应该说声谢谢;在交谈过程中应该保持一定的姿势和语态;听对方的话时要注视对方的眼睛,表示你在注意聆听。

其次,在这种场合,要注意一些说话技巧,但不要夸口和撒谎,否则会给人留下夸夸其谈而没有真才实干或者为人狡诈不诚实的印象。

第三,在这种比较严肃的场合,说话应该简要明了,不要废话连篇。

最后,在结束谈话时,李明的谈话是在拉扯关系,这种刻意的拉扯会让人觉得此人油滑、不可靠。而且最后不管结果怎么样都应该向对方表示感谢。

【示例2】

一次游戏活动中,玲玲小朋友在认真地搭建积木,她搭得非常投入。我走过去欣赏她的作品,她自豪地对我说:"老师,看我搭的高楼,这些是高楼下的树木还有小花。"我认真欣赏并赞扬了她:"你真棒!"可是过了不多久,就有几位小朋友来报告说:"玲玲她哭了。"我询问原因:"怎么了?""她搭的房子被洋洋弄坏了。"来告状的小朋友着急地说。我走过去一看,玲玲面前的积木都撒在了桌面上,地上也有,搭建的高楼已不见踪影。这太令人气愤了。我生气地对洋洋说:"你把别人搭的楼房破坏了,你不能再玩游戏了。"听了我的话,洋洋很不高兴,他也闷闷不乐地坐在椅子上。我想:现在两个孩子的心情都很差,该怎样处理这件事情呢?我觉得应该从孩子的心理入手。我走到洋洋旁边,让他为玲玲想一想,我对他说:"玲玲花了很长的时间才搭出了那么高的楼房,被你一下就破坏掉了,她心里会怎么样?""伤心、不高兴。"洋洋想了想说。我又对他说:"你把她的房子弄坏了,这样对吗?"他摇摇头说:"不对。""那怎么办呢?"我问他。"我去向她道歉。"他一边说一边走过去向玲玲道歉。我又问洋洋:"你愿意帮玲玲重新再搭一座高楼吗?"洋洋高兴地点点头说:"好的。"接下来的时间里,玲玲和洋洋一起合作盖高楼,终于又造好了新的高楼。他们两个的脸上都露出了笑容。

玲玲和洋洋在一次搭积木游戏中发生争执,产生矛盾。由于幼儿是非观念比较弱,矛盾的产生是由于以自我为中心造成的。幼儿关注的是自己,而很少去为同伴着想,冲突就很容易发生。很多时候,老师要帮助幼儿去解决与同伴之间的关系,让幼儿懂得怎样去化解矛盾,怎样去和睦相处,让幼儿之间相互理解、快乐相处。很重要的一点就是教师对矛盾双方的某一方,不能一味地袒护或一味地批评,在言辞上要把握好分寸。案例中老师对玲玲的"杰作"进行了肯定;对洋洋的做法进行耐心而又严厉地批评引导,让洋洋站在玲玲的角度去思考自己的行为,想一想自己的行为对不对、做法好不好,应该怎样做,从而化解矛盾。

5.交谈要注意姿态

交谈时除注意语言美、声音美之外,姿态美也很重要。首先要做到的是双方应互相正视、互相倾听,不要东张西望、左顾右盼。交谈过程中,眼睛不应长时间地盯住对方的某一位置,这样会让人感到不自在,尤其是幼儿。教师长时间盯着幼儿看,会使幼儿产生恐惧心理。交谈姿态不要懒散或面带倦容,哈欠连天,也不要做一些不必要的小动作,如玩指甲、弄衣角、搔脑勺、抠鼻孔等。这些小动作显得猥琐,且不礼貌。

(三)交谈的分类及其训练

交谈广泛地运用于社会生活的各个方面,交谈的种类多种多样,从不同的角度,可分为不同的种类。

1.交谈的分类

(1)按谈话的形式分,可分为四类:一是聊天;二是谈心;三是问答;四是洽谈。

(2)按表达方式分,可分为两类:一是面对面交谈;二是电话交谈。

(3)按交谈的目的分,可分为三类:一是交流;二是劝说;三是诱说。

幼儿教师和幼儿的交谈常常是面对面的谈心、劝说和诱说。

2.交谈训练

(1)面对面的谈心

教师和幼儿沟通,谈心是一个好方法。和幼儿谈心,教师可以及时地掌握幼儿的思想动态,帮助幼儿学会正确处理生活中遇到的问题,同时能通过语言把存在于自己头脑中的经验、思想比较准确地传达给幼儿。

【示例】

4 岁的亮亮能说会道,老师说一句,他顶一句,且振振有词。比如玩玩具:

亮亮玩玩具结束没有收好就去弹电子琴。

老师:不收好玩具不能弹电子琴。

亮亮:我有权决定什么时候收拾玩具。

老师:没有做声关掉了电子琴电源。

亮亮:老师,你不能干涉我的自由。

老师:亮亮,老师知道你很聪明,语言表达能力也很强,说的话也句句在理,老师不是想干涉你的自由。但你仔细想想,我们这是一个小集体,如果其他小朋友都这样,玩完玩具都不及时收拾,想怎么样就怎么样,那我们的教室会变成什么样子? 小朋友们还怎样在教室有秩序的学习、活动呢?

亮亮：低声说道："老师，我知道错了，今后在学校我再也不这样啦。"

老师：亮亮，不管是在学校还是在家里，不管是对老师还是对家长，说话要有礼貌，做事要养成良好的习惯，做个老师、家长都喜欢的孩子。

亮亮：老师，我知道我该怎么做了：在家做个让爸妈放心的好孩子，在学校做个尊师爱幼懂礼貌的好朋友。

此例中，亮亮很显然是个娇生惯养，以自我为中心的孩子，可是他语言表达能力强，说话句句在理，且能够维护自己的权利，他的行为本质没有错。但他缺乏对老师的尊重，习惯也不好。通过老师循循善诱的引导，亮亮认识到自己言行的不对，并改正了自己的缺点。

（2）劝说交谈

劝说，是一种由心理置换到心理相容的说服过程。方法很多，主要有：

①循循善诱，毫不急躁地规劝，用平等的表达方式说话，晓之以理，动之以情；

②避实就虚，迂回包抄。先谈共同性话题以形成亲切感，然后转接，从侧面谈与主题有关的话题，就近迁移到正题；

③以退为进，欲擒故纵。只谈对方的长处、优势，不正面触及其短处，而是作积极暗示；

④刺激对方，用"激将法"。即有意识地适当压抑对方的自尊心，调动其潜在的积极性。

记得一位教育家说过：教育的艺术首先包括交谈的艺术。在幼儿园里，幼儿除了与同伴的交流就是与老师的交流，幼儿每每有高兴或伤心的事时往往在第一时间就会向老师倾诉，作为老师，要学会与孩子进行交谈。一般情况老师们常常以劝说的形式引导劝说幼儿该怎样做。

【示例】

午饭时间到了，孩子们都洗好手，准备吃饭，老师在给每个孩子的盘子里盛饭，当老师给胡起航那一桌分鸡腿的时候，听到胡起航在和汪庭安说着悄悄话，"老师给张舒怡的鸡腿大，给我的小。"汪庭安马上回答他："那老师给你的青菜和米饭都多，老师盛的汤也比我多。""我才不要，我要吃大鸡腿。妈妈说，小孩子要多吃肉，才会长高，青菜和白米饭不好吃，我不要吃。"老师听见后说："肉要吃，青菜也要吃，这样营养才能均衡。"

听了老师的话，小朋友们坐在自己的桌子前，自然地吃起来，一个个就像小老虎，吃得津津有味，老师看在眼里喜在心里。可是有好多小朋友都不爱吃青菜、白米饭，只吃鸡腿，喝汤，吃肉。像胡起航的这种情况几乎每个小朋友身上都有。这时，老师耐心地向小朋友讲解吃青菜的好处，并端起饭碗边吃边赞："真好吃！我们就喜欢吃青菜，吃了青菜，人会变漂亮、聪明，还会长高。""我们都喜欢吃。"孩子得到积极的暗示后都主动地模仿吃起来。

后来，老师独具匠心引领孩子们来到蔬菜的王国，一起通过看一看、闻一闻、做一做、尝一尝、想一想，说一说等方式建构起幼儿对蔬菜的全新认识，激发孩子从内心深处对蔬菜的喜爱。

此例中，针对幼儿普遍存在的不爱吃青菜的情况，教师从科学饮食、均衡营养的角度对幼儿进行耐心劝说，又通过开展"香香的蔬菜"主题活动，完成了幼儿由不吃青菜到自觉吃青菜到从内心喜爱青菜的过程。

（3）诱说交谈

教师在和幼儿交谈时，要学会引导幼儿说话，以引起幼儿说话的兴趣，同时要表达自己对幼儿所说话题的兴趣和好奇，启发诱导幼儿对该话题有谈下去的愿望。可以就某个话题继续展开，围绕此话题说说自己的看法，只要是与话题相关的都可以谈，但是不要一味地去索取，而是应该给幼儿一些建议或者帮助。

【示例】

有一天,课堂上飞来了一只"花大姐"(七星瓢虫),幼儿的注意力都集中在这只"花大姐"身上了,于是老师轻轻将"花大姐"放在纸上,逐个展现在小朋友面前,边展示边告诉小朋友这是七星瓢虫,虽然是昆虫但同样是有生命的、尽量不要伤害它。你们喜欢它吗? 小朋友异口同声地说:"喜欢。""你们为什么喜欢它呢?"老师问。有的小朋友说:"它长得可爱。"有的说:"妈妈告诉我,七星瓢虫是益虫,可以捕捉好多害虫,是庄稼的好朋友。"有的说:"七星瓢虫可厉害啦,好多强敌都拿它无可奈何。它三对细脚上有一种"化学武器",当遇到敌人时,它的脚腕就流出一种极难闻的黄色液体,使敌人因受不了而逃走。"有的说:"它有装死的本领,当遇到敌人和危险时,它就立即从树上落到地下,把三对细脚收缩在肚子底下,装死躺下,瞒过敌人。"……

此例通过课堂上的突发事件,在老师的诱说下,幼儿把自己从不同途径知道的有关七星瓢虫的知识一股脑的全说出来与大家分享,激发了幼儿的说话兴趣,同时锻炼了幼儿的语言表达能力。

【技能训练】

1.劝说交谈训练。

训练内容:

(1)运用上面的方法,劝说幼儿挑食的毛病。

(2)选一种方法,劝说一位小朋友在小有成就时要谦虚、谨慎,以更大的勇气争取更大的成绩。

注意从小朋友的某些长处入手,并且把自己"摆"进去。例如,"我理解你为什么有这种情绪,要是我碰到这种情况也很难摆脱烦恼。"同情与理解能赢得幼儿信任。切忌用直接反驳的手段。

(3)劝别人赞同你的一个建议或设想。

训练方法:可小组漫谈。

2.沟通性交谈训练。

训练内容:

选择一位不太熟悉又沉默寡言的人做交谈。运用打破沉默的技巧做沟通能力的强化训练。

(1)从对方的爱好兴趣谈起,触动其心理"热点";

(2)从对方的烦恼谈起,并给予理解,引起兴谈;

(3)从别人或自己对对方的看法谈起,启动双向交流;

(4)从自我暴露谈起,引起"回报效应",以推动交谈。

3.求职应聘交谈训练。

训练内容:

(1)请说说你是怎样的一个人?(介绍学历、简历,要强调专业优势,说出自己的理想、向往与所求工作的所投之处。要简练,不要过多涉及其他方面)

(2)你为什么要到我们这里来求职?(接语要快,莫要迟疑,显示坦诚与热情,并再次强调"投合"。眼睛看着对方,要诚恳)

(3)你来我们这里能干什么?(事先做调查,做到心中有数,并适当透露自己"一专多能"的优势,显示信心)

（4）你的能力如何？（指的是业务水平、工作态度、办事能力、学术业绩、自信心和创造力等，最好能简述示例加以说明，给人以深刻印象，但要控制时间）

（5）你的缺点是什么？（此问是了解应聘者是否诚实正直，心态是否平衡。可讲一件小事，说明由于什么缺点造成并不严重的失误，重在讲教训）

（6）你喜欢什么样的领导？（这是问应试者是否爱同领导闹矛盾。有人这样说："这样的领导我喜欢：他有能力，办事果断，给我效力的机会，指导我、教导我，当我办错事时严厉批评我、帮助我。"）

（7）你最大的成就是什么？（重点讲最近引以为骄傲的例子，注意顺序）

训练方法：可几人一组，根据上面提出的问题模拟训练。

4.打电话交谈训练。

训练内容：

（1）正确呼叫，注意礼貌用语；

（2）接通后要询问和通报双方的单位、姓名；

（3）交谈要简洁明了、节省时间；

（4）最后要问清对方有没有话说，再挂电话。

训练方法：两人一组在教室练习打电话训练：学生向老师汇报最近的实习情况，约定拜访老师的时间。

5.采访性交谈训练。

训练内容：

采访话题：要在某要道口设立儿童教育咨询站。

训练方法：联系地方媒体，有重大活动或发生大事件，做好准备，到现场进行一次有点有面的实际采访。

五、辩论

（一）辩论的意义

由"辩"和"论"共同组成辩论，就是通过表述、讨论、批驳等方式用于说服别人的一种方式。辩论，是观点对立的双方明辨是非、借以说服对方或驳倒对方的活动。简单地说，就是不同思想观点之间的语言交锋。辩论自古有之，在先秦时代就有了"辩"这种口语表达形式，并且十分盛行，留下了"一人之辩重于九鼎之宝，三寸之舌强于百万之师"的至理名言。特别是在社会转型时期，辩论往往都是知识分子与关心时事的人群最主要的交流见解的方式之一。在社会高度进步发展的今天，辩论使得我们的思想更加活跃，更加容易接受新鲜事物。

辩论内容多种多样，包括政治、经济、文化、传统伦理道德、世界热点等，具有普遍的社会指向意义。辩论是一种高层次的思想交流、碰撞活动，在辩论中我们的思想能得到积极的引导和启发，知识能得到增长，见解能得到升华，逻辑能得到锻炼。幼儿教师要提高口语技能，辩论不失为一种锻炼的好方法。

（二）辩论的基本要求

1.针锋相对，旗帜鲜明

观点针锋相对是辩论的突出特点。辩论必须做到观点正确，才能高瞻远瞩、顺理成章，做到旗帜鲜明。正确全面的观点,是辩论成功的关键。常言道:"有理走遍天下,无理寸步难行。"在辩论中,对原则性问题,要语言明确,毫不含糊。自己爱什么、恨什么、拥护什么、反对什么,都必须鲜明地体现在自己的言辞之中,同时又要针锋相对地驳斥对方的观点,从而迫使对方放弃自己的观点。

【示例】

香港问题谈判——邓小平智斗铁娘子

会谈进入正题后,撒切尔夫人按照事先设计好的方案,摆出强硬姿态,打出"三个条约有效"和"维护香港繁荣稳定离不开英国"这两张牌,坚持三个条约必须遵守。她恐吓邓小平说:"如果中国收回香港,就会给香港带来灾难性的影响。要想继续维持香港的繁荣,就必须继续由英国来管理它。"

邓小平寸步不让,他毫不含糊地指出:"中国在这个问题上没有回旋余地。坦率地讲,主权不是一个可以讨论的问题。现在时机已经成熟,应该明确肯定:1997年中国将收回香港。就是说,中国要收回的不仅是新界,而且包括香港岛、九龙。"邓小平重申新中国成立以来始终不承认19世纪三个不平等条约的一贯立场。

邓小平说,收回香港,是全中国人民乃至全世界人民的意愿。他强调,如果1997年不收回香港,任何一个中国领导人和政府都无法向中国人民交代,甚至也不能向世界人民交代。"如果不收回,就意味着中国政府是晚清政府,中国领导人是李鸿章!"

……

针对香港的繁荣离不开英国管理的观点,邓小平说:"保持香港的繁荣,我们希望取得英国的合作,但这不是说,香港继续保持繁荣必须在英国的管辖之下才能实现。香港继续保持繁荣,根本上取决于中国收回香港后,在中国的管辖之下,实行适合于香港的政策。"

……

在香港问题上邓小平态度明朗:坚决收回香港,寸步不让。撒切尔夫人显然被邓小平极其坚定而严密的话所震撼,她没有想到邓小平如此强硬。回去之后,她私下对驻华大使柯利达说:"哎哟,邓小平真残酷啊!"

2.反应机敏,快人快语

辩论是一种短兵相接的言语对抗和能力较量。辩论口才与对话、问答一样,都具有临场性的特点。面对来势猛烈的攻击,辩论者不允许有过多的思考时间,因此必须要反应敏捷,在瞬间选用简洁、凝练的话语回击对方,出口成章,应对自如。在针锋相对的激烈舌战中,辩论者必须"兵来将挡,水来土掩",使用锋利、明快、夹枪带棒的语言,迫使对方频频后退、难以招架。

【示例】

周总理举行记者招待会,介绍我国建设成就。一位西方记者提出这样的问题:"请问,中国人民银行有多少资金?"周恩来委婉地说:"中国人民银行的货币资金嘛? 有18元8角8分。"当他看到众人不解的样子,又解释说:"中国人民银行发行的面额为10元、5元、2元、1元、5角、2角、1角、5分、2分、1分的10种主辅人民币,合计为18元8角8分……"

这位记者提出这样的问题,有两种可能性:一种是嘲笑中国穷、实力差、国库空虚;另一种是想刺探中国的经济情报。周总理在高级外交场合,同样显示出机智过人的幽默风度,让人折服。这样的问题事先是没办法准备的,没有雄辩的口才和飞速的思维怎么可能做到?

3.思路清晰,逻辑严密

逻辑是辩论的核心,遵循逻辑规律是辩论取胜的法宝。辩论中要善用逻辑利器,或攻其命题,或驳其论据,或揭其论证的荒谬,充分体现辩论语言的思辨特征,使对手无暇思索。辩论的双方要努力做到:观点明确,思路清晰,立场坚定,论据精当,阐述合乎逻辑,不给对方可乘之机。

【示例】

愚公应该移山还是应该搬家

反方:……我们要请教对方辩友,愚公搬家解决了困难,保护了资源,节省了人力、财力,这究竟有什么不应该?

正方:愚公搬家不失为一种解决问题的好办法,可愚公所处的地方连门都难出去,家又怎么搬?……可见,搬家姑且可以考虑,也得在移完山之后再搬呀!

4.语言精练,幽默风趣

辩论最终表现为语言的较量,幽默的语言在辩论中有着神奇的力量。在剥去对方的伪装,或者找出对方的漏洞时,寓刀枪锋芒于说笑之中,以辛辣的讽刺、痛快的驳斥,使对手不得不在哄堂大笑中败下阵来。

【示例】

1971年,基辛格博士为恢复中美外交关系秘密访华。在一次正式谈判尚未开始之前,基辛格突然向周恩来总理提出一个要求:"尊敬的总理阁下,贵国马王堆一号汉墓的发掘成果震惊世界,那具女尸确是世界上少有的珍宝啊!本人受我国科学界知名人士的委托,想用一种地球上没有的物质来换取一些女尸周围的木炭,不知贵国愿意否?"

周恩来总理听后,随口问道:"国务卿阁下,不知贵国政府将用什么来交换?"基辛格说:"月土,就是我国宇宙飞船从月球上带回的泥土,这应算是地球上没有的东西吧!"

周总理哈哈一笑:"我知道是什么,原来是我们祖宗脚下的东西。"基辛格一惊,疑惑地问道:"怎么? 你们早有人上了月球,什么时候? 为什么不公布?"

周恩来总理笑了笑,用手指着茶几上的一尊嫦娥奔月的牙雕,认真地对基辛格说:"我们怎么没公布? 早在5000多年前,我们就有一位嫦娥飞上了月亮,在月亮上建起了广寒宫住下了,不信,我们还要派人去看她呢! 怎么,这些我国妇孺皆知的事情,你这个中国通还不知道?"周恩来总理机智而又幽默的回答,让博学多识的基辛格博士笑了。

(三)辩论的类型

1.日常性辩论

日常性辩论是指人们在日常生活、工作、学习和交往过程中对某一问题或某一现象的看法有分歧时发生的争辩。日常争辩如邻里争辩、同事间争辩、上下级争辩。

2.专题性辩论

专题性辩论是指在专门的场合对某一领域或某一部门的特定议题进行的辩论。它是有组织、有程序、有目的的辩论,是最有效最实用的一种辩论形式。例如,决策辩论、法庭辩论、外交辩论、谈判辩论、竞选辩论、论文答辩等,这种辩论具有大是大非的原则性。

3.竞赛性辩论

竞赛性辩论是辩论形式中较为特殊的一种,它是有组织、有目的、有规则、有评判的竞赛活动。辩论的赛题是给定的,双方所持的观点是抽签决定的,因此,它不像一般辩论形式那样严格地遵守逻辑思维的一般规律,而是有它的反常性。这种辩论一般不强调辩论者的立场观点是否正确。所给辩题应该是中性的,不是严格意义上的真假判断,即没有是非结论的命题。辩论时双方只要能就自己的论据对论点据理力争,能自圆其说,并从辩论技巧、赛场表现压倒对方即可。不存在胜方的观点就一定代表真理,败方就代表谬误的结论。竞赛性辩论往往不问辩论者本人的立场和主张,而侧重于人们的论辩技巧。它是语言的较量,知识水平的展现,道德修养的体现,思想水平的比拼,心理素质的考验,礼仪风度的展示,是辩论者思维能力和综合素质的全面较量。

（四）辩论的方法及训练

辩论是观点对立的双方争论谁是谁非,以说服或驳倒对方为目的,辩手在辩论过程中,要掌握一定的方法并灵活运用,才能取得辩论的成功。下面结合对实际辩例的分析,向大家介绍几种辩论方法。

1. 击中要害

在辩论中,辩论双方常常在一些细枝末节的问题上纠缠不休,看上去辩得很热闹,实际上已离题万里。这是辩论的大忌。辩手要迅速辨明对方的观点,抓住对方观点中的要害问题,一攻到底,从理论上彻底地击败对方,瓦解对方的立论。

【示例】

"温饱是谈道德的必要条件"这一辩题的要害是:在不温饱的状况下,是否能谈道德? 在辩论中只有始终抓住这个要害问题,才能给对方以致命的打击。

在辩论中,当对方提出一个无法回答的问题时,可以采取"避实就虚"的说法,找出对方的弱点予以回敬。在基本的、关键的问题上要善于敏锐地抓住对方要害,从正面攻击,给评委和听众留下好的印象。这是辩论的重要技巧。

2. 攻其漏洞

在辩论中,辩手要认真聆听对方的论点和论据,找出对方在论述过程中出现的逻辑漏洞和言语失误,借对方攻击之力反击对方,不给对方反驳的机会。

【示例】

在"跳槽是否有利于人才发挥作用"的论辩中,有这样一节辩词:

正方:张勇,全国乒乓球锦标赛的冠军,就是从江苏跳槽到陕西,对方辩友还说他没有为陕西人民做出贡献,真叫人心寒啊!

反方:请问到体工队可能是跳槽去的吗? 这恰恰是我们这里提倡的合理流动啊! 对方辩友戴着跳槽眼镜看问题,当然天下乌鸦一般黑,所有的流动都是跳槽了。

正方以张勇为例,证明他从江苏跳槽到陕西后,获得了更好地发展自己的空间,这是事实。反方马上指出对方具体例证引用失误:张勇到体工队,不可能是通过"跳槽"这种不规范的人才流动方式去的,而恰恰是在"公平、平等、竞争、择优"的原则下"合理流动"去的,逮住"话柄",当机立断进行反击,使对方没有辩驳的机会。

3. 顺意反诘

所谓顺意反诘,就是指出对方论据与论题关联不紧或者背道而驰,从根本上矫正对方论据的立足点,把它拉入我方"势力范围",使其恰好为我方观点服务。

【示例】

《演讲与口才》1990年第10期第28页有一则征答题：

青工小王有错不改、我行我素。朋友劝他："小王，你不能这样啊！我们都是青年人，应当争口气，为什么总让别人说呢？"

小王说："走自己的路，让别人去说吧！"

对小王用名言来诡辩，我们的驳斥可以这样："对，走正路、直路、好路，是不需要别人阻止和指指戳戳。但是，如果前面是悬崖与深渊呢？也不需要别人来劝阻吗？"

先顺承其意，继而突然转折，加以反问进而驳斥，可信度高、说服力强、震撼力大，收到了较为明显的反客为主的效果。

4.以矛攻盾

即将对方论点和论据间的矛盾、这个辩手和那个辩手陈述中的矛盾、某个辩手陈词中的矛盾、答这个问题和答那个问题之间的矛盾或其他方面的矛盾予以披露，令其尴尬，陷其于难堪。

【示例】

"温饱是谈道德的必要条件"这一辩题中：

在与剑桥队辩论时，剑桥队的三辩认为法律不是道德，二辩则认为法律是基本的道德。这两种见解显然是相互矛盾的，反方复旦大学队乘机扩大对方两位辩手之间的观点裂痕，迫使对方陷入窘境。对方一辩起先把"温饱"看作是人类生存的基本状态，后来在复旦队的凌厉攻势下，又大谈"饥寒"状态，这就与先前的见解发生了矛盾，复旦队"以子之矛，攻子之盾"，使对方于急切之中，理屈词穷，无言以对。

5.引申归谬

有些辩论，既要驳倒对方，又不便伤和气。这时可以使用幽默的引申归谬法，按照对方的观点加以引申，直到充分暴露其荒唐无理，陷其与左右被动，无力自救，从而达到论辩的目的。这是以退为进、反戈一击的辩论方法。

【示例】

古时候，有一个叫巧姑的妇女，聪明能干，把家务安排得妥妥帖帖。他公公张老汉一时高兴，就在大门上写了几个大字："万事不求人"。知府老爷看到了，心想，这不是存心不把我放在眼里吗？那好，我就叫你来求求我。

于是，他叫人把老汉抓来，对他说："你说得这种大话，想必有大本事。好吧，限你三天之内，找出三件东西来：一只大公牛生的牛犊、灌得满大海的清油和一块遮天的黑布。要是找不到，就判你个欺官之罪！"

张老汉犯了愁，回家把话告诉巧姑。巧姑说："你放心吧，这差事让我来对付。"

过了三天，知府老爷来了，一进门便喊："张老头快出来！"巧姑走上前说："禀大人，我公公没在家。"

"他敢逃跑！"

巧姑说："他没有逃，是生孩子去了"。

知府奇怪，说："胡说，世人只有女人生孩子，哪有男人生孩子？"

巧姑说："既然男人不能生孩子，为什么又要公牛生牛犊呢？"

知府一时无言答对，只得说："这件不要他办了，还有灌海的清油呢？"

巧姑说:"请大人把海水抽干,马上就灌?"

"海有那么大,怎么抽得干?"

巧姑说:"抽不干,海里白茫茫的一片水,油又往哪里灌呢?"

知府的脸一下子羞红了,便怒叫道:"这一件也不要办了,还有遮天的黑布呢?"

巧姑说:"请问大人,天有多宽?"

知府说:"谁也没有量过,哪个晓得它有多宽!"

巧姑说:"既然不晓得天有多宽,那叫我们怎么去扯布呢?"

知府老爷再也没有话说了,他红着一副脸,灰溜溜地钻进轿里,跑了。

这个故事里,知府想难倒巧姑,提了三个无法实现的事情让巧姑去办,巧姑没有直接去驳斥这三件事的不可能性,而是稳住对方,按对方的逻辑推理使知府陷入荒谬的境地,知府的观点便不驳自倒。

6.两难辩驳

两难辩驳是二难推理在辩论中的应用,是许多辩手惯用的进攻招式之一。辩手提出刁钻选择性提问,置对方于"二难"境地,无论对方做哪种选择都于己不利。对付这种提问的具体解决办法是:从对方的选择性提问中,抽出一个预设选项进行强有力的反诘,从根本上挫败对方的锐气。

【示例】

在"思想道德应该适应(超越)市场经济"的论辩中,有如下一轮交锋:

反方:……我问雷锋精神到底是无私奉献精神还是等价交换精神?

正方:……对方辩友这里错误地理解了等价交换,等价交换就是说,所有的交换都要等价,但并不是说所有的事情都是在交换,雷锋还没有想到交换,当然雷锋精神谈不上等价了。

反方:那我还要请问对方辩友,我们的思想道德它的核心是为人民服务的精神,还是求利的精神?

正方:为人民服务难道不是市场经济的要求吗?

第一回合中,反方有"请君入瓮"之意,有备而来。显然,如果以定势思维被动答问,就难以处理反方预设的"二难":选择前者,则刚好证明了反方"思想道德应该超越市场经济"的观点;选择后者,则有悖事实,更是谬之千里。但是,正方辩手却跳出了反方"非此即彼"的框框设定,反过来单刀直入,从两个预设选项抽出"等价交换",以倒树寻根之势彻彻底底地推翻了其作为预设选项的正确性,语气从容,语锋犀利。其应变之灵活、技法之高明,令人叹为观止!

7.顺水推舟

明为顺"水",实则推"舟",巧设机关,先纵后擒。借对方的论证趋势,将"舟"推向自己的论证目标,让对方接受自己的观点,在有意无意的应答之中,于对手不知不觉间请君入瓮。这是辩论中常用的方法。

【示例】

在"人类是大自然的保护者还是破坏者"的辩论中,有如下交锋:

反方:请对方二辩正面回答,人类生存和发展需不需要能源,而能源的开采和使用会不会对自然产生破坏?

正方:我要告诉你,人类是需要的,同时世界上任何一种异养生物都是需要的。

反方:看来对方辩友看得还要深刻,不但看到了人类是破坏者,还看到了其他动物也是破坏者。

从上面的辩词来看,反方就事论事,正方顺势肯定"人类是需要的,同时世界上任何一种异养生物都是需要的"。反方正好顺承正方话题得出结论,水到渠成,借正方的结论证明自己的观点,真可谓精彩绝伦!

8.引蛇出洞

在辩论中,常常会出现一方死守住其立论,不管对方如何进攻,都只用几句话来应付。这样就会造成对方无法攻破。在这种情况下,要尽快调整进攻手段,采取迂回的方法,从看起来并不重要的问题入手,诱使对方离开阵地,从而打击对方,在评委和听众心目中造成轰动效应。

【示例】

在"当今社会合作与竞争哪个更重要"的辩论中,有以下辩驳:

正方:《资本论》的诞生,不也是马克思与恩格斯合作的结晶吗?

反方:那么我想请问对方辩友,你能告诉我《资本论》的中心说的是什么吗? 那么我来告诉对方辩友吧!《资本论》的中心思想是社会财富的增值、人类的发展、社会的进步,始终充满着竞争,竞争推动社会的发展。是由于竞争推动了社会的进步,创造了社会财富的增值。我们每个中国人都正置身于为中华崛起而奋力拼搏的历史大竞争的洪流之中,要自觉迎接挑战,积极参与竞争,在竞争中焕发人生的光彩,促进社会的进步。民富则国强,天下兴亡,匹夫有责!

反方抓住机会来个强有力的攻击,这就等于在对方的阵地上打开了一个缺口,从而瓦解了对方坚固的阵线,并结束了双方相持的局面。

9.反客为主

反客为主就是在对方强有力的问题中,找到突破问题的方法,直捣对方要害,让对手陷入进退两难的困境。

【示例】

在"当今社会合作与竞争哪个更重要"的辩论中有以下辩驳:

正方:国际 21 世纪教育委员会提出"教育的四大支柱"来指导人才的培养问题。所谓"四大支柱",指的是学会认知、学会做事、学会合作和学会生存。请问对方辩友为什么没有学会竞争呢?

反方:看来对方辩友太天真了,把我们当成孩子来欺骗呢? "四大支柱"明明提到了学会生存,这就是竞争啊! 在这个优胜劣汰的社会中,不会竞争我们何谈生存啊!

正方提出了"四大支柱",看似一个很有力的问题,用事实来说明己方观点,但其实突破口就在眼前——"学会生存,就是竞争"。

10.新颖创新

就是不走寻常的道路,改变辩论风格。这在辩论中也是常见的。它是以辩手高超的辩论水平、渊博的知识为前提的。在辩论前要有充分的准备,查询对方可能会说的事例、名言、数据,最好能用报纸、书刊等方式,然后想到反驳的方法。这种方法通常是:对方一辩小桥流水,对方二辩滔滔不绝,对方三辩铿锵有力,对方四辩伶牙俐齿。"但无论是……也无法掩盖事实的真相……那就是……"用这种诙谐的辩风在幽默中讽刺对手,无疑是一个好的方法。在正面攻击得到的效果不甚明显的时候,可以考虑用此方法。

【技能训练】

1. 如何反驳下面错误的说法?

在公共汽车上,有位乘客打碎了车窗玻璃,售票员让他赔偿,说:"你损坏了人民的财产,请照价赔偿!"乘客说:"我是人民的一员,人民的财产也有我的一份,我不赔,我的那一份也不要了。"

2. 请两位同学将下面的争论继续下去。

东汉时有个少年叫陈蕃,独居一室,却龌龊不堪,其父之友薛勤见状说道:"孺子何不洒扫以待宾?"陈蕃说:"大丈夫处世当扫天下,安事一屋?"薛勤当即针锋相对,说:"一屋不扫,何以扫天下?"

3. 请准备一段话,帮老师教育下面这个学生。

一天,一个学生折了校园里的花,老师见了说:"你为什么要折花?"

学生回答:"因为我爱花。"

老师说:"古人说,爱花人不折花。可见你不是真正的爱花。"

学生说:"老师,周敦颐在《爱莲说》中说'晋陶渊明独爱菊'。看来陶渊明是爱花的吧?"

"当然。"

"可是,陶渊明有'采菊东篱下,悠然见南山'的诗句。他自说折了菊花。能说他不爱菊吗?"

老师……

4. 农民二难国王。

国王:有谁能说一件荒唐的事,让我不得不说出这是谎话,我就分给他一半江山。

农民:(扶一只斗走进宫殿)陛下欠我一斗金子,我是来讨还金子的。

国王:(大吃一惊)一斗金子,我如此富有,怎么会欠你的金子!

聪明的农民:……

这是一个用"二难辩驳"进行反驳的辩论。不妨设想一下:农民说的话是真的,会怎样? 农民说的话是假话,又会怎样?

5. 材料:

有个乡下人进城,他一身土里土气的打扮引起众人注目。有几个不务正业的家伙围着他,一边瞧一边嘲笑他。其中一个问道:"你们乡下人是不是有很多傻瓜?"

乡下人反唇相讥道……

先个人准备,再交流互评;也可分组集体准备,在全班交流评议。

总而言之,语言技能是评价幼儿教师语言活动质量的重要指标,也是体现幼儿教师语言魅力的重要途径。优秀的幼儿教师必须具备良好的语言技能,这就需要幼儿教师不懈地努力,多方面强化训练,从加强自身修养、提高自身素质入手,力求使自己成为真正适应新时期幼儿教育发展的合格教师。

【思考拓展】

1. 运用朗读的技巧朗读下面故事,读完后讲给同学们听。以每分钟180个音节的语速讲述,要求抓住重点,声音圆润饱满,语流顺畅,态势自然。

对于孩子,我选择信任

那天下午,接婷婷放了学,和往常一样,几个要好的孩子们一起玩耍,我们这些家长就远远地一边看着他们,一边闲聊着。

亮亮奶奶说,今天亮亮要求奶奶中午接他回家睡觉,理由是班上好几个小朋友中午吃完了饭,就都被他们的家长接回家了。对于亮亮的这个要求,亮亮奶奶断然拒绝。她说,小孩子不能惯,有了第一次他就会有第二次。

听了亮亮奶奶的话,不由地让我想起,去年宝宝刚刚上幼儿园时发生的两件事。

第一件事情是去年距离国庆还有一周的时间,婷婷开始有些咳嗽。平时她打喷嚏流鼻涕什么的,我们都没有怎么管,可是咳嗽就让人有些紧张,开始给她喂各种的药。当时我还休假在家,外婆考虑到现在的婷婷需要更好的照顾,就建议在放假前的那一周上半天学,也就是早上送到幼儿园,中午婷婷吃完中饭就把她接回家。说句老实话,刚开始我还有些担心,当时婷婷上学的时间不长,对于上幼儿园这件事一直都处于不太情愿的状态。我们现在这样做,会不会等她病好了以后,依然会要求只上半天幼儿园?但是,虽然有顾虑,可是看着婷婷每天咳嗽的样子,我还是决定采用外婆的建议。

就这样,婷婷咳嗽的那一周我们一直只上半天幼儿园,一直上到国庆节放假。节后,婷婷的病也早就好了,在上学的前一晚,我试探着告诉婷婷,明天我们要上幼儿园了。婷婷问,妈妈中午还接我回家吗?我说,婷婷的病好了,从明天开始可以在幼儿园睡觉了。我正在想着婷婷会如何地不愿意,我又将如何给她做工作的时候,婷婷居然说:"好吧,妈妈。"

听到宝宝回答得如此爽快,让毫无心理准备的我都不知道该如何表扬她了。

第二件事情是婷婷在吃奶片时,小手指头一不小心被包装的锡纸给划破了皮,当时流了一点血。外婆看了很心疼,一再和婷婷强调洗手的时候不要让受伤的手进水。尽管如此,外婆还是不放心,让我干脆和老师请一天假。我虽然觉得外婆有点太紧张,可是还是听了她的话,向老师请了假。虽然我很担心那以后婷婷会因为一点点小问题就要求我帮她请假,可是事实证明,她没有!

这样看来,孩子天生就具有积极向上的素质。在孩子的心里,其实是很懂道理的,他们知道什么是对的,什么是错的。就像现在,婷婷看了半个小时的电视,就会很自觉地自己关掉电视;除了周末,她从来就不会要求玩ipad上的游戏,平时即使把ipad打开,也只是听听故事,看看照片;而在周末玩上面的游戏,10分钟以后准保会将ipad关掉放回原处。如果婷婷晚上没有把饭吃完,在她睡觉前就根本不会再开口要求吃零食……

所以,只要我们信任孩子,他们就会给我们一份莫大的惊喜!

对于孩子,我选择信任!

2.就一部中国经典童话故事(如《宝葫芦的秘密》)做详细而形象地解说。要抓住童话名称、成书时间、作者生平、写作背景等做内容梗概、主要艺术特色、影响等的介绍。

3.以演讲稿《做一个真性情的老师》进行模拟演讲训练。注意感情的把握和声音、态势、应变技巧的应用。

做一个真性情的老师

因为职业的关系,日日与学生们相处,关心着他们的点点滴滴,孩子们甚至会时时闯入午夜的梦中。所以总是自信自己一生必然是付出爱心最多的人中的一个,纵使有时因为爱之深难免责之切,我想我的学生们也会感受到我的爱意。不得不说,我是个相对严厉的老师,改变我的是一个关于"微笑"的小误会。

记得有天晚上接到一个学生家长的电话:老师,儿子今天回家很开心,他说今天班主任老师冲他笑了一下,老师笑得很温暖,他再也不怕老师了。一定是因为那天他的课堂小测验得了满分,老师对自己相当满意,也很喜欢自己,所以才对自己笑。

　　放下电话,我仔细回想一下当时的情景,肯定的是那节课我一定是笑着的,因为那节课孩子们的表现出乎意料的好。但是更肯定的一点是:我没有冲着那个孩子微笑,我没有特意冲着他微笑!然而那个孩子看着微笑的老师,却以为老师的笑容是独独对着他的,所以他开心不已,乃至将这个消息带回家与他的妈妈分享。

　　我感到深深的惭愧,原来在我的教学过程中,我经常忽略了一个重要的细节——与学生的感情交流。我忽略了那些通过一颦一笑、举手投足,自然而然流露出来的与学生的情感交流。失去了这种交流,学生面对的只能是一台传授知识的机器——冰冷,没有丝毫温度。所以他们会望而却步,会感到与老师间有着深深的隔膜。孩子的心是最敏感的,我在无形中,用自己的冷漠伤害了许多孩子的心灵。

　　我不得不问自己:面对孩子纯真的双眸,面对孩子对我的信任与渴望,我还能如以往一样自诩是付出爱心最多的人中的一员吗?我对孩子们的爱心远没有丰盈到可以自然地流溢在我的一个眼神中、一个微笑里。作为一名班主任教师,我们最不该忽略的就是学生的需求,如果我们只注重传授知识时的细致、严格,却忽略了给孩子心灵的安慰与鼓励,给孩子们阳光和温暖,那么,我的教师生涯就注定是非常非常失败的。

　　从那以后,在我与学生的相处中,总是注意给他们更多的微笑和鼓励,我也赢得了学生的喜爱,由此我以为,最能表达老师爱意的莫过于老师的微笑了。可是不久之后发生的一件事却使我又有了新的认识。

　　那一次我哭了,在我的学生面前,毫无遮拦,毫无顾忌。

　　事情的起因是这样的:我班的一个学生逃课,我骑着自行车把整个米山镇找了个遍,也翻遍了所有的网吧,然后找到了他的家。那是怎样的一个家啊!两间草房,房上的草已经严重腐烂,屋脊都塌了;土院子,土墙。风吹着门板咣咣响,这样的屋子,小偷也不会光顾。他的父母不在家,在邻居的指引下,我在果园里找到了他的父母。听说孩子逃课,做母亲的黑红的脸刷地变了颜色,不相信小儿子会这样不懂事。因为两个孩子已经失去了读书的机会,剩下的两个就是他们全家人的希望啊!从她的嘴里我了解了她的家庭情况——从东北迁回,四个孩子。老大本来成绩优异,由于中考时户口没迁回,失去了考学的机会;老二上了幼儿师范学院,因为交不起学费,放弃了读书的机会;老三,学习刻苦,前年考上了高中;老四就是这个逃学的孩子。

　　从孩子家回来,我找到了逃学的学生。不管我怎样柔声细语询问他为什么要逃课,他都梗着脖子不理不睬。我震怒了!我不记得当时我说了些什么,只知道他母亲的眼泪、他兄姐的经历都在我的脑海盘旋,他家那两扇被风刮得乱响的门板也像在不时撞着我的胸膛!我的声音一定是激动的,我控制不了自己的激动!我想起了我那贫穷的家庭,我读书的不易,突然为他的不争气而愤怒不已。我从我读书的不易谈起,又说起他父母的希望,我的诉说里有了哽咽,有了抑制不住的眼泪。那个梗着脖子的男孩子惊呆了,他也失声痛哭,终于跟我说起了自己逃课的原因。在他的诉说里,我了解到这是一个聪明、敏感而又任性的男孩子,兄姐的求学经历给他的心灵带来了阴影,父母为了供他和姐姐读书的劳累又分外让他感到绝望。他既担心自己的户口问题,又怕父母供两个读书的孩子受苦,所以索性放弃好好读书。知道了他的真实想法,很多问题就迎刃而解了。我先跟他的家长联系,要他们尽快解决好户口问题,使孩子没有后顾之忧。然后要求他们跟孩子开诚布公地谈谈家庭经济状况以减轻孩子的心理压力。

　　我们常常提到"态度决定一切",这个孩子的问题就是学习态度的问题。为什么会出现不良的态度,原因是他没有学习目标,看不到学习的前途。现在通过情感的交流,新课程改革中提到的情感、态度、价值观目标逐一得到实现。

后来这个学生令所有的老师刮目相看,他的成绩突飞猛进,作为优生考上了高中。在他给我的信中他写到:"一直不相信老师会真切地为一个学生的前途命运操心,总感觉老师的表扬也好、批评也好,只是尽老师的本分。但是那天老师的眼泪,老师的愤怒却让我的心深深震撼了! 没有深沉的爱,怎么会有那样深沉的愤怒,怎么能有那样热烈的泪水。平静又冷静的老师太多了,在学生面前不掩饰泪水的老师太少了……"

这个学生的信让我深深思索:有时,老师真情的泪水,反而更能打动孩子的心,要孩子们深切体会老师对他们的痛惜和爱。原来做一个"人情化、人性化"的老师,并不只是需要清一色的微笑——眼泪、微笑都是爱! 只要它们源于老师发自内心地对学生深深的责任感。不错,老师在教学中要摒除一切与教学无关的情绪,要注意适时控制自己的情绪,不能动辄暴跳如雷,也不能动辄冷嘲热讽。但是某些为学生而产生的喜怒,是应该让学生了解的。让学生在感受老师喜怒的过程中为自己的成绩骄傲,为自己的过失羞愧。那些为爱、为责任而生发出来的高尚的为师者的"情绪",是对学生无言的教化,它甚至比任何语言都有着撼人的力量。我们培养的不是充满知识积累的机器,而是有血有肉感情丰富的人。培养这样的人,靠充满知识积累的机器是不行的,必须靠有血有肉感情丰富的人来培养。无须掩饰我们的微笑,也无须掩饰我们的泪水。因为微笑、泪水都是感情不可或缺的元素。让我们做个与学生息息相关、忧喜相连、有真性情的老师吧!

4.请就下面的题目做 3～5 分钟即兴演讲。

(1)美,在于发现

(2)人生处处是考场

(3)中国梦,我的梦

(4)青春,美的旋律

5.如果你要到幼儿园去应聘,但园长非常忙,见面之前必须预约,设想一下你怎样打电话才能使你的预约有更高的成功率?

6.有一天在课堂上,你的手机忘记关闭,突然响了起来。老师虽然没说,但是,脸上明显流露出不满的神情。下课后,你怎样和老师沟通?

7.分析下列论题的逻辑内涵和外延,设计逻辑辩论的框架。说说正方和反方可以从哪几个方面论证自己的观点,选择其一在班里开展辩论演讲。

(1)爱比被爱更幸福\被爱比爱更幸福。

(2)网络使人们更亲近\网络使人们更疏远。

第三章 幼儿教师职业语言训练

【内容提要】 通过本章的学习,结合实例掌握幼儿教师职业语言的主要特征,深入理解幼儿教师职业语言的基本含义,明确幼儿教师职业语言的重要意义,自觉认真进行职业语言训练。熟练掌握幼儿教师教学常用的修辞方法、教学语言、教育语言和体态语的基础理论、基本知识和基本技巧,并通过相关训练,提高职业技能。

第一节 幼儿教师职业语言训练概述

【训练目标】 深入理解幼儿教师职业语言的基本含义,结合实例把握幼儿教师职业语言的主要特征,明确幼儿教师职业语言的重要意义,自觉认真进行职业语言训练。

一、幼儿教师职业语言的含义

幼儿教师职业语言是幼儿教师从事教育教学活动的工作用语,是用标准的普通话表达的,符合教育教学要求的幼儿教师专业用语,是幼儿教师面向幼儿传授知识、培养能力最重要的手段,也是教师和幼儿之间沟通的桥梁和纽带。

幼儿教师在日常的教育教学工作中扮演着重要的角色,他们是幼儿学习的支持者、合作者和引导者。对幼儿教师来说,职业语言的表达能力,直接关系到幼儿的活动、学习、情绪、情感的发展。幼儿教师职业语言包括教师常用修辞方法、教师教学语言和教育语言以及体态语等。幼儿教师职业语言在整个教学活动中有着极其重要的作用,是决定幼儿教师"教书育人"效果的主要工具,也是衡量幼儿教师综合修养的重要标尺。

二、幼儿教师职业语言的特征

幼儿教师的职业语言主要体现以下特征。

（一）口语语体与体态语的结合

幼儿园教育的特殊性决定了幼儿教师的职业语言应是口语语体,同时,根据幼儿教学内容的实际需要,结合幼儿的年龄特征还要适当适时地使用体态语加以辅助,从而取得良好的教育教学效果。

（二）单向表述语言与双向交流语言的结合

单向表述语言与双向交流语言是教师职业语言的两种主要表现形式,二者的结合也是教师语言的外在特征。单向表述语言具有准确性、形象性的特点;双向交流的语言具有灵活性、敏捷性的特点。当然,教师语言大多时候应该以双向交流为主。一个合格的幼儿教师应该能够自如地转换这两种语言表述形式,使其更好地为幼儿教育教学活动的顺利开展进行服务。

（三）预设语言与应变语言的结合

一般来说，教师的教学语言和教育语言是预设性的，即教师在上课前一定是精心准备的，它往往是幼儿教师语言的主体。然而，在实际的教育教学过程中，教师又常常会面临一些突发的新情况新问题，这就需要教师要做随机性的变化，临场发挥。即恰当使用应变语。幼儿教育由于教育对象的特殊性，教学内容的灵活性，要求幼儿教师应当熟练掌握预设语言与应变语言的结合使用。

【技能训练】

1.某幼儿园中班，有一个特别淘气又最不服他人批评的男孩，经常在课堂上打扰别的孩子，不是在别人的书上乱涂乱画，戳断别人的铅笔尖，弄坏别人的书本，就是活动时与同伴追逐、打闹，有时不小心就碰伤了其他幼儿。很多幼儿的家长找老师告状，老师也十分头痛。根据幼儿教师职业语言中单向表述与双向交流语言相结合的特征，选择一个比较合适的环境，为老师设计教育语言。

2.小班游戏的结束时间到了，但小朋友还在恋恋不舍地摆弄玩具，老师很着急。面对这个情境，请你根据预设语与应变语结合的特征，帮助幼儿教师设计恰当的教师用语。

第二节　幼儿教师常用修辞方法运用训练

【训练目标】　结合实例掌握幼儿教师常用修辞方法的概念、特点、分类和作用，并能自觉认真、准确、恰当地对各种修辞手法的运用进行训练。

"传道、授业、解惑"的职业特点决定了教师语言要具备一定的格调和文化品位。教师语言是师生互动过程中所运用到的即兴语言，它要求有语言表达的自然之趣，具有相当的易受性和亲切感。所以，教师语言的修辞运用也是我们在训练中需要十分重视的问题。

修辞手法，也叫修辞格或者辞格，是为了语言生动、形象、富有表现力而运用的一些特殊方法。现代汉语中有很多修辞方法，在幼儿教师的语言表达中，往往采用比喻、夸张、比拟、对偶、排比、反复、设问、反问、顶针等修辞格，使语言生动活泼，富于表现力。这里主要介绍幼儿教师经常接触到并频繁运用的几种修辞方法。

一、比喻

（一）比喻的概念及其作用

1.概念

比喻又叫打比方，是一种较为常见的修辞方法。它是根据事物之间的相似点，用具体、浅显、熟知的某一事物说明或者描述另一种抽象、深奥、生疏的事物的修辞方法。

2.作用

比喻可以把抽象的事物变得具体，把深奥的道理变得浅显。恰当地运用比喻，能化平淡为生动，化深奥为浅显，化抽象为具体，使幼儿通过联想和想象认识事物的特征。比喻不但能激发幼儿学习的兴趣，而且能够培养幼儿的想象能力，发展他们的思维能力。

（二）比喻的结构

比喻由三部分构成，即本体（被比喻的事物或情境）、喻词（用来联系本体和喻体的词语、比喻关系的标志性词语）、喻体（打比方的事物或情境）。

【示例】

爸爸像猫一样轻轻来到床边，望着儿子熟睡的容颜。

上例生动形象地写出了爸爸走路蹑手蹑脚的情形，表现出了对儿子的关心。

（三）比喻的类型

通常在比喻句中，本体、喻词、喻体有时同时出现，有时不出现比喻词，有时不仅比喻词不出现，连本体也不出现。根据这三部分的异同和隐现，比喻分为明喻、暗喻、借喻三种基本类型。在教育教学过程中，明喻和暗喻是较为常用的辞格。

1. 明喻

本体和喻体都出现，中间用比喻词"像""好像""好比""跟……一样""像……一样""如同""如同……一般""恰似""宛然""仿佛""仿佛……似的"等连接。有时，比喻词出现在喻体后面，如"……似的""……一样"。

明喻的典型形式是：甲像乙。

【示例】

叶子出水很高，像亭亭的舞女的裙。

其中，"叶子"是本体，"像"是喻词，"亭亭的舞女的裙"是喻体。

2. 暗喻

暗喻又称隐喻，本体和喻体都出现，中间用"是""等于""成为""变成"等比喻词连接，有时暗喻不用比喻词。较之明喻，暗喻在形式上更紧凑，内容上更密切，更强调本体和喻体的相似点。

暗喻的典型形式是：甲是乙。

【示例】

一切反动派都是纸老虎。

毛泽东以暗喻手法提出这一论断，深刻揭示了一切反动派看似强大实则虚弱的本质，极大地鼓舞了解放区军民克服困难、战胜强敌的信念。

3. 借喻

本体和比喻词都不出现，而由喻体直接代替本体出现的叫借喻。

【示例】

我似乎打了一个寒噤；我就知道，我们之间已经隔了一层可悲的厚障壁了。

用"后障壁"借指"我"与"闰土"的隔阂。

（四）比喻运用的原则

(1)本体和喻体必须是不同类事物，且在某一点上具备相似点，否则不能构成比喻。一个句子是不是比喻，不能简单地看有没有比喻词。有些句子，表面上有比喻词，但并不是比喻句。

(2)要用具体比抽象、用浅显比深奥、用熟悉比陌生，让人容易理解和接受。

二、比拟

幼儿富于想象,常常把动物、植物当作朋友。因此,幼儿教师在教育教学中要根据幼儿的认知特点设计教学活动,在语言运用上采用比拟这一修辞手法使表达更生动有趣,更贴近幼儿的欣赏和接受习惯。

(一)比拟的概念及其作用

1.概念

比拟是借助丰富的想象,把物当成人来写,或把人当成物来写,或把甲物当成乙物来写。运用这种修辞格可以启发幼儿的想象,同时,也可以使幼儿教师的表达生动传神。

2.作用

比拟是物的人化或人的物化或把甲物拟作乙物,具有思想的跳跃性,能使读者展开想象的翅膀。综合来看,运用比拟这一修辞手法可以使感情色彩鲜明、寓意深刻丰富、语言生动形象。

(二)比拟的种类

1.拟人

拟人是指把物当作人来写,赋予物以人的动作行为或思想感情等。拟人这种修辞方法可以把没有生命的物写得栩栩如生,形神毕现,这样更吻合幼儿的接受水平。

【示例】

每次上美术课,小惠总是爱撕掉包在油画棒外面的那层纸,李老师说了一次又一次,可小惠总是不听,这让李老师苦恼了很久。

在一次"画太阳"的美术课上,李老师想了一个好办法,对小惠说:"小惠,你看包在油画棒外面的这层纸就是它的衣服,你老是把它的衣服脱掉,油画棒就要感冒了,一感冒就流鼻涕,而且还得打针吃药,那得多疼啊!"小惠马上说:"老师,那我以后不让油画棒感冒了,它就不会流鼻涕了,更不会吃药打针了。"李老师点了点头,说:"真是个懂事的好孩子!"

在上面这个示例中,教师采用拟人的手法,赋予油画棒以生命,以油画棒脱掉衣服会感冒、流鼻涕这种拟人化的表达帮助幼儿认识到撕掉油画棒外面那层纸是不对的。这种方法比起干巴巴的说教,更易于使幼儿接受。

2.拟物

拟物就是把人当作动物、植物来写,赋予人以动物、植物的某些特征。使人具有物的动作或情态,或者把甲物当作乙物来写,表达某种强烈的爱憎感情。

【示例】

老师正在组织孩子们玩游戏"网小鱼"。"小鱼"们因为穿得厚,运动量大,已经汗流浃背。老师就提醒孩子们脱去上衣或者拉开衣服拉链。有几个小朋友因为不停地奔跑小脸通红,显得十分疲惫。于是,老师对这几个小朋友说:"小鱼,小鱼,游到鱼妈妈这里来休息一会吧!"

教师采用拟物的修辞手法来设计这个游戏,幼儿是鱼宝宝,老师是鱼妈妈。这样的角色安排以现实生活为基础,同时又带有一点童话色彩,使幼儿自始至终沉浸在欢乐的氛围中。

(三)比拟的运用

运用比拟,必须根据表达的需要,符合人或事物的特征。

1. 修辞效果

比拟的特点是作者凭借客观事物来表达自己的感情,因为它是把甲事物当作乙事物来写,所以它具有思想的跳跃性。比拟的修辞效果主要有三点。

(1)运用比拟可以鲜明地表达爱憎之情。运用比拟表现喜爱的事物,可以使之栩栩如生,让人倍感亲切。运用比拟表现讨厌的事物,可以增强读者的厌恶感。

(2)运用比拟可以使语言风趣幽默,这一种修辞效果多见于拟物的句子中。

(3)运用比拟可以使抽象的东西具体化。

2. 注意问题

(1)比拟要与情境相协调。比拟是通过联想把甲事物当作乙事物来描写的一种修辞手段,必然会融进表达者的真情实感。在运用比拟时应注意情与景相协调,即情景交融。

(2)比拟的拟体要符合本体的特点。运用比拟的目的是为了突出事物的特征,所以拟体要尽量符合本体的特点,否则就会不伦不类。

(3)比拟要注意感情色彩,避免褒贬不当。比拟的目的之一是为了更好地抒发思想感情,因此,不管是拟人还是拟物,比拟的感情色彩必须鲜明。在使用比拟时要注意感情色彩协调一致,避免褒贬不当。

(4)比拟要注意语体。运用比拟要根据不同的情境,并不是任何场合都可以使用这种修辞手法。一般而言,文艺语体中使用比拟手法较多一些,如寓言、童话、民间故事。而公文语体、科技语体一般要慎用,否则会削弱公文的严肃性和科技文章的严谨性。

(四)比拟和比喻的区别

比喻重在"喻",是把甲事物喻为乙事物;比拟重在"拟",是仿照拟体(被模拟的人或物)的特征模写本体。

比喻的本体和喻体一主一从;比拟中,本体和拟体浑然一体,本体必须出现,拟体一般不出现,只出现表现拟体思想感情和语言行为的语句。

比喻与比拟的性质不同、作用不同。它们的不同主要体现在以下四个方面:

第一,比拟是直接把拟体当成本体来写,本体可以是人,也可以是物,拟体可以是物,也可以是人,也就是说,本体和拟体的关系是重合、相融关系,彼此是混同的。比喻是借喻体表现或说明本体,本体同喻体的关系是类似关系,彼此不能混同。

第二,两者的性质和表达效果不同。比喻通过事物的相似点使本体和喻体联系起来,重在"喻"。而比拟则是借助事物的不同特征,重在"拟",用模拟的方法刻画人或事物的情况,使一个事物具有它本来不具有的另一种事物的特征。

第三,句法结构有明显的不同。无论哪一种比喻,都可以成为"主—谓—宾"式,主宾之间是靠"象""是"等词连接的。而在比拟的句子中,一般都是"主—谓"式。

第四,比喻的本体和喻体可以同时出现,也可以省去本体,但喻体必须出现。比拟一般则是拟体不出现,而本体必然出现。

三、夸张

在幼儿园的教育教学活动中,为使幼儿能较好地把握事物的特征,体会其中强烈的情感,教师常常借助夸张来帮助表达。

（一）夸张的概念及其作用

1.概念

夸张是指为了增强语言表达效果，在客观现实的基础上，运用丰富的想象力，对事物的形象、特征、作用、程度、数量等方面有目的地放大或者缩小，以增强表达效果的修辞手法。夸张也叫夸饰或铺张。

2.作用

夸张可以使平淡无奇的句子产生新奇的效果。一方面满足听者的好奇心理，另一方面增加表达的感染力，给人以强烈的感受和深刻的印象。运用夸张的修辞手法，可以突出事物特征，强化作者感情，烘托环境气氛，激发读者的想象。

（二）夸张的类型

夸张分为扩大夸张、缩小夸张和超前夸张三种。

1.扩大夸张

故意把客观事物说得"大""多""高""强""深"……的夸张形式。

【示例】

(1)他委实是支撑不住了，他的一双眼皮像有几百斤重……

(2)蜀道之难，难于上青天。

(3)我端起这碗，觉得有千斤重。

2.缩小夸张

故意把客观事物说得"小""少""低""弱""浅"……的夸张形式。

【示例】

(1)一个浑身黑色的人，站在老栓面前……刺得老栓缩小了一半。

(2)他的心眼小得只有针尖大。

3.超前夸张

在时间上把后出现的事物提前一步的夸张形式。

【示例】

(1)农民们都说："看见这样鲜绿的麦苗，就嗅出白面包子的香味来了。"

(2)看见花盆里的小苗，我好像已经闻到了花香。

（三）夸张的运用

夸张能引起读者丰富的想象和强烈的共鸣。在文学中，夸张是运用想象与变形夸大事物的某些特征，写出不寻常之语。

要注意的是，夸张要掌握分寸。夸张固然要言过其实，但也要以客观事实为基础，不能毫无根据地说大话。夸张必须合乎情理，不能脱离生活的基础和依据。同时，夸张还要注意应用的场合，注意文体要求。在文学作品，特别是诗歌作品中，经常运用夸张这一修辞手法，但在新闻报道、调查报告、科技论文、说理文章等文体中不宜使用夸张的修辞。

四、对偶

(一)对偶的概念及其作用

1.概念

对偶是把字数相等、结构相同、意义对称的两个短语或句子成对地排列起来,以表达相反、相对、相似或相关意思的一种修辞手法。对偶独具艺术特色,看起来整齐醒目,听起来铿锵悦耳,读起来朗朗上口,便于记忆、传诵,为人们喜闻乐见。

2.作用

熟练恰当地运用对偶这一修辞手法,可以起到三个方面的作用。

(1)形式上,整齐匀称、节奏明快、便于吟诵、易于记忆。

上下两句对应得非常整齐,在具体运用字词上力避重复,看起来字面工整而内容又富有变化。

(2)音调上,整齐和谐、抑扬顿挫、音韵优美、音乐感强。

对偶的上下两句节奏相同,间歇相同,音韵平仄相对,抑扬顿挫相交,读(听)起来节律整齐又起伏错落。

(3)抒情表意上,凝练集中、情感真挚、抒情酣畅、高度概括。

(二)对偶的类型

1.从内容上划分

从内容上对偶可分为正对偶、反对偶和串对偶三种。

(1)正对偶。上下句意思相似、相近、相补、相称的对偶形式。

【示例】

海内存知己,天涯若比邻。

只要朋友互相知心,即使分离在天涯海角,也像近邻一样。(上下联的意思是相近相关的)

(2)反对偶。上下句意思相反或相对的对偶形式,多指同一事物的两个方面。

【示例】

锲而舍之,朽木不折;锲而不舍,金石可镂。

用刀刻东西,刻一阵子就放下,即使是腐朽的木头也刻不断;不停地用刀子刻下去,即使是坚硬的金石也能被刻穿。("锲而舍之"与"锲而不舍"是反对偶)

(3)串对偶。即"相串成对",有如流水顺承而下,因此又叫流水对。它的起句与对句是从事物的发展过程说的,因此意思是紧密连贯的。

【示例】

欲穷千里目,更上一层楼。

要想眺望到极远的地方,那就要再上一层楼。

2.从形式上划分

从形式上对偶可分为单句对偶、偶句对和多句对偶三种。

(1)单句对偶。一句对一句叫单句对偶。

【示例1】

善无微而不赏,恶无纤而不贬。

即使是做了些小的好事,也无不给予奖赏;即便是做了很小的坏事,也无不急于贬斥。

【示例2】

青山有幸埋忠骨,白铁无辜铸佞臣。

青山感到荣幸的是坟里埋着抗金名将岳飞的忠骨,白铁感到耻辱的是坟前跪着的是用它铸造的秦桧等人的像。

(2)偶句对偶。两句对两句叫偶句对偶。

【示例】

六王毕,四海一。蜀山兀,阿房出。

六国结束,四海统一。蜀山树木砍光了,阿房宫才建造起来。("六王毕"与"四海一"相对,都是主谓词组,"蜀山兀"与"阿房出"相对,也都是主谓词组,且"六王毕,四海一"与"蜀山兀,阿房出"相对)

(3)多句对偶。三句对三句,或用更多的句子相对,叫多句对偶。

【示例】

登高而招,臂非加长也,而见者远;顺风而呼,声非加疾也,而闻者彰。

登上高处向人们招手,手臂并没有加长,可是老远的人也可以看见;顺着风势呼喊,声音并没有加大,可是听到的人却觉得很清楚。

五、排比

(一)排比的概念及其作用

1. 概念

排比是把三个或三个以上结构相同或相似、内容相关、语气一致的短语或句子排列在一起,以增强语势、突出内容、强化感情的修辞手法。在幼儿教育教学活动中,为了使内容的表达富于层次、情感的表达充分而强烈,有时会用到排比这种修辞手法。

2. 作用

恰当地运用排比说理,可以增强气势,条理分明;以排比抒情,可以使节奏和谐,感情充沛;以排比叙事,能够达到层次清晰、言简意赅的效果;以排比写景,能使形象细腻、生动传神。

(二)排比的类型

排比分为短语排比、分句排比、单句排比和复句排比。

(1)短语排比。即将一个句子中的一些成分组成排比。

【示例】

延安的歌声……它是黑夜的火把,雪天的煤炭,大旱的甘霖。

(2)分句排比。即将一个复句的各个分句构成排比。

【示例】

他们的品质是那样的纯洁和高尚,他们的意志是那样的坚韧和刚强,他们的气质是那样的淳朴和谦逊,他们的胸怀是那样的美丽和宽广。

（3）单句排比。即各排比分句为单句的排比句。

【示例】

车夫急着上雨布，铺户忙着收幌子，小贩们慌手忙脚地收拾摊子，行路的加紧往前奔。

（4）复句排比。即各排比分句为复句组成的排比句。

【示例】

爱心是一片照射在冬日的阳光，使贫病交迫的人感到人间的温暖；爱心是一泓出现在沙漠里的泉水，使濒临绝境的人重新看到生活的希望；爱心是一首飘荡在夜空的歌谣，使孤苦无依的人获得心灵的慰藉。

（三）排比的运用

排比在议论、抒情类的语言艺术形式中应用十分广泛，如演讲、辩论等。运用排比，要从内容表达的需要出发，做到意思相关、结构相似、语气一致，不要生拼硬凑，否则会影响语意的表达。

（四）排比和对偶的区别

1.语言单位不同

对偶句限于两个语言单位，是对称的组织；而排比句需要三项或三项以上的语言单位，是连串的组织。

2.词语重复有别

严式对偶的上下句不得重复出现同一个字词，而形成排比是各成分经常以同一词语作为揭示语。

3.平仄和字数要求不同

对偶以平仄相间相对为佳，排比句则无此要求；对偶要求上下句字数相等，而形成排比的各成分，字数则可多可少。

六、反复

（一）反复的概念及其作用

1.概念

反复是为了表达强烈的感情，有意重复同一个词语或句子，以达到突出某种感情、强调某个意思、加深听众印象为目的的修辞手法。在幼儿教育教学中，教师经常采用反复这种修辞手法。

2.作用

运用反复进行说理，能起到强调作用；进行写景抒情，可以极大地增强感染力；同时，反复还可以承上启下、划段分层。

（二）反复的种类

反复可分为连续反复和间隔反复。

1.连续反复

连续反复也叫词语反复，接连重复相同的词语或句子，中间没有间隔。

【示例】

沉默呵，沉默呵！不在沉默中爆发，就在沉默中灭亡。

鲁迅先生在这里多次使用"沉默"一词，表达自己对段祺瑞政府的愤怒和对民众觉醒的期盼之情。

2.间隔反复

反复使用的词语或句子中间，隔有其他的词语或句子。

【示例】

"大山原来是这样的！月亮原来是这样的！核桃树原来是这样的！香雪走着，就像第一次认出养育她成人的山谷。"

这里连续三次反复使用"原来是这样的"，表明了香雪此时的快乐心情。

（三）反复与排比的区别

反复和排比两种修辞手法都含有相同的词语，形式上相似，容易混淆，两者的区别关键在于其表达的侧重点不同。

反复是为了强调某个意思或突出某种情感而重复使用某些词语或句子，所要表达的侧重点在重复的词语或句子上；排比则是把结构相同或相似、内容相关、语气一致的三个或三个以上的短语或句子排列起来使用，侧重点不在相同的词语上。

（1）从语言单位的数量看，排比必须有三个或三个以上的短语或句子才能构成；而反复只需两个或两个以上的反复部分，就能构成。

（2）从语言单位的文字看，构成排比的各语句之间有时只有少数字词相同，但构成反复的语句，字词必须完全相同。

【示例1】

终于自由啦！终于自由啦！感谢全能的上帝，我们终于自由啦！

此句三次咏叹"终于自由啦"，表达对自由的期盼和渴望，侧重点就是"终于自由啦"，所以此句的修辞手法为反复。

【示例2】

她没有陪嫁的资产，也没有什么法子让一个有钱的体面人认识她，了解她，爱她，娶她。

这句含有相同词语"她"，但是所要强调的词语不是"她"，而是"认识""了解""爱"和"娶"，所以该句的修辞手法为排比。

七、设问

（一）设问的概念及其作用

1.概念

设问是一种常见的修辞手法，常用于表示强调作用。为了强调某部分内容，故意先提出问题，明知故问，自问自答，不需他人作答只引起他人思考。

2.作用

有的文章直接用设问做标题，能吸引读者，启发读者思考，从而更好地领会文章的中心思想；有的用在一段或一节文章的开头或结尾，能起到承上启下的过渡作用。不管设问出现在文章的哪个部分上,也不管它以什么形式出现,总的来说,正确地运用设问,能提醒注意,引导思考,有助于层次分明,结构紧凑,可以更好地突出某些内容,使文章波澜起伏,有变化。

【示例】

什么是路? 就是从没路的地方践踏出来的,从只有荆棘的地方开辟出来的。

(二)设问的类型

设问可以分为一问一答、几问一答、连续问答三类。

1.一问一答

即提出一个设问句,紧跟着写一个答句。此种设问,能迅速集中读者的注意力和吸引读者。

【示例】

谁是最可爱的人呢? 我们的战士,我觉得他们是最可爱的人。

2.几问一答

即先集中提出一连串设问句,然后,集中加以回答。此种设问,能增强论辩力量,引人深思。

【示例】

啊,是谁,这么早就把那亲爱的令人心醉的乡音送到我的耳畔? 是谁,这么早就用他那咿咿哇哇的悦耳动听的音乐唤来了玫瑰色的黎明? 是一个青年人。

3.连续问答

即连续地使用一问一答式。此种设问,能造成一种步步紧逼、势不可挡的气势,具有强大的论辩力量。

【示例】

蒋介石总是要强迫人民接受战争,他左手拿着刀,右手也拿着刀。我们就按照他的办法,也拿起刀来。这是经过调查研究以后才找到的办法。这个调查研究很重要。看到人家手里拿着东西了,我们就要调查一下。他手里拿的是什么? 是刀。刀有什么用处? 可以杀人。他要拿刀杀谁? 要杀人民。

(三)设问的运用

(1)设问是自问自答。要求问句和答句要贴切,不能答非所问。

(2)设问句应用在描写、议论、抒情的前面,以提醒读者,引起下文。

(3)设问句要用在节骨眼上,不需要强调时就不要问。

(4)可以用设问做文章的标题,这样做能吸引读者,启发读者思考,进而更好地领会文章的中心思想。

(5)在说理性文章中,为了使论证深入,在关键性的内容上,设问说理。

八、反问

(一)反问的概念

反问就是为了加强语气,用疑问句的形式表达某种确定的意思,以加重语气,答案就在其中的一种修辞方法。反问只问不答,答案暗含在反问句中。人们可以从反问句中领会到表达者的真意。反问也叫激问、反诘、诘问。

（二）反问的类型

反问可分两种：用否定方式表示肯定的意思和用肯定方式表示否定的意思。

（1）用否定方式表示肯定的意思。

【示例】

①射箭要看靶子，弹琴要看听众，写文章做演说倒可以不看读者不看听众吗？

②不是自家人，难道就不该互相关心吗？

（2）用肯定方式表示否定的意思。

【示例】

惨象，已使我目不忍视了；流言，尤使我耳不忍闻。我还有什么话可说呢？

为了增强表达效果，有时可将上述两种反问的形式综合运用。

【示例】

当你在积雪初融的高原上走过，看见平坦的大地上傲然挺立这么一株或一排白杨树，难道你觉得树只是树，难道你就不想到它的朴质，严肃，坚强不屈，至少也象征了北方的农民；难道你竟一点也不联想到，在敌后的广大土地上，到处有坚强不屈，就像这白杨树一样傲然挺立的守卫他们家乡的哨兵！难道你又不更远一点想到这样枝枝叶叶靠紧团结，力求上进的白杨树，宛然象征了今天在华北平原纵横决荡用血写出新中国历史的那种精神和意志？

（三）反问的作用

反问可以加强语气，发人深省，激发读者感情，加深读者印象，增强文中的气势和说服力，为文章奠定一种激昂的感情基调。

（四）反问与设问的异同

设问和反问是两种常用的修辞方法，它不同于一般疑问句。疑问句的特点是"有疑而言"，希望得到对方的回答，或引起对方的思考。而设问和反问的共同特点都是用问句的形式表达的，都是无疑而问、明知故问，不需要对方回答的，说话人心中有数。

在行文中，一般而言，设问往往用于语段的开头，表示问题的提出，先问再回答；反问则常用于语段的结尾，只问不答，但问题的答案却在句子之中，表示对问题的强调，加强语气，明确表达某种观点和思想感情。设问不表示肯定什么或否定什么，只是一问一答的形式，主要是提出问题，引起注意，启发思考；反问则明确表示肯定和否定的内容，语气通常更为强烈，用确定的语气表明作者自己的思想。设问是自问自答，有问有答，答在问外；反问则寓答于问，有问无答。

九、借代

（一）借代的概念及其作用

1. 概念

借代就是说话或写作时，不直接把人或事的名称说出来，而是借用与它有密切关系的能显示它的特征的事物名称来代替，或用事物的局部代替整体的一种修辞方法。被替代的事物是本体，用来替代的事物是借体，"本体"不出现，用"借体"来替代。

2.作用

恰当地运用借代可以使语言简洁、生动、形象化,唤起读者的联想。借代的修辞效果可以用十六个字概括:以简代繁,以实代虚,以奇代凡,以事代情。

(二)借代的类型

借代的类型主要有:用形象特征代替本体;用具体事物代替抽象事物;用专用名词代替本体;用部分代替整体。

1.用形象特征代替本体

即用借体(人或事物)的特征、标志去代替本体事物的名称。

【示例】

(1)贾母笑道:"他是我们这里有名的一个泼皮破落户儿,南省俗谓叫作'辣子',你只叫他'凤辣子'就是了。"

处事泼辣是王熙凤性格的一个侧面,本例句用"凤辣子"代替王熙凤,非常形象。

(2)先生,给现洋钱,袁世凯,不行么?

用银元上的标志"袁世凯"来代替银元,突出了银元的特征。

2.用具体事物代替抽象事物

即不直接说出抽象的事物,而是用具体可感的事物代替抽象事物。

【示例】

模范不模范,从西往东看,西头吃烙饼,东头喝稀饭。

用"烙饼、稀饭"代替东、西两头不同的生活水平。

3.用专用名词代替本体

即用形象概括本体的专用名词代本体。

【示例】

(1)三个臭皮匠,合成一个诸葛亮。

"诸葛亮"代指足智多谋的人。

(2)你们杀死一个李公朴,会有千百万个李公朴站起来!

"千百万个李公朴"代指无数的民主革命战士。

4.用部分代替整体

即用事物具有代表性的部分代本体事物。

【示例】

(1)何我堂堂须眉,诚不若彼裙钗。

"须眉"是男子身体的一部分,"钗裙"是女子衣饰的一部分,这里分别代指男子和女子。

(2)两岸青山相对出,孤帆一片日边来。

"帆"是船的一部分,这里代指"船"。

(三)借代的运用

使用借代应注意:所用借体必须能突出本体特征,使人们在特定语境下一看(听)就能明白,否则,就应在上下文中有所交代。

（四）借代和借喻的异同

借代与借喻有相近的地方，都是用一事物代另一事物，但它们的性质却完全不同。

（1）借代的作用是"称代"，即直接把借体称为本体，只代不喻，侧重相关性；借喻的作用是"比喻"，虽有代替作用，但只是喻中有代。

（2）构成借代的基础是事物的相关性，即要求借体和本体有某种实在的关系，一般地说，这种关系还是相当密切的，脱离具体的语言环境，借体和本体之间仍然有直接的关联；构成借喻的基础是相似性，即要求喻体和本体有某些方面的相似点，通过联想把它们联系起来，脱离具体的语言环境，借体和喻体之间就不再有任何关联。

（3）借喻可以改为明喻，借代则不能。

十、摹状

（一）摹状的概念及其作用

1.概念

摹状又叫摹绘、仿拟或摹拟，是对客观事物的情状、声音、色彩加以准确、生动描绘的一种修辞方法。

2.作用

摹状是直接描绘事物形象的一种修辞方式。它的最大特点是"随体赋形""形容摹写"。对于事物的形状、色彩、声音、情态等各种感觉印象，通过语言文字把它依样摹写出来，表现事物特征。摹状可以渲染气氛，给人以如同直观的真切感受，让人如临其境。

（二）摹状的类型

运用摹状，是为表达文章的思想和创设意境服务的。只有把事物的声音、颜色和形状描写得准确贴切，才能使事物生动形象，给人一种如闻其声、如观其色、如见其形的亲切真实的感觉。

摹状可分摹形、摹声、摹色三种。

1.摹形

摹写形状，用象形词来描摹事物的一种摹状。

【示例】

树林的后面，有一个人字形草棚，草盖得厚厚的，只容得下一个人躺在里面。

用象形词"人字形"描摹草棚的形状，以形容草棚的低矮狭小。

2.摹声

摹写声音，用象声词来描摹事物声响的一种摹状。

【示例】

鬼子已闯进村"扫荡"了，雨来在家"忽然听见街上咕咚咕咚有人跑，把屋子震得好像要摇晃起来，窗户纸哗啦哗啦响"。

体味这段文字，使人感到情况异常，气氛紧张。这种效果正是作者运用摹声带来的。

3.摹色

摹写色彩，用色彩词来描摹事物颜色的一种摹状。

【示例】

深蓝色的天空中挂着一轮金黄色的圆月,下面是海边的沙地,都种着一望无际的碧绿的西瓜。

十一、顶针

顶针又叫顶真、联珠,是将前一句或前一节奏的尾字,作为后一句或后一节奏的首字,使两个音节或句子首尾相连,前后承接,产生上递下接的效果,好像串珠子似的。采用顶针这种修辞方法创作的幼儿文学作品读起来朗朗上口,深受孩子们的喜爱。

【示例】

幼儿园鲁老师讲了一个故事《下巴上的洞洞》:

从前,有个奇怪的娃娃,娃娃有个奇怪的下巴,下巴有个奇怪的洞洞。洞洞,谁知道它有多大。瞧! 娃娃一边把饭往嘴里划,一边从那洞洞往下撒。如果饭桌是土地,如果饭粒会发芽,那么,一天三餐饭,他呀,餐餐种庄稼。可惜啥也没种出来,只是粮食白白被糟蹋,你们听了这笑话,都要摸摸自己的小下巴,要是也有个小洞洞,那就赶紧塞住它。

上面的这则故事里,开头部分鲁老师采用顶针的修辞手法,既让孩子们对故事本身充满了兴趣,同时也很好地对幼儿进行了教育。

【思考拓展】

1.请你设计两个教学活动,要求该活动要能够调动孩子们参与的积极性,要通过活动的设计使幼儿们在游戏活动中获得快乐的同时又能明白一些事理,从小树立他们正确的是非观、善恶观等。活动语言要求用比喻、比拟、夸张、对偶、排比、反复、设问、反问、借代、摹状、顶针等修辞格进行表达。

2.下面的文学作品中分别用到了哪些修辞手法? 请具体分析它们的作用。

(1)大象大,老鼠小,大象最怕老鼠咬,老鼠钻进象鼻里,痒得大象受不了,"阿嚏"打个大喷嚏,老鼠坐上火箭炮。

——节选自《老鼠坐上火箭炮》

(2)风在哪里? 树儿说:当我的树叶翩翩起舞,那是风在吹过。风在哪里? 花儿说:当我的花朵频频点头,那是风在吹过。风在哪里? 草儿说:当我的身体轻轻晃动,那是风在吹过。风在哪里? 风就在我们身边。春天它吹绿了大地;夏天它送来了凉爽;秋天它飘来了果香;冬天它带来了银装。

、 ——节选自《风在哪里》

(3)春雨,像春姑娘纺出的线,轻轻地落到地上,沙沙沙,沙沙沙……田野里,一群小鸟正在争论一个有趣的问题:春雨到底是什么颜色的? 小燕子说:"春雨是绿色的。你们瞧,春雨落到草地上,草就绿了。春雨淋在柳树上,柳枝也绿了。"麻雀说:"不对,春雨是红色的。你们瞧,春雨洒在桃树上,桃花红了。春雨滴在杜鹃丛中,杜鹃花也红了。"小黄莺说:"不对,不对,春雨是黄色的。你们看,春雨落在油菜地里,油菜花黄了。春雨落在蒲公英上,蒲公英花也黄了。"春雨听了大家的争论,下得更欢了,沙沙沙,沙沙沙……

——节选自《春雨的色彩》

(4)唐僧骑马咚那个咚,后面跟着个孙悟空。孙悟空跑得快,后面跟着个猪八戒。猪八戒鼻子长,后面跟着个沙和尚。沙和尚挑着箩,后面跟着个老妖婆。老妖婆真正坏,骗了唐僧和八戒。唐僧八戒真糊涂，是人是妖分不出。分不出上了当，多亏孙悟空眼睛亮。眼睛亮冒金光，高高举起金箍棒。金箍棒，有力量，妖魔鬼怪消灭光，消灭光。

——节选自《孙悟空打妖怪》

3.写作题。

以"父亲（或母亲）"为题，写作一段能表现父亲（或母亲）外在形象和内在品质的语段。

要求：综合运用各种修辞手法，语言生动，语意连贯，字数不少于200字。

第三节　幼儿教师教学语言运用训练

【训练目标】　认知幼儿教师教学语言的特点，理解幼儿教师教学语言在教学活动中的作用和地位，掌握教学语言的不同类型及基本技能，设计各种类型的教学用语，同时还要注意各部分内容的综合运用。

教学是一门艺术，在这座艺术殿堂里不可缺少的一朵奇葩就是教学语言。那么，教师运用什么样的教学语言才能深深地吸引渴求知识的幼儿呢？本节就幼儿教师在课堂上所使用的各种教学语言一一进行介绍。

一、幼儿教师教学语言的含义

教学语言是教师向幼儿传授知识、技能的主要手段。教学语言是教师在课堂上根据教学任务、针对特定的学习对象、使用规定的教材、按照一定的方法、在有限的时间内，为达到某种预期的效果而使用的语言。

在课堂教学中，幼儿教师运用教学语言组织课堂教学，不仅传授教学内容，指导幼儿开展相应的各种练习，同时也提高了幼儿的思维能力，培养了幼儿积极向上的情感态度。教师教学语言的运用决定了课堂教学效果的好坏。

幼儿园阶段是幼儿语言发展的关键时期，培养和发展幼儿的语言表达，对幼儿认知能力的发展以及对未来书面语言的学习都有十分重要的意义。所以，幼儿教师要重视教学语言的运用，要注意自身语言的示范作用，采用符合幼儿年龄、心理特征和接受水平的教学语言，提高课堂教学实践，促进幼儿情感、态度、能力、知识、技能等方面的全面发展。

二、幼儿教师教学语言的特征

教师所从事的是培养新一代的崇高事业，被誉为人类灵魂的工程师。从这一特点出发，就要求教师无论是在课堂上、课外活动中，还是在思想工作中，都应该用最完善的语言去启迪、影响、感染幼儿的心灵世界，用最完善的语言去开拓幼儿的视野，这是对教师语言的总要求。另一方面，幼儿每时每刻都在密切地注视着教师的一举一动、一言一行。因此，作为教师，比其他任何职业的人都要严肃认真，使自己的语言尽美尽善，这样才有利于幼儿的身心健康和智力发展。

教师的教学语言是经过转化的书面语和经过优化的口头语的结合。它是以有声语言为主，辅之以面部表情、手势、体态等，具有口头语的特点。具体说，幼儿教师教学语言有以下几方面的特征：

（一）儿童化

幼儿教师的教学语言受教学内容、教学对象和教学任务的约束，作为一种有声语言，往往用表情、手势、体态等进行辅佐，并根据幼儿的特点进行生动的表述。幼儿教师的教学语言与其他教师的教学语言相比，更加通俗易懂、浅显生动。

儿童化是幼儿教师教学语言的突出特征。因为幼儿年龄小，所接触的知识比较有限，词汇不丰富，他们常常通过形状、色彩、声音等进行思考，所以教师说话时要多用表示具体概念、色彩、形态、动作的词语；在句式上尽量选用结构简单的句子，可在句子中嵌进适当的语气词、象声词，使句子富于变化；同时也可以多用比喻、夸张、拟人、反复等修辞手法，使句子形象生动，这样更易于幼儿接受和理解。幼儿教师在运用教学语言时要多注入一些感情因素，同时在说话时调动面部表情以及手势动作的变化，以加深幼儿对教师说话内容的理解。

1. 趣味性

幼儿的年龄和认知特点决定了他们都是天真烂漫、纯洁无邪、活泼可爱的。幼儿教师的课堂教学语言要适合幼儿的口味，就要用儿童独特的视角来观察问题，用儿童特有的心理和思维方式进行分析，用儿童习用的词汇和方法进行交流，使他们易于接受、乐于学习。这就要求幼儿教师的教学语言要充分体现趣味性，要能够契合并引发幼儿的兴趣，把幼儿潜在的学习积极性充分调动起来，使他们愉快、自觉、自主地学习。教学语言的趣味性是教学活动内容、表现形式与教学语言的完美统一。只有这样，教学活动才符合幼儿的认知心理和水平，才对幼儿有吸引力，才能激发幼儿主动参与的热情。趣味性必有两方面的表现：

（1）语言内容的趣味性

幼儿的认知思维是一种以自我为中心的思维，他们总是生活在现实和幻想交叉的两个世界中，所以幼儿在活动过程中，极容易沉浸到教师所创设的情境中去。这就要求教师的教学语言内容必须要有趣味性，才能吸引幼儿，引起幼儿的共鸣。同时，由于幼儿认识心理的特点——即认为世上万事万物都是有生命的、有感情的东西。所以教师要借助幻想、夸张、拟人等艺术表现手法，增强教学语言的表达效果。

另外要注意的是，幼儿通过游戏来学习社会的知识，通过游戏来体验生活。如果把教学活动变为游戏活动，教学语言充满游戏的乐趣，幼儿就会乐于参与活动，从而获取更多的新知。

（2）表现形式的趣味化

教师应该情绪饱满，作为活动的参与者和幼儿一起分享喜悦，分享乐趣，兴致勃勃地和幼儿去探索、去发现。教师的面部表情、态势语动作应和说话的内容相吻合，有时是亲切，有时是询问，有时是怀疑。面部表情丰富，能以眼神吸引幼儿，并以手势辅助说话，就会使说话像蜜一样"黏"住幼儿。

【示例】

种植活动的第一天，孩子们特别关心种子的发芽情况。小朋友问："老师，种子什么时候发芽？它在泥土里干什么？"老师说："种子在泥土里睡觉，等它睡饱了，养足了精神，就会钻出泥土，发芽了。"第二天，孩子们跑去看地里的种子，说："小种子，快起床呀，别睡懒觉了"。老师听了微笑着说："种子要在地里睡好几天才会发芽呢。"

上面这个例子中，老师理解幼儿的心理，也为了保护孩子们的好奇心，采用了幼儿乐于接受的表达，运用拟人的修辞手法，不但准确、亲切，而且为幼儿所熟悉，使教学过程变得非常愉快而且轻松。

2.直观生动

捷克教育家夸美纽斯在《大教学论》中指出，"应该尽可能地把事物本身或代替它的图像放在前面，让幼儿去看看、摸摸、听听、闻闻等。"俄国教育家乌申斯基认为"儿童一般是用形状、颜色、声音、感觉来思维的。因此必须对儿童进行直观性的教学。这种教学应该建立在儿童所直接感知的具体形象的基础上。"幼儿教师在教学中要根据幼儿的思维特点，善于运用语言创造直觉形象，善用修饰语，适当运用比喻、比拟、夸张等修辞方法，把深奥的道理浅显化、抽象的概念形象化，以此来打动孩子们的心灵，激发他们的学习兴趣，把他们引入无比瑰丽的知识世界。

【示例】

外面下雨了，老师说："小朋友闭上眼睛听听窗外的雨声像什么？""哗哗，像小河在流"。"嘀嗒嘀嗒，像钟表在响"。老师又说："现在大家睁开眼睛看看雨像什么？""像针一样细"；"像一串珍珠"；"还像一道门帘"。

在这个事例中，教师引导幼儿仔细认真观察，用直观生动的语言进行表述。

3.浅显易懂

幼儿的认知特点决定了教师必须要用浅显易懂的语言进行讲授。幼儿教师在教育教学过程中，要用浅显的词汇，不用晦涩艰深的语词。要运用"先""然后""最后"等提示性词语明确告诉幼儿先后顺序。

【示例】

师：小朋友，来说说你们最爱吃的水果。

生：我喜欢吃红红的苹果。

生：我喜欢吃甜甜的草莓。

师：大家说得真好，不仅说出了自己爱吃的水果名称，而且还说出了水果的颜色和味道。

生：我喜欢吃弯弯的香蕉。

师：太棒了，这位小朋友还说出了香蕉的形状。

……

师：小朋友喜欢吃的水果真多，颜色不一样，形状不一样，味道也不一样。

在上面这个事例中，通过教学活动，幼儿说清了不同水果的颜色，形状、味道。教师在总结的时候充分给予肯定，教师的用语简洁而准确。

4.句式短小

在教学活动时，为了把内容表达得易于幼儿理解，教师要多用短句，不用或少用关联词语。

【示例】

教师在活动场地的一端搭建了一座小桥，半圆形的山洞，还有可乐瓶摆成的树林，另一端是沙包，孩子们扮成可爱的小蚂蚁。这时，老师给孩子们交代任务："小蚂蚁们，冬天快到了，我们要去运些粮食储存起来过冬，运粮的路途很远，我们要先爬过小桥，再钻过山洞，然后绕过小树林，拿到粮食后再爬回来。小蚂蚁们都听清楚了吗？"孩子们茫然地看着老师。这时老师宣布游戏开始，小朋友们飞快的往前爬，拿到沙包后又迅速地爬回来，对小桥、山洞、树林视而不见。教师这时大声喊："你们是不是没听清楚老师刚才是咋说的呀？"

在这一个事例中，教师在给孩子们布置任务时，句子过长，这样的表达超过了幼儿们的接受能力,所以才会出现上述的情况。正确的做法是教师在进行表述时应该多用短句,而且通过自己的示范让孩子们明白怎样做才能顺利完成任务。

5.语调亲切

这是对幼儿教师运用教学语言表达时在声音表现力方面的要求。幼儿教师在讲课时,要语音柔和、语调生动、抑扬顿挫鲜明,富于变化。为了增强表达效果,使表达亲切可感,可以适当用一些儿化词、语气词帮助表达。

【示例】

师:今天我们教室里要来很多客人,你们的心情怎么样啊?

生:我很高兴。

生:我很紧张。

师:为什么会紧张?

生:我怕我有表现不好的地方,大家肯定会批评我。

师:哦,原来是这样啊,别紧张,老师相信你一定会表现得很出色的。

生:有客人来,我的心情会很舒畅。

师:为什么?

生:有客人来,我一定会给他们留下好的印象,所以我心情舒畅。

师:很好,你很有自信!

上例中,老师以亲切的语气、拉家常的口吻和孩子们对话,使孩子们紧张的心情放松。

(二)艺术性

艺术性使语言生动、形象,更富有表现力。教学语言作为一种富有创造性的教学方式、方法,以审美性为基础,是一种"刻印着人类审美的语言"。尽管教学语言是一种工作语言,但是,师幼之间的特殊关系使得幼儿教师的教学语言只有充满着创造性的艺术风采,才有可能吸引幼儿积极地参与,唤起幼儿学习的主动性和创造力。

1.形象性

法国教育家卢梭曾说:"在达到理智的年龄以前,孩子不能接受观念,而只能接受形象。"幼儿的思维是具体、形象的,根据幼儿思维对于形象的依赖性,幼儿教师的教学语言必须善于运用语言创造直观形象,帮助幼儿理解、掌握各种抽象事物,否则,良好的教学效果便无从谈起。在学习活动中,教学语言是引导幼儿思维活动的主要原因,形象的语言可以激发幼儿积极的联想活动,诱发幼儿参与学习活动的兴趣。

2.启发性

启发性是指教师的教学语言能诱发幼儿思考并让幼儿有所领悟。教师富于启发性的语言是开启幼儿智力,调动学习积极性、主动性的有效手段。朱熹解释说:"愤者,心求通而未得之意;悱者,口欲言而未能之貌。启谓开其意,发谓达其辞。"有时候,幼儿不能对教师的提问做出回答,需要教师及时增加辅助性的提问,循循善诱,调动幼儿的积极思维,使他们开动脑筋,找到令人满意的答案。教师启发性的语言有助于幼儿获取新知识并令他们充满成就感和满足感。运用启发性教学语言时要注意两点:第一,话不说过,留有余地,不要把知识点和问题一览无余地说完说尽,要留给幼儿以思考的时间和余地,启发他们自己寻求答案。第二,适时点拨,循循善诱,恰当地运用提问语、设问语和反问语,调动幼儿积极思维,开动脑筋去求知。

3. 简明性

教学语言的简明性是由幼儿教育、教学的特殊性决定的。教师的语言不简明，会给幼儿吸收教学信息带来极大的困难。教学语言是诉诸幼儿的听觉，转瞬即逝，冗长的语言会使幼儿抓不住重点，无法调动幼儿学习的积极性，以致影响教育教学的效果。

4. 教育性

教师的职业决定了他的一言一行都在对幼儿施加着影响和作用。因此，教师必须有意识地注意语言的教育作用。对教师来讲要注意以下两方面：

（1）应具有高尚的道德品质，做到为人师表。我国古代教育家孔子指出："其身正，不令而行；其身不正，虽令不从。"所以教师要培养幼儿的优良品质，首先自己要做到言行一致、表里如一。无数事实证明，教师能以身作则，威信就高，教育效果就好。反之，就没有威信，效果就差。

（2）语言表达要辩证，防止绝对化。世界上的事物种类繁多、千变万化，在讲解它们的共性和规律的时候，教师要考虑到许多特殊情况和例外，不能一概而论。

（三）适应性

教学语言是传递教学信息的工具，要使之能达到预期的效果，所用的语言必须能为幼儿所接受并适应。首先要注意语言的外部形式，声音过低、吐字不清、节奏不适，都会影响幼儿对信息的接收；声音过高、语气太重，也不会收到好的效果。因此，教学语言声调的高低要适度，节奏快慢要合理。其次，是要了解幼儿的语言，会运用幼儿的语言。第三，就是要求教师的语言要跟幼儿的思维联系起来，跟幼儿的接受水平一致。教师的教学语言不是一字不差地背诵讲义，而是在充分准备的基础上，一边按计划讲解，一边注意观察幼儿的反应，从幼儿的表情上"洞察一切"，随时选配幼儿易懂的词句，或更改叙述的结构进行再一次说明，直到幼儿理解为止。

（四）针对性

针对性就是根据不同的学习环境、不同年龄或水平的幼儿运用不同的教学语言。

因材施教是教学的重要原则之一，它要求教师在教学过程中从幼儿的实际出发，根据不同阶段的具体情况，采用不同的方法，进行不同的教育，使每个孩子都能在各自原有的基础上得到充分发展。教学语言也必须遵循这一原则。

幼儿的年龄不同，他们的思维能力不同、知识水平、对语言的领会和接受水平有很大差别。所以，在小班、中班、大班的幼儿学习活动中，教师应该有针对性地选择恰当的教学语言。

（五）情感性

感人心者，莫先乎情。教师的语言不仅是知识、技能的传输工具，更应该是教师与学生之间沟通感情、启发思维的媒介。面对幼儿，教师不仅要态度亲切、和蔼，还要注意语言的亲和力。幼儿教师教学语言的情感性来源于对幼儿教育事业的执着、对孩子的热爱。教学语言的情感性主要是指教师在组织幼儿进行集体教学活动时的语言必须是充满感情的，是富有感染力的。

心理学研究表明，当人处在良好的情绪状态时，更容易回忆起那些带有愉快情绪色彩的材料。幼儿教师在组织教学活动时必须以饱满的热情、真挚细腻的感情与孩子进行沟通，该肯定时就毫不犹豫地给予肯定，该赞赏时就毫不犹豫地给予赞赏，该鼓励时就毫不犹豫地给予鼓励。教师要尽量排除某些影响教学的因素的干扰，控制生气、失望等不良情绪，把对教学活动产生不利影响的因素扼杀在摇篮里。此外，有效利用态势语辅助传情达意，通过教学语言引起孩子们内心世界的共鸣，可以使他们保持积极良好的情绪状态，从而达到理想的教学效果。

必须引起注意的是，幼儿教师的教学语言不能过分夸张，也不能一直保持高频率的声调。有心理学研究表明，情绪能影响认知操作的过程，其影响效应取决于情趣的性质及强度。中等唤醒水平的愉快和兴趣情绪为认知活动提供最佳的情绪背景，过高或者过低的愉快唤醒均不利于认知操作。

（六）潜在性

幼儿教育是基础教育的基础，它的影响不仅表现在显性的结果方面，早期的经验对幼儿入学乃至整个人生都具有潜在的影响。这种潜在的影响隐含于正规课程、教学语言、教师的期望和态度、行为的心理环境以及师幼关系等方面之中。很多时候，教师没有明确的意识，教师说话的语气、风格等都可能成为幼儿模仿的对象，为幼儿所习得。

三、幼儿教师教学语言的重要作用

教学语言是教师面向幼儿传授知识、培养能力的最重要手段，是教师和幼儿之间沟通的桥梁。教师教学语言艺术的高低，直接影响着教学质量的优劣。教育家苏霍姆林斯基就说："教师的语言修养决定着幼儿在课堂上的脑力劳动的效率。"那么，幼儿教师教学语言到底有什么作用呢？

（一）教学语言是培养幼儿语言能力的重要途径

培养幼儿语言表达能力的途径很多，但课堂上教师运用规范的教学语言为幼儿提供一个样板，让幼儿在模仿中学习，这是一个非常重要的途径。所以，教师一定要重视教学语言的运用，为幼儿提供优秀的范例。

（二）教学语言是提高课堂教学效率的重要保证

优美动听的教学语言，是增强教学吸引力和感染力的重要因素。富有启发性的教学语言，是提高幼儿学习有效性的重要因素。幼儿掌握知识、培养能力的过程，总是由已知到未知，循序渐进的，抽象的知识幼儿不容易理解和掌握，而教师如果能借助于富有高超艺术性的教学语言，使深奥变简单，把抽象变具体，那么，所传授的知识就有利于幼儿的理解和掌握，才可能提高幼儿的学习效率。

四、幼儿教师教学语言的分类

幼儿教学语言按照其在教学过程中的不同作用和不同方式，可以分为导入语、讲授语、提问语、应变语、结束语等几种。下面逐一进行介绍。

（一）导入语及其训练

俗话说："良好的开端，是成功的一半。"教师上课开始时讲的几句话，若能先声夺人，把幼儿的心紧紧抓住，就为课堂教学打下了良好的基础。著名特级教师于漪曾经这样评述过导语的作用："课的开始，其导入就好比提琴家上弦、歌唱家定音，第一个音定准了，就为演奏或歌唱奠定了良好的基础。"所以，好的导入语在教学中有非常重要的作用，可以极大地提高教学效率。

1.导入语的含义及其作用

导入语又叫导语、开讲语。它是教师上课开始时对幼儿讲的与教学目标有关、能调动幼儿学习兴趣的一席话,是教师引入新课程和教学内容的第一个重要的课堂教学环节。

教师上课开始时运用导入语,可以起到以下几个方面的作用:

第一,激发兴趣,引发动机。兴趣是最好的老师,是情感的体现,也是学习的向导,是推动幼儿学习的一种最实际的动力。所以,"善导"的教师,在教学开始时,总是千方百计地设计自己的教学语言,以激发幼儿的求知欲,促使他们主动参与,从而对新的教学内容产生积极的情感指向。

第二,引起关注,导入情境。上课开始时把幼儿的注意力迅速集中并指向特定的教学任务和程序之中,为完成新的学习任务做好心理上的准备,是教学导入语的一个重要功能。

第三,沟通情感,活跃气氛。课堂上幼儿的活动在很大程度上依赖于心理状态,而这种心理状态又在很大程度上依存于师生双边活动时的心理相容。高明的教师总是善于运用独特的开场白,设计安排合理的导入语来活跃气氛以达到师生心理相容的目的。这种良好的教学氛围,既有利于教师的教,也有利于幼儿的学。

第四,承上启下,明确目的。导入语是沟通"旧知"与"新知"的媒介。教师由旧入新的导入语,既能帮助幼儿复习旧知、明确新知的要点,又能体现知识的整体性与连贯性。导入语的设计以及恰当适时地运用,有助于幼儿了解自己要做什么、该怎么做。

2.导入语的要求

导入语是架在师生之间的第一座桥梁。成功的导入语如同缓缓拉开的序幕,促使幼儿不眨眼地观看精美的布景;又像打开了知识殿堂的大门,诱发幼儿登堂入室。所以,教师一定要精心设计导入语。设计导入语时要注意以下几点要求:

第一,要目的明确,忌离题万里。导入的目的是为了激发幼儿的学习兴趣,集中幼儿的注意力,激励幼儿的求知欲,为活动的开展打好基础。因此,导入语要与新讲授的知识内容相关联,切入主题要准确,切忌离题万里。

第二,要新颖活泼,忌平淡刻板。教师的教学语言新颖活泼才能激发幼儿的求知欲,平淡刻板、千篇一律的导入语对幼儿来说缺乏吸引力,会使幼儿感到枯燥乏味,失去学习兴趣,不能激发他们积极的思考和主动的参与。

第三,要庄谐适度,忌庸俗低级。教师在课堂上语言过于庄重,容易使幼儿产生压抑感,不利于沟通感情。但如果语言过于低俗,不能激发幼儿的美感,也会令幼儿厌烦。所以,教师应该根据教学内容、教学对象设计导入语言,达到庄谐适度。

第四,要短小精悍,忌冗长拖沓。导入语仅仅是一堂课的引子,不宜占用太多的时间。导入语是不能游离于教学和训练内容之外而任意发挥的,所以要扼要简练。

3.导入语的类型

教学没有固定的形式,一节课如何开头也没有固定的方法。由于教学内容不同、教学方式不同,所以每节课的导入语自然不应相同。一般来说,常见的导入语有以下几种:

(1)故事导入。故事导入就是教师把本节课要讲的有关问题编成一个故事,用故事来吸引幼儿们的注意力,以激发幼儿的学习积极性为目的的方法。幼儿对所讲故事感到很新奇,所以很容易把他们的积极性调动起来。当幼儿对新知识有浓厚的学习兴趣后,便可以使他们主动地去探索求知。注意运用讲故事导入时,语言要生动、形象,否则无法吸引幼儿。

【示例】

《塑料袋对环境污染究竟有多大》的教学导入语

小兔白白的家门口有一棵大树,长得非常茂盛,小兔把捡来的塑料袋埋在了树下,它以为这样做,能使环境变干净,而且还可以给小树增加营养。一年过去了,小树的叶子却变得越来越黄,小兔去请教鸭哥哥,鸭哥哥叫小兔把地挖开,一看才知道埋下去很久的塑料袋一点都没有腐烂。

上述这一教学导入语通过小白兔把塑料袋埋在树下导致树叶枯黄的故事启迪幼儿的思维,让孩子们懂得保护环境的重要性。

(2)情境导入。情境导入就是教师根据不同的教学内容,设置出不同的教学情境,以激发幼儿的学习积极性为目的的方法。

【示例】

(边播送音乐边朗诵)"秋天到,秋天到,园里果子长得好,枝头结柿子,架上挂葡萄,黄澄澄的那是梨,红彤彤的这是枣。"小朋友们,儿歌描写了哪个季节的景色? 一年四季中你喜欢哪个季节?

因为要讲授四季的景色,而这些景色孩子们都看到过。所以老师首先展现给同学们熟悉的景色,把孩子们带入情境当中,这既可以激发幼儿对大自然的热爱,同时引起他们对季节景色的思考。运用情境导入时,语言要富有文学色彩,描绘的情境应是孩子们熟悉的。

(3)教具导入。教具导入就是教师开始教学时,通过运用与教学有关的教具,以达到调动幼儿的学习积极性为目的的方法。

【示例】

《益虫和害虫》的教学导入语

师:同学们认识不认识这两个小动物? (挂图)

生:认识,它们都是昆虫,图左边的是蜜蜂,图右边的是苍蝇。

师:同学们! 你们想过没有,在日常生活中蜜蜂和苍蝇谁好谁坏呢?

生:蜜蜂好,苍蝇坏。(回答踊跃)

师:谁能说说蜜蜂好在哪儿? 苍蝇坏在哪儿?

生:蜜蜂能为人们提供香甜的食物,它酿出来的蜜比糖还好吃呢。

生:苍蝇影响人们休息,整天在屋里嗡嗡乱叫,落在食物上还会弄脏了食物。

生:苍蝇还会传染疾病,危害人的身体呢!

师:同学们回答的都非常正确,像蜜蜂这类昆虫对人们有好处,我们就尊称它为"益虫"(板书)。像苍蝇这类昆虫对人没有好处,我们就称它为"害虫"(板书)。这节课我们就来学习关于益虫和害虫的知识,看看我们的周围还有哪些昆虫是益虫,需要我们去保护,还有哪些是害虫,等待着我们去消灭……

这个导入语从直观教学引入,用形象、逼真的教学挂图吸引幼儿,把幼儿从图中的所见诱发到实际,顺理成章地导入新课。在轻松快乐的课堂气氛中,幼儿掌握了益虫和害虫的有关知识,从而取得了良好的教学效果。运用教具导入时,教师提出问题的语言要紧扣教具。

(4)谈话导入。谈话导入就是教师运用谈话的形式,把同学们当朋友似的你一言我一语交流,从而引入要讲的课。

【示例】

《小小的船》的教学导入语

师:孩子们,晴朗的晚上,天上有什么?

生:(自由地说)

师:你们喜欢月亮吗?

生:喜欢。

师:你看,今天老师把月亮带进了教室。(师出示一个弯弯的大月亮)这是一个怎样的月亮呀?

生:(自由地说)

师:今天,我们就把它当成一艘小小的船。(板书课题)

教师运用幼儿已有的生活积累,与他们进行朋友似的交流。在这样的情境中交流,极大地诱发了幼儿的学习积极性。运用谈话导入时,语言要清楚、简练,易于交流。

(5)游戏导入。游戏导入就是教师通过游戏活动调动同学们的学习积极性来导入新课的方法。

【示例】

《雪地里的小画家》的教学导入语

师:小朋友好! 现在我们来做一个游戏。小朋友画画的时候,又要用笔又要用颜料,可我不用颜料不用笔也能画画。不信,你们瞧——(师在一涂满白粉笔灰的黑板上拍出一个手印)

师:你们看,我画的是什么?

生:是手印。

师:我呀,画的是鸽子。这(指大拇指印儿)是鸽子的头,这(指四指并拢的印儿)是它的翅膀,它正在飞翔呢! 你们看,像不像?

生:像,我也来画,我也来画。

(请同学到前面"画",并说说像什么)

生:(学老师的样子拍)我画的是小鸟。

生:(手呈"V"形拍)我画的是小兔,这是它的长耳朵。

师:大家画得可真棒! 我送给大家一个词——(板书:小画家)

请大家读出来,并自豪地说:"我是小画家。"

(生兴奋地读词、说句)

师:小画家们! 冬天来了,冬爷爷是个魔术师,他"呼"地一吹,满天飘起了白雪,大地都变白了,就像铺上了一层地毯。在这美丽的雪地里,来了几位动物朋友(贴小动物图),它们说,它们也是小画家。

游戏导入要注意结合教学实际,寓教于乐,使幼儿在游戏中自然进入学习情境。运用游戏导入时,教师的语言要准确、简洁、条理清晰,讲清楚游戏规则以便幼儿有秩序地进行游戏。

【技能训练】

1.读读下面这个教学片段,体会一下老师所用的导入语类型及作用。

师:孩子们,上一学期我们已经学过了几种不同形状的物体,现在你能说出来吗?

生：有长方体、正方体、圆柱体和球。

师：现在请同学们看看讲台上的物体是什么形状的？

生：（回答各种物体的形状）

师：你们的桌面上也有很多物体，请找出你喜欢的物体。

（幼儿拿出各自桌上自己喜欢的物体）

师：谁来告诉大家，你拿的是什么形状的物体？

生：（说出各自手上的物体形状）

师：这些都是我们认识的物体，请小朋友摸一摸这些物体的面，有什么感觉？把你的感觉告诉同组的小朋友。

（幼儿摸各物体的面，并和同组的同学交流自己的感受）

师：谁来告诉大家你有什么感觉？想说的就站起来说。

生：（幼儿说自己的感觉）

师：小朋友通过摸一摸，发现这些物体有的面是平的，还有的面是圆的、弯弯的，也就是曲的。这节课我们一起来认识平面图形。

2. 当你走进教室，看见同学们正在追逐一只飞来飞去的小鸟。面对此情此景，你将运用哪种导入语，即你该说些什么才能把同学们的注意力集中到课堂中来呢？

3. 你刚刚讲完寓言《揠苗助长》，现在又要讲寓言《守株待兔》了。请你设计一段导入语，要求将两个寓言的内容联系起来说，以便加深幼儿的理解。

（二）讲授语及其训练

提高课堂的教学效率，一直以来都是课堂教学改革中的重要问题。课堂要从"教师进行知识传授与幼儿接受知识"的场所变成幼儿主动发现、获取知识并增长能力的地方，教师不仅要转变观念，也应讲究教学方法。其中，教师如何适时、适当地运用教学讲授语这种语言艺术，就是值得研究的问题。广大教师不能仅仅满足于把话说清楚、讲规范，还必须善于巧妙地运用语言，在课堂讲授中针对幼儿的特点，把话讲得通俗、生动、活泼，带有趣味性和启发性，使幼儿觉得学习是一种快乐，而不是一种负担。

1. 讲授语的含义和功能

讲授语是指教师系统连贯地向幼儿讲解教材、阐述活动内容、讲解游戏规则、传授知识和技能、培养情感和价值观的教学语言形式。它是课堂教学中最基本的语言表达形式，是教学语言的主体。讲授语的功能具有以下几个方面：

（1）传授知识、解疑释难。传授知识是讲授语的主要使命。教师运用讲授语的首要目标，是把知识准确清晰地呈现在幼儿面前，要通过讲授语引导幼儿掌握新的知识、新的技能。所以，教师设计的一个个讲解片段，既是构成课堂教学的整体框架，又是实现教学目标的明晰线索。讲授语主要以教师的独白语为主，适当地纳入幼儿的对白语。

（2）启发思维、培养能力。为了避免讲授语单向输送知识的弊病，教师要充分重视讲授语发展思维、培养能力的功能。教师在设计讲授语时，要分析幼儿的认知结构以及课堂心态，灵活运用语言，努力使讲解内容抓住幼儿的思维，开启幼儿的智慧。教师的讲解要努力做到内容和幼儿的求知渴望合拍、思维与幼儿的探寻心理沟通，在已知和未知之间为幼儿架通思维的桥梁。有经验的教师，在讲解之前，总要提出一些问题启发幼儿思考，在讲解中，注意不断激发幼儿的学习兴趣,强化其注意力。

(3)传道育人、培养习惯。课堂教学讲解也要实现德育的目标。当然,这种德育目标的实现不是生拉硬扯的,也不是贴标签式的。它与讲解内容是水乳交融的,给幼儿的影响是潜移默化、润物无声的。成功的讲解应该以积极向上的思想感情影响幼儿,使他们受到良好的道德品质和行为规范的教育;以健康的审美情感熏陶幼儿,促进他们形成正确的审美观;以正确的思维方法训练幼儿,培养他们良好的思维个性和勤学多思的学习习惯。

2.讲授语的要求

(1)深浅适度,难易结合。对于深奥的道理和陌生的规则,幼儿初次接触往往不易把握。教师的讲授必须善于化难为易,化深为浅,做到通俗易懂、深入浅出,帮助幼儿有效地接受新知。如果教师的讲授语抽象难懂,则会严重影响幼儿接受新知的效果。

(2)突出重点,重在点拨。新的教学观把教学过程理解为是师生沟通、合作、对话、交往共同构建意义的过程。所以,教师的教和幼儿的学应该形成一个"学习共同体"。在这个共同体中,教师的角色发生了变化,由过去以传授知识为主的主角演员,变成了做幼儿学习、成长的促进者的导演。所以,教师在教学时讲授语要少而精,重点是启发、点拨幼儿的学习。教师讲解的内容,应该是幼儿学习的难点、知识传授的重点、智能训练的关键处。

(3)生动形象,轻松活泼。由于幼儿以具体形象思维为主,他们善于接受直观形象的教学内容和教学方式。所以教师就要尽量使讲授语生动形象,充满童真童趣。同时教师还要善于运用修辞手法,努力使语言轻松活泼,使课堂学习充满快乐。

(4)富有条理,连贯畅达。教师讲授语大多是由一个或几个语段组成。因此,要求语句的组合要富有条理性、连贯性,符合一定的逻辑规律。如果说话颠三倒四、语无伦次,就会影响教学效果。

(5)与示范相结合。教师的讲解语言本身就是对幼儿语言的一种示范。在讲授操作要求、游戏规则等时,教师还要用动作进行示范,可以边讲解边示范,使幼儿明确先做什么、后做什么、怎样做才是正确的。

3.讲授语的种类

课堂讲授,一般由讲析、归纳和点拨三部分构成,与此相适应的讲授语同样形成三种基本形态,即讲析语、归纳语和点拨语。

(1)讲析语。即教师讲课时用于口头分析的语言。讲析的方法是多种多样的,既可以按因果关系讲析,也可以从比较入手;既可以采用比喻的方式讲析,也可以用类比的方式进行讲析。

【示例】

讲授《刻舟求剑》

师:小朋友,听老师讲个故事。一个孩子经常烧饭,一家三口两碗米,天天这样。有一次,忽然来了一位客人,而孩子烧饭时仍然只量两碗米。吃着吃着,饭不够了,这时,孩子发现自己不对了。那么,不对在什么地方? 为什么不对呢?

生:她少量了一碗米。

生:她按老办法做事。

生:她不懂得多一个人吃饭,烧饭的米也应该增多的道理。四个人也量两碗米,是她看不到情况的发展变化。

师:从烧饭这件事联系到"刻舟求剑"的那个人,是不是说明一个道理呢?

老师通过类比讲授,让幼儿对寓言所反映的做事古板,不知变通的人有了更加形象、更丰富的认识,从而加深了对寓言本身的理解。

(2)归纳语。人们认识事物的基本规律,是由感性到理性,由现象到本质,由局部到整体。所以,教师讲授教学内容也要遵循这个规律。如果说课堂教学的讲析阶段,教师还只是把局部的、现象的、感性的材料给幼儿讲清楚,那么,接来的就是进一步给幼儿从整体的、本质的、理性的高度进行归纳,使幼儿从整体上把握事物的本质特征,找出事物的规律。教师讲授时归纳的方式,可以先归纳后讲析,也可以先讲析后归纳,还可以边讲析边归纳。

【示例】

讲授《推导圆周率》

我们刚才把直径分别是 1 分米、1.5 分米、2 分米的硬纸板圆在米尺上滚动一周,得到了这三个圆的周长大约是 3.14 分米、4.71 分米、6.28 分米。我们可以直接看出,第一个圆、第二个圆、第三个圆的周长分别是它们直径的三倍多一些。课后我们还可以把直径不同的圆在米尺上滚动,也可以发现,圆的周长总是直径的 3 倍多一些。这个倍数是个固定的数,我们把它叫作圆周率。因此,圆周长＝直径×圆周率。

对某些概念,教师可以不做直接阐述,而是引导学生思考、分析、归纳,最后让学生自己得出结论。这样既可以训练学生的思维能力,同时也可以培养他们的表达能力。

(3)点拨语。点拨语是教师为了拨正幼儿在听课过程中所出现的不正确的思维和不正确的观点而使用的语言。所以教师应及时观察和了解幼儿的问题所在,不是把知识硬塞给幼儿,而是灵活地设计点拨的话语,用话语创设一种认知情景,引导幼儿自己去解决知识的难点,以达到教学效果。

【示例】

一位教师在讲《冬眠》一课时,这样引导幼儿理解"冬眠"一词

师:眠是什么意思?

生:是睡觉的意思。

师:冬眠呢?

生:冬眠是冬天睡觉的意思。

师:人冬天也睡觉,这是冬眠吗?

生:(知道回答有误)不是。冬眠是指动物在冬天不吃不喝,只睡觉。

师:(风趣地)"噢",骑兵部的战马到冬天不吃不喝,睡觉了,敌人来了怎么办?

生:(笑了,知道又错了,于是补充)冬眠是指有的动物在冬天不吃不喝去睡觉。

师:这样解释就对了。冬眠是指有些动物,如青蛙、蛇等,这些动物在冬天不吃不喝一直睡一个冬天。看来把词理解准确是要动一番脑筋的。

【技能训练】

1.请欣赏《乌鸦与狐狸》的教学片段,然后模仿写一段解释某一词语的讲授语。

师:那么,什么是"奉承话"?

生:奉承话就是说人家的好的话。

师:是这样的吗? 老师表扬一位同学,说他有些方面做得好,老师是不是在说奉承话呢?

生：老师表扬同学不是奉承话。

师：说人家好的地方，有两种：一种是人家好就说好，是老实话，是表扬人的话，目的是自己向人家学，也希望大家向他学，这不能说是奉承话。另一种就不同了。说人家好，故意夸大，有的时候把别人并不好的地方，也花言巧语地说得非常好，讨好别人，把别人说得晕晕乎乎的，心里却有自己的打算。这就是奉承话了。人人都知道，乌鸦的羽毛没有公鸡的羽毛漂亮，更比不上凤凰的羽毛多姿多彩。但是狐狸却花言巧语说乌鸦羽毛最漂亮，这就是讨好对方，心里却有自己的鬼主意。这种不切实际的话就是奉承话。

2. 下面是一位老师在教《雪地里的小画家》时与幼儿的一段课堂讨论，看完后，请按要求设计讲授语。

师：读课文，思考雪地里的小画家是谁？它们分别画了什么？

（同时贴出课文插图）

生：交流并回答第一个问题——雪地里的小画家指小鸡、小狗、小鸭、小马（师贴出四种小动物的图片）

生：交流并回答第二个问题（教师在课件中显示四个小动物的动画过程）

我看见小鸡在雪地里走过，留下的脚印像竹叶；

我看见小狗在雪地里跑时，留下的脚印像梅花；

我看见小鸭在雪地里走来走去，留下的脚印像枫叶；

我看见小马在雪地里跑过，留下的脚印像天上的月牙。

师：同学们的想象力真的很丰富。老师听了你们的回答非常高兴。但是，你们读了课文后，知道还有一个小动物吗？它的名字是什么？

生：青蛙。

师：对了。可是，青蛙为什么没参加画画呀？

生：它在洞里睡着了。

师：它为什么睡觉呢？这是一种什么现象呢？（教师讲解"冬眠"）

讨论至此，教师要做一个讲解。请你为教师设计一段讲授语，这段讲授语要将科学性与趣味性结合起来。

（三）提问语及其训练

美国心理学家布鲁纳指出："教学过程是一种提出问题和解决问题的持续不断的活动。"可见，提出问题在教学过程中的地位和作用是十分重要的。

提问语贯穿教学活动始终，是幼儿园教学活动的主要环节。教学提问语是指教师根据教学要求和幼儿的实际提出问题、促进幼儿思考钻研以加深理解的教学语言形式。无论是教学导入语还是教学结束语或是教学讲授语都离不开教学提问语的支持。因此，掌握科学合理的教学提问语是提高幼儿课堂教学效率，促进幼儿语言思维发展的重要保障。

1. 提问语的含义和功能

提问语是指在教学过程中，教师根据一定的教学目标和要求，结合教学内容和幼儿的实际，设置一系列问题情境，提出问题促进幼儿思考，以达到促进幼儿积极思维、加深理解的教学语言形式。

"引导之发，贵在提问。"善于提问，是教师教学艺术的特征。提问语贯穿教学活动始终，是幼儿园教学活动的主要用语。因此,在教学过程中,注意掌握并运用提问语是提高教学效率,促进幼儿表达能力和思维能力发展的重要保障。

提问语的功能体现在三个方面。

(1)启发思考,训练思维。古人云:"学源于思,思源于疑","惟疑而后悟也"。提问是课堂教学活动的关键环节,也是诱发幼儿思考的重要手段,所以教师教学时应把激疑诱思作为重要的教学目标。教师在讲课过程中穿插适量的提问,能有效地调动幼儿思维的积极性,可以把他们带入问题的情境,激起思想上的波澜,让幼儿成为问题的探索者,从而积极地开展自主探究。而幼儿对问题的思考回答就是对思维的训练,教师对问题的评析同时又是一种思维方法的传授。总之,提问不仅能启发幼儿进行思考,还能够培养幼儿的创造性思维能力。

(2)激发兴趣,集中注意力。在幼儿园教学中,激发幼儿的学习兴趣,使他们集中注意力并积极参与到课堂活动中来是保证教学有序进行的关键。所以,有经验的教师往往在教学中充分利用提问来组织课堂教学,不断给幼儿思维上的刺激,调整幼儿的注意力,诱发幼儿思考,营造良好的课堂气氛,提高教学效率。

(3)沟通情感,反馈调控。在一个动态的教学过程中,教师和幼儿都是信息的输出者和输入者,教师将知识与能力信息发出,通过语言和非语言行为传递给幼儿,幼儿又将信息进行处理和变换再传递给教师,教师再根据幼儿发出的信息重新处理和变换,发出新的信息。这样就形成了教师和幼儿的信息交换。在教学过程中,提问就是了解和反馈信息的有效手段。所以,高明的教师往往就是通过提问来了解幼儿对知识的理解程度,检查幼儿对所学重点内容的掌握情况,寻求幼儿知识链条上的漏洞和产生错误的原因,全面掌握幼儿的个别差异和个性特点,反省自己教学中的不足或错误。

2.提问语的要求

(1)提问语要适时。提问要与幼儿的认知进程相吻合,即要在幼儿有疑、有思、欲问、欲解而又苦于不知如何表达之时提问。失时而问,便达不到好的教学效果。

(2)提问语要适度。这主要指提问语的难度和深度要适当,即所提问题不能低于或高于幼儿的实际水平。问题提得太容易,幼儿会觉得没劲;问题提得过难,幼儿就会无法回答。所以,在设计提问语时,应有通盘考虑,并使每个提问语呈现一种水平递进的坡度。即前一提问是为后一提问打好基础、筑路铺桥;而后一提问语,又是前一提问的延伸和推进。

(3)提问语要适量。这里的"适量"包含两个方面的意思:一是提问的总量;二是提问的频率分配。一般的规律是:教学的开始、中段、结尾时提问的频率较高,而在这三段的中间讲得多些,问得少些。要克服随意性的"满堂问"和太碎、太空的问题,不要追求表面上的热闹。

(4)提问要讲策略。一是要面向全班,不能先把某个幼儿叫起来再提问,这样就不能调动全体同学的思维;二是因人而问,要切合幼儿的答问能力;三是不可逼问,要给幼儿留下思考的时间;四是语气、语速要把握好,要用和蔼的语气、适时的语速。

(5)提问要明确。即课堂提问要有明确的目的,操作性强,提出问题的语言要清晰明确,不要无意识地问或习惯地随便问。要使幼儿听到问题后轻松找到思考方向,不会"丈二和尚摸不着头脑"。正确的教师提问语应该是教师在备课过程中紧紧围绕教学目的有准备、有顺序经过认真设计而提出的。提问要围绕教学的难点和重点来进行,问到点子上。

(6)提问要有启发性。提问时,应注意做到把对幼儿智能的考查和训练融合为和谐统一的整体。教师提问时,既应当考虑幼儿对知识的掌握程度、问题的理解程度、思维的敏捷程度,又要根据幼儿认知中的矛盾,通过提问激发幼儿探究的兴趣和学习的积极性,激活他们的思维,启发他们的智慧,培养他们的创新思维能力。

3.提问语的类型

关于提问的方式,国内外学者都做过各种不同的研究,根据教学中教师提问语实际使用的情况,我们将提问语分为九类。

(1)填空式。即把问话组织成像试题中的填空那样,然后依次发问。这种提问,大多是根据活动中的一些需要记忆的地方提出来的问题,又称为重点式提问。通常需要记忆的知识也就是重点问题,所以,根据教材中的教学重点提出明确的问题,把这个问题弄清楚,本课的知识目标也就基本达到了。这种提问方式可以训练幼儿边看、边听、边记、边概括的能力。

【示例】

教幼儿认识猫,教师可提出:小花猫的耳朵什么形状呀,嘴边长了什么呀,小花猫走路什么样呀等一系列了解小花猫特点的问题。

(2)过渡式。即在教学中起承上启下的作用,通过这个问题,幼儿可以发现更本质的问题,有一个连贯的思维。

【示例】

教师出示"分享"两字。提问:"这两个字是什么字?"

幼儿:"分享。"

教师:"'分享'是什么意思?"

幼儿:"和大家一起享受。"

教师:"和别人一起分享的时候你有什么感觉?"

幼儿:"高兴!"

教师:"森林里的小动物也爱分享,听听他们分享什么了?"(然后听故事)

(3)选择式。即用选择问句来提问的方式。对于某些最容易混淆、弄错的地方,运用选择式问法,要求在二者或数者之中选一个答案,能激发幼儿积极地思考和辨析,不仅缩小问题的范围,使答话不致偏离中心,而且使辨析的难点更加明显、集中。

【示例】

3 和 3 能组成 6 还是能组成 9 呢?10 个 10 是 100 还是 1000 呢?

(4)比较式。即用比较的方法来提问。在教学中经常运用这种提问的方法,有利于发展幼儿的求异思维和求同思维。

【示例】

教小朋友认识沙子

提问:"沙子和土有什么区别? 干沙子和湿沙子在堆小山时有什么不同呀?"

教小朋友认识表情

提问:"小朋友们,你们在笑的时候,嘴巴是什么样子呀? 哭的时候嘴巴又成什么样子了呢?"

(5)连环式。即为了达到表达的目的而精心设计的环环相扣的一连串问题。这几个问题形成一个整体,几个问题都解决了,重点或难点问题也就解决了。

【示例】

中班科学领域活动——认识 8

教师出示小白兔 7 只，提问："有几只小白兔呀？"幼儿点数答 7 只；教师再出示小灰兔 7 只，提问："有几只小灰兔呀？"幼儿点数答 7 只。教师将小白兔和小灰兔一一对应贴好，提问："我添上一只小灰兔，7 只添上 1 只是几只呀？"幼儿答 7 只添上 1 只是 8 只。教师明确："7 添上 1 是 8。"再问："小灰兔和小白兔谁多谁少呀？"幼儿答 8 比 7 多，7 比 8 少。提问："怎样使小灰兔和小白兔一样多呀？"

幼儿明确了添上一个和去掉一个的办法。这五个问题，一环扣一环，成递进式排列。教学中的不少难点，要分步骤才能解答清楚，这时运用连环式提问法由浅入深，逐步引导，在问和答的间隙中为幼儿留下了更多的思考、理解的余地，便于幼儿逐步地消化所学的内容。

(6)信息反馈式。即针对幼儿的学习效果提出的具体问题。这样的问题可以帮助教师明确幼儿对知识的掌握程度，以便于教师正确把握课堂教学的方法，必要时可随时做调整。

【示例】

"你们懂了吗？你们是怎么想的？你们是怎么做到的？"

(7)错误诱导式。即教师"明知故犯"，用错误的结论激发幼儿生疑思考，从而发现正确的答案。

【示例】

"我看啄木鸟那样站在树上，会掉下来，你们说会不会掉下来？"

"我想爸爸妈妈不给我买玩具，我大骂大叫也没什么不好，我是小孩吗！你们说对吗？"

(8)追本探源式。即直接请幼儿回答问题产生的原因。

【示例】

关键处提问"为什么"。"为什么要有广告？""我们为什么要穿衣服？"

(9)强调式。即指教师为了强调教学中的某个重点和难点而向幼儿提出的问语。这些问语富有启发性，幼儿可以按照自己的理解来回答问题。

【示例】

教学《东郭先生和狼》时，为了帮助幼儿理解寓言的寓意，可以运用强调式提问语。

师：如果不是遇到老农，东郭先生的处境会怎样？

生：东郭先生将会被狼吃掉。

师：要是东郭先生再次遇到狼，他会怎么办？结果会怎样？

生：他将想法对付狼，比如他可以用文中的办法先诱狼上钩，然后再同猎人一起收拾狼，狼就无计可施了。

师：救狼差点被狼吃，斗狼却无任何危险，这给我们什么启示？

生：这启示我们做好事要分清是非，对待像狼这样的坏蛋只能想法铲除掉，不能有丝毫的同情心，否则你同情它就会害了自己。

为了达到让幼儿真正理解和掌握文章寓意的目的，教师先分别用两个假设问句引导幼儿得出两个完全不同的结果，让幼儿比较思考，然后再正面向幼儿提出一个结论性的问题，让幼儿明白这篇课文给大家一个什么样的启示，从而达到由浅显到深奥的飞跃。

幼儿教师的教学提问是引起幼儿反应，增强师生之间相互交流、相互作用的主要手段。幼儿园教学中常常采用提问的方法，启发幼儿思考，帮助幼儿在回答问题的过程中发展智力，培养口语表达能力。它具有明确的目的性——紧扣授课中心,为完成教学任务服务;具有很强的针对性——针对幼儿的实际水平、年龄、心理特点、兴趣爱好;具有较强的启发性——启发幼儿去思考和探求,便于引起讨论;具有清晰的层次性——要环环相扣,第一个问题应该是第二个问题的基础;具有含蓄的提示性——问题以点拨为主,且点到为止等特点。因此,幼儿教师应在完善自身综合素质的同时,有意识地训练提高自身教学提问语的设计运用技能。

【技能训练】

1.到附近的幼儿园听一节课,讨论这位教师是如何提问的,然后自己重新设计这节课的提问语。

2.教师设计的提问语应该具有针对性、启发性、强调性,如果教师的提问不需要学生思考,不能对学生所学的知识起一种强调作用,那么,这个提问是无效的。请看下面的例子,指出教师的哪些提问语不合理? 应该如何纠正呢?

汉语拼音 a、o、e 的教学片段

(出示本课情境图)

师:看了这幅图,你想说什么?

生:我觉得这里很美。

师:美在哪儿?

生:(指着图)树木、房子、草地、小女孩、小河、小蜻蜓、大白鹅、小鸭子都很美。

生:我想这里的空气一定很新鲜。

师:你是怎么想到的,能告诉大家吗?

生:因为我看到这里的树木很多,很绿。

师:树木很多、很绿,用一个词怎么说?

生:树木茂盛。

师:小朋友,茂盛的树木不但能给我们带来新鲜的空气,还能美化我们的环境,你们喜欢这美丽的山村吗?

生:(齐)喜欢。

师:(指着图)山村的早晨实在太美了,让我们来到这美丽的山村里看看小女孩、大公鸡、大白鹅在做什么呢? 哪个小朋友的耳朵最灵,能听到好听的声音呢?

生:我听到小女孩唱 a 的歌,公鸡唱 o 的歌。

(师出示 a 和 o)

……

3.请看下面一段教学"圆的概念"的提问语,这些提问语是否提得有效,为什么?

师:车轮是什么形状的?

生:(不假思索)圆形。

师:为什么车轮要做成圆形呢? 难道不能做成别的形状吗? 比方说,做成三角形、四边形等。

生:(被逗乐了)不能! 它们无法滚动!

师:那就做成这样的形状吧(教师在黑板上画了一个椭圆)。

生:(先茫然,继而大笑)这样一来,车子前进时就会一会儿高,一会儿低。

师:为什么做成圆形就不会一会儿高,一会儿低呢?

生:(七嘴八舌,讨论)因为圆形的车轮上点到轴心的距离是相等的。

师：（自然引出圆的定义）

（四）应变语及其训练

课堂教学处于多边交往的动态语境中，教师的表达要随时做适应性的变化和调整。也就是说，教师在教学中，如果遇到难以预料的变化，遇到猝不及防的诘问时，要镇定自信，头脑冷静，语态平和，及时恰当地运用应变的语言，变被动为主动，以便进行正常教学。

1. 应变语的含义和功能

应变语是教师在课堂上及时调节师生关系、处理课堂突发事件时所运用的语言。应变语的功能体现在两个方面。

（1）吸引幼儿注意。在幼儿的注意品质中，注意的稳定性还不强。所以，当课堂教学过程中有突发的意外情况，如寂静的课堂上突然一个同学的文具盒掉在地上发出"啪"的声响，或严肃的课堂气氛中突然一个幼儿故意恶作剧等，必然会引起幼儿不由自主的注意，使幼儿的注意力很快地从学习内容转移到发生的事情上。这就需要教师及时运用应变语把幼儿的注意力拉回到学习内容上。

（2）调控教学过程。教学过程就是教学活动的实施过程。教师在教学过程中，按照预先设计的教学目标、教学内容进行教学，但由于各种原因难免会出现一些意外情况，就会影响教学的正常进行。当遇到意外情况时，教师要能随机应变地调控课堂行为。也就是说，教师要善于运用教学应变语，针对课堂具体情况，对教学内容、教学方法等做一些适当的删改、变更和补救，使意外情况巧妙地融入教学过程，以便保证教学正常有序地进行下去。

2. 应变语的要求

（1）有针对性。教学应变语应该有明确的针对性，也就是紧紧围绕完成课堂任务这个中心来进行机智的应变。面对课堂上发生的一切偶然事件，教师都要针对教学活动中幼儿思维活动的特点和走向，以进一步激活幼儿思维、最有效地调动幼儿学习的积极性为目的来运用应变语。

（2）有分寸性。教学应变语运用分寸的掌握，是能否实现转变课堂偶发事件使之回到正常教学目标的关键。教师在运用应变语时，既不宜过分夸张、做作，也不能过分平淡。在内容和时间的处理上，既不能喧宾夺主地大段插说，也不能不顾幼儿的情绪而操之过急。

（3）有自然性。教学应变语的运用不是教学过程的节外生枝，它应该是自然融入教学过程的有效语言才对。面对课堂偶发的事件，为了保证幼儿学习情绪的相对稳定，保证教学过程的相对顺畅，教师必须运用教学应变语，使教学内容过渡自然、衔接紧凑。

3. 应变语的类型

应变语主要用于应付教学过程中所遇到的意外情况。在教学中，意外情况一般来自三个方面：一是来自教师自己，出现了教学事故；二是来自幼儿，如幼儿突然提出一些偏离教学中心的问题；三是来自外界的意外情况。常见的应变语有三种类型。

（1）教师自身的失误。课堂教学是一种极其复杂的创造性劳动，尽管教师在课前已经估计了可能出现的情况，但在组织课堂教学的过程中，仍然避免不了出现一些意想不到的自身失误。例如，读错字（口误）、写错字（笔误）、遗漏一些内容等，这就需要教师具备处理自身失误的能力，及时用应变语进行补救。

（2）来自幼儿的偶发事件。教师教学中的主导作用与幼儿在学习中的主体地位会随着教学内容而瞬息万变。幼儿随时会有所领悟、联想并发现问题，也可能产生困惑、迷茫或偏见，提出一些与教学联系不大或者老师无法解答的疑难问题,致使课堂出现异变。此时,教师就要及时运用教学应变语调控课堂变化,以便保证教学正常进行。

(3)来自外界的偶然事件。课堂应急变化是一种即境变化,它要求教师有敏锐的观察力和快速的反应能力。面对突发的课堂偶然事件,教师应该表现出良好的适应性心理品质,不能焦躁烦乱感情用事,要冷静沉着从容化解。

【技能训练】

1.课堂上有时会遇到恶作剧或始料不及的事件。这时教师最忌讳的就是发怒,使教学活动中断。与此相反,教师应该用机智的话语,顺水推舟地使教学活动正常进行。下面是英语课上的一个情景,请就这位老师应变语的使用进行分析。

一次英语课上,教师正在教 cook(公鸡)这个单词,突然,有个幼儿怪腔怪调地问:"英语里有没有母鸡?"顿时班上哄堂大笑,正常的课堂秩序给搅乱了。面对这种情况,教师不动声色,仍然用平静的声调说:"有,而且还有小鸡这个单词。"接着他把这两个单词写在黑板上,带领幼儿齐读,很快地把幼儿的注意力引导到教学内容上来。那个发出怪声的幼儿感到自己的行为并未引起大家的注意,便感到很不好意思。然后,教师把话题一转:"××同学不错,不但想学会'公鸡'怎么读,还想知道'母鸡'这个词,现在全班同学都多学会了两个单词,但是刚才你提问题的语调不好。"

2.一位教师教《小壁虎借尾巴》时,教学中出现了一段对话,请帮助这位教师做应变性表达。

师:大家还有什么要问的吗?

生:小壁虎吃蚊子,那蛇为什么咬它的尾巴?

师:这个问题提得很有趣……

生:我知道。那蚊子是蛇的好朋友,壁虎吃蚊子,蛇就替蚊子报仇,就咬壁虎的尾巴了。

师:(做应变表达)……

(五)结束语及其训练

明代文学家谢榛在谈及文章的开头和结尾时说:"起句当如爆竹,骤响易彻;结句当为撞钟,清音有余。"实际上,我们讲课也如写文章一样,要注意章法。一堂课的结束,应如深山古刹的钟声,余音缭绕,不绝于耳,给人以悠远绵长的感觉。

1.结束语的含义和功能

结束语又叫断课语、结尾语。它是课堂教学将要结束时,教师在引导幼儿对所学知识与技能进行及时的总结、巩固、扩展、延伸的教学活动时所用的语言。

结束语的功能体现在两个方面。

(1)整理概括,巩固记忆。一个巧妙的结束语要能概括相关的知识,形成知识网络,使幼儿更加清楚、明白、系统地掌握所学的知识。它能帮助幼儿对所学知识进行整理、概括,加深感受,深化认识,巩固记忆。

(2)启发思维,开阔视野。一个精妙的结束语能够扣人心弦,开启幼儿的智慧之门。它不仅能帮助幼儿巩固课堂上所学的知识,还能激励幼儿将知识拓展延伸到课堂之外。

2.结束语的要求

(1)忌拖沓。结束语要求语言简洁、明了、清晰,起到提纲挈领的作用。如果结束语小题大做,啰唆杂乱,用语不简洁、不明确,必然让幼儿感到厌烦,影响教学效果。

(2)忌仓促。由于课前没有计划,或计划了而没把握好教学节奏,临下课时慌里慌张地讲几句话,草率收场,这样的结束语不能起到小结、巩固、强化的作用。

(3)忌平淡。成功的结束语会给人留下深刻的印象,如音乐般"余音绕梁",课虽尽而意无穷。如果结束语很平淡,就不会给幼儿留下深刻印象。

3.结束语的类型

结束语的设计应依据教学内容与任务、幼儿的实际情况和教师自己的教学风格确定,不可牵强附会,千篇一律。但就教师使用结束语的作用来看,大致有三种。

(1)归纳总结式。这种结束语,就是在教学结束时,教师把教学内容做简单的、概括性的归纳总结。这样做不仅便于幼儿提高认识,加强记忆,还有助于幼儿巩固所学知识,并将其纳入原有的认知结构中去。

【示例】

健康教育《胖和瘦》的结束语

师:今天,老师听了小朋友们激烈的辩论后,明白了一个道理,那就是营养要合理,过胖和过瘦的人都要学会调整饮食结构,蔬菜和荤菜搭配着吃,零食要少吃,同时,要养成良好的生活习惯,加强体育锻炼。小朋友们,你们记住了吗?

上例中,教师总结了辩论赛带来的启示,采用简洁而富有条理的语言进行归纳,加深了幼儿的理解,提高了幼儿的认识。

(2)拓展延伸式。这种结束语,就是在教学结束时,教师根据教材的内容特点和幼儿的认识基础,因势利导,将课内学习延伸到课外活动,把书本知识扩展到社会实践活动,从而扩大幼儿的知识面,开拓幼儿的思维,启发幼儿的想象力和创造力。

【示例】

教学《小壁虎借尾巴》的结束语

师:同学们,各种动物的特点不同,尾巴不同,尾巴的用途也不同,这多有趣呀!放学回家后,请大家找一些写动物的课外书,看后把各种动物的尾巴的作用讲给老师、家长以及其他小朋友听,大家愿意吗?

这样的结束语,将课内知识和课外知识联系起来,将已知知识和未知知识联系起来,将课内的学习延伸到了课外,激发了幼儿自觉学习的积极性。

(3)练习巩固式。这种结束语,就是在教学结束时,教师根据教学内容布置安排一定数量的练习,以达到巩固幼儿学习效果的目的。

【技能训练】

1.请设计一节综合实践课的结束语,并说明你的结束语与课的主要内容之间的关系,这样的设计是否达到了本节课的教学目标?

2.一节课临近结束时,因为幼儿讨论问题而占用了很多时间。作为教师,你将如何设计这节课的结束语?

五、幼儿教师教学语言的综合训练

在实际的教学活动中,教师运用教学语言进行具体的教学,总是处于一种综合的状态。因此,我们在学习的过程中,特别应该重视多种教学语言综合运用的训练。

(一)教学语言综合运用中应该遵循的原则

1.精心设计原则

教学是一门艺术,教师每上一节课都应该精心设计,找出教学重点和难点,这是课堂教学前应做好的准备。但是在准备时,教师常常对教材中的教学内容比较重视,而对教学语言往往缺乏设计。所以,教学中有时会出现叙述混乱,说明不准确,层次不清,叙述语言或平淡,或夸饰等问题。这就要求教师在备课时应该有计划地设计教学语言,考虑以下五个方面。

(1)根据教学内容考虑如何导入,选用哪种类型的导入语最适合这一课。

(2)什么时候运用教学讲授语,即讲什么、什么不用讲,还要考虑怎样讲才能使幼儿接受。

(3)设计教学提问语时要遵循哪些原则,以及哪些当问,哪些不该问,哪些是无效的问题,都是教学设计时要考虑到的。

(4)教学如果出现意外情况应该怎样处理,作为教师,自己是否具备了应变能力。教师要熟知课堂上出现意外的几种情况,要能够在意外发生时用应变语化解。

(5)要运用哪种类型的结束语才更有效果。

2.相关性原则

教师要上好一堂课要讲究教学环节。一堂好课应给人以环环相连的感觉。要达到环环相连的效果,教学语言是很好的组织手段。首先,精彩的导入语可以吸引幼儿的注意力,可以调动幼儿学习的积极性。但是,有头无尾不能算一堂好课。所以,结束语必须与导入语相呼应才更完美。其次,导入之后是立即讲解,还是立即提问呢? 提问之后是幼儿回答,还是教师讲解呢? 所以,讲解和提问也要互相联系。最后,一堂课要结束了,在什么时间结束最佳? 假如幼儿还有问题没有解决,教师要如何处理呢? 所以,结束语又必须要与应变语结合起来。总之,教学语言是相互联系、相辅相成的,几种教学语言不是截然分开的。

3.灵活性原则

目前,我国基础教育正在改革,改革的一个重要内容就是强调课程的生成性,也就是教师教学时,要随时根据学生的学习情况调整自己的教学内容,这样课堂教学就活了。由于教学内容的调整,教师也要及时灵活地调整自己的教学语言。

(二)教学案例分析——认识图形

1.搭玩积木,体验形体

【示例】

师:(媒体播放)春天来了,大自然多美啊! 小白兔想在这美丽的大森林里搭一座小木屋,怎么搭呢? 小朋友,你们能帮它设计一下吗?

生:(充满自信的)能!

师:请大家小组合作,用台上的积木设计一座漂亮的小木屋。

(小组合作搭积木,教师巡视,适时点评)

师:小朋友搭得很漂亮。那你们用到了哪些形状的积木? 请大家把积木按不同的形状分一分。(幼儿动手分积木)

生:我们用到了长方体、正方体、圆柱……

　　教师设计的导入语是一个情境,激发了幼儿的学习兴趣。在"为小白兔设计小木屋"的情境中,让幼儿自己动手,在玩玩、搭搭、分分中对已学的立体图形和即将要学的平面图形有一个整体的直观感知,为新知的引入和探究做好预习和准备。

　　2.操作感知,建立表象

　　【示例】

　　师:请大家选一块自己喜欢的积木拿在手里,看一看,摸一摸,跟旁边的小朋友说一说,你拿的是什么体,它的面是什么样子的。(幼儿边摸边说)

　　生:我拿的是长方体,它的面是长长的,平平的。

　　生:我拿的是正方体,它的面是方方的,平平的。

　　师:(手指着圆柱的底面)谁知道圆柱的这一个面是什么样子的?

　　生:圆柱的这一个面是圆圆的,平平的。

　　师:你们有没有办法把这些面记下来呢?

　　生:(异口同声)有!

　　师:我们台上准备了白纸、印泥、橡皮泥等,请小朋友先在小组里说一说,你想用什么办法记下这些面,每个小朋友最好想得不一样,比一比,哪个小组办法多。(幼儿开始活动,每组幼儿把记下的面贴在蓝色的塑料板上,然后展示在大黑板上)

　　师:你觉得哪一组的办法多?

　　生:我觉得第六组的办法多。

　　师:那就请第六组的同学来介绍一下吧。

　　生:我是拿圆柱在印泥上蘸上水在纸上一拓,就留下了这个面。

　　师:你的办法真方便。

　　生:我是把正方体放在纸上,照样子剪下来的。

　　师:你的小手真灵巧。

　　……

　　生:我是把长方体放在纸上,照着它的边画下来的。

　　师:你这个办法真好,愿意表演给大家看吗?

　　(学生在实物投影上操作)

　　师:小朋友的办法真多啊!(师用电脑演示,从长方体、正方体、圆柱上分别移下了长方形、正方形、圆)

　　师:今天,我们就来认识这些图形。(板书课题)

　　师:一起来跟我们新认识的朋友打声招呼。(生齐读图形名称)

　　这一环节,教师多用提问语组织教学。教师提问的目的,主要是让幼儿初步感知要学习的新知识。当幼儿对要学习的新知识有了初步的认识后,教师再用多媒体提示图形名称。

　　3.巩固延伸,加深认识

　　【示例】

　　师:其实,在生活中,这些图形已经和小朋友见过面了,请大家在教室里找一找,哪些物体面的形状是与这些图形相同的。(幼儿走下座位,在教室里寻找并交流)

　　师:我们再一起到小白兔新搭好的家里去找一找,哪些物体的面也是这些图形。(电脑播

放小白兔的家,让幼儿寻找并交流)

师: 小白兔家门前有一块空地,小白兔想围出一块地种萝卜。小朋友能不能用上今天学的本领,帮小白兔围一围呢? 围好后跟小伙伴说一说你围的是什么图形。(幼儿拿出钉子板,用橡皮筋围图形)

师: 你围了什么图形?

生: (实物投影上指着介绍)这是长方形,这是正方形。

师: 有没有谁在这块板上围出了圆形?(生在板上操作)

师: 围出来了吗?

生 (异口同声)没有。

师: 为什么围不出圆呢?

生: 因为我围来围去总是有角的。

师: (出示斜放的长方形)这又是什么图形?

生: 这是长方形。

师: 我怎么觉得跟刚才的长方形不一样。

生: 这个长方形是侧着的,刚才的长方形是横着的。

师: (边转动钉子板边说明)长方形可以横着、竖者,也可以侧着,它们都是长方形。

师: 小朋友围图形的本领很大,那你能在方格纸上画一个长方形和一个正方形吗?

生: 能!(生在书上画,画好的组内互相评价画得怎么样)

师: (拿一幼儿的作品在投影上展示)这位小朋友画得怎么样?

生: (齐声说)好!

师: 认为自己和他一样棒的请举手。(许多幼儿自信地举起了手)

师: 现在许多图形都赶来了。(电脑播放)瞧! 这里图形开会啦。来了哪些图形,请小朋友指着图说说看。(生边指图边说,有长方形、正方形、圆)

师: 那每种图形有多少个? 请小朋友用三种颜色的水彩笔给这些图形涂上颜色,统计好个数,填在表格里。(生在优美的音乐中涂色并统计)

师: (选两种涂法在投影上展示)你喜欢哪一种涂法,为什么?

生: 我喜欢第一种涂法,因为他的长方形全都涂上了红色,正方形全都涂上了黄色……

师: 是啊,他把相同的图形涂上了同一颜色,看上去就比较清楚。好,说说每种图形有多少个。(生回答,师用电脑演示)

师: 图形被小朋友理清楚了,那老师这里的长方体上藏着几个不同的长方形,你能找得到吗? 请小朋友每人拿一个长方体,在纸上照样子画一画,看能画出几个不同的长方形。

(幼儿操作,交流)

认识图形后,让幼儿走下座位找图形,一下子活跃了课堂气氛,使数学与生活的联系紧密了。在这个环节,教师主要运用的教学语言也是提问语。

4.全课总结,回归生活

【示例】

师: (边用电脑演示,边小结)今天我们学习了认图形,我们认识了长方形、正方形和圆。这些图形在我们生活中到处都能看到,请小朋友课后留心观察一下,在我们校园里,在家里,有哪些物体的面也是这些图形,随后还可以和小伙伴、爸爸妈妈交流一下。

教师运用结束语总结了学习内容。此处结束语的优点是,能将课内知识与课外知识联系起来,能将抽象的知识与生活实际联系起来。

【思考拓展】

1.教学语言有哪些特征? 请结合本学期某一门具体的课程,谈谈教学语言特征的表现。

2.根据你的学习经验和体会,说说教学语言的作用。

3.下面是关于数学课"认钟表"的教学片断,请欣赏教师运用教学语言的恰当之处。

师:小朋友,喜欢看动画片吗? 请看大屏幕。(多媒体演示公鸡打鸣的动画)猜一猜,公鸡打鸣了,人们会干什么呢?

生:公鸡打鸣,催人们早起干活。

师:(多媒体演示钟楼的大钟响了)它又在干什么呢?

生:提醒人们现在是几点钟了。

师:同学们,老师现在带你们一起去参观钟表店,欣赏一下各式各样的漂亮钟表。
(多媒体演示:钟表店里各式各样的钟表一应俱全,有的还能演奏优美的音乐)

师:谁来介绍一下,你刚才欣赏到了什么? 它们最主要的用途是什么?

生:是告诉人们时间。

师:公鸡打鸣、各种钟表都是在告诉人们时间。这节课,我们就一起来"认钟表"

师:最后请同学们看看下面的两幅图。

生:一幅图画的是上午10时,同学们正在上课。另一幅图上画的是晚上10时,小女孩已经睡着了。这两个10时是不一样的。

师:真是个爱学习、肯动脑筋的好孩子! 希望其他同学向他学习,在课外也要注意观察,不懂就问,这样你们就能学到更多的知识。今后,还要学习更多的关于时间方面的知识,让我们把握好时间,更好地安排学习和生活。

4.请你设计一节语文阅读课的教案。要求综合运用教学语言的几种类型,达到计划性和灵活性的融合。

5.根据要求,设计教学语言。

语言活动:"春天的色彩"。

活动目标:感受春天的色彩美,萌发热爱春天的情感。

第四节　幼儿教师教育语言运用训练

【训练目标】 通过本节学习,认识到正确运用教育语言在幼儿教育活动中的重要意义。本节对教育语言进行分类介绍,学习时要认真阅读其中的示例,了解和掌握运用教育语言最基本的方法,在自己的教育见习和实习活动中,留心观察幼儿教师运用教育语言的实践,进行分析和反思。在实践活动中,培养自己运用教育语言的能力。

一、幼儿教师教育语言概说

幼儿教育是综合性的、整体性的。幼儿园的教育要把社会的道德教育、行为准则内化为幼儿的德行,在这个过程中,教师要尊重幼儿身心发展的规律和学习特点,关注个别差异,以身教和言传为主要途径对幼儿施加教育影响。要实现这一目标,就要重视教师教育语言在教学活动中的重要作用。

幼儿教师教育语言是幼儿教师在对幼儿进行日常行为规范教育,引导幼儿树立正确的是非观的过程中使用的具有说服力和感染力的语言。

(一)幼儿教师教育语言的特征

幼儿教师教育语言具有以下两个特征:第一,它是教师在培养幼儿的过程中使用的一种职业语言;第二,它是教师依据培养目标有目的地对幼儿进行教育时所运用的语言,其内容主要涉及思想道德情操、行为习惯规范等方面。

(二)幼儿教师运用教育语言的原则

幼儿教师的教育语言是构成幼儿教育环境的一个重要方面。因此,教师在运用教育语言时,决不能随心所欲,张口就来,一定要"三思而后说",说后再三思,应当遵循一些基本的原则。

1.民主性原则

在教育活动中,教师与幼儿处于平等的地位,教师要尊重幼儿的人格、思想、个性、情感、差异、创造力等。尽管幼儿年龄小,思想幼稚,考虑问题简单,但是,教师一定要尊重幼儿的想法,尊重他们之间的个体差异,要允许并鼓励他们忠于自我、畅快表达。

贯彻民主性原则,其重点在于教师要热爱幼儿、尊重幼儿。教师要运用非语言和语言形式来表达对幼儿的尊重、关爱、理解和支持。教师要以商量的口吻和讨论的方式指导幼儿的活动,鼓励幼儿克服困难,帮助他们树立自信心,养成独立性。

2.情感肯定性原则

在教育活动中,教师要用充满感情色彩的语言叩开幼儿的心门,拨动幼儿的心弦,使他们感受到老师的一片爱心。充满情感的教育语言可以让幼儿沐浴在师爱的阳光之下,使他们在积极的情感状态中轻松快乐地学习、生活,同时也陶冶了幼儿良好的情感品质。

教育语言的情感肯定性要求教师对教育事业、对教育对象饱含爱的情感,有了这种爱,教师的教育目的才是高尚的,教师的语言才是感人的,教育任务才能顺利完成。不但如此,教师还要重视情感的表达,如对幼儿的每一点成绩和进步,教师要用热情洋溢、发自肺腑的话语加以肯定和赞赏;对幼儿的缺点和错误,教师的批评语应该饱含深情,既能使幼儿发现不足,又能让幼儿有充分的勇气和信心改正缺点和错误。

3.浅显性原则

由于幼儿是以具体形象性思维为主的,他们容易理解和接受直观、生动、形象、具体的事物,因此,对幼儿,教育语言的用词要浅显,语句要简短,语义要明了,不要使用复杂的修辞手法。在教育过程中,教师要根据教育对象的特点,用生动、浅显的语言创造直观形象,用来帮助幼儿理解抽象的事物和概念。

4.针对性原则

教育家第斯多惠说:"应当考虑到儿童天性的差异,并且促进独特的发展,不能也不应该使一切人都成为一模一样的人,并教以一模一样的东西。"每个孩子都有鲜活的个性,我们只有尊重孩子独特的想法,才能充分发挥孩子的潜能和特长。教师的教育语言必须要有针对性,才能起到教育的实际效果。

在教育活动中,只有当教师的教育语言具有针对性时,才能引起受教育者的关注并产生效果。这种针对性体现在以下两个方面:其一,内容有针对性。教育语言要有明确的教育指向性。要因人而异,因事而发,有的放矢,切忌文不对题,泛泛而谈,没有重点。要针对教育对象的个性特点确定教育内容。其二,形式有针对性。一是教育形式适应教育对象的心理发展水平和特征。二是语言形式适应教育对象的理解能力和接受水平。

5.艺术性原则

教育语言的运用是一门艺术,不是光凭良好的愿望就能把话说好、说得动人,就能达到效果的。艺术性体现在能够抓住教育时机,巧设情境。教育时机分为两种:一种是已有的,需要教师及时捕捉,加以利用;另一种是原本没有的,需要教师主动创设的。

(三)幼儿教师教育语言的特点

1.针对性

(1)因人施言。不同的幼儿有不同的性格特征,在兴趣、爱好、行为习惯上表现出不同的风格特点。在教育过程中,教师应针对不同对象采取不同的言语策略,做到因人施言。

(2)因事施言。教师的教育活动总是针对幼儿中出现的某种倾向、发生的事件而进行的,因此教育语言不能无的放矢,而应当在对事情本身进行细致分析的基础上,找准问题的症结所在,选择恰当的话语对症下药。

(3)因时施言。教师的教育语言不在于多或少,重要的是话要说得切合时机,因时施言。教师在日常工作中应注意细致地观察幼儿,了解幼儿,善于抓住幼儿思想转变的契机因势利导。

(4)因地施言。人的情感具有不同的情境性,环境往往会对人的心理产生影响。因此,教师在实施教育的过程中就必须注意区分不同的谈话场合,应采用或严肃、或平和、或诙谐的谈话方式,以使幼儿坦然释怀、心悦诚服。

2.诱导性

诱导,即诱发、引导。帮助幼儿获得正确的思想认识并将其转化为具体的行动,是教育活动的根本目的。因此,教育过程中教师必须根据幼儿的思维习惯,采用灵活多样的语言,在思想上给予点拨、引导,促使其思考,鼓励其行动。

3.说理性

教育语言的核心在于一个"理"字。在教育中,对幼儿的说服、劝导或者批评都要以理服人,启迪暗示或者褒扬激励也要以理为据。

4.感染性

所谓感染性,是指教师在教育幼儿的过程中,既晓之以理,同时又动之以情。教师饱满的热情和精彩的言辞,往往能给幼儿以直接的影响,这种影响可以形成师生之间的情感共鸣,而这种共鸣也正是教育语言感染性的具体体现。

5.长期性

教育工作不可能一劳永逸,"十年树木,百年树人",说明了教育的长期性。因此,教师要具备一双铁肩担教育、一副笑脸看幼儿的良好素质,树立"春蚕到死丝方尽"的敬业精神,为教育事业贡献毕生精力。

【技能训练】

1．谈谈你对幼儿教师教育语言作用的认识。

2．下面例子中教师的教育语言能发挥作用的主要原因是什么？

一个星期五的下午，一向遵守纪律的一班学生突然不安心学习了。老师故意朝门外观看，看桌下、看橱柜。当学生问老师在找什么时，老师说："我在寻找那个一向遵守纪律、安心学习的班级，因为我敢断定现在这个乱糟糟的班肯定不是我的。"学生们对老师的幽默心领神会，马上转回到自己的学习上，认真地学习起来。

3．下面的例子中，私塾先生错在哪里？请根据教育语言运用的原则进行分析。

有一位私塾先生，特别偏爱一个学生，同时特别讨厌另一个学生。有一天，两个学生读书时，读着读着就都趴在课桌上睡着了。先生看见他喜欢的学生趴在书上睡着了，笑眯眯地说："多好的孩子呀，连睡觉都想着学习。"当他转身看见他讨厌的学生也趴在书上熟睡时，气得大骂："一读书就睡觉，真是孺子不可教也。"

二、幼儿教师教育语言的分类及其训练

幼儿教师必须以正确的儿童观、教育观为指导，对幼儿开展教育活动同时教师的教育语言应适应各种类型的幼儿。教师教育语言的选择和运用，应当选定以幼儿现有语言接受能力为起点，然后根据特定的教育场景，灵活采用沟通、说服、表扬、批评、启迪、鼓励等教育语言，促进幼儿知、情、意、行各方面的全面发展。教育语言大致分为以下几类。

（一）沟通语的方法及其训练

1．沟通语的概念

沟通语是指在师幼交往的过程中，教师努力建立平等的对话关系，创设和谐的教育情境，理解幼儿，选择恰当的语言和非语言表达方式以获得幼儿的认同和理解的言语策略和技巧。具体来说，就是通过语言、表情、手势等的运用，加强幼儿教师与幼儿之间的理解，使双方产生信任和认同。

通过沟通，教师才能了解幼儿真实的想法，幼儿才能理解教师的教育意图，师幼之间才能建立起信任、平等、和谐、合作和友爱的关系。这种关系不仅是一种情感境界，更是一种培养幼儿情感和健康心理的力量。可见，沟通是一种有效的教育手段，更是一种巨大的教育力量。

【示例】

在一次期中测试结束后，李老师找了 90 分以下的学生谈话，寻找原因。当谈话结束后老师准备休息一下去坐班时，课代表跑过来说："老师，我们班的某某，生气地把数学试卷捏成一团，他说他考那么差，你都不找他谈话，一点都不关心他。"李老师听后笑了笑，没吭声。学生问："老师，我要不要把他叫过来？""不用了，你回去吧！"学生很纳闷地走了。

铃！铃！铃！上课了。

李老师走向教室，让学生拿出试卷订正，并绕班级转了一周，然后在那位男生旁边停下，看见了那张被他"虐待过"的试卷，皱巴巴的。李老师示意他带上试卷跟他一起到教室外走廊上，进行了如下的谈话：

师：你对这次考试成绩不满意，对吧？

生：是的，考得很差。（脸红了，有些气馁的样子）

师：考了88分。我觉得对你来说，这个分数是不够的，那这12分到底都在哪里失去了呢？
（于是他就指着一个个失分的地方，并自己总结出失分的原因，大部分是粗心所致）

师：你错因分析得很好，其实一次考试仅仅是对我们一个阶段知识掌握情况的检验，仅起到督促与激励的作用。这次考不好呢，没关系，不要气馁，关键是对自己解题的错因和掌握不清晰的知识要有全新的认知与把握，从而对症下药，提高成绩。老师对你有信心。

生：谢谢您，老师！

师：不客气，下次可别跟它过不去噢。（指着试卷，他不好意思地笑了笑）

师：（拍了拍他的肩膀）老师呢，有那么多的学生，一个一个的谈话，会有困难，所以，你如果需要老师的帮助，可以主动找老师，我很欢迎。还有，明天的试卷讲评课上，老师想请你帮忙，将你失分最严重的那道题，给同学们分析分析，好让其他同学也吸取教训，好吗？

生：好的，只是我怕讲不好。

……

后来，这位学生学数学，也更上心了。

教师和学生之间的沟通是必不可少的。应该说大部分学生都是渴望与教师沟通与交流的，但往往是不好意思或不敢与教师沟通。所以，平时教师要多以平等的身份与学生沟通交流，尊重学生，理解学生，通过沟通来改变教育，从而构建和谐的师生关系。这样，教学工作才会开展的得心应手，并取得优异的教育效果。

2. 沟通语的作用

（1）了解教育对象。运用沟通语有助于教师了解幼儿内心的真实想法，了解他们的愿望、要求、个性、情绪等。在此基础上，可以使师幼通过情感的沟通，达到心理相容。

（2）帮助幼儿提高表达能力。教师和幼儿的良好沟通，能使幼儿获得教师的理解与支持，使幼儿在教师的鼓励下，大胆地表达，促进幼儿语言表达能力的提升。

3. 运用沟通语的要求与技巧

教育中沟通的过程是一种师生双向的、互动性的活动。这种双向互动的特点，表明沟通语所承载的是师生双方人格与精神的相遇、感染、碰撞和交流。这也决定了教师在使用沟通语时，应当以理解为前提，在倾听的过程中表达。教师传递给幼儿有说服力的信息，并及时收集幼儿的反馈信息，这是成功运用沟通语的两个关键因素。

（1）尊重幼儿，创设自由沟通谈话的宽松氛围。有效能的沟通是建立在沟通双方相互理解和尊重的基础之上，所以在沟通活动中，每一位幼儿都有权利要求得到教师的理解和尊重。如果在沟通开始时，教师能对幼儿以礼相待，就能让他们产生教师是尊重他的第一印象，这就能给幼儿一种极大的心理安慰。教师要理解和尊重幼儿，把他们当作和自己在精神上平起平坐、在人格上完全独立的个体，重视谈话氛围对幼儿所产生的心理方面的影响。

（2）学会倾听，创设开启幼儿心扉的最佳情境。倾听是一种有效的沟通技巧。在传统的"一言堂"式的教育活动中，教师基本处于主要的、主动的说话地位，而幼儿则基本处于从属的、被动的、听话的地位，所以教师在沟通时，常常忽略幼儿这个教育活动中另一个主体言说的权利。因此，在教育活动中，教师应当学会运用积极聆听这种有效的沟通技巧，通过倾听，开启幼儿的心扉，创设教学情境，让幼儿在一种平等、理解、轻松的氛围中获得新知。

（3）表达认同，构建师生同理心理的教育契机。在沟通的过程中，教师倾听时要真正理解幼儿,就要抛弃自己对幼儿的固有偏见与主观判断,站在幼儿的立场上,设身处地,以幼儿的眼睛来观察、以幼儿的心灵来感受、以幼儿的观点来思考,从而走入并体验幼儿的内心世界,达到与幼儿心灵的相通和共感。

(4)重视态势语的运用,及时反馈。沟通是师生双方互动的过程,由于幼儿以直觉行动和直观思维为主,所以会更喜欢老师用态势、动作来表情达意。因此,要重视发挥非语言沟通在幼儿教育中的作用。教师在倾听时,要保持专注,并用目光与幼儿进行交流。如幼儿表达了正确的想法,教师可以用赞许的目光看着他并轻轻点头表示肯定;当幼儿表达困难,无法把话继续说下去时,教师可以辅以简单的提问,如"接下来怎么了?""你说的挺好,继续……"鼓励幼儿把话说完。

总之,尊重是使用沟通语的必要前提,倾听是运用沟通语时应持的态度,理解和认同是沟通语应有的基调,及时的反馈是沟通语必要的补充。只有这样,才能建立真正的师生沟通,实现师生双方的心灵互动。

4.沟通语的类型及训练

按沟通的目的可将沟通语分为以下三种类型。

(1)教师了解和引导幼儿的沟通语。这是师生交往中最常见的一种类型。教师在与幼儿的沟通交谈中了解情况,并准确理解他们的想法,从而提出教师的建议,或引导幼儿自己找出解决问题的办法。

【示例】

一张分工表

放学后一会儿,小明来到老师办公室。他气呼呼地说:"老师,黑板报办不好了,我不想干了。"老师问:"不能及时出好,你觉得很着急?"小明回答说:"对!我从下午一直忙到现在,他们倒好,全跑了。"老师说:"你做了很多事,你觉得很委屈?"小明辩解说:"不是的。我只是觉得大家分工去做才会有效率。"老师问:"你觉得应该把各自的任务明确下来?"小明回答说:"是的。王纬负责画线,刘航负责写粉笔字,我来负责设计版面。"老师点了点头。小明接着说:"可是,大家总是希望别人先动手,要是有一张责任分工表就好了,每个人就都知道哪些是自己的任务,反正迟早都得干,大家就会抢着干了。"老师"哦"了一声,点了点头,并露出赞许的表情。小明兴奋地说:"我今晚就把表画出来,明天拿给您看好吗?"老师肯定地说:"好的。"

上例中的教师,注意倾听学生说话,正视、认同学生的感受,这就使学生感受到教师对他的关心和理解,从而畅所欲言,使师生之间沟通十分顺畅。同时在沟通过程中,教师在积极聆听的同时,用言语做出反应,三个"觉得"句激发了学生解决问题的潜能。

(2)教师帮助幼儿理解自己的沟通语。对于师生沟通,有些教师往往将着眼点立足于打开幼儿的心灵之窗,了解幼儿的内心世界,认为自己的内心世界则无需向幼儿打开,这样就会造成沟通的不平等。实际上,在教育过程中,教师主动打开自己的心灵之门,将自己真实的内心世界、观点态度等适时适度地、自然真实地与幼儿沟通,使幼儿感受到教师对他是信任的,和他是平等的,这样才有可能真正理解教师,接受教师传递的教育信息。

【示例】

张老师上课连续碰上令她不悦的事:黑板擦放在了黑板上头。她那矮矮的个子,怎么也够不着。板书后不能擦掉,真叫她既尴尬又生气。今天,张老师去上课,情况依然。她微微一笑,对同学们说："在讲课前,我给大家讲一个有关我个人的故事。前天,我碰上了一位大学时的好朋友,她现在和我一样当教师。在大学,我们特别要好,为什么呢? 因为我们有一个共同的特点——个子矮。这一次我见了她,第一句话就问:'你工作顺利吗?'她答:'顺利呀!''有人,比如,有学生给你为难吗?'她不解地望着我:'没有呀!'我一下子感到委屈,差点掉下眼泪来。'可是我的学生老是与我为难,比如有人老是把黑板擦放在高处,我写了字没办法擦……'我满以为我的好朋友会同情我,狠狠地斥责那个与我为难的学生一顿。谁知,她竟反问我说:'这说明什么? 说明你和学生们的关系还不融洽。你想想,你真心爱你的学生吗? 如果你真心爱他们,他们也会尊敬你。哪有与自己所尊敬的老师处处为难的学生呢?'朋友的话一直在我的耳畔回响着。我仔细想想,我对大家关心爱护的确不够,甚至还有伤害同学们的言语,这哪里有一点爱心?"自从张老师说了这番话之后,每次上课,黑板总是被同学擦得干干净净,板擦也总是在课桌上放着。

老师对学生的"为难"没有指责批评,而是坦诚地与学生沟通,借介绍与朋友相遇的情况,真诚地检讨了自己对同学不够爱护和关心的缺点。情真意切的话语沟通了师生的心灵,化解了师生间的矛盾。

(3)教师帮助幼儿互相理解的沟通语。幼儿在相处中,总会发生一些矛盾和纠纷,由于年龄小,他们往往自己不能解决问题,常常到老师那儿告状。如果老师采用各打五十板的方式,或者就事论事处理,表面上也能把矛盾消除,但并没有从根本上解决问题。这时教师不妨采用沟通的方法,引导幼儿互相了解对方的想法,学会理解他人,可能问题会解决得更彻底。

【示例】

调组风波

在一次语文课上,老师布置同学们按学生小组进行讨论。但小明那个组却闹起了矛盾,要分组。玲玲委屈地对老师说："不是我不愿意在组里交流,而是他们不想听我发言,总说我又引用书上的话来显示自己了不起了,所以我才不想和他们说了。"小组的其他同学则说:"每次发言的时候,玲玲只想我们听她说,我们发言的时候她从不认真听。而且,她经常影响我们小组得五星。所以,我们不希望再和她一个组。"老师看出他们之间的矛盾已经很深了,说:"既然你们已经不愿意在一个组,我可以同意,只是有一个条件,我不希望看到你们带着对别人的抱怨分开。因此,只要你们说出对方三个以上的优点,我就给你们另外调组。"话音刚落,他们都轻松地舒了一口气,觉得这个条件太容易了。小明抢先说:"玲玲读书多,知道的知识多,值得我们学习。""玲玲的想法经常很独特,也值得我们学习。"……大家争先恐后地说了很多玲玲的优点。老师看见玲玲的眼睛里闪过一丝惊喜,有一些泪花在涌动。她的声音有些颤抖:"我以为自己在你们心目中肯定很糟,没想到……其实我觉得这个组也很好。比如小明的数学很好,值得我学习;而丁丁的电脑特棒,真让我羡慕……老师,我现在希望不离开这个小组了。"这时小明他们都明白了,其实他们这个组的每个成员都是非常优秀的,于是大家都说不分组了。"好啊,你们自愿不分开了,那你们上课时该怎么合作呢?"组长小明说:"老师,您不总说以实际行动来证明吗? 您就看我们的表现吧!"

学生要求调组是出于对其他同学的不满,老师答应要求,但反其道而行之,以"说出对方三个以上的优点"作为分组条件,引导同学通过赞扬他人实现理解和沟通。果然,孩子们看到了别人的长处,同时也从中感受到了别人对自己的肯定和赞扬,进而,同学之间的对立情绪也化解了。这位老师的沟通艺术真是高明!

【技能训练】

1.沟通语在实际教学工作中有何重要意义？教师应该掌握哪些言语沟通的技巧？使用沟通语时需要注意什么问题？

2.到幼儿园实习的第一天，你走进了实习班级。班主任老师要你跟幼儿们讲几句话。请你设计自己对小幼儿的第一次讲话，要求主要用沟通语。

3.分析下面例子中教师的沟通语，看看他是如何使自己摆脱尴尬，同时又教育学生的。

老师扣错了扣子

一位数学老师，这天与往常一样去给同学上课。他一走上讲台，同学们突然大笑起来。他被笑声弄得有点不好意思，但不知道学生究竟为何发笑。这时一位坐在前边的女同学小声说："老师，您的扣子扣错了。"老师自己一打量，果然发现他外衣的第四个扣子竟扣在第五个扣眼里。学生仍在哄笑，这位老师却坦然自若地说："同学们，你们别笑我，我是有理由的！我起床的时候想心事，一直琢磨着怎样给你们上好今天的这堂课。这不，一想好就急匆匆地走进了课堂。顺便，我还要说我们班有位同学运用数学公式总是张冠李戴，他不比我更好笑吗？你们只笑我一个，这公平吗？"同学们又笑开了，但笑的含义已经不同。老师还没罢休："尽管我很委屈，但我还是要向大家承认错误，因为扣错扣子毕竟不是一件光彩的事。通过这件事儿，我想告诉大家一个道理，就是'一心无二用'。不论做什么事都要专心致志才不会出错。我向大家保证，今后绝不扣错扣子！你们呢？那位爱张冠李戴的同学呢？"

4.三年级1班要准备一个节目参加学校"六一"联欢会。文艺委员想排一个健美操，而班长想排一个儿童舞，两个人都觉得自己的主意好，谁也说服不了谁。班主任决定帮助她俩沟通，统一认识，解决问题。请你设计班主任和她俩谈话的沟通语。

(二)说服语的方法及其训练

1.说服语的概念

说服教育是教育活动的一种重要形式，是教师通过摆事实、讲道理，借助言语、事实和示范，或借助比喻、比拟、类比等方法，改变幼儿的态度或使幼儿的行为趋于预期目标行为的语言形式。

在传统的教育理念下，教师要强调自己在说服教育中的主体作用，往往采用注入式、征服式的教育。新的教育理念要求教师在师幼沟通的基础上使幼儿心悦诚服地接受教师的意见，也就是说重视幼儿在说服教育中的主体作用，重视在说服过程中使幼儿把外在的道德要求、行为规范等主动内化为内心的需求，变征服式为诚服式。

2.运用说服语的条件及要求

说服语发挥教育作用的前提是要幼儿"服"。这个"服"不是压服、口服心不服，而是信服、折服、心悦诚服。要达到这样的境界，教师就必须具备以下条件。

(1)教师良好的人格是"最有效的说服手段"。幼儿对教师的品格、素质和动机是否信赖，决定着说服能否成功。在教育实践中，一个学识上为幼儿所推崇、师德受到幼儿尊敬、对幼儿充满爱心的教师，他的说服教育就容易为幼儿所接受。

(2)了解和理解幼儿是"说服"的前提。从教育活动中师生双方平等对话关系看，说服不应当是教师的"独白"，而应当是师生互相影响的过程。要使幼儿被教师的"说"所"服"，在"说"前、"说"中，教师必须设身处地地理解说服对象，了解说服对象的需要和接受理解的方式,主动采取满足其需要、适应其接受理解特点的说服方式,"投其所好"。在说服过程中,教师还必须给予幼儿"说"的权利和机会,能够倾听幼儿的所"说"。

(3)就事论理,以理服人。说服的主要方法是摆事实讲道理,通过就事论理,以理服人。这个"理"可以是道理、事理、思想,也可以是见解、认识。"说服"中的"说"不是说教、指责,而是劝说、感化,以此使幼儿明理、达理,最终"服理"。对幼儿进行说服教育时,教师应当根据他们形象思维强于抽象思维的特点,通过摆事实、讲道理,以及引用发生在他们身边活生生的事实,让他们明白事理,而且服理;教师的阐述要深入浅出、清楚明白;同时还要讲究说服技巧,语气要诚恳委婉,语言要生动活泼,形象有趣。总之,以情感人入手,实现以理服人。

(4)目的要明确。教师在使用说服语进行教育时,必须使幼儿清楚地明白教师的要求,即应该做什么,不应该做什么,这样才能使幼儿根据教师的要求采取正确的行动。为了达到说服的目的,教师要根据幼儿不同的性格、气质类型采用不同的教育方法,否则就会说而不服,不能达到教育的目的。

(5)浅显生动。说服主要是摆事实,讲道理。说服要通过劝说和感化,使幼儿明理、服理。根据幼儿的思维发展正处于直观形象思维阶段的特点,说服可以从日常生活中的事物说起,采用比喻、比拟等修辞手法,把道理说得深入浅出、形象生动。当然,教师在说理时,还必须投射丰富的感情,使幼儿能感受到老师的真诚和关爱。

3.说服语的类型

(1)直接说服。就是说服时正面摆事实讲道理,不绕弯子。

【示例】

给孩子出道选择题

学生向老师请假去参加表姐的婚礼。老师问道:"告诉老师,你去能给表姐帮什么忙? 抬东西吗? 要不就是管理事情?"看着学生直摇头,老师温和地说:"老师知道,去吃你表姐的喜糖是你盼望已久的事情。如果她在节假日结婚,我们不上课,能去当然好。可现在情况不同,明天数学、语文都学新课,你要是不来上学,那损失有多大呀! 假如你只是想去凑热闹,那太不划算了;如果是想吃好东西,可以让你爸爸、妈妈给你多捎些回来。"学生站在老师面前,眼睛里有泪珠在滚动。"这样吧,老师已帮你把事情分析了,对你请假的事,老师不说'行',也不说'不行'。至于怎样办,你今晚可以回家再好好考虑一下。"

在这个例子中,老师就学生请假进行说服。首先开门见山地向学生提问,让学生明白,他去参加婚礼帮不了什么忙;接着对学生想参加婚礼的心情表示完全理解;然后一一细数明天的学习任务。在摆清两方面事实的基础上,老师进一步通过假设分析了请假的后果:学习上有很大的损失,不划算,说明了不同意的道理。至此,事实摆了,道理也说了,但为了让学生接受说服,老师非常有人情味地用"让爸爸、妈妈捎些好吃的回来"这个主意安慰他。而学生,虽然没有继续坚持要请假,但眼睛里的泪珠表明他还未被说服,这时老师并没有强迫学生接受说服,而是给了学生继续思考、自主选择的权利。

(2)间接说服。就是说服时,不正面摆事实讲道理,而是言彼意此,将道理寓于其中,让幼儿自己感悟,或者教师在最后点明。

【示例】

有一个女生把眉毛描得又细又长,还把小嘴抹得红红的。老师约她到湖边,和她进行了谈话:"你喜欢这满湖的荷花吗?""当然喜欢啰。""它们这么美丽,是哪位画家把它们画成这样的吗?""不是,是它们自己长成了这样子。""对,它们的美丽正因为它们自然天成,就是说没有任何人为的加工,它就这般美丽。""对! 我就是喜欢这个!"她忘情地叫了一句,然后痴痴地注视着千姿百态的荷花,并没有意识到老师与她谈话的动机。于是老师进一步启发道:"如果拿起画笔给那朵荷花再添上几笔,你以为怎么样?""完全没有必要",她毫不犹豫地说。老师抓住时机,因势利导地说:"是啊,你们儿童,浑身散发出一种自然的、朴素的美。这种美是最高洁的美,什么人工美也比不了。如果硬化妆粉饰,只会破坏了他们的自然美。""老师,我上您当了。"还没等老师说完,她便狡黠地叫道。说完扮了个鬼脸,又俯身掬起了一捧清水……

这个由景说事论理的例子就是运用了间接说服的方法。例中的老师根据教育内容创设出一个非常适时的教育情景,使说服教育的痕迹被淡化,学生在毫无戒备心理的情境中,在老师的引导下,顺利地理解和认同教师的观点。

【技能训练】

1.请你根据以下教育情景,设计与该同学谈话的说服语。

有个同学在课桌上涂画,邻桌的同学报告了老师。老师把他叫来准备批评。他理直气壮地说:"班上又不是我一个人画了,为什么就叫我?"还嘀咕说:"肯定就是××同学打小报告!"

2.请你根据下面的材料为这位老师设计说服语。

一个孩子在花园里折了一枝花拿到幼儿园,老师没有批评他,而是把班里其他小朋友带到花园里赏花,并且对小朋友说:"你们看这花多好看啊,红红的花苞像小姑娘的小嘴一样红嘟嘟的可爱,引来许多蜜蜂采蜜,花园里还有月季花、芍药花等。你们说,这些花是长在花园里好呢,还是把它折下来拿到手里让它枯死好呢?"

(三)表扬语的方法及其训练

1.表扬语的概念

表扬语是指在教育活动中,对幼儿个体或群体表现出来的良好的思想品质、行为习惯、所取得的成绩以及某种进步给予肯定性的评价。

幼儿园的小朋友,因为生理和心理的限制,往往还缺少对自己行为的分析、判断能力,主要依赖于成人的评价来指导、控制自己的行为,是通过他人的评价获得对自我认知的。因而,教师要用热情的、有感染力的语言表扬幼儿,肯定他们取得的成绩,这样能提高幼儿的自信心,使他们享受到成功的快乐,同时起到强化和巩固幼儿的良好表现,为全体幼儿树立榜样和示范,并提高幼儿的自我评价能力的作用。

2.表扬语的作用

(1)帮助幼儿形成正确的是非观。由于幼儿对社会现象还缺乏评判能力,对自身的某些思想、行为等也缺乏评价能力,因而,教师通过对幼儿日常行为的积极评价,能教会他们区分善恶美丑,鼓励他们求真向善,逐渐形成正确的是非判别力。

(2)满足幼儿被尊重、被肯定的心理需求。人性中最本质的需求就是渴望得到赏识、尊重、理解和爱,对幼儿来说更是如此。苏联教育家乌申斯基说:"儿童憎恨的是任何时候也不能从他那里得到表扬和承认的老师。"教师的表扬和鼓励能给幼儿情绪上极大地满足,从而使他们变得自信快乐,并逐步把这种外在的肯定转化为积极向上、不断进步的内驱力。

(3)巩固幼儿的良好行为表现。教师的表扬是幼儿思想行为发展的"稳定剂"和"催化剂"。

如平时上课时爱讲话的幼儿因某一天遵守纪律得到老师的表扬后,在接下来的一段时间里会更加努力遵守纪律;而平时乐于助人的幼儿,在获得老师的表扬后,会变得更加乐于助人。老师的表扬会帮助幼儿把这些良好的行为逐渐内化为自己的道德追求和实践标准。

(4)学会欣赏并赞美他人。表扬使幼儿在获得欣赏和赞美的同时,也让他们学会赏识他人、赞美他人,并善于取他人之长补自己之短。

3.运用表扬语的要求

(1)真实性原则。表扬的真实性体现在以下两个方面:一是表扬时教师的感情要真诚,不勉强做作。一个真正热爱幼儿的教师,会用欣赏的眼光去看待每一个幼儿,会为幼儿的每一点进步而欣喜,会发自内心地去赞赏他、鼓励他。二是表扬的事实要准确,不能夸大其词。表扬的激励作用是建立在真实基础上的,如果表扬与事实有出入,就会适得其反。不仅不能激励被表扬者和其他同学,还可能使被表扬者受到同学的讥笑、孤立,也会影响教师的威信。所以在进行表扬前,教师一定要对表扬的事实进行核实。

(2)公正性原则。公正在教育中,是民主精神的一种体现。对教师而言,是对幼儿进行评价时应有的基本立场;对幼儿而言,是对老师评价的合理要求。教师运用表扬语的公正性,就是面向全体幼儿,对他们的成长与进步,一视同仁地给予肯定和鼓励。

(3)及时性原则。表扬是一种激励,因此教师及时地表扬能发挥其最大的功效。尤其是幼儿,乐于表现自己,在取得成绩或做了好事后,一种期待甚至渴望得到他人肯定和认可的心理需要比较强烈。老师在这样的期待心理背景上,对幼儿的行为结果予以及时的表扬,就有助于及时强化幼儿积极进取的愿望。一旦事过境迁,再择机表扬,被表扬者往往少了激动,就会导致良好行为因为得不到及时地强化而消退,而其他同学也不易被感动,对幼儿的激励作用就可能大大削弱。

(4)适度性原则。表扬不足会使幼儿自卑,所以在教育教学中要提倡运用表扬。但正如糖吃得太多就不甜了一样,一味地表扬就会失去激励作用,所以,表扬忌"滥"。因为人人都受表扬就等于谁都未受表扬,某个同学事事处处受表扬也就无所谓表扬。实践告诉我们,过多的表扬非但不能激发幼儿的积极性,反而会将心理尚未成熟的幼儿诱入自恃过高的幻想,忽视自身的不足,导致听不得批评语、心理承受力差等问题的产生。

(5)发展性原则。在教育实践中,我们会看到很多教师运用表扬语使后进的学生迎头赶上,成为先进的动人事例。这些教师之所以能够从后进生身上看到他们的进步和闪光之处,就是因为他们是用发展的眼光来看待后进生,看到他们身上的长处,并通过表扬消除了他们与老师之间的对立情绪,激发了他们的上进心。

4.表扬语的类型

表扬语从形式上看,有以下三种。

(1)当众表扬。即在公开的场合当着众人的面进行的表扬。这是教师运用表扬手段时最常用的形式。一般来说,当众表扬因为受众多,影响大,更能使受表扬的幼儿产生一种荣誉感;当受表扬的是差生时,更能帮助他们找回自尊,树立自信心。

【示例】

任小伟是一个令老师头疼的学生,什么恶作剧都敢做,总爱和老师唱反调,作业从来都不交。为了改变这种状况,老师对他展开了跟踪调查,发现了无论刮风下雨,他都坚持送邻居家的小妹妹安全回家。老师如获至宝。在一节口语交际课上,老师大力渲染气氛:"同学们,你们知道我们每天学习的雷锋,他现在在哪里吗? 现在他回来了,回到了我们的学校,来到了我们的班级。他整天摆出一副对什么事都漠不关心的样子,而事实上却是那么乐于助人,极富爱心和责任感。同学们,猜一猜这个人是谁?"同学们的情绪立刻高涨起来,可猜了半天也没有猜到"任小伟"这个名字。老师故意清了清嗓子,大声说:"他——就是我们班的任小伟同学。"谜底一揭晓,同学们都目瞪口呆,在老师告诉大家他的事迹后,教室里才响起一阵热烈的掌声。老师又接着说:"下面请同学们做小记者采访一下任小伟同学。不管什么问题,他一定会给你们一个满意的答复。"话音刚落,同学们"呼啦"一下把任小伟围个水泄不通。再看任小伟,像一个获胜的将军一样,神气十足地解答着同学们的一个个问题,很显然,他完全沉浸在幸福之中了。最后老师做了总结:"同学们,下面我们一起总结一下。同学们都知道任小伟有不少缺点,但是缺点可以改正啊! 一个雷锋式的好少年,他怎么能拒绝进步呢? 我相信任小伟同学在以后的学习中,一定会做得很出色,他一定是咱们班里的佼佼者,也一定会是我和同学们的骄傲!"

这是一个当众表扬的例子。教师借助于课堂这个公开的场合,对一个平时表现较差的学生进行表扬,让他体会到被同学尊重的幸福,唤起了他的自信和自尊,从而促进他的自强。

(2)个别表扬。个别表扬就是在非正式场合,或与幼儿个别交谈时,进行的表扬。为了更好地了解幼儿、帮助幼儿、与幼儿沟通,老师常常与幼儿单独相处,就幼儿的学习、生活等话题,与幼儿进行交流。这时从表扬入手,幼儿就会特别感动,交流沟通也会更加顺畅。

【示例】

一位同学在全校卡拉 OK 比赛中获得第一名。比赛一结束,老师立即找到他谈话,赞扬他说:"你唱歌真棒! 在其他许多方面同样也很有天赋,只要你努力,将来肯定有出息!"这位同学开心极了。

(3)随时夸奖。教师在与幼儿的频繁接触中,会随时看到幼儿言行中的闪光之处,这时老师及时、随时表扬他们的点滴进步,可以进一步巩固这些好行为,从而培养幼儿形成良好的习惯。

【示例】

看到学生把掉在地上的黑板擦捡起来,或离开教室时主动关灯,可以对他说"你能爱护公物,注意节约,同学们都应当像你一样";有同学利用休息时间帮助生病的同学补课,或辅导学习差的同学做作业,可以对他说:"你主动帮助同学,老师和这位同学都很感谢你";等等。

【技能训练】

1.下面是一位特级教师观摩课上的一个片断。(一位胆小的女生艰难地把一段课文小声地读完了)

教师:你平时不太习惯站起来朗读,是吗?

学生:(点点低垂的头)嗯!

教师:你今天有勇气站起来,并且把它读完了。你知道吗? 这真让我高兴!

学生:(微微抬头,看老师一眼)嗯!

教师:(亲切地拍拍孩子的肩膀)我为这勇敢的一试,向你致谢!

(1)请分析这位特级教师的表扬艺术。

(2)分角色朗读这个片断,正确把握教师及学生的感情。

2.在学校大门口,班主任遇到班长和几个同学正在商量什么事情,原来他们是前往一位孤寡老人家打扫卫生的。请你设计：

(1)采用"随时夸奖"的方式，对几位同学进行表扬。

(2)运用公正性的原则，在第二天的班会课上对他们进行当众表扬。

(四)批评语的方法及其训练

批评语和表扬语一样，是教师在教育活动中经常使用的一种语言。但是在教育实践中，幼儿乐于接受表扬，而对于批评语常常表现出反感。所以，教师的批评要使幼儿心服口服地接受，并不是一件容易的事。

1.批评语的概念

批评语是指在教育活动中，对幼儿群体或个体所表现出来的错误思想和不良行为的否定，以使被批评者改正，也使全体同学受到教育，避免再次出现类似的问题的教育用语。

金无足赤，人无完人。幼儿园的孩子正处于成长时期，他们对一些观点和行为有时还缺乏分辨能力，所以难免会出现这样或那样的问题。这就要求我们的教师能及时发现他们身上的缺点和不足，予以指出，并指出改正的途径。由此提高幼儿对是非、美丑、善恶的辨别与判断能力，激发幼儿的上进心。只有这样，幼儿才有可能健康地成长。

2.批评语的作用

批评语的作用主要是教育和鼓励。教师根据幼儿在思想、态度行为等方面存在的缺点和错误，分析其产生的根源和造成的影响，提出意见和建议，帮助幼儿改正。批评首先要告诉孩子这样做是不对的，然后告诉孩子该怎么做。教师通过批评纠正幼儿的错误言行，重塑正确的行为。教师要激发幼儿的上进心，激励幼儿在思想上和行动上都获得新的改变和提升。教师的批评既要有中肯的分析，又要有热情的勉励和殷切的希望。批评与表扬殊途同归，其最终目的就是促进幼儿的健康成长。

3.运用批评语的原则与技巧

批评语是一种育人手段，运用得当可以促人警醒，反之就会产生副作用。批评语作为一种语言艺术，它的效果在很大程度上，不仅取决于教师批评语的内容，而且取决于教师批评语的方式和批评语语言的选择。所以教师要慎用批评语，运用批评语时应注意原则与技巧。

(1)尊重性原则。中国传统文化宣扬"打是疼骂是爱"，所以父母对子女、老师对幼儿的教育是不太尊重孩子的。但作为一个新世纪的教师，应当摒弃这种旧的思想。在批评幼儿时，要注意创设良好的心理环境、融洽的氛围，让幼儿消除戒备、逆反心理，放下挨训的心理包袱，批评时态度要诚恳，要始终尊重被批评幼儿的人格，信任他们，还要给幼儿解释的机会，了解幼儿真实的想法，好对症下药。只有这样，教师的批评意见幼儿才有可能听进去，教师的建议才有可能被采纳，教育才有效果。

【示例】

有位教师上课时发现一个小朋友低头在玩玩具，当该生知道老师注意到她时，慌忙把玩具塞进课桌里。下课后，老师叫她到办公室去一趟，可老师在办公室左等右等却不见她的身影，只好返回去找她，结果，发现她局促不安地站在楼梯口。老师把她叫到一边，问她"为什么不到办公室去?"望着这位女生涨得通红的面孔，这位老师改变了主意，不再坚持要幼儿进办公室了。于是，在楼梯口，老师同她进行了交谈，使她认识到了自己的错误，下决心改正。

上面的例子告诉我们，幼儿是很在意教师批评自己的场合的，因为这关系到他们的自尊。

所以当老师对幼儿批评时,能不在教室、办公室这些地点进行批评的就不在这些地方批评,能不当着全体同学和其他教师面进行批评的就尽量选择无其他人在场的场合,能不点名的就不指名道姓。给幼儿留面子,这是尊重幼儿的体现,也能更好地发挥批评语的作用。

　　(2)引导性原则。批评只是一种教育手段,并非教育的目的,运用批评语的目的是为了使幼儿改正缺点和错误,更快地进步,更好地成长。因此,教师在批评时应当具体分析错在哪里,为什么会错,明确指出什么是对的,使幼儿明辨是非,心悦诚服。同时,还需要尽量给幼儿创造改正缺点和错误的机会。这样幼儿在经过批评教育后,才有可能认识错误,并在行为上得到纠正。否则,批评就失去了意义。

【示例】

错,让幼儿自己"认"

——"不是我"到"我来捡"

　　李老师走进教室后,发现纸篓旁有许多很小很小的碎纸片。她边往讲台前走,边随口问一句:"是哪个同学撕的废纸?"顿时,同学们的目光不约而同地集中在小博身上。"老师,废纸是小博撕的。""不是我!""老师,刚才我们在教室玩时,亲眼看见他撕的!""我也看见了,就是他撕的!""你们胡说,我根本就没有撕!"教室里这下热闹起来,你一言,我一语,吵得不可开交。李老师把目光投向全班,平静地说:"谁扔的纸片并不重要,更重要的是大家都要自觉地保持班级的环境卫生,哪一个同学愿意做环境小卫士,把纸片捡干净?"老师话音刚落,几乎全班同学都把小手举起来。李老师说:"大家这么爱集体,关心班级,老师很感动,你们愿意做好事的精神真值得老师学习。这么多同学举手,该让谁来做呢?"这时,小博连忙站起来大声说:"老师,让我去捡吧!"李老师笑着对他点点头说:"好!"他马上跑到纸篓前把地上的废纸片捡得干干净净,李老师用赞许的目光看着小博,然后对大家说:"小博真能干,为了班级的环境卫生他不怕脏、不怕累,一个人把纸片捡干净,为班级做了好事,给大家做出了榜样。我们每个少先队员都要养成自觉保持班级卫生的好习惯。"下课后,李老师刚回到办公室,小博就来到她身边,低着头,不好意思地说:"老师,这纸片是我扔的,我以后再也不随地乱扔东西了。"看着他那天真而又自责的样子,李老师轻轻地抚摸着他的头,脸上不由地露出欣慰的笑容。

　　在这个例子中,李老师首先没有去追究这纸到底是不是小博撕的,而是通过提醒"大家都要自觉地保持班级的环境卫生",含蓄地否定了撕纸行为;接着对全体同学提出了一个要求:"哪一个同学愿意做环境小卫士,把纸片捡干净?"这就指出了改正缺点的途径,也暗暗为小博改正缺点创造了条件;最后,在众多同学都争着要捡纸片时,老师决定让小博来捡,把改正缺点的机会给了他,让他能够用行动来证明自己已认识到错误并改正了错误。

　　(3)控制情绪,保护幼儿的自信心。批评要以关心、爱护幼儿为出发点,以幼儿的身心健康发展为目的。教师在批评幼儿时,应该始终遵循爱的原则,以平等的态度、关心爱护的口气,做到以理服人,以情感人,要保护幼儿的自尊。教师在批评幼儿时,一定要控制好自己的情绪,不能通过批评来发泄解恨,更不能用尖刻的语言挖苦、训斥孩子。

【示例】

　　在上活动课时,小朋友们正在高兴地玩着。这时,露露跑过来悄悄告诉齐老师说:"老师,迪菲把玩具偷走了。"起初,老师不以为然,过了一会儿,又有一个小朋友跑过来告诉齐老师说:"老师,迪菲把玩具偷走了,装到了自己衣服口袋里。"于是,齐老师来到迪菲身边,笑着说:"迪菲,这是妈妈给你买的新衣服吧,太漂亮了,可以给我们跳个舞吗?"迪菲一听老师这么说,就转了起来。这时有个别小朋友说："迪菲偷走的玩具就在她的衣服里……"听到其他小朋友的话语，迪菲的舞步戛然而止。这时，齐老师冷静片刻，笑着说："迪菲的衣服口袋会变魔术，我们和她一起变魔术，好吗？"大家一起唱起了歌，迪菲又跳起了舞，而且从口袋里取出了玩具。小朋友们兴奋地说："再变一个，再变一个……"此时，掌声、笑声汇成了一片。

活动课结束后，迪菲主动来找齐老师，告诉齐老师她拿走玩具的原因。原来她害怕自己拿不到更多的玩具，所以就提前把铲子、水桶都藏进了口袋里。"老师，我没想着把玩具拿走，就只是害怕其他小朋友拿光了，我没有玩具玩，我错了，以后我再不这样做了。"齐老师这时不失时机地说："玩具是应该和小朋友一起玩的，你们之间要团结友爱，对吗？"听完老师的话，迪菲使劲地点点头。

在上面这个事例中，齐老师从保护孩子的自尊心出发，巧妙地设计了变魔术的游戏，替迪菲在其他小朋友面前找回了自尊，用这样的方法教育孩子比怒火冲天的批评更有效。

（4）区别对待，讲究方法。由于幼儿的个性不一样，所犯错误的严重程度不同，批评的方法也有所讲究。批评应该因人、因事、因时、因地而异，富有针对性。教师不但要敢于批评，而且要善于批评。有时需要个别谈话，有时需要公开批评，有时只能含蓄委婉地表达，有时要直截了当地挑明说。批评要和正面教育、表扬鼓励相结合，同时还要注意措辞和语气词的运用。

4. 批评语的类型

批评语作为一种教育手段，运用时的效果如何，很大程度上取决于教师批评语的方式和批评语语言的选择。俗话有"良药苦口利于病，忠言逆耳利于行"之说，注意和讲究批评语方式和批评语语言的选择，就是要在这苦口的良药外加上一层糖衣，使幼儿们愿意吃；就是要让这"忠言"变得顺耳，使幼儿愿意听。批评教育时最常用的方法是直接批评，就是直截了当地指出幼儿所出现的问题，进行教育，促其改正。在使用直接批评的方法时，老师要给幼儿留有改正错误的余地，不要伤及幼儿的自尊，引发师生的对立情绪。批评教育还可以用间接的方式，即间接批评。这是一种柔性批评的方法，运用得好，可以收到比直接批评更好的效果。下面介绍一些具体方法。

（1）榜样法。这是一种正面引导的方法。或者通过表扬那些做得好的同学，或者教师自己用行动来示范，为同学提供榜样，从而间接地批评学生错误的言行，促进他们自我纠正。

【示例】

以身作则背课文

在师范上学的时候，我任学习班长。在学完《岳阳楼记》这篇课文后，王老师对我们说这篇古文语句优美，要求大家把课文背下来。第二天上课时，王老师说："昨天要求同学们把《岳阳楼记》背下来，下面我进行检查，能背下来的同学请举手。"同学们你看看我，我看看你，都低下了头，谁也没有勇气举手，因为我们都没有完成这个作业。我心想：这顿批评肯定躲不过去了。王老师稍停了一会说："请大家打开书本听我背一遍。"于是王老师一字不差地把这篇古文背诵了一遍，那抑扬顿挫的声音深深地印在了我们的心里。我惭愧至极，为自己身为一个学习班长没有带头完成作业而懊悔。课后，同学们议论纷纷：王老师这种没有责骂的批评比直接批评还让我们惭愧，以后我们一定按时完成作业。

上例中的教师在学生未按照要求完成背诵时，自己做了示范背诵。虽然对学生未说一句批评的话，但王老师的背诵就是最好的教育语言。

（2）肯定法。这种方法是对所要批评的事实进行分析,挖掘出其中值得肯定之处,激起同学自我批评的心理动机,从而使其获得重塑的内驱力,自觉地认识缺点和错误,进行纠正。

【示例】

"四块糖果"

陶行知在育才小学当校长的时候,有一次看到一个叫王友的同学用泥块砸班上的男同学,当即制止了他,并让他放学时到校长室来一趟。放学后,陶行知来到校长室时,看到王友已经等在门口准备挨训了。不想陶行知从口袋里掏出一颗糖递给王友说:"这是奖给你的,因为你按时到了,而我却迟到了。"王友惊异地接过糖果。随之,陶行知又掏出一块糖果放到他手里,"这第二块糖果也是奖给你的,因为当我不让你再打人时,你立即就住手了,这说明你很尊重我,我应该奖你。"王友更惊异了。陶行知又掏出第三块糖果塞到王友手里,"我调查过了你用泥块砸那些男生,是因为他们不守游戏规则,欺负女生。你砸他们,说明你很正直善良,而且有跟坏人作斗争的勇气,应该奖励你啊!"王友感动极了,流着眼泪后悔地喊道:"陶……陶校长,你打我两下吧! 我砸的不是坏人,而是自己的同学啊……"陶行知满意地笑了。他随即掏出第四块糖果递给王友,"为你正确认识错误,我再奖你一块糖果,只可惜我只有这一块糖果了。我的糖果完了,我看我们的谈话也该完了吧!"

在这个故事中,陶行知先生在与学生谈话前,通过调查了解到了学生动手的起因,从中看到学生具有正直善良的品行;他从学生按时来到办公室愿意接受教育的行动中,看到了学生愿意改正缺点的良好本质,并加以肯定;他不因为学生是犯了错误来接受教育的就歧视他,而是平等对待,以礼相待。他处处发现学生身上的闪光点,所以一再地肯定他的优点,加以表扬,激发出学生改正缺点的自觉愿望。

（3）暗示法。这是一种旁敲侧击的方法,在不伤害当事人自尊和面子的情况下,把批评意见委婉地说出来。因为暗示是在无对抗的条件下互相影响的一种心理行为,不会引起被批评幼儿的反感和对立,从而能形成接受批评的最佳心理状态。

【示例】

一次晚自习,有学生心不在焉,东张西望,看到邻桌同学有本封面精美的书时,便转过头去问:"你这本书在哪里买的? 我也想买一本。"这话给正好走到他身边的老师听到了,老师轻轻地对他说:"我劝你最好别去买了,因为如果你买了这种书,调皮的同学都会借口跟你搭腔,影响你的学习的。"

这位老师没有点明这位同学在自习时间讲话是不对的,而是借用"搭腔"的说法提醒他,并指出了晚自习时随便说话的害处:影响自己和别人的学习。学生听到老师的这段话,自然能明白意思,但由于老师没有直接点名批评,给他留了面子,所以他也就不会和老师有对立情绪,从而愿意改正东张西望的毛病,集中注意力读书的。

（4）宽容法。这是采用宽大的方式,理解和原谅幼儿的缺点和错误,促使其自觉改正的批评语形式。宽容是人性的一种美德。金无足赤,人无完人,当然也没有不犯错误的幼儿。教师对幼儿的缺点错误要能容忍,不能一看到幼儿出现了点问题,就恨铁不成钢,横眉冷对,张口指责。实践证明,对犯错误的幼儿采用适当宽容的批评方法,有利于幼儿改正缺点和错误。

【示例】

捧起一颗摔碎在地上的自尊心

一位六年级的女生,成绩平平,为了能在期末考试时一鸣惊人,让老师和同学对自己刮目相看,她想事先得到一张试卷,便在放学后打开办公室窗户跳进去找试卷。一位老师听到声音后,在敲不开办公室门的情况下,也从窗户爬了进去并拉亮了灯。女孩用双手紧紧地把脸藏起来,顽强地守护着自己最后一点可怜的自尊。这位老师没有拉下她的手,而是问她:"小姑娘,你是在这学校念书吗?"女孩点了点头。"你不要露出你的脸,也不要说话。你回答我的问题只点头或摇头就行。你来这儿,是要找一件你想要的东西吗?"女孩点点头。"这东西属于你吗?"女孩摇头。"不属于我们的东西,不管它的价值如何,我们都不应该拿,对不对?"女孩又点了点头。"记住我的话,你走吧,小姑娘。明天你来上学的时候,依然是个天真可爱的孩子。"许多年过去了,那个女孩如今回到母校为人师表了。每当她想起当年把她那一不小心摔碎在地上的自尊心轻轻捧起、抚平,然后又温柔地交给她的那位老师时,女孩总是一如既往地被深深感动着。

　　示例中的这位老师用宽容的批评方法对这位学生进行教育。面对捂着脸的学生,能够尊重她的自尊,心平气和地对她启迪教育,体现了这位老师对学生深厚的爱和博大的胸怀。

【技能训练】

　　1. 这是教育家孙敬修爷爷的一则教育故事,请你有感情地读一读,然后谈谈孙敬修爷爷是运用什么手法对小朋友进行批评教育的,这种方法的好处是什么?

　　有一次,教育家孙敬修爷爷看到几个小朋友在折树枝,他便走到他们身边,弯下腰将耳朵贴到树枝上认真地聆听。孩子们好奇地问:"爷爷,您在听什么?"孙爷爷说:"我在听小树的哭声。"孩子们更奇怪了:"小树也会哭吗?""是啊,你们折它的胳膊,它当然要哭了。它还说,它和伙伴们绿化我们的城市,长大后为建设祖国服务,好孩子都应当爱护它们。"孩子们听了以后,脸红了。后来他们自发组成了护林小组。

　　2. 下面是特级教师丁榕老师处理过的一起学生偷笔事件。请分析丁老师的话,说说其中所包含的内涵。

　　丁老师发现某个同学拿了别人的笔后,没有声张,而是专门买了一支笔,送给这位学生,说:"我知道你需要笔。"老师的爱和宽容使这位同学声泪俱下地承认了自己的错误,将偷来的笔还给了同学。

　　3. 请分小组讨论下面的例子,设计老师与这位女生谈话的教育语言。

　　有一位非常敏感、胆小的女生,因为父母要求她到老师那里背诵英语的任务未完成,担心受到父母的责怪,就自己在书上照老师的笔迹写上"A+",回家后瞒过了父母。可她心里总是忐忑不安,最后还是鼓起勇气向父母承认了错误,而父母为此很生气。于是她把这件事写在了日记上。日记的最后一句是:"不知老师知道后会不会批评我?"

　　4. 假设下面例子中的这位同学是你班上的学生,现在值周老师向你告状,你准备如何对这位同学进行批评教育?

　　学校为了美化校园,做出规定,摘一朵花罚款1元钱。有位学生摘了一朵花被值周老师发现了。老师叫学生交1元钱罚金。这位学生掏出2元钱交给老师,随手又摘了一朵花,并对老师说:"不要找钱了。"老师气得讲不出话来。

　　5. 请你指出下面这位数学老师的批评语错在哪里? 并就学生上课走神的教育情景,设计批评语。

　　数学课上,老师发现一位学生走神了,就把粉笔头砸了过去,还批评说:"就你那数学成绩,还不认真听! 拉了大家的后腿,把全班的脸都丢尽了!"从此,这位学生患上"数学恐惧症",数学成绩一落千丈。

(五)启迪语的方法及其训练

1.启迪语的概念

启迪语就是教师在教育活动中用来引导和促进幼儿积极主动进行自我教育的语言。在教育活动中应当摒弃灌输式的教育方式,通过与幼儿平等对话的互动活动,实现教育的目的。启迪语的广泛运用,一方面表现了教师对受教育者的尊重和信任,即相信幼儿有自我完善的需要,以及在教师的引导下进行自我教育的能力;另一方面,也为在教育活动中能够更好地发挥幼儿的主体作用,调动幼儿进行自我教育的主观能动性创造了条件。

2.运用启迪语的要求

(1)善于设问。启迪语中的设问与沟通语中的询问不一样,这是一种明知故问。教师不将自己的想法灌输给幼儿,而是通过提出富有启发性的问题,激发幼儿思考,从而引导他们对问题做出正确的分析判断和评价。

(2)相信幼儿。在教育活动中,教师必须对幼儿有信心,相信他们经过启发教育是可以明白事理,不断进步的。因为只有这样,教师才会对幼儿循循善诱,幼儿也才能从教师的语言中感受到期望和信赖,从而主动打开自己的心扉,接受教师的指导。

(3)富有耐心。思想的启迪不是一蹴而就的事情,所以教师在启发教育时一定要有耐心。这耐心表现在对同一个幼儿的同一个问题,教师可能要进行多次的启发教育;这耐心还表现在对同一个问题,你可能要对不同的幼儿进行多次的启发教育。在小学,常会听到有些教师抱怨的话语:"我说过多少遍了,你怎么不长记性呢?""你怎么老不改呢?"这些语言都是没有耐心的表现,是教育活动中的忌语。

3.启迪语的类型

(1)设问引导法。这是师生对话活动中最常用的形式。教师依据教育内容,设计出一系列问题让幼儿思考,启发引导他们通过自我感悟明辨是非,实现自我教育。

【示例】

一次校会,邻班同学损坏了我班一把椅子,虽经修理后还能用,但一不小心它就嘎嘎吱吱地"呻吟"。这天全校锯炉柴,操场上摆满了各班的椅子。回到教室时,老师发现那把坏椅子不见了,而多了一把新椅子。同学都推说不知道,班长也支吾。老师明白:一定是同学趁机用坏椅子换了邻班的新椅子。老师正在琢磨该怎么教育同学时,一年级的小同学拖着一根炉柴进来了。"老师,这是你们班的炉柴,我们班的同学不小心拖错了,现在给你们送来。"老师心里一动,连忙拉住她问:"你为什么要把炉柴送回来呀?""因为炉柴是你们班的,我们不能要。"老师故意问:"假如我们班的同学故意拖过你们班的炉柴,现在你们发现错拖了我们班的炉柴后,你们还会把炉柴送回来吗?""那样我们也会把炉柴送回来的。""为什么呢?""因为……因为我们应该这样做。"她大声回答。于是我转向我们班的同学:"大家说她回答得好不好?""好!"教室里响起一片掌声。一些同学此时明白了老师的用意,都低下了头。下课后,班长和几位同学一起搬起那把新椅子,向四班教室走去。

这个例子中的老师,发现问题后没有批评学生,而是在"琢磨该怎么教育同学",一个"琢磨"就显示出老师的智慧。不用批评的方法,就在和其他一位同学的问答中,启迪本班同学用实际行动改正了自己的缺点。

(2)类比启迪法。利用幼儿爱形象思维的特点,依据教育内容,或选择有针对性的小故事,或用生活中一些生动的例子打比方,启迪教育他们,这就是类比启迪法。

【示例】

阿楠给罗刚起外号,罗刚把阿楠的书包扔在地上。为此老师找罗刚谈话。老师对他说:"一个人走路时被路边的石头绊了一脚,脚好痛。他生气极了,又用脚狠狠向石头踢去。你看他聪明吗?"罗刚说:"傻瓜一个!""他傻在哪里?""脚已经痛了,再踢不是更痛吗?""那怎么办?""绕开走不就得了。""别人也会被绊跌跤呀,最好的办法是什么?"罗刚想了想,说:"把石头搬到墙角或垃圾箱里。""对!这样做,脚既不痛,又做了好事。"过了一会儿,沉思后的罗刚说:"老师,阿楠给我起外号是错的,好比石头绊了我的脚。我扔他的书包,就好像踢石头。这样既伤害了他,又伤害了我自己。我去找阿楠谈心,共同把这块'石头'搬掉!"

小学生,尤其是低年级的学生,逻辑思维能力还不强,所以在对他们进行启迪引导时,应当尽量避免哲理性太强的抽象的说教语言,而用类比方法,道理就很容易为他们所接受,这被实践证明是一种很有效的方法。

(3)榜样暗示法。和前一种方法相比,榜样暗示法也要通过举例比较进行引导教育。但不同在于,类比启迪法所举的例子不一定都是正面的例子,而榜样暗示法所举例子肯定都是正面的。这种方法常常用在和一些自尊心特别强而心理又比较敏感的幼儿的谈话中,这样,既可以保护他们的自尊,也不致引发他们对老师的抵触情绪。

【示例】

(几位学生帮老师做杂事时,与老师展开了对话)

生甲:熊老师,我就想玩,像帮您做这些事,我乐意,就是不大愿意做作业和读书。

师:对头,我也想玩,我还一直认为爱玩不一定是缺点。而且,玩还要玩痛快。

生乙:我就图玩个痛快,但是作业没做完,值日生查到了又叫我们补,不补,老师会狠狠地批评我们,只好补,课间不能玩,甚至放学了还走不成。

师:这样,实际上没玩安逸。不知你们注意没有,何兵同学……对了,你(对甲)跟他很要好,该了解他。我发现他并不"勤奋",从没在课间或放学后赶什么作业,哪怕是要考试了,他也不占用休息时间用功,玩得够可以的。

生甲、乙:就是。但他的成绩还可以。

师:什么道理呢?有一次我问他……

生甲:(抢着说)我了解,我挨着他坐的那一段时间,看见他上课认真听讲,发言积极。当老师布置作业后,他马上聚精会神地做,一点儿也不东张西望,有几次我找他讲笑话,他始终不理我。

师:那么,家庭作业呢?

生乙:这我清楚(该生是何兵的邻居)。他回家第一件事就是做作业,完了才玩。而我却是把书包往家一丢,就去找朋友玩,玩了再说。

这位教师创造了一个能够与这些有缺点的学生平等、自由、轻松对话的机会,同时也使学生感受到教师对他们的信任和尊重。在这个教育活动中,教师对于学生暴露的贪玩不想学习的真实想法,及时进行了启迪引导,让他们明白怎样才能做到既能玩好又能学好。

(4)自我思考法。教师对幼儿进行启迪教育,有时可以将问题提出后,容幼儿事后自己思考和感悟。这种方法的好处是可以使幼儿感受到教师对自己的一种信任,因此能更好地发挥自己的主观能动性,在更大程度上实现自我教育。

【示例】

吃饭时,一位农村来的学生将一个肉包子一掰两半,啃掉肉馅,将包子皮儿"咚!"随手扔进泔水桶里便扬长而去。班主任找他个别谈话:"这个周的周记你就写你丢包子这件事。如你感到难写,我建议你想想下面几个问题再下笔:第一,你当时是怎么想的,过后有没有想过这件'小事';第二,这个肉包子是你花钱买的,但这买包子的钱是哪来的;第三,你父母是农民,如果他们看到了你刚才丢包子的情景,将会做出什么反应;第四,我今天建议你写这篇周记,你认为是否必要。"

上面的例子中班主任老师发现这位学生的错误行为后,不是立即责骂,而是提出一些与之相关的问题让学生思考,并要求学生将思考的结果用书面的形式呈现,这样一来,学生对自己的行为进行思考的同时实现了自我教育,而教师也可以从点滴细微之处看学生是否发生了预期的变化,由此判断教育的效果。

【技能训练】

1.下面这段对话中,教师是怎样运用启迪语形式教育小强的? 结合这个例子说说运用这种启迪语的好处是什么?

有一位小同学站队时总是拖拖拉拉不想站,他不是在教室里磨蹭,就是跑到一边去玩。一天,放学站队的时候,那位小同学在后面磨蹭着玩,这时一群大雁从头顶上飞过,老师把那位同学叫过来,拍着他的肩膀说:"小强,你看见了吗? 这群大雁排队排得多整齐呀,它们一会儿排成个'人'字,一会儿排成个'一'字,没有一个不守纪律的。你知道他们为什么没有一个不排队的吗?"小强说:"不知道。"老师接着说:"因为那样会脱离集体,会掉队,掉队就会迷失方向,遇到危险。"小强渐渐明白过来,说:"老师,我懂了,连大雁都知道排队,我还不如大雁呢,我要向大雁学习。"以后这位小同学站队时真得不再磨蹭了。

2.请将下面这位老师的批评语设计成启迪语。

上学的路上,一个同学边走路边拍球,差点被车撞到。老师看见,吓出一身冷汗,生气地对他说:"你真是活得不耐烦了! 什么地方不能拍球,偏偏在车这么多的路上,你有几条命? ——现在就把球交出来,以后再也不准你玩球了!"

3.请你将下面这位老师的话设计成启迪语。

寒假前,老师对学生进行安全教育。老师说:"过新年同学们会放鞭炮,但放不好就会崩瞎眼;现在一些同学开始学骑自行车,弄不好也会摔破头、跌断腿。谁要想试试的话,他只好做'独眼龙'、'铁拐李'了!"

(六)鼓励语的方法与训练

1.鼓励语的概念

鼓励语是教师在幼儿有畏难情绪、信心不足时,帮助他们树立信心,推动他们前进的教育语言,也是在幼儿取得一定成绩,激励他们向更高目标迈进的教育语言。鼓励语一般不单独使用,而是常常与别的教育语言结合使用,在表扬、批评、启迪后,用鼓励语激发幼儿的信心,指出努力的方向。

2.鼓励语的作用

(1)正确认识自我,增强自信心。

（2）激发向上的动机，增强行动内驱力。

3.鼓励语的要求及类型

在教育实践中，鼓励语经常运用在一些比赛活动或集体活动开始前，以此激发活动参与者的信心与热情；也常常运用在集体活动结束时，以此激励幼儿向更高的目标努力。根据鼓励语激励方式的不同，可以分为以下几类。

（1）夸奖式。通过夸奖幼儿的某方面长处，唤起他们的自信，从而激励他们向着某一目标迈进。

【示例】

于老师借班上公开课，请一位叫马超的同学朗读课文。马超不是丢字就是添字，不是读错就是把句子读断。但他不怕错、不气馁，当着那么多听课老师的面，竭尽全力地大声念每个字。在于老师的指导下，终于读下来了。于老师说："马超，你真是好样的。"课间，马超坐在位子上，一字一字地大声读课文，于老师劝他"放松放松"，他说："我要读书。"第二节课，于老师又给了他一次朗读的机会，他竟然较流畅地朗读完了。

在公开课上，无意中请到一个朗读能力很差的学生，把好端端的文章读得支离破碎，老师不批评他已经是很有涵养了，而于老师却能从学生的态度中找到肯定的因素。马超后来的表现，证明了教师鼓励语对学生进步成长的巨大激励作用。

（2）启发式。通过启发，激励幼儿自我行动的愿望，从而去实现目标。

【示例】

全国各阶层人士捐钱捐物为贫困山区的孩子献爱心。为了使学生理解"希望工程"的意义，激发学生刻苦学习的精神，老师组织学生举行了"希望在我心中"主题队会。主题队会结束时，辅导员老师说：同学们，"希望工程"是对我们贫困山区孩子的关怀，我们中队有 60 名队员被列为救助儿童，对这件事我既高兴又难过。高兴的是有了这些资助，同学们能够安心学习了；难过的是，我在想，我们这里这样贫困，自然环境不好是一个原因，但还有一个重要原因就是文化教育落后。而文化教育落后造成各方面的落后，导致贫困。因此，我殷切地希望你们要发愤学习，多掌握科学知识，将来为摆脱贫困做贡献，用实际行动来回报全国人民对贫困地区孩子的关心、爱心。

这个例子中，学生被资助而能继续学习，这是一件高兴的事，为什么辅导员会难过呢？当他把难过的原因之一——文化教育落后导致贫困分析出来后，再要求同学发愤学习，就容易被学生内化为自己的目标。

（3）激将式。这是用刺激性的话或反面的话鼓励幼儿去做原来不愿做或不敢做的事。

【示例】

江苏海门东州小学仇汉江老师班上有一位学生特别喜欢下象棋，但英语成绩却一直不尽如人意。他多次和仇老师较量棋艺，但从未赢过。有一次，仇老师故意输给了他，他的信心倍增，说他还能赢。仇老师说："你能下出这样的好棋，就一定能学好英语，等你的英语成绩上来了，我再和你下。"他表现出畏难情绪，仇老师又鼓励他说："一个能下好棋的人，就一定是聪明人，而一个聪明人就一定能学好英语。以前你是没有把学英语当成一回事，所以你没有学好，现在你把学象棋的劲儿用到学英语上去，还有学不好的道理吗？"后来他果真把对下象棋的自信心迁移到学习英语中去，英语成绩有了很大的提高。

"等你的英语成绩上来了，我再和你下"，这句话从表面上看是老师拒绝了学生下棋的请求,实质是利用其爱下棋的心理进行刺激,激发他提高英语成绩。

(4)号召式。在集体活动中,教师布置任务或总结工作时,用富有激情和鼓励性的语言,对幼儿提出希望和要求,激励大家不断进步。

【示例】

辅导员:我们这次主题活动开展得很成功,很有意义。我相信大家能从这次活动中受到教育,得到启发。队员们快快行动起来吧,比一比谁的行为习惯最符合《小学生日常行为规范》,比一比谁的行动最快,进步最大,我希望大家都进步。

【技能训练】

1.请你为下面的这位老师设计鼓励语。

学生瑞宁的普通话音美调准,全班同学对她参加学校朗诵比赛满怀希望。但在临赛的前一天,学校要求她更换朗诵的内容。班主任按要求给她重新选好了材料。可她却以时间来不及为由打算放弃比赛。

2.每周一集体晨会时,都要举行庄严的升旗仪式,每次的光荣旗手都是由各班轮流评选决定的。同学们都非常珍惜这难得的机会,都希望自己能被选上,也可以光荣一回。有位老师就举行了"评选光荣升旗手"的晨会。

(1)请你设计活动开始时的鼓励语。

(2)请你设计活动结束时的鼓励语。

3.有一位同学期中考试六门功课中有三门不及格,班主任找他谈话,下面是两种谈话内容。你认为哪一种谈话内容能收到较好的效果,请说明理由。

(1)"期中考试六门功课,你竟有三门不及格!上课开小差,作业不肯交,我看你根本不是读书的料。如果期末仍然考不好,那你就干脆不要再读下去了!"

(2)"这次你三门功课没有考好,真出乎我的意料。有人说你天资低下,我认为并非如此。恰恰相反,你反应很快,就是舍不得用功。一次考试失败了并不可怕,可怕的是无动于衷、自甘落后。我相信你一定能汲取这次的经验教训,发挥你的聪明才智,在期末考试时打个翻身仗,让事实证明你是好样的!"

三、幼儿教师教育语言的综合训练

(一)幼儿教师教育语言综合运用的要求

教育语言的综合运用,就是针对特定的教育对象,根据特定的教育内容,结合具体的教育环境,通过两种以上形式的教育语言的组合运用,开展教育活动。教育语言综合运用的意义在于,一方面避免了教育活动中教育形式的单一枯燥;另一方面又能将各种教育语言的优势进行整合,产生一加一大于二的教育效果。在综合运用教育语言时,有以下两点要求:

第一,灵活性原则。教育语言的综合运用是一种艺术。幼儿教师教育的对象是一个个独特的复杂的生命体,只有具有针对性的个性化教育才能有效果。教育活动又是一个生成性的互动过程,在这个过程中,随着教育内容的深入,教育对象的心理、态度、认识常常会发生变化,所以教师必须针对教育对象的变化,灵活地调整自己的教育方式。于是,灵活地运用各种教育语言,才能使教育活动最大限度地发挥作用。综合运用教育语言需要灵活性,但也不是无章可循的。在教育活动开始时,教师应运用沟通语了解情况,以便有针对性地选择教育方式;在教育活动过程中,不论是运用启迪、说服、表扬还是运用批评语的形式,都应及时运用沟通语了解幼儿对教育活动的反应,并据此灵活变换教育形式;在教育活动结束时,应尽量使用鼓励语,激励幼儿,以保证教育活动产生积极的效果。

第二,肯定评价为主原则。教育实践证明,给予肯定性评价对幼儿树立自尊与自信,促进他们的健康成长意义重大。所以在教育活动中,要尽量发掘幼儿的优点,给予表扬和鼓励,要慎用批评语,特别是在运用批评语时,要结合运用启迪语加以引导,还应运用鼓励语进行激励。

(二)幼儿教师教育语言综合运用

1.个别谈话中教育语言的综合运用

个别谈话是指教师与幼儿一对一的谈话形式。个别谈话的特点:一是针对性,能够针对"这一个"幼儿的情况,有的放矢地进行教育;二是交流性,当幼儿遇到困难、有了困惑时,当教师对幼儿发生的问题了解不太清楚、需要询问时,采用个别谈话的方式,能够为谈话营造亲切宽松的气氛,既利于老师了解情况,也便于幼儿向老师吐露心声;三是私密性,因为没有第三方在场,对自尊性比较强的幼儿,或一贯表现比较好的幼儿,要进行批评教育时,这种方式能够保护幼儿的自尊,有利于幼儿接受老师的批评教育。根据以上所述,要开展好个别谈话需要做到:第一,有的放矢,不泛泛而谈;第二,善于沟通,注意倾听;第三,选择安静无人的场合,不随便外传谈话内容。

【示例】

李晓峰在课堂上,趁数学老师在黑板上领着学生做习题时,悄悄地把装在信封里的几只蜜蜂倒在前排两位女同学的书桌上,吓得女同学"嗷嗷"叫着跑开书桌。教室里一片哗然。下课后,班主任刘老师与他谈话。刘老师把他让到座位上问:"你喜欢蜜蜂吗?"李晓峰低头回答:"喜欢。"刘老师又问:"你不怕蜜蜂蜇吗?"李晓峰回答:"不怕。"刘老师又问:"为什么?"李晓峰回答:"我们家养蜂,我常跟爸爸摆弄蜜蜂。"刘老师高兴起来:"原来是这样! 你能说说课余时间跟爸爸养蜂有什么好处吗? 比如学习养蜂技术对促进学习……"李晓峰听了抬起了头,眼睛一下子明亮起来,滔滔不绝地说开了,刘老师边听边点头。等他介绍完了,刘老师说:"听你说起养蜂技术来一条一条的,头头是道,还真不简单。你不仅帮助家里干了活,也有利于自己的学习。看来你不但爱劳动,也肯动脑子,语言表达也不错。"李晓峰不好意思地笑了。刘老师问他:"你愿意帮助同学们学习养蜂吗?"李晓峰高兴地说:"我愿意,我一定会帮助同学学会养蜂!"刘老师诙谐地说:"很多同学别说养蜂,见了蜜蜂都害怕,特别是女同学。你要先从教他们不怕蜜蜂、爱蜜蜂做起……"李晓峰听了低下了头,接着又连连点了两下头,羞愧地说:"老师,我在课上用蜜蜂吓唬女同学,我错了! ……"刘老师说:"知道错了就行了,你该多想想怎么教会同学们养蜂。"

这是一个学生搅乱课堂纪律的偶发事件。小学生由于自控能力不强,常常会在课堂上讲话、做小动作。在这个示例中,刘老师见到学生首先把他让到座位上,而不是像有些教师那样,让学生站在那里,先训斥。刘老师这种平等地对待教育对象的态度,就使准备来挨批的学生紧张的情绪得到放松,进而对教师产生了一种信任和感激,为接下去的谈话创造了一种比较宽松的氛围。整个谈话活动,刘老师始终没有正面提及课堂上李晓峰用蜜蜂吓女生的情节,而是围绕着蜜蜂这个话题,运用沟通、启迪、表扬及鼓励等多种教育语言,最终使学生自己心情愉快地认了错,而且信心十足地准备带领同学开展养蜜蜂的课外活动。这个示例使我们看到,能够正确运用各种形式的教育语言与学生谈话,对促进学生健康成长的作用是巨大的。

2.集体谈话中教育语言的综合运用

集体谈话是指教师在公开场合,与全体同学之间的教育谈话,这种谈话常常是在班级活动过程中。集体谈话的特点:一是具有代表性,集体谈话的内容所涉及的是这个集体中具有代表性的人或事;二是具有公众性,集体谈话面对的是全体同学,教育的面广;三是具有公开性,教育谈话内容为全体同学所知晓。

根据以上特点,集体谈话应做到:第一,集体谈话的话题,涉及的教育内容要有代表性,这样才能引起幼儿的兴趣,也才能对大多数同学有教育意义,切忌对个别现象或偶尔出现的问题喋喋不休地唠叨;第二,谈话的内容应面向所有同学,谈话中一方面要善于调动幼儿中的积极因素,让幼儿互相教育,另一方面要避免顾此失彼的现象发生,如进行表扬时,切忌因为表扬这一部分幼儿而打击、伤害了另外一部分幼儿,还不能遗忘个别幼儿;第三,要多用肯定性评价,由此激励幼儿的上进心和自尊心,要慎用否定性评价,特别要掌握批评语的分寸和尺度,保护幼儿的自尊。

【示例】

开学第一天,周老师在分发新课本时注意到有几本书因为包装捆绑过紧,被勒出了深深的印迹。他知道这几本书如果不加以处理就分发,肯定会出现问题。于是他进行了下面的教育谈话:

周老师对同学们说:"老师这里有几本书因为包装运输的原因,留下一些印痕。这几本书该发给谁?"教室里窃窃私语,周老师请几个同学发言。有的说,按顺序发,轮到谁,就是谁;有的说根据成绩,分给成绩差的同学;甚至有同学说抓阄……终于有个同学发言了:"老师,发给我一本吧。"周老师立刻追问:"你为什么愿意要有印痕的书呢?""因为总得有人要的,不如我要了吧!"周老师立即表扬:"让我们为她的这种为他人着想,宁愿自己吃亏的精神鼓掌!"顿时,全班响起了一阵热烈的掌声。"还有哪些同学愿意得到一本?"一些手举起来,也有一些同学犹豫着。周老师有意在教室巡视了一遍,故意在一些目光不够坚定的同学面前停一下。(用动作来鼓励)最后,全班同学的手都举了起来。周老师微笑着对同学们说:"老师为我们班同学有这种为他人着想精神感到由衷的高兴,但究竟这几本书该发给谁? 我们还是没有一个明确的标准。这样,我们来一次演讲比赛,看谁能把自己要得到书的理由说得充分,说得有理,谁就能得到一本。大家做评判员,谁说得好,就给他掌声!"一阵七嘴八舌的议论后,有的同学开始发言了:"我们生活在一个集体当中,应当互相帮助,互相关心,宁可自己吃亏,也不贪图小便宜,如果人人都争要好的,那书就发不下去了。"顿时教室里一片掌声。有同学登台了:"鸟美在羽毛,人美在心灵。书籍的好坏重要的不是它的外表,而在于它的内容。所以我愿意要一本。"又是一阵雷鸣般的掌声。"只要我细心爱护,小心修整,书可能比别人的还要漂亮!""孔融让梨的故事大家都听说过吧! 古人尚能如此,何况我们新时代的学生!""古人说,一屋不扫,何以扫天下? 这点小事都处理不好,我们怎么担当起未来赋予我们的重任?"一阵又一阵掌声,把教室的气氛推向了高潮。周老师把每一种新颖的观点都归纳概括出来,写在黑板上,并且适时补充诱导,有好几个同学的演讲精辟深入。周老师再一次"穷追不舍":"我们集体生活中,还有哪些地方需要有这种'吃亏'精神?"于是同学们又讨论开了:捡起不是自己扔的纸屑,分发东西不挑不选,劳动不拈轻怕重,肯干脏活累活……最后,大家评选出演讲的前三名,他们拿到了有印痕的书,周老师号召全班同学向他们学习。最后,所有的课本都愉快地分发下去了。

这个示例中的问题或类似的问题,可能是许多老师都碰到过的,如果按习惯的做法,随机发下去,看似公平,实则未能帮助学生从认识上解决问题。例子中的老师善于捕捉教育契机,进行了集体谈话。教师运用沟通、启迪、表扬、鼓励等教育语言,充分调动了榜样和舆论的作用,把思想教育变成了学生内在的需求,进行"肯吃亏"思想的教育和渗透,从学生的思想观念上着手解决问题,还采用了讨论、演说、竞赛等丰富的教育手段,充分调动了学生的主观能动性,让学生自己教育自己。

【技能训练】

1. 下面是一则个别谈话教育的例子,读后请分析李老师是如何综合运用教育语言对学生小光进行教育的。

学生小光期中考试才考了30分,可李老师没批评他,反而在吃饭时跟他足球、排球、乒乓球地谈个没完,临走时才拍着他的肩膀,用几乎只有他俩才能听得到的声音,低声而又深情地说:"小光啊,你脑袋也不笨,怎么这几次考试老不及格呢? 是不是光顾玩球了? 真太可惜了! 如果这样下去,将来出校怎么办呢? 你就长长志气,来股学劲,撵撵他们。小光,从明天开始鼓劲儿,有啥困难找老师,好吗?"小光不好意思地低下了头,半天没吱声。李老师说:"小光,我就不信你这球王,在学习上迈不动步,我等你下次及格!"第二天,快放学了,小光才拿着作业本,不好意思地来到李老师身旁。李老师抬头微笑地看着小光,连声说:"好! 好!"就把作业本放在桌上,让小光回去了,小光刚走出办公室,李老师就急匆匆地起身,在路上追上小光,肩并肩地走着,热情地说:"小光,这不交上作业了吗? 太叫我高兴了。我就知道你不会叫我失望的! 小光,今天作业可交晚了,明天早点,按时交,能做到吧!"小光使劲儿地点点头,深情地望了李老师一眼,便一溜烟地跑了。不久一次小考,小光考了个63分,这是全班最低分。可李老师乐呵呵地把小光找进办公室:"小光,你的素质不错,不少同学都羡慕你脑瓜好使,我最羡慕的是你的毅力。打球你有毅力,你这回学习上也有了毅力,我就放心了。这次及格了,首创纪录,不错! 下次争取再提5分,5分,能办到吗?"小光很快地点点头,乐颠颠地跑回班级。

2. 下面是一个集体谈话的例子,请分析在这一谈话过程中,老师运用了哪几种形式的教育语言。

师:同学们,新千年的六一儿童节刚刚过去,相信精彩纷呈的班级游戏活动、紧张激烈的级部争创"小龙人吉尼斯"活动、轻松愉悦的"跳蚤市场购物"活动,都给大家留下了美好的回忆。回顾这次"六一"节,哪些事、哪个活动给你的印象最深刻? 活动中,你感受到什么最快乐?

生:"六一"节的确给我留下了深刻的印象,但似乎也没有什么特别的快乐之处。

师:同学们,记得老师在小学读书时,最大的快乐就得数每学期拿到"三好学生"证书及奖品,以及每一年的儿童节。前者是因为自己付出了努力,品尝到了成功的喜悦,更是领略到了"一分耕耘,一分收获"的真正含义! 后者的快乐劲儿就别提了! 虽然每年的活动内容变化不大,但每次都觉得很开心,游园会上所得的每份奖品都是自己亲身实践得来的,来之不易! 所以,在老师心中,一直认为"六一"节最快乐。可是,听了同学们刚才的交流,似乎快乐的节日也就这么平常,并没有真正感受到快乐。其实,快乐就在你们身边,它不是别人给予的,而是要靠自己去亲身体验! 同学们再仔细想想,这么丰富多彩的活动,你在什么地方感到了快乐?

生:(谈话略)

师:同学们的感受越来越深刻,谈得越来越棒了! 是呀,你们平时都是"衣来伸手,饭来张口"的宝贝,爸爸妈妈总是不辞辛劳地照顾你们,你们在接受别人的付出时,也懂得了需要回报。其实,主动的、心甘情愿的付出,是一种至高无上的快乐,达到这种境界,相信你永远都是一个快乐的人。总之，快乐就在你们身边，只要你用心去体验，就会拥有快乐。最后，祝同学们都能成为最快乐的人！

【思考拓展】

1. 在掌握基本的教育语言技巧的基础上，教师还应该在实践运用中注意什么问题？

2. 请利用到幼儿园见习的机会，认真收集1～2个教育语言的实例；条件不允许的则采用查资料的方式收集。然后请同学将自己收集到的实例在课堂上进行交流。

3. 请你将下面这位老师的批评语设计成启迪语。

上学的路上，一个同学边走路边拍球，差点儿被车撞到。老师看见，吓出了一身汗，生气地对他说："你真是活得不耐烦了！什么地方不能拍球？偏偏在车这么多的路上？你有几条命？——把球交出来，以后再也不准你玩球了！"

4. 请你根据下面的两段材料，设计一段班主任与同学之间的谈话，要求运用表扬、说服、启迪、鼓励等教育语言。

(1)有个同学在区英语口语竞赛中获得小学组第一名，并将要代表区里去参加市英语口语竞赛。为了使她能正确对待荣誉，有良好的心理状态参加市里的比赛，并处理好比赛和学习的关系，班主任准备和他谈一次话。

(2)学校即将召开春季运动会，六(1)班体育委员在组织同学报名时，同学们积极性不高。有的人说："马上就要参加升初中的考试了，忙复习还来不及呢！"有的同学说："我倒是想参加，可我妈妈不允许，她说，万一扭了胳膊、伤了腿，影响就大了。"有的说："就要毕业了，我们班得不得名次，无所谓了。"还有的说："关键时候，你们这些班干部带头呀！"班主任决定在晨会时，组织一个"参不参加运动会"的讨论会。

第五节　幼儿教师体态语训练

【训练目标】　本节介绍体态语的发展概况、幼儿教师体态语的特征，学习运用体态语的方法与技巧，重点了解教师体态语在口语训练中的目的、内容和原则；把握教育教学过程中常见手势语的用途和运用原则，通过训练，使自己的手势有力、明确，使自己的眼神专注、自信、准确。

一、体态语概说

体态语言，也称"人体示意语言""态势语""动作语言""无声语言""行为语言"等，它是用表情、手势、眼色、姿态来传递信息、表达情感的辅助工具，是人际交往中一种表情达意的方式。体态语言丰富而微妙，是人们心际的显露、情感的外化。体态语言在人们的日常交际过程中往往起着不可估量的作用。

体态语言既是一种身体语言，也是心理语言的外露。体态语言从另一个层面反映着人的思想境界，反映着人的精神面貌。在日常人际交往中，体态语言是有一定规律可循的。了解这一点，不仅有助于理解别人的意图，而且能够使自己的表达方式更加丰富，表达效果更加直接，进而使人与人之间更和谐。

二、幼儿教师体态语的特征

体态语言是教学内容的有机组成部分,与语言文字共同构成教学信息的完整性。任何教学内容的传授和人际间的来往交流,都不可能由单一的语言形式进行,它总是以灵活多样的体态语言来辅助进行的。

在教学过程中,教师正是通过抑扬顿挫、行云流水般的有声语言和各种体态语言的有机结合,将科学的内容和知识传授给幼儿的。我们知道,教师讲课,不可能一分一秒都不停顿,这里所说的"顿",并不意味着教学过程和师生间的交流中断与暂停,而恰恰就在此时,教师和幼儿的体态语言,如幼儿的眼神、表情,教师的动作、手势等仍在继续进行。这里体态语言弥补了有声语言的局限与间隙,甚至部分或全部替代了有声语言的功能。二者互为补充、相辅相成,既保证了教学的顺利进行,又使教学内容得到完整的反映。

另外,体态语言在教学中与有声语言相比,它更加直观形象,它直接刺激幼儿的视觉器官,将生动逼真的表情动作呈现在幼儿面前。因此,体态语言在教学中,更具有传输信息的功能。体态语言和语言文字二者缺一不可。

(一)传递性和互感性

体态语言具有传递性和互感性,它能沟通教与学的双向情感交流,使教学信息得以顺利传递。我们有这样的体会:如果一位教师以整洁庄重的服饰,端庄大方、和谐有度的教态,清晰准确、生动风趣的语言,洒脱自如、富有魅力的气质贯穿于教学始终,必然会赢得幼儿的信任和尊敬,并能激发幼儿学习的动机与兴趣。

另外,在教学过程中,教师也可以从幼儿专注期待的目光、聚精会神的表情,以及疑惑沉思、揣摸不解的神情中,随时检验自己的教学效果,调整自己的教学方法和进度。教师与幼儿正是通过各自的体态语言相互感染、相互影响,以期达到心灵的契合,从而达到预期的教学目的。例如:

摄制《中幼儿常见心理问题及对策》的卫星电视教材中,一位主讲教师的专业理论知识较为丰厚扎实,但在讲授过程中,教态拘谨、表情严肃、语言平缓。老师整体形象缺乏一种视觉的冲击力和感染力,难以激起幼儿的兴趣与注意,无形中就影响了教学信息的传递。

而另一位教师,教态大方有度、表情丰富传神、语言明快生动,加之一些手势和动作的配合,整个讲授过程挥洒自如。老师整体形象具有感染力和渗透力,这样不仅激发和调动了幼儿的学习情绪,使幼儿从被动接受转变为主动积极的学习,而且也使幼儿的情感欲望和求知欲望得到一定的满足。

(二)释义性和表演性

体态语言具有释义性和表演性,它能通过形体动作把抽象的语言概念形象化、具体化。

【示例】

卫星电视教材《黑白画技法》中,讲到黑白画的几种制作方法,尽管王老师的讲授语言非常准确生动而且富有表现力,但在他未亲自动手进行表演示范前,幼儿得到的只是一些抽象的概念和泛泛的道理,到底如何去做,他们心中仍然无数。

这就是语言本身的抽象性和概括性所致。

另一位老师魏老师进入具体的制作过程,将适量的墨汁倒在干净透明的玻璃板上,然后拿起一尺见方的挂历纸,用挂历纸背后白色的一面贴在倒有墨汁的玻璃板上,双手提着纸的两角上下轻轻抖动使纸上浸粘一定的墨汁后再向上一提,转眼一幅写意的黑白山水画便跃然于纸上。

随着教师语言的讲解,教师凝神汇聚的神态,灵活自如的手腕动作,构成了一个比任何语言描述讲解都要具体、生动、鲜明的视觉形象。正是这独有价值的体态语言,为幼儿打开了思维、想象和创作的大门,让幼儿在观看表演示范中去把握艺术的技巧、领悟艺术的真谛。这就是体态语言所具有的特殊释义功能和化繁为简的魅力所在。

（三）客观性和规定性

体态语言具有客观性和规定性,人们在交际中,某些信息和知识可以直接靠体态语言来进行传输和交流。

【示例】

拍一个有关物理或化学的某项实验,实验教师的每一个具体操作步骤,每一个细微动作以及严格的操作程序,都是作为最主要的信息媒介供幼儿观察、学习、体验和模仿的,这时的体态语言已具有独立的信息传播功能,而有声语言已退居到次要位置。

在演示实验中,教师所做出的不同身姿、手势和动作,是经过千百次实践而总结出的"标准动作",是属于"这一个",它具有客观性和规定性,它带有"只能这样做"或"必须这样做"的含义,有着严格的科学性。

三、幼儿教师体态语的作用及要求

（一）幼儿教师体态语的作用

心理学研究表明:教师体态语的使用对于幼儿右脑潜能的开发,对幼儿的兴趣、爱好、意志的培养以及帮助幼儿健康成长为一个"社会人"等方面有重大作用。幼儿园的教育教学是以游戏和活动为主,并贯穿于幼儿生活之中。幼儿园的教育教学目的不是通过传授系统的知识提高幼儿的文化水平,而是以开发智力、发展体力和能力、培养良好的品德行为习惯为主的。在教育教学活动中,教师和幼儿相互作用的主要媒介手段是口头语言,然而幼儿理解语言的能力差,抽象思维能力和概括能力还处在低级发展阶段,对于直观形象的东西容易理解并感兴趣。口语表达主要是调动孩子的听觉,而体态语的表达更能调动幼儿的视觉,因而它具有形象、生动、鲜明的特征。在教学过程中,幼儿教师恰当运用体态语能激发孩子的思维及语言,能帮助幼儿准确地掌握知识、理解内容。同时,幼儿教师体态语的正确运用,对幼儿的非智力因素的发展有积极的影响。当幼儿因为胆怯而不敢发言时,教师用信任的目光和赞许的点头能使孩子得到自信和勇气;当幼儿大声讲话时,教师用手指着嘴示意停下,能使幼儿认识到自己的错误又不会伤害孩子的自尊,保护了孩子的心理健康,并使教学活动顺利进行。总之,教师的体态语能够起到表情达意、示范育人、组织调控的作用。

（二）幼儿教师体态语的要求

体态语的设计旨在协助有声语言更好地表达自己的思想感情,因而必须做到以下几点。

1.准确、自然、适度

准确就是体态语要和语言同步,采用的体态语应符合教学内容的客观实际及情感基调,符合人物（或角色）的特定身份和个性特征,符合特定环境。

自然就是要大方得体，不矫揉造作，与教学内容协调一致，不要有生硬、做作等毛病。自然是对体态语的第一位要求。动作要自然，自然见真淳。有的人说话时，动作生硬、刻板如木偶；有的人则刻意表演，动作和姿态总是那样做作，像在"背台词"。这都使人觉得别扭、不真实、缺乏诚意。宁要自然的雅拙，不要做作的乖巧。这不是没有道理的。

所谓适度，即要求动作要适量，以不影响听者对你说话的注意力为度，不要用得过多。动作必须与说话的内容、情绪、气氛协调一致，不要故作姿态、故弄玄虚，甚至手口不一。

2.简洁明了

动作要大众化，举手投足要符合一般生活习惯，简洁明了，易于被幼儿看懂和接受。不要搞得烦琐复杂，拖泥带水，不要龇牙咧嘴、手舞足蹈地像在表演戏剧。

3.富有变化

说话时，适当的重复动作是完全必要的，它往往能重现或强调原来的情绪。但不要老重复一种姿势，如果一种表情、一种手势到底，则单调乏味、呆钝死板。因此，要善于随着教学内容的变化适当地变换动作和姿态，以做到生动活泼、富有魅力。

4.把握角色个性

要认真分析理解故事角色的个性特征，在此基础上把语气、语调、表情、眼神、身姿融为一体，协调运用。例如，讲到两只笨狗熊"拣起来闻闻，嗯，喷喷香"时，应在"闻闻"后（不是边讲边做），双手做拿面包状，同时头略低做"闻"状，然后眼睛看着观众，夸张地赞叹"嗯，喷喷香"。这里要注意的是，出语宽松并适当拉长音节，讲好这句话、做好这个动作的基础就是要先明白狐狸此时的贪婪。如果没有内在感情的驱使，是很难将语气、动作、表情完美地结合在一起的，所以要充分理解和掌握角色的个性。

四、幼儿教师教学中常见的态势语类型

态势语是人们在交际中用肢体态势来传递信息、表达感情、表示态度的非有声语言。这种肢体态势既可以支持、修饰或否定言语行为，又可以部分代替言语行为，发挥独立的表达功能，同时又能表达言语行为难以表达的感情和态度。幼儿教学中常见的态势语有情态语言、身势语言、空间语言。

（一）情态语言

情态语言是指人脸上各部位动作构成的表情语言，如目光语言、微笑语言等。在人际交往中，目光语言、微笑语言都能传递大量信息。人的面部表情是人的内心世界的"荧光屏"。人的复杂心理活动无不从面部显现出来。以微笑语言为例，微笑是一种令人愉悦的表情，它可以和有声语言及行动一起互相配合，起到互补作用，在交际中表达深刻的内涵。有魅力的笑能够拨动人的心弦，架起友谊的桥梁。幼儿教师的笑与举止应当协调，以姿助笑，以笑促姿，形成完整、统一、和谐的美，使幼儿感受到愉悦、融洽和温暖。

（1）表示兴趣的。眉毛微微上扬，双眼略略张大，一般口部微张，同时嘴角略上翘呈现微微的笑意，以示关心、重视，且含有鼓励、褒扬成分。

（2）表示满意的。眼睛略闭，嘴角上翘浮出微笑，以示鼓励。

（3）表示亲切的。双眼微眯，嘴角微翘，面露微笑。这是师者之表情常态。

（4）表示询问的。眉毛上扬，眼睛略睁大，嘴微微张开。它与表示兴趣的面势语的共同点

是"关注"，不同的是要去掉微笑，换成疑惑状。

（5）表示严肃的。眉毛微皱，双唇较紧地抿在一起，眼睛略略张大。

（6）表示惊奇的。眉毛上扬，睁大双眼，嘴圆张。

（7）表示愤怒的。眉紧皱，眼圆睁，牙关紧咬致使双唇紧抿，有时伴有面色紫红或苍白。

（二）身势语言

身势语言，也称动作语言，是指人们身体的部位做出表现某种具体含义的动作符号。身势语言能直观地表现老师的心理状态。

1.手势语

（1）翘拇指。主要表示高度称赞、非常佩服、绝对的首屈一指。翘起拇指的动作需要和面部表情密切配合。

（2）抬手。单手上抬用于个体，表示起立，含有请的意思。单手上抬的引申义为"要求某人做某事"。双手上抬，即双手手掌摊开，掌心向上，同时向上轻抬。双手上抬表起立义，还象征坦诚、真诚。

（3）招手。招手动作是抬手动作的延续，也是抬手含义的延续。抬手要求"起立"，招手则进一步要求"走过来"。

（4）鼓掌。鼓掌的基本含义是赞许、肯定，也可用来表示打节奏、提醒、暗号、讽刺等含义。

（5）握拳。攥紧拳头，置于胸前，拳心向内，前后挥动数次，以示力量。

（6）背手。将双手放于身后，一只手握住另一只手。这种态势既可作为"权威"显示，又能起到"镇定"作用。

2.头势语

（1）点头。颈部使头部垂直上下运动一次或两次以上。基本含义是同意或赞成。

（2）侧首。将头从一侧略略倾斜到另一侧。基本义是"关注"，结合面部表情的不同，显现"感兴趣"和"怀疑"两种意思。

（3）摇头。颈部把头从一边转到另一边两次或两次以上，表示不同意或不相信。

（4）鞠躬。主要表现为浅鞠躬：将头部垂下成低首态，然后再抬起来。其含义有两个方面：一是致意；二是表示告别。

3.眼势语

（1）环视。目光在较大范围内做环状扫描。环视可使教师的面部表情显得自然、灵活。如果教师在一节课中完全没有环视行为，就会给幼儿以呆板、不热情或高傲的印象。

（2）注视。目光较长时间地固定于某人或某物。注视辅以不同的视线、视角和不同的表情，可以表达不同的情感。

（3）盯视。使视线集中在某一范围内，目光不流转，甚至连眼都不眨一下。这种眼势可表示强烈兴趣。

（4）怒视。眉毛皱起，双目圆瞪，表示愤怒义。

（三）空间语言

空间语言，指的是社会场合中人与人身体之间所保持的距离间隔。空间距离是无声的，但它对人际交往具有潜在的影响和作用，有时甚至决定着人际交往的成败。人们都是用空间语言来表明对他人的态度和与他人的关系的。

1. 人际距离

人际距离一般可分为四个区域：亲密区(50 厘米以内)、个人区(50～125 厘米)、社交区(125～350 厘米)、公共区(350～750 厘米)。师者进入年龄较小幼儿的亲密区，可示鼓励、安慰或称赞。师生间一般性聊天，可在个人区内。教师站在讲台上讲课，即在公共区域内活动。一节课中，可用 40% 的时间在公共区内活动，60% 的时间在社交区和个人区内活动。这样既便于师生情感沟通，又使教师带给幼儿的心理刺激强度不断变化，从而保持幼儿参与学习活动的兴奋程度。

2. 身体指向

身体指向可分为四种情况：面对面、背对背、肩并肩和 V 形指向。课堂授课、师生谈话通常采用面对面指向。教师板书或布置挂图时需采用背对背指向。背对背时间不宜过长，否则幼儿容易分心走神。肩并肩即师生肩部成一条线，身体面向一个方向。这一指向多出现在师生共同娱乐、游戏中。V 形指向是指教师与幼儿以一定角度相对，如教师指导幼儿解析难题时就可采用这一指向。

3. 课堂走动

一般来说，不同的教室座位排列，制约着教师在课堂内的走动。通常教师不应只把活动范围局限在讲台上，否则留给幼儿的感觉是权威有余，亲切不足。一节课中，教师可将 40% 的时间放在讲台上，用于板书，或强调某些事情；60% 的时间放在讲台下，在讲台与前排幼儿之间以及过道里来回走动。在过道里走动需要注意不能过于深入，一般只能在过道的前三分之一区域内走动，同时要注意走动不能速度过快。走动过快，会分散幼儿听课的注意力，给幼儿以不稳定感。应该做到动静结合，快慢相济，自然随意。

在幼儿教育教学实践中，体态语言无处不存，无时不在，几乎所有的人都自觉与不自觉地运用着它。无论涉及什么内容，采用什么样的形式，体态语言始终在教学中具有不可忽视和不可替代的作用。体态语言作为一种交际媒介，它在教学活动中起着十分重要的作用。我们了解它的性质和功能，目的就是要进一步挖掘其内在潜力，为的是今后能更多更好地为教学服务。

五、幼儿教师体态语的学习方法

(一)明确学习的目的和作用

体态语言在交际实践中有着非常重要的意义，是人们在生活学习中不可离开的一种交际手段。因此，体态语言应该当作一种实用语言来进行学习、研究。只有目的明确了，态度端正了，认识到了它的作用，才能有学好的思想基础。

(二)培养自己的观察和表达能力

体态语是一门学问，是一门艺术，也是一种技能。学习时要在努力掌握基础知识的同时，坚持观察分析别人的表情、手势、体态，并有意识地总结自己的体态语表达。看得多了，感受多了，练得多了，体态语表达能力也就自然而然地增强了。

(三)要具备一定的心理学知识和社会经验

心理学是揭示体态语的钥匙，一个人的动作、姿态、表情，总是受思想和感情支配的。没有一定的心理学知识,很难掌握其中的奥秘。社会经验也是非常重要的,因此不能孤立地学知识,要在积累社会经验的基础上来学习。

　　总之,学前教育专业的学生体态语的训练要明确要求,切合幼儿园教学实际,找出要害,科学有序地严格训练,严格把关,才能使学生在将来能适应幼儿园的教学需要,使态势语这一语言的重要辅助工具发挥更好的作用。

　　【思考拓展】

　　1.态势语有何作用? 态势语的训练包括哪些内容?

　　2.态势语训练的基本要求和原则是什么?

　　3.观看优秀幼儿教师的教学视频,对其态势语进行赏析,并进行由分解到综合的模仿训练。

　　4.为下面的故事设计态势语。

　　她在一座房子的墙角里坐下来,蜷着腿缩成一团。她觉得更冷了。她不敢回家,因为她没卖掉一根火柴,没挣到一个钱,爸爸一定会打她的。再说,家里跟街上一样冷。他们头上只有个房顶,虽然最大的裂缝已经用草和破布堵住了,风还是可以灌进来。

　　她的一双小手几乎冻僵了。啊,哪怕一根小小的火柴,对她也是有好处的! 她敢从成把的火柴里抽出一根,在墙上擦燃了,来暖和暖和自己的小手吗? 她终于抽出了一根。哧! 火柴燃起来了,冒出火焰来了! 她把小手拢在火焰上。多么温暖多么明亮的火焰啊,简直像一支小小的蜡烛。这是一道奇异的火光! 小女孩觉得自己好像坐在一个大火炉前面,火炉装着闪亮的铜脚和铜把手,烧得旺旺的,暖烘烘的,多么舒服啊! 哎,这是怎么回事呢? 她刚把脚伸出去,想让脚也暖和一下,火柴灭了,火炉不见了。她坐在那儿,手里只有一根烧过了的火柴梗。

　　她又擦了一根。火柴燃起来了,发出亮光来了。亮光落在墙上,那儿忽然变得像薄纱那么透明,她可以一直看到屋里。桌上铺着雪白的台布,摆着精致的盘子和碗,肚子里填满了苹果和梅子的烤鹅正冒着香气。更妙的是这只鹅从盘子里跳下来,背上插着刀和叉,摇摇摆摆地在地板上走着,一直向这个穷苦的小女孩走来。这时候,火柴又灭了,她面前只有一堵又厚又冷的墙。

第四章　幼儿教师交际语言训练

【内容提要】　幼儿教师交际语言是幼儿教师语言的重要组成部分。虽然不可能要求所有的幼儿教师在使用交际语言时都具备雄辩口才,但幼儿教师在不同的交际场合说出合适得体的交际语言,也是作为一名合格幼儿教师必须具备的基本素质。因此,本章阐述的是幼儿教师交际语言训练,内容涉及幼儿教师交际语言概述和幼儿教师学习交际语言的重要性,以及掌握在各种场合幼儿教师交际语言的原则与方法,其中重点训练幼儿教师与家长、同事、社区人员交流时需要掌握的原则与方法。

第一节　幼儿教师交际语言概述

【训练目标】　通过本节的学习,初步掌握幼儿教师交际语言的含义、特点以及使用幼儿教师交际语言应遵循的原则。

　　人际交往,是人与人相互联系的一种行为,是人们运用一定方式和手段,交流思想、传递信息,从而达到某种目的的一种社会活动。语言是人类最重要的交际工具。在人际交往中,口语交际是最重要的方式和手段。口语交际是特定的人,在特定的语境里,为了特定的目的,运用语言手段传递信息、交流思想和表达感情的言语活动。幼儿教师交际语言研究的对象不是一般的社交现象,而是对语言的使用,即指幼儿教师在直接性的教育、教学活动之外,以幼儿教师身份参与其他工作所使用的语言。

一、幼儿教师交际语言的定义及其特点

（一）幼儿教师交际语言的定义

　　幼儿教师交际语言是指幼儿教师因各种目的和需求,在各类活动中,与幼儿之外的不同职业、不同类型、不同地位的人员交流沟通所使用的口头语言。即幼儿教师同家长、同事以及社会各界人士之间进行交际所用的语言。

（二）幼儿教师交际语言的特点

1. 双向互动性

　　双向互动性是指听话者接收到说话者的信息后引起的反应。这种反应反馈给说话者,便构成双向的交流,即双方均参与传递信息的活动,相互影响。在这里,说者和听者的地位在不断变化中求得平衡。双方在交流中呈现出双向循环的运动过程。双向互动作为一种双向传输语言信息的交流活动,受到时间、场合、传输方式的制约,具有随机性(除有计划、有预约的会谈和访谈外)、话题的游移性、时间的不定性(随时可能中断)、表达的口语性(由于交谈的随机性,

往往来不及对语言加工润色,多用平实、自然的口语,以达意为主),以及主客体的互变性(听、说互换或问、答交替)等特点。语言交际是由两个或两个以上的人共同参与的一项活动,是一种双向沟通。成功的交际,需要交际者双方合理地组织自己交际的内容和语言。交际的过程实质上是交际双方相互间的信息反馈过程,即双向沟通、信息共享、互相反馈。交际的双方必须自始至终扮演说者与听者的角色。说话者要做到不要使对方感到乏味、疲劳,条理清晰、明白通畅。听者要做到认真听,不随意打断别人的话,与说话者做短时间的目光交流。

2.转换交际角色

在教育教学活动中,幼儿教师交际语言的对象是学生,幼儿教师处于主导地位。幼儿教师在其他工作语境中,是教师角色,但不是教育者角色,交际对象不再是教育对象,双方应处于平等的地位。称谓应礼貌得体,择词要因人、因时、因地、因事而异。维护教师形象要以得体的言谈,体现幼儿教师职业修养和文化涵养,塑造庄重、文雅的教师形象。因此,幼儿教师要具备角色转换意识.既要在交际语言中体现幼儿教师的学识和修养,又不能给对方以居高临下、好为人师的感觉。

3.及时性

及时性是指幼儿教师在运用交际语言时思维的及时性。语言是思维的外壳,思维是语言的内核。口语交际中思维的品质和水平,很大程度上制约着幼儿教师口语交际的质量。口语交际一开始,思维就必须及时跟上,这就要求幼儿教师思维敏捷,反应灵活,表达迅速。否则,就会出现"结结巴巴"的场面。因此,对幼儿教师进行交际语言训练离不开对幼儿教师的思维训练。

4.规范性

语言规范性是指幼儿教师在交际过程中用语的规范。首先,幼儿教师应当遵守国家的规定(即国家教委颁布的《国家通用语言文字法》和《师范院校"教师口语"课程标准》),在语音、词汇、语法等方面符合全国通用的普通话的规范,做到语流通畅,节奏明快,慢而不拖沓,快而不杂乱,语调自然、适度;其次,无论叙事状物、说理抒情都要做到用词恰当、条理清楚、表达得体;最后,注意语言的纯洁性,要杜绝污言秽语,避免口头禅,学会使用礼貌用语。

5.教育性

教育性是指幼儿教师在交际中带有明确的教育目的性。幼儿教师的职责是育人。因此,教师交际的目的也应与教育有关,交际语言的表达内容和形式受到教育目标的制约,语言信息都带有鲜明的教育性。

6.科学性

科学性是指幼儿教师在交谈中所表达的教育理念与内容要科学。幼儿的教育教学的内容和方法的科学性决定了教师交际语言的科学性,同时在与他人交流中也要做到概念准确、判断科学、推理合乎逻辑、分析客观。因此,科学准确也是幼儿教师交际语言的一大特点。

7.突发性

突发性是指幼儿教师语言交际活动.不是事先约好的,一般是在双方没有充分预料的情况下发生的。真正有准备的语言交际活动通常是一些正式场合下的口语表达,而即使是有准备的语言交际仍然要受到现场交流对象的情绪、态度等一些不确定因素的影响而需随时调整。

8.可接受性

可接受性是指幼儿教师在交际中所运用的语言要让交际对象易于接受、乐于接受。教师交际语言必须针对交际对象不同的年龄特点、心理需求、知识水平、职业地位等进行调整,照顾到交际对象的特征,还要考虑不同对象的可接受性,以心理相容为交际原则,先通情后达理,选择对方易于接受的言谈策略,营造和谐氛围。同时,教师还应该照顾到交际的场合,根据当时的交际环境进行恰当的表述,从而达到交际语言最佳效果。

9.适应语境

幼儿教师在使用交际语言时,要适应语境。语境是语言表达和语言交际的环境。它包括语言交际的时间环境、空间环境、交际环境以及交际对象等诸多因素。一个交际者要想实现理想的实际效果,就必须选择恰当的时间和地点,关注环境对人的情绪、心理暗示,了解自己的交际对象,多角度地去关注交际对象,如对方的性别、年龄、身份、职业、情绪、性格、语言习惯、生活习惯、需求爱好等。一个好的表达者,必然是时时刻刻关注听话人,尽量能多地了解对方;反之,目中无人的说话者则必然不会被听者所接受。适应语境的基本原则是因时、因地、因人制宜。幼儿教师在口语交际中,要根据不同的场所、时间、表达对象选择恰当的表达内容和方式。对家长说话要通俗平易;对性格暴躁的人,要温和、简洁明确;对于屡遭挫折的人要亲切热情,要先创造和谐的气氛再做劝慰。

10.生动性

生动性是指幼儿教师在交际中具有较强的语言表现力。首先,教师在与人交际的过程中要倾注真挚的感情,情动于中而言语表;其次,要善于运用得体的态势语辅助口语表达,用姿态、表情增强口语表达效果。生动而富有变化的态势语能形象地表达出自己的思想感情,给他人留下清晰而鲜明的印象。

二、幼儿教师交际语言的应用原则

幼儿教师交际语言既遵循一般交际语言的共通性,又遵循教师其他工作语言个别性的原则。

(一)职业性原则

幼儿教师职业性原则是指幼儿教师在与对方交流时,语言运用要符合教师职业特点。一方面,幼儿教师的职业要求幼儿教师的交际语言必须使用规范标准的普通话;另一方面,教师还要有身份意识,与不同职业、不同性格的人进行交流都要得体,要体现教师的修养与学识,努力塑造端庄、大方的教师形象。

(二)真诚性原则

真诚性原则是指幼儿教师无论接触哪一类人都要真心实意,发自内心地表达自己对谈话对象的要求、赞美、评价,不能让对方感到自己是在故弄玄虚,给对方一种虚伪的感觉。在任何场合中,真诚待人都是交际双方取得成功的重要保证,对幼儿教师而言也是如此。

(三)对象性原则

对象性原则是指幼儿教师谈话交流的内容随着交际对象的不同而有所区别。例如,与文化水平较低的或非教育界人士交谈时尽量少用专业术语,非用不可时尽量给予通俗的解释;与教育界人士交谈时则可用专业术语。与领导或学长交谈时尽量多使用敬语,多用请求、征询、期望语气,避免使用越级语言或强硬语气。与同事交谈时要尊重对方,平等待人,少用客套语言,以免拉大双方心理距离。与同事意见不合时,虚心接受同事的批评,避免反唇相讥或讽刺对方的弱点,更不能抓住对方失误,穷追不舍。与幼儿家长交谈时,不卑不亢,既不巴结也不居高临下,把谈话的重点放在交流幼儿信息,共同寻求教育方法上。总之,根据谈话对象的不同,教师谈话内容、方式都应做出相应的调整。

(四)场合性原则

场合性原则是指幼儿教师面对不同的交际场合,同样的意思要采用不同的语言表达出来。同一个意思,郑重的场合用正规的语言表达,轻松的场合用诙谐的语言表达。

(五)灵活性原则

灵活性原则是指幼儿教师针对具体情况、具体交际对象,及时调整交际策略,灵活地运用交际语言。幼儿教师在与幼儿家长的日常交流中,经常会面对各种突发事件,这就要求幼儿教师灵活地运用交际语言将事情处理得当,以便不影响工作的顺利进行。另外在交际实践中,交际对象高兴不高兴、热情不热情、重视不重视、内行不内行、性格内向与外向都会影响交际语言运用的效果,这就要求幼儿教师灵活地针对具体情况在语言上及时做出调整。

【思考拓展】

1. 幼儿教师交际语言的内涵是什么?

2. 幼儿教师交际语言与一般的交际语言相比主要有什么特点?

3. 简述幼儿教师交际语言的应用原则。

4. 有人认为真正的好老师是具有较强的教育教学能力,口语交际能力好不好无所谓。你认为这种观念对吗,为什么?

第二节 幼儿教师交际语言运用训练

【训练目标】 掌握幼儿教师在教育、教学以外的语境中,与家长、同事、社区人员交流时的交际语言要求和基本技能。

幼儿教师除了在课堂教学过程中需要与幼儿进行谈话交流,在课堂教学外也要与幼儿家长、领导、同事、社区人员接触交流。即每天与接送幼儿的家长交流;进行家访时与幼儿家庭成员交流;召开家长会时与幼儿家长交流;在日常工作中与领导、同事交流;外出开会时与同行交流;参加座谈调研时与与会人员交流;参加娱乐活动时即兴发言,等等。这就需要幼儿教师掌握在各种场合运用交际语言的方法,并能正确运用这些方法。

良好的口语交际能力是每一位现代人不可缺少的能力之一,是一个人文化素养的综合体现。交际语言能力训练不是一般意义上的口才训练。交际语言训练是一个人心理、思维、听话、说话、交际、表情、体态语等多种能力的整合训练。这就要求我们要正确把握交际语言的特点,采用恰当的方法对幼儿教师加以训练,即规范口语交际,培养良好习惯。

在现实中,人们在口语交际活动时,除了双方偶然邂逅的即兴交谈或无明显交际目的的随意闲聊外,一般都有明确的交际目的,并且由交际主动的一方控制话语权,决定着交际的内容

和指向。因此,交际中主动的一方要注意以下三个方面:

第一,善于提出话题。交谈一开始,就直截了当地从正面提出交谈的话题,表明交谈的目的,或提出要询问的问题,明确探讨的重点,很快进入角色,常用于咨询、访问、联系工作等场合。使用这种方法的前提是事先选好对象,了解有关情况,并分析双方的关系,便于把握交谈的深浅,当直入正题还缺乏心理、情感基础,或者估计交谈对方会有抵触情绪时,可以先谈些别的话题,边谈边分析对方的反应,先消除对方戒心,缩短心理距离,待时机成熟,再巧妙切入,谈话成功的希望会大得多。在求助、劝谏时,常用这种方法。按照一定的语境切入正题。比如,在做思想工作的交谈中,有时遇到敏感的话题不便直接提出,可以用创设情景或即境入题的方法。在疏导、说服、劝慰的交谈中,这种方法容易促人感悟。

第二,善于控制话题。在一般交谈中,参与交谈者可以随时提出自己感兴趣的话题,因而常常会出现话题随着交谈进行而自由转换的情况。即使事先做限制,如果中途不加以控制,交谈就会没有中心,如果是开会、商量问题等,那肯定会开成拖沓冗长的无聊会议,甚至议而无果。控制话题的方法主要有提醒、重申或加以引导继续转入正题。

第三,善于转换话题。恰当地提出话题,主动地控制话题,是交际成功的重要条件。但在某些情况下,也需要巧妙地转移话题。掌握时机,讲究技巧,以避免给对方造成唐突或不礼貌的感觉。

一、与幼儿家长沟通时的交际语言训练

幼儿家长是幼儿教师教育学生的主要合作者。在幼儿园教育中,与幼儿家长进行沟通是幼儿教师的一项常规工作,是间接影响教育效果的不可忽视的一环,在幼儿教师交际语言中占有重要地位。家园双方通过各种形式的互动,教师有效与家长沟通,积极寻找教育幼儿的最佳切入点,从而提高教育质量,发展幼儿个性,让幼儿健康快乐地成长。幼儿教师在与幼儿家长沟通时还可以充分利用家长资源为幼儿园的发展服务,为幼儿教育服务,并且可以提高教师的教育素质,树立教师的"口碑"。

在与家长的交流沟通中,如何恰当地使用交际语言是每位幼儿教师必须掌握的技能。幼儿教师与幼儿家长的交际语言包括幼儿教师与幼儿家长在接、送幼儿,在家访,在家长会时的交际语言。具体说,就是根据家长性别的不同、年龄的不同、家长对孩子的期望值、家长的受教育程度、孩子的个人状况选择交流沟通语言。与幼儿家长的沟通有以交流孩子情况为主的沟通、反映孩子问题为主的沟通、以布置配合工作为主的沟通、孩子在幼儿园出现事故的沟通、家长情绪激动、行为过激时的沟通,在与家长进行交际沟通时要注意正确而恰当地使用交际语言技巧。

幼儿教师与幼儿家长沟通时的交际语言训练的要求是:分析谈话对象,寻求共同话题;肯定幼儿长处,取得家长信任;争取主动,控制谈话过程;态度不卑不亢,维护教师形象。

(一)接、送幼儿

接、送幼儿是幼儿教师与幼儿家长的日常性接触过程,即指幼儿家长把幼儿交给幼儿教师,再把幼儿从幼儿教师手中接回家中的接触过程。接、送幼儿是幼儿教师与家长关系的日常性处理方式。在与幼儿家长的接触交流中,幼儿教师应及时告知幼儿在幼儿园取得的进步、幼儿与人交际的情况等。家园互动,是解决个别幼儿在学校出现各类问题的最佳时机。比如,针对常规类家长,利用接孩子环节用一两句简明扼要的话向家长反映情况;针对强势类或者"刺

头"类家长,要使用真情感动法解决出现的问题。一般来说,教师找家长谈话,常常反映幼儿的缺点和不足。谈话时,教师最好先肯定幼儿的长处,以表扬为主,取得家长信任后,再冷静客观地说出孩子存在的问题并共同进行商讨解决。

【示例 1】

有一位刚入园的幼儿,生活自理能力很差。一天家长来接孩子,本班的带班老师见到家长劈头就来了一句:"你的孩子什么也不会,吃饭、穿衣、脱衣服、上卫生间等,什么都要人帮忙,她的自理能力这么差,你们家长也不注意培养,这样的孩子将来是什么也做不了的。"家长听了这一番话,非常生气,忍无可忍,最后终于爆发了:"我的孩子就是因为不会才送到你们园的!"最后双方的关系弄得很僵。

示例中这位教师因为不注意家长的心理,并使用判断性及绝对性的语言直截了当地指出了孩子的缺点,而且还指责家长的过错,沟通就难免失败了。

【示例 2】

刚入园不久的乐乐,比同班幼儿小几个月,在各方面都显得很稚嫩,家长每次送到幼儿园都有点不放心,经常向老师询问乐乐在幼儿园的表现情况。以下是某一天乐乐妈妈在接乐乐时与幼儿教师的对话。

乐乐妈妈:老师,乐乐今天表现得怎么样,有没有哭闹?

幼儿教师:乐乐是一个很活泼开朗的孩子,这些天进步了,她喜欢上幼儿园了,能和小朋友一起做游戏,玩玩具,像个开心果呢。(老师笑脸相迎,首先消除了家长的担忧)

乐乐妈妈:我怕她比别的孩子小,会不会有些事情做不好?(家长在试探可能发生的事情)

幼儿教师:您放心,我们会多照顾她一些的。要是有什么情况,我们会及时与您联系的。

接下来的几天里,带班老师注意到乐乐身体较弱,家长也比较担心孩子的在园进餐情况,但是又不好意思和老师说,牵挂和担心藏在不舍的目光中。于是,教师在家长来园接送时主动和家长说:"您的孩子这几天在老师的帮助下都能吃完一碗饭了,她回家后晚饭吃得怎么样?有没有觉得肚子饿?"

乐乐妈妈:这几天好像没说起,她平时胃口就不怎么好,所以在家里都是大人喂的。老师,真谢谢您,让您费心了。

幼儿教师:不客气,我们会尽量照顾孩子的。(又对孩子说)乐乐在幼儿园也能自己吃几口饭呢,乐乐很棒,是不是?如果在家里也试着自己吃饭,老师和小朋友都会更加喜欢乐乐了。

乐乐点点头,和妈妈高高兴兴地回家了。

示例中的教师以诚待人,主动交流沟通,在交流过程中让家长感觉到教师工作的认真仔细,从而博得了孩子的喜欢与家长的信赖。

【示例 3】

某个冬天,在幼儿离园前十分钟。李佳的奶奶拉着李佳冲进教室,大声嚷道:"你们是怎么当老师的,这么冷的天,我的孙女尿湿了裤子,都没人管,没人给换。"李佳的奶奶涨红了脸,情绪很激动。这时带班的老师见此情景,着急询问:"啊,那孩子要紧吗?李佳奶奶您先别急,先请坐下来,听我说。""没什么好说的!"李佳奶奶打断老师的话,"这么没有爱心,我要告到你们园长那里去!"李佳奶奶的叫嚷,引来许多家长驻足观望。

见李佳奶奶的情绪非常激动,一时不能平静下来,于是老师就抱起李佳说:"李佳,你是个很能干的孩子,对吗?平时在幼儿园里很爱动脑筋,老师和小朋友们都很喜欢你,是不是?"李佳看着老师,不停地在点头,高兴地笑了。李佳奶奶见孩子开心地笑了,便停止了叫嚷,不再作声。老师抱着李佳往办公室走,奶奶跟在后面。到了办公室,老师请李佳奶奶坐下,给她倒了杯热水。这时李佳的奶奶情绪似乎平静了一些。老师说:"真是对不起,是我太粗心,没有注意到。那您有没有问问李佳是什么时候尿湿裤子的呢?"李佳奶奶说:"这倒没有,我一看到裤子是湿的,就来找你们了。"老师回忆:"午睡时我帮李佳脱衣裤,当时裤子是干的。起床后,上厕所时她不会提裤子,我帮她提好,当时没有尿湿。下午游戏活动开始前、结束后,我帮全班学生整理衣裤,李佳那会儿的裤子还是干的。下课后,您就把孩子接走了。我想,应该是等待离园时尿湿的。李佳,你说对吗?"李佳羞答答地点点头。李佳奶奶说:"老师,不好意思,我没问清就来了。""是我工作做得不到位,才会出现这样的情况,真是对不起。将心比心,我能理解。天冷了,我们也教育孩子有大小便时要大胆地说,也一直在观察,一旦发现孩子尿湿了裤子。我们一定在第一时间给孩子换好干净衣裤。刚才在离园排队时,李佳可能因为胆子小,或者怕难为情才没有说,所以就尿湿了裤子。"老师说完拿来李佳的干净裤子给李佳换上。李佳奶奶说:"对不起,对不起,谢谢。那我们走了。"

示例中这位幼儿教师对于孩子尿裤子一事,能够将心比心,充分体谅家长的心情,也充分表达了对孩子的关心和对家长的歉意,让家长感受到了老师的真诚,使家长在情感上认同了老师的工作。

接、送幼儿与家长个别交流时应注意以下几个方面。

1. 态度诚恳、语言平实,少用或不用专业术语

由于幼儿家长来自社会各界,他们职业、文化素养不同,与幼儿教师交流沟通时的心态也各异,因而幼儿教师应采取不同的语言策略,应以诚恳的态度待人。诚恳的态度可以缓解家长内心的不自在,也可以让家长感觉到教师的诚意,因而也就更愿意与教师深入谈一些问题。在语言选择上,教师要尽量用平实的、家长能理解的语言向家长解释一些问题,过于专业的教育术语一方面会增加家长的心理压力,让家长不敢表达自己的意见,另一方面也可能导致家长不理解或误解教师的意思,以至于不知采取什么措施来配合教师工作。教师主动与家长交流沟通,在交流过程中让家长感觉到教师工作的认真仔细,从而获得幼儿家长的信赖。

有助于沟通的语言:

您的孩子最近某方面表现很好,但是今天发生了……如果改进一下,孩子的进步会更大。

这孩子太可爱了,老师和小朋友们都很喜欢他,继续加油。

请相信孩子的能力,他会做好的。

2. 针对具体问题提建议并注意表达的技巧

当幼儿在园期间出现一些问题时,幼儿教师势必要与幼儿家长交流沟通而解决问题,但是却不能直接指出孩子的过错,因为这样会使孩子的家长一时不能接受。所以对于孩子需要改进的地方,教师要委婉地向家长提出并与之协调,家园互动,产生合力。教师交际语言要讲究策略并注意表达的技巧,教师对家长要多谈孩子的优点,让每个家长都感受到自己的孩子很聪明,自己的孩子得到了老师的喜欢,在此基础上教师再指出孩子的不足时,家长就比较容易接受。幼儿教师还应注意在指出孩子不足时,教师不能带有很强的感情色彩,同时一定要给家长具体建议,提出改进的办法和思路,与家长共同商讨而解决问题。

有助于沟通的语言:

请家长不要着急,孩子偶尔犯错是难免的,我们一起来引导他。

孩子之间的问题可以让他们自己来解决,放心吧,他们会成为好朋友的。

我们想向您推荐一些育儿知识读物,您一定会有收获的,孩子也会受益。

3.多使用描述性语言,少用判断性、绝对化的语言

幼儿教师在与幼儿家长沟通交流时应多使用描述性语言,少使用判断性、绝对化的语言。即指幼儿教师要尽可能详细地向家长讲述幼儿在一日活动中的各种表现,把介绍的重点放在实事求是地描述幼儿在园的具体表现和行为上。但在描述过程中幼儿教师要少使用判断性、绝对化的语言(例如,您的孩子在幼儿园表现都很好;您的孩子表现还可以;他就是太散漫了,等等)来总结一个幼儿的情况。这些判断性、绝对化的语言太笼统含糊,没有为家长提供具体信息,家长也不知从哪些方面做出努力来配合幼儿园教育,并且这些判断性、绝对化的语言还会让家长有这样的想法:一种是家长认为教师对自己的孩子有偏见,另一种是家长认为自己的孩子就这样,在今后的教育中可能形成某种心理定势,不利于幼儿的发展。

4.灵活处理突发事件与家长误解

幼儿教师在与幼儿家长的日常交流中,经常会面对各种突发事件,而让家长误解,这就要求幼儿教师灵活地运用交际语言将事情处理得当,以便不影响工作顺利进行。幼儿家长和幼儿园有时会存在一定的隔阂和各种不协调,在工作中幼儿教师经常被幼儿家长误解(原因有教师自己工作的失误、家长的不信任以及家长对教师的教育方法不理解等),这时就要求幼儿教师要与家长有效沟通,使用恰当、合理的交际性语言化解矛盾,消除误会,增进理解与配合。在谈话中,幼儿教师要使家长感到她(他)已把学生看成是自己的孩子,可以自谦地说没有照顾好孩子并主动向家长表示歉意,以此平息家长产生的怨气。幼儿教师在使用交际语言时需注意,对不同的家长选择不同的言辞,与家长个别接触交流时,应选用适当的环境,尽量避开接、送孩子人群高峰期。

有助于沟通的语言:

这孩子的优点可多了,但是有一个问题需要我们共同探讨探讨。

我真的希望这孩子有长足的进步,这需要我们共同努力。

您说的我也有同感,如果能坚持做到就更好了。

实在抱歉,打扰您了,谢谢您的配合,等等。

【技能训练】

根据以下材料内容所反映情况,分角色模拟幼儿教师与幼儿家长进行接、送幼儿时的交际语言情境训练。要求根据语境,合理、恰当地运用与家长个别交流时的交际语言。

(1)中班某幼儿非常调皮,经常将同桌抓伤。

(2)中班幼儿在与同伴争抢毛绒玩具时,将毛绒玩具扯坏。

(3)大班某幼儿在进行音乐课演唱时,制造各种怪声音,妨碍正常教学。

(二)家长来访

当代,越来越多的家长已经认识到教育的重要性,并主动到学校找老师了解情况。因此,幼儿教师与家长交流还包括接待家长来访,如当面来访或利用现代化技术途径(电话、短信、QQ群、邮箱等)来访。这种谈话是教师无准备的,家长什么时候来,来讲什么,主动权都没掌握在教师手中。在这种谈话中,教师要态度谦和,热情接待,妥善处理好手上正在做的事,迅速

转入与家长的谈话,认真听取家长的意见并做出解答。不能冷落家长,如果态度冷淡,寥寥数语就想把家长打发走,无疑会失去家长的信任感,既有损于自己的教师形象,也影响学校声誉。在接待家长来访时,幼儿教师要迅速了解家长来访的动机与心情,认真倾听谈话内容,以便有针对性地调整话题或适应谈话的语境。家长也有可能是电话来访,这时教师则要把握交谈的特点、模式与规律,听清家长的话,把自己要说的话说透,让家长听话如见人,交谈又交心。还有可能采用其他方式,如短信、QQ群、邮箱等方式以短消息的形式反映一些情况,这就要求教师利用口语交际技巧回答每位家长的各类问题,不过这种方式一般适用于容易解决的小问题。

【示例1】

一位家长来幼儿园,向教师询问自己孩子在幼儿园的情况。这名教师正在编写教案,于是对家长说:"你稍等一会儿,我写完了就跟你谈孩子的事。"等这名教师写完教案后对家长说:"你的孩子在幼儿园表现还可以,整体情况还不错,就是有个别的地方需要改进。"

示例中这位教师对家长的态度不够热情,和家长的谈话也只有寥寥数语,并且过多使用判断性语言,显得教师很武断。如果你是这名教师,遇到这种情况,你会怎样做呢?

【示例2】

一个周五的下午,中班的小小的爸爸气冲冲地走进教师办公室,拉长着脸对中班的班主任李老师说:"李老师,我们小小送到你们幼儿园都快两年了,字也不会写,算术不会做。我们家隔壁的明明送到每个月只要一百多块钱的幼儿园,现在已经会写很多字了。我们拿出这么多钱,一点用处都没有,什么都没学到,退学、退学!"李老师了解小小爸爸是一家私营企业的老板,只有小学文化程度,正因为自己文化不高,所以一心想让儿子将来能上名牌大学。对于这样的家长,和他讲素质教育的大道理是比较难以接受的,因此李老师面带微笑,先请小小的爸爸坐下,并倒了一杯热茶,然后解释说:"小小是个非常聪明,而且非常优秀的孩子,自理能力也很强。"小小的爸爸一听李老师的话,火气逐渐平息下来。然后李老师又把"授之以鱼"不如"授之以渔"的道理分解成浅显的语言,让他明白幼儿园的任务是培养孩子多方面的兴趣和能力,养成良好的习惯,而不是把小学的教学任务提前来完成,这样会让孩子到小学后认为自己什么都会了,不用再听了,久而久之,就会对学习失去兴趣……渐渐地,小小爸爸的脸色逐渐转晴,离开办公室之前对李老师说:"李老师,不好意思,实在是因为自己没文化,把希望寄托在儿子身上,那我今天就相信你的话了。"后来小小去当地小学读书,各方面能力非常强,和同学相处好,成绩优异,老师还让他担任班长。当他被学校评为"三好学生"时,他爸爸兴奋地带着他来到幼儿园,还买来了礼物向老师们表示感谢。

示例中的李老师巧妙地利用语言技巧进行说服教育,最后与家长产生语言共鸣,使他对教师产生信赖感,并且心服口服,化解了矛盾。

接待家长来访时应注意以下几个方面。

1.了解事实,不随意发挥

幼儿教师对孩子的性格、在园表现、能力等情况,以及家长的性格、年龄、学历、职业等要全面了解,对于需要沟通的事件更要调查清楚。这样在家长来访时就可以掌握讲话的主动权,有理有据,运用交际语言技巧和家长交流沟通并产生语言共鸣,达到交谈沟通的目的。

2.坦然大方,不委曲求全

现代的家长视自己的孩子为"掌上明珠",对于自己孩子的"感觉"非常好,不允许任何人去说去"碰",有的甚至强词夺理,动不动就以曝光相威胁。对于这样的"刺头型"家长,幼儿教师应该沉着冷静、不卑不亢,树立、维护教师形象,运用委婉的语气向他说明道理,身正不怕影子歪,不能委曲求全,胆小怕事,如果完全依从家长,反而害了孩子。

3.态度谦和,不盛气凌人

幼儿教师与幼儿家长双方地位是平等的,都是教育者,目标是一致的,都想教育好孩子。幼儿教师在与家长谈话时要坦诚相见,推心置腹,给人可近、可亲的感觉,这样才能让家长敞开心扉,才能赢得家长的尊敬和信赖,才能"亲其师,信其道"。

4.一分为二,不以点概面

"金无足赤,人无完人。"再好的孩子也会有不足之处,再差的孩子也会有闪光点,对孩子的评价要一分为二,不要把孩子说得无可挑剔,会使家长过分宠爱孩子,放松必要的管教;也不要把孩子说得一无是处,要用发展的眼光看问题,学会讲"只要……您的孩子就会……",要用热情感人的语言,促使家长满怀信心地进一步配合老师教育好孩子。

5.沉着冷静,不情急暴躁

心理学研究表明,一个人在情绪激动的状态下,其大脑皮层对皮下中枢的抑制减弱甚至解除,从而使皮下层的情绪中枢强烈兴奋。这时,认识范围缩小,认识水平降低,人们意识不到自己在做什么,更不可能预见自己行为的后果,也就不能评价自己的行为和意义,因而会产生短时间的"评价失语"。也就是说,在家长情绪激动的时候,老师是无法与之交流的,只有在家长情绪平静下来以后,交流沟通才能进行。因此,面对情绪激动的家长,教师要保持冷静,心平气和,安抚、稳定家长情绪,使之平静、稳定下来,这是教师要解决的首要问题。

6.进行商讨,不武断行事

在解决处理问题时,教师要了解事情发生的前因后果,通过客观地分析、准确地判断,得出科学的结论。教师运用角色互换法,真诚地理解家长情绪突发的行为,承认家长情绪的产生有一定合理背景,这为有效稳定家长情绪提供了一个重要的可信度保障。因此,教师应主动体验家长情绪,使用有效语言,稳定家长情绪。当家长情绪稳定以后,教师再动之以情、晓之以理化解矛盾,解决矛盾。

7.转移注意,不激化矛盾

当家长怒气未消听不进去教师的一切解释时,教师应灵活地采用有效的语言或行动,转移话题。这是教师运用转移注意力的方法去减轻家长的对立度,让家长对教师的行为产生情感认同,为解决问题创造一种友善和谐的语境。

8.尊重家长,不推卸责任

人非圣贤,孰能无过。即使是具有高学历和较强业务能力的教师,也不可能完全避免工作中出现某些疏漏,况且师生比例的不协调、众多日常工作内容也难免会让教师觉得力不从心。但教师不能以此推卸责任。如果教师没有发现差错,而是家长把情况反映出来的,最好耐心向家长解释当时的情景,还要真诚地向家长、孩子认错。只有这样,家长、教师之间以及教师和孩子之间才能彼此信任,才能消除家长的怒气,使隔阂、猜疑、埋怨和不信任得以化解,家长也会被教师的真诚所打动。

总之,多与家长联系、沟通,悉心听取家长的意见,给家长"多报喜,巧报忧",保持幼儿园和家庭教育上的一致性和协调性,减少不必要的纠纷和误会。幼儿教师要具备良好的教育学、儿童心理学知识,运用好语言沟通这门艺术,就能使一些难题迎刃而解,达到事半功倍的效果。

有助于沟通的语言:

您有什么想法,我们可以坐下来谈,都是为了孩子好。

您有这样的心情我能理解,等我们冷静下来再谈好吗?

谢谢您的提醒,我查查看,了解清楚了马上给您答复,好吗?

很抱歉,孩子受伤了,我们都很心疼,以后我会更关注。对不起,今天我没有尽到做老师的全部责任,我知道您作为家长一定很心疼,假如我是您,我也一样,希望您能谅解。

我们非常感谢您的直言,您的建议我们会考虑的。

【技能训练】

1. 家长当面来访。

学生分角色(一位扮演来访家长,另一位扮演接待教师)演练,模拟家长当面来访的谈话。

【提示】

(1)交际语言的内容、时间、心境、地点均由扮演家长的同学设置,并在交谈中交代出来。

(2)扮演教师的学生随机应变,因人因事地组织语言,进行口语交际。

2. 家长电话来访。

学生分角色(一位扮演来访家长,另一位扮演接待教师)演练,模拟家长电话来访的谈话。

【提示】

(1)谈话的内容、目的都不让教师扮演者知道,而是让家长扮演者在打电话时交代。

(2)教师扮演者练习如何运用电话这一交际工具组织语言,进行口语交际。

3. 对情境语言进行改说训练。

(1)不少班主任在做学生工作遇到困难的时候,都希望得到家长的支持和配合,往往将家长请到学校来谈话。对比实例中教师与家长的两种不同的口语表达,分析两位家长听到不同的话语后的不同心情、对老师的不同态度以及谈话的不同效果。将你认为不妥的说法进行改说。

幼儿教师对家长的不同谈话:

教师甲在激动的情况下说出了如下的话:"这孩子我管不了了!""学校教育不了他,家长你领回去吧!"等等。

教师乙虽然她十分气愤,又无可奈何,但她却很善于组织自己的语言。家长来了,她先说:"您看,我又麻烦您了。请您来帮助我!"经她这么一说,家长被请到学校一路上的狐疑、不满都消失了。老师又说:"我知道,孩子是听您话的,他也是一时在气头上,您来就好了。"

(2)根据实例对话,谈谈你对这位幼儿教师与家长谈话的看法,请重新设计谈话内容。

幼儿教师:为等你,我晚下了一个小时的班!

幼儿家长:我的孩子又怎么了?

幼儿教师:你的孩子迟到了,正好让我们园长看见,给我扣分了!

幼儿家长:我当什么事呢,不就是迟到吗?

幼儿教师:这事对你是小事,对我可是大事。

幼儿家长:不瞒您说,我天天上中班,早上就是起不来。

幼儿教师:那好,你的孩子要是天天迟到,别怨我不让他进班。

（三）家长会

家长会是幼儿园的常规工作,一般一学期两次,定于开学初与学期末。家长会是由幼儿教师组织幼儿家长共同参加的集体会谈,是幼儿教师与家长关系的集中性处理方式。召开家长会前,教师要精心准备,查保教理论资料,掌握孩子的年龄特点,从幼儿教育专业角度拟提纲,思考好如何介绍幼儿园、班级概况、学生的学习情况及表现,需要家长配合解决的问题等,讲话要言简意赅、短而精。对于家长提出的任何问题,都要有一定的思想准备,以便在家长会上能够自如地应付。比如,在谈某个问题时,应该以商量询问的口吻让家长先谈,教师在归纳小结时谈出自己的想法,最后再一起讨论得出大家满意的结果。再如,在新生家长会上,幼儿教师应该注重自己的仪容仪表,以微笑、阳光、亲和、干练的态度给家长留下好的第一印象;以简明、扼要的语言技巧做自我介绍、阐述幼儿教师服务承诺,充分体现幼儿教师的气质、形象魅力,严禁严肃、呆板、说教。在隔代家长会(爷爷、奶奶辈)上,可采用先播放老师关爱孩子的电影或视频以感动他们,然后再提要求。

家长会上的讲话特点是一对多,即一位幼儿教师与全班众多幼儿家长同时进行口语交际。幼儿教师一方面要针对家长普遍关心的共性问题重点说明,另一方面又要针对每位家长所关心的自己孩子的个性问题分别说明。比如,对各方面表现均优秀的幼儿要有适度的赞扬,同时指出不足与努力方向,因为过分的赞美会使孩子滋长自满的情绪,致使家长放松教育;对班上较为淘气的学生,要善于发现孩子的点滴进步,这就要求幼儿教师的讲话要从正面赞扬入手,不要点名批评学生,这会使家长难堪,更不要把家长会变成告状会,要让家长看到希望之光,增强教育子女的信心,创造同喜同忧和谐融洽的谈话氛围,争取家长的合作,顺利完成既定的教育任务。告状式的数落、诉苦式的责怪或暗示家长打骂学生,不仅无助于对学生的教育,反而会让家长失去对教师的信任。无论对哪种学生的称赞,都应把成绩主要归功于家长,把不足之处主要归咎于自己,这样,家长更会心悦诚服地与教师合作。

【示例1】

一次家长会上,幼儿教师从不同角度表扬了全班每一名幼儿的优点,每位家长都很光彩,纷纷用满意、感激的目光看着教师。接着,教师又把班上存在的问题不点名地归纳了一下,并提出了今后的要求。散会后,不少家长主动找教师说明自己孩子的缺点,探讨共同教育的良方。

示例说明欲抑先扬,点到即止,是家长会上讲话的语言策略,能维护家长的自尊心,争取家长的主动合作。相反,当着其他家长的面批评孩子,甚至用讽刺、挖苦的言辞教训家长,是家长会讲话的大忌。

【示例2】

一位大班幼儿教师在家长会后,要求一位家长留步,说要研究一下孩子的事。等其他家长走了,老师热情地请他坐下来谈,可是家长已经是怒气满面了。他第一句话便说:"我孩子怎么了? 你当这么多人的面太叫我难堪了!"这位教师费了好多口舌才挽回局面。

示例说明和家长谈学生的问题,要顾及家长的面子,不能使家长难堪,否则很难跟家长有进一步的沟通。

利用家长会与家长交谈沟通时应注意以下几个方面。

1. 以围绕家园共育为主题

家长会的目的是促进家园共育。家长会主题是每位家长关心的热门话题,即在教育孩子的问题上与家长达成一致意见,要共同担负起培养孩子的责任,促进孩子的发展。家园合作要考虑幼儿园和家庭双方的需求,但家园合作围绕的核心是幼儿,教师谈及幼儿在园表现要从正面肯定入手,这样既能维护家长的自尊心,又让家长体会老师了解孩子、关心孩子所付出的努力,家长会更欣赏教师的责任心和工作能力,从而对教师产生依赖感,并增强对幼儿园的信任度。

2. 语言柔和、平等交流

家长会中,教师如果面带微笑,语气柔和中肯,会让家长觉得教师很有诚意,并感受到教师对自己的尊重。平等交流的氛围在很大程度上决定着家长会的成功与否。家长在一个宽松、平等的氛围里容易和教师进行有效地交流,积极发表自己的看法。相反,任何一方居高临下的指挥者的态度都会让另一方退缩。这就要求教师不能以专业教育者自居,应该把自己看成是与家长一样的儿童教育的主体,双方的共同目标是促进儿童身心发展,这样在双方处于平等地位,而且家长也明确了自己的责任时,才会有益于教师和家长的进一步交流。

3. 以共同商讨为原则

幼儿教师在主持家长会时,不仅要善于倾听,还要运用机智的语言把问题引向深入,形成教师与家长、家长与家长之间互动的场面,为家长构建交流平台。在家长会上除了教师的主持讲话外,还应有与家长共同商讨这一环节。根据家长会的主题,幼儿教师与家长针对家长会主题展开讨论、协商,最后达成一致意见,达到家长会的目的。

4. 灵活疏导,化解冷场或矛盾

一方面,由于种种原因,讨论会出现冷场现象,教师可以针对讨论的内容,及时梳理、引导,对家长进行耐心的启发,以此带动家长继续积极发言,化解冷场;另一方面,在交流讨论过程中,家长观点、意见难免会不统一,严重时甚至出现争辩的现象。这时就要求教师要灵活地运用交际语言适时疏导,语气要委婉,坚持客观公正原则,化解矛盾后最终转入正题。

5. 善于总结

幼儿教师根据主持家长会,以及家长会讨论结果进行总结性的发言。总结发言要注意用语明确、简要,不拖泥带水,可以再次阐明家长会的主题、达到的效果和取得的收获,最后还要感谢所有参加会议的家长。

有助于沟通的语言:

各位家长大家好!我是某老师,是本班的班主任,今天我们家长会的主题是……主要议程有以下几个方面……

今天我所讲的是一种现象,而不是针对某一个幼儿或某一位家长。

请相信我这样做的目的只有一个:为了孩子的身心健康发展。

教育孩子,是我们与家长共同的责任,真的很需要家长的配合。

刚才这位家长的建议让我很受启发,有谁还有不同意见吗?

谢谢各位的参与,相信刚才的讨论会对我们今后的育儿工作会有很大帮助。

感谢各位家长在百忙之中参加这次家长会。

【技能训练】

1. 小班幼儿入园后,第一次家长会上,你作为班主任讲一段话。

2. 大班幼儿就要离园进入小学阶段学习了,在学期结束的最后一次家长会上,你作为班主任讲一段话。

3."六一"儿童节前,在家长会上讲关于幼儿园文艺晚会舞蹈节目的服装质量、样式等要求。

4.假设你是幼儿园中班的班主任,在家长会上以关于"家长过分溺爱孩子,不利于孩子的身心健康成长"或"怎样提高幼儿的交际语言能力"等为话题,模拟做一次联系实际的、言近旨远的讲话。

(四)家访

学前儿童教育包括家庭教育与幼儿园教育。幼儿园教育与家庭教育紧密相连。互通情况,争取家长配合,这是幼儿园教育不可缺少的一部分。因此,需要幼儿教师定期与不定期地进行家访。

家访是幼儿教师为了特定的目的到幼儿家中,与幼儿家长就幼儿教育问题进行单独交谈的一种家庭与幼儿园的联系方式。其目的是与幼儿家长互通情况,交流各方面的信息,以便沟通师生之间的感情,解决一些在幼儿园难以处理的问题,还能使幼儿家长了解并支持幼儿园的工作,在对幼儿教育方面与幼儿园保持一致,形成教育的合力。

幼儿的家长来自在社会各界,而且层次不同、性格各异,能否进行有效的家访,在很大程度上取决于幼儿教师的交际语言技巧。

幼儿教师家庭访谈的特点是一对一,即一位教师与一位学生的家长进行单独谈话。教师应事先明确家访的目的,谈话时尽快把握家长的个性特征和心理需求,针对特定情境寻求共同话题,灵活组织语言。有经验的教师在家访时一般做到尊重、理解学生家长并针对学生家长的年龄、性格、职业、受教育程度等方面的差异以及眼下特定场景选择谈话内容。这样有助于缩短教师与家长之间的心理距离,有助于创设双方心理相容的良好交际状态,为正题的顺利展开创造前提条件。教师是家访谈话的主动者,要根据谈话预设目的,启发家长说出你想了解的情况。当家长谈话离题时,不要生硬地打断,也不要被动地让对方滔滔不绝地讲个没完,要善于捕捉合适的时机,巧妙地拉回话题。有些家长常为孩子护短,对自己孩子不能做正确评价,与教师意见不一致。这时教师要避免与家长争执,要以诚恳而耐心的态度,向家长说明情况、讲明道理。在教育孩子的良好愿望上,教师与家长是一致的。家访的目的是共同商讨教育子女的良策,而不要给家长下命令。幼儿教师及时登门进行家访,主动将责任承担起来,要有耐心听家长的责怪和埋怨,同时要争取幼儿及家长对自己无意中犯的错误的宽容和谅解。

【示例 1】

中班一幼儿比较淘气,喜欢用指甲抓人,短短几周抓伤了好几个班上的小朋友。本班带班教师在家长日常接孩子时向家长反映了几次。开始家长表示回家好好教育孩子,后来次数多了,教师再反映家长就拉下脸不再吭声。后来这位教师就特地去幼儿家中进行家访。一开始,教师并没有提及幼儿抓伤人之事,而是对幼儿的优点大大夸奖了一番,家长听了非常高兴。教师借此机会委婉地说:"××真的很讨人喜欢,聪明活泼,但不知为什么最近喜欢抓人,我们一起找找原因,帮他改正,这样他在集体中会更受欢迎。"家长觉得教师是真心为孩子好,因此与教师一起分析原因。教师趁机提出几点需要家长配合的建议,家长欣然接受,主动配合教师并感谢教师。

这位幼儿教师以自己真诚的态度、恰当的交际语言技巧取得家长的理解与配合,从而顺利开展工作。说明在任何交际场合中,真诚待人,都是交际双方取得成功的重要保证。

【示例2】

幼儿教师：您的儿子明明在幼儿园爱动脑筋，聪明活泼。

幼儿家长：但是明明有个缺点，不会自己玩、自己做事。回家后总是缠着我们，让我们陪着他玩。这样一来整个业余时间，都被他占用了，我们想学习也不行。您看这该怎么办？

幼儿教师：是啊，这是这个阶段孩子的特点。他们这时还缺乏自制能力、自理能力，对父母有依恋感情，所以回到家总在你们身边活动，这是可以理解的。你们不要表示不耐烦，更不要呵斥他。另外，是不是给他布置些任务让他独立完成，完成了就表扬他。

幼儿家长：对，我们跟他商量明明长大了，可以自己玩了。爸爸妈妈不打扰明明画画看书；明明也不打扰爸爸妈妈学习，比比看谁能安安静静做事？老师看这样行不行？

幼儿教师：好，这样很好。

这位幼儿教师用平易近人的话给幼儿家长分析了孩子缺点产生的原因，以商讨的口气帮家长出了注意，同时自然引导家长说出教师想说而没说出的话，起到彼此交流、互为补充的作用。

【示例3】

一位幼儿教师初访某孩子家庭时，见客厅里有两位年纪相仿的成年男子，她凭与孩子容貌相似的程度。向其中一位说道："您好，我是××的老师。如果没有猜错的话，您就是××的爸爸。"对方点头称是。另一位则指着孩子的爸爸，插言道："他还是我们的董事长。"老师微微一笑，答道："这一点我早从幼儿登记表中知道了。不过，我这次来可是找孩子的爸爸的。"巧妙的回答，把自己置于与孩子家长平等的地位上，接下来，她侃侃而谈，毫不拘谨，博得了家长的敬意。

这位幼儿教师以不卑不亢的态度创造了良好的谈话环境，不仅把双方放在了平等的地位上，维护了教师的形象，而且得到了家长的信任，有益于和家长进一步的交谈。

家访时需注意以下几个方面。

1. 做好家访前的准备

首先，全面了解幼儿及幼儿家庭具体情况。家访前，全面具体地了解幼儿在幼儿园的表现，比如幼儿的日常行为习惯、表现，以及幼儿的优、缺点等；熟悉幼儿家庭，譬如家长的职业、个性特征、家庭的基本状况以及家庭教育等情况，以此确定家访交际语言的方式方法。

其次，目的明确，及时家访。每次家访的目的都应十分明确具体，或者因为幼儿存在某方面的缺点需了解家庭原因；或者因为幼儿有某方面的特长，希望得到家长支持；或者因为家长忽略了某方面的教育而使幼儿存在某方面的不足，建议家长采取措施，等等。根据家访的目的，谈话重点有所不同，同时必须及时发现问题，及时与家长联系，解决问题。家访必须从关心和教育幼儿出发，而不是向家长告状，不是利用家长来整治幼儿。

2. 讲究交际语言的策略和技巧

家访中的询问要讲究方式，敏感问题一般不宜直问，宜采用委婉的曲问。问题的本身能体现教师对家长、对学生的看法。因此，措词用语要注意分寸，同时宜多用商榷语气说话。交谈时，要营造和谐的氛围。谈及幼儿在幼儿园的表现要从正面肯定入手，创造良好的正面环境。当与家长意见不一致时，要避免与家长争吵，更不能对家长下命令，对家长的建议和批评要巧妙地提出来。家访语言要做到：态度谦和，不盛气凌人；开诚布公，不藏头露尾；实事求是，不转嫁责任;胸有成竹,不随意发挥;一分为二,不轻诺寡言。此外,还要把握好谈话时间,不要冗长拖沓。

3.家访大体分为三个阶段

第一,幼儿教师向家长介绍幼儿园的教育情况及幼儿在幼儿园的表现。这个阶段基本上是以幼儿教师独白的形式进行。

第二,幼儿教师向家长了解幼儿在家里的情况,包括幼儿家长的基本情况、家庭对幼儿的教育情况、幼儿在幼儿园外的情况等。这个阶段基本上是以教师发问的形式进行。

第三,幼儿教师与家长共同研究教育幼儿的措施与策略。这个阶段基本上是以双方交谈的方式进行。

4.家访的时机可选择

(1)新生初入园时。新生刚入园时的家访,主要目的是了解幼儿的生活习惯、兴趣爱好、个性特点、家庭环境、父母素养以及家长在对待幼儿教育问题上所持的观点等,通过家访了解幼儿各方面的信息。在新生家访过程中,教师要运用自己的专业知识、实际工作经验与家长进行交流,给家长留下良好的第一印象,可以为今后开展教育工作打下坚实的基础。首次家访要做到着装大方,说话真诚自信,明确谈话目的,限定谈话范围并灵活运用专业知识与经验,适时提出建议等。

(2)幼儿不能到校时。幼儿生病或幼儿家中发生意外情况不能到校的时候就要求幼儿教师进行探视性家访。幼儿教师到幼儿家中探视,这样做一方面可以让教师及时掌握幼儿生理、心理发展状况,根据幼儿情况采取相应的教育措施;另一方面可以给家长和幼儿的心理予以慰藉,让他们感到教师的关心和爱护,幼儿会更加喜爱自己的老师,家长会更加配合教师的工作。教师进行探视性家访要求做到合理安排家访时间,小心避开某些与孩子不相干的话题,积极进行鼓励。

(3)幼儿犯错屡教不改时。当幼儿犯错屡教不改的时候这就需要幼儿教师进行教育性家访。幼儿在成长过程中可能会出现某些问题,幼儿教师需要争取幼儿家长的力量来共同教育,帮助孩子改正,这时需要幼儿教师进行家访。有时候,家长的某些做法对幼儿产生了不良影响,或者家长的某些言辞伤害了孩子的感情,对幼儿的成长不利,这时教师也要进行家访。教师家访时,要对具体情况,采用适当的语言对家长或幼儿进行教育。教师要获得家长的配合,从而给孩子创造良好的成长环境。教育性家访应注意考虑家访对象,做好充分的准备,对不同的家庭采用不同的沟通方法,如严厉型的家庭要采用鼓励法,溺爱型的家庭要采用诱导法等。只有双方都充分表达自己的意见,才可能就幼儿的教育问题达成一致意见。了解幼儿家长在教育过程中的难处与困惑以及家长对孩子的感情,既要肯定家长对孩子的爱,也要肯定孩子的优点,从正面称赞入手,巧妙地提出建议与批评。家长感到教师的认同,才能在情感上接纳老师。然后,教师再向家长指出问题所在,耐心热情地帮助家长寻找合理的教育对策,从而达到家访的目的。

(4)双方没有时间见面时。当幼儿在学校出现问题,家长由于某种原因没有时间与教师见面时可采用电话家访。电话家访能及时沟通教师与家长的联系,是现代学校常用的一种家访方式。电话家访前要想好该说的话、推测对方的情绪和心理变化、言简意明,不可在电话中长谈。当然由于语境的局限,电话家访不能替代实地家访。

【技能训练】

根据以下材料情况,设计与家长谈话的目标与步骤,并分角色模拟家访谈话,经推选可在全班观摩,供大家评议。

(1)了解小班新生幼儿家长的职业、文化和经济生活背景。

(2)向新入园幼儿的家长了解幼儿的生活习惯、劳动及身心发展的情况及表现。

(3)向家长汇报班上情况、学校对学生的教育情况,征求家长对幼儿教师工作及幼儿园工作的意见。

(4)了解家长对幼儿的教育态度和方法,与家长共同研究教育幼儿的办法与措施。

(5)向家长介绍幼儿在一日生活中的道德、行为、习惯、交友、语言发展等方面的表现。

(6)某幼儿经常打骂其他幼儿。

(7)近来一段时间,大班的某个小朋友经常迟到,上课时要么打瞌睡,要么注意力不集中,神情恍惚,听说是父母正在闹离婚。

二、与同事的交际语言训练

幼儿教师与单位同事的交际语言包括:幼儿教师与上级领导的交流;幼儿教师与单位同事的交流;幼儿教师在座谈或教研探讨中的讲话等。

幼儿教师语言交际的语境已有了变化,不再是对学生、对家长,不再是教室、课堂上,说话的时间、地点、场合、对象都不同,这就要求幼儿教师与单位同事进行口语交际时,做到语言运用与所处的特定言语交际环境相切合、相适应。在与单位同事交际时,要做到得体,即说话要符合表达者个人的身份、地位、文化修养等特点;符合交际任务、交际目的的要求;符合特定听众对象及气氛的具体要求。

(一)与上级

由于工作关系,幼儿教师因各种目的要经常接触各级不同性格、不同风格的领导,要求幼儿教师要具备一定的语言交际能力。幼儿教师对上级的谈话,包括向领导请示、汇报、征求意见、寻求帮助以及因工作失误向领导做检讨等。谈话的目的是争取上级领导的认可、理解信任和支持等。通过积极有效的沟通,以恰当的方式化解矛盾以利于教师自身的成长和推动幼儿园的发展。

【示例】

某幼儿园负责组织参加全省幼儿教师技能大赛的幼儿教师与园长的对话。

幼儿教师:李园长,您好! 您能挤一点点时间审批一下这个报告吗?

李园长:好吧,我看看。

(李园长一边看,幼儿教师一边用手指点用红线画出的重点处,简单说明此次活动的重要性和组织安排)

李园长:(面有难色)好是好,可现在临近期末放假,学校经费有些紧张哪!

幼儿教师:确实不巧! 可是这种全省性大赛是我园建园以来第一次,对幼儿园全体幼儿教师来说是一次大练兵呀。老师们都已准备好了各自参赛的项目,报名费只有 50 元,学校暂时有困难,可不可以先请老师们自己出报名费,李园长,您看这样行吗?

李园长:(面带微笑)这几个字我可真难签哪!

(随即批复:同意参赛。报名费由园活动经费支出)

示例中这位幼儿教师通过努力争取,阐述理由有条有理,简单精确,终于打动了园长,取得了交际的成功。

与上级交流时应注意以下几个方面。

1．把握谈话时机

幼儿教师同上级的谈话,应选择恰当的谈话时机,尽量讲题内的话,便于实现谈话目的。与上级领导谈话时机的是否适宜,是影响谈话成败的不可忽视的因素。时机选择恰当,便于实现谈话目的;时机不适宜,会给谈话带来困难。

2．注意谈话方法

幼儿教师同上级谈话时,要注意克服心理障碍,既谦虚诚恳、礼貌,又不卑不亢;用语要注意谦敬、坦诚、简明。谦敬能使彼此保持良好的心态,创造和谐的谈话气氛;坦诚是对工作负责的表现,应该如实反映情况;简明就是要把想说的主要问题开门见山地说出来,做到言简易明。最后一定要注意的是使用敬语要适度。

3．根据以下语境,恰当使用交际语言

(1)初次接触领导时。从应届大学生毕业实习以及应聘幼儿教师这一工作起就要与各级领导进行接触,与这些领导第一次沟通交流时的良好表现会给领导留下美好的印象并得到领导赏识,有助于教师今后开展工作。

在毕业实习以及应聘工作时,应做到:要有良好的个人仪表,在社会交往活动中,端庄、美好、整洁的仪表能使对方产生好感,会起潜移默化的作用,从而有助于自己今后工作的发展。在应聘时做简短扼要的自我介绍,第一次与领导谈话进行自我介绍时,语言要简洁清晰,将自己的特点、能力等做最概括的介绍,意在使对方了解自己。讲话要充满自信,面带笑容,态度要亲切、自然、随和,语速要不快不慢,目光要正视对方。根据谈话内容随机应答,在交谈过程中,双方的心理活动是呈渐变状态的,这就要求教师在与领导交谈时兼顾对方的心理活动,使谈话内容和听者的心境相适应并同步变化,这样才能让交谈意图明朗化,使双方产生共鸣,取得良好的沟通效果。

(2)请示性谈话。向领导请示工作的谈话,要寻找合适的时机,谈话时要注意中心突出、条理清晰、言辞简洁,如需要请示的问题是什么,问题的迫切程度以及如何解决等。不要一次请示时摆出一大堆问题,说话东拉西扯。

(3)汇报性谈话。向领导汇报工作的谈话,除了时机要适宜外,还要注意对领导态度尊重而不谄媚,汇报的情况真实而不夸大,话语要简明而不啰唆。

(4)向上级提意见。从幼儿教师的角度来说,向领导提建议要注意:从集体利益着眼,坦诚向领导提意见;分析事情的关键症结所在;提意见要客观,避免掺杂主观情绪;要针对领导的个性,采用恰当的方式,在恰当的场合提意见。领导主动找下级谈话时,作为下级要热情相迎,态度谦虚;要注意聆听,问清不明之处;如有难以解决的困难,应言辞委婉地予以说明;如有合理、可行的建议应及时提出。

(5)工作失误时与领导沟通。幼儿教师在工作中失误是常有的事,特别是新教师。在出现失误之后,一味地寻找客观原因,会让领导觉得你不够谦虚,甚至给人留下自大的印象,领导将很难再信任你。当工作出现失误或受领导批评时,教师要运用恰当的语言,客观地向领导汇报自己的情况,实事求是地检讨自己的错误并正视错误,同时表现出勇于改正的决心;由于失误的严重性而受到领导批评时,最需要表现出诚恳的态度,表示自己从批评中汲取、学习到一些教训,认真接受批评,改正错误,对批评不要不服气或满腹牢骚;在受到不公平的批评时,切忌忍而不言或发生激烈冲突。受到不公平或错误的指责时,教师可以向领导解释,不能因为害怕得罪领导就忍而不言。或者利用过激的语言向领导解释,这样会适得其反,更加激化矛盾,让领导误会更深。因此,教师在解释具体情况时反应不要太激烈,尽量使用委婉的语气表明自己的观点,使领导了解真相,消除误会,收回批评或不当指责。

有助于沟通的语言:

您好! 我叫某某,是某校的应届毕业生,很高兴能参加此次招聘会。

我的优势在今后的工作中一定会好好发挥出来的。

这方面的经验我还不足,希望您能在今后的工作中给予指导。

【技能训练】

1. 分析实例中这位幼儿教师在对接待的教育组领导说的第一句话有没有什么不得体之处。设想这个任务由你去完成,你将怎样说?

应届大学生毕业实习之前,学校派一位同学到一个乡教育组联系实习工作。这位同学来到乡教育组办公室,一边拿出介绍信,一边对接介绍信的同志说:"我是学校派来联系实习工作的,请你们安排。"

2. 模拟应届大学生,参加某幼儿园招聘,与园长沟通交流。园长与应聘者均由班级学生扮演。

3. 幼儿园组织教师普通话诗歌朗诵比赛,想请区教育局分管幼教的副局长出席并讲话,你怎样去请他参加。

4. 你要申请一笔活动经费组织活动,明知困难很大,你打算做哪些准备,选择什么时机,怎样用言语策略向主管园长请示、汇报? 如果她不同意,你又怎样说?

5. 幼儿园要你班购买各类辅助读物,家长有意见,请你向园长商谈,得出一个满意的结果。

6. 设想你是一位幼儿园中班的班主任,将你们班近期学生们的表现情况或发生的大事,根据汇报性谈话方式向园长做一次汇报谈话。

7. 设想当你遇到以下情况时,你将怎样说?

(1)领导找你谈话,布置某项工作任务时;

(2)领导称赞你工作中取得的成绩时;

(3)领导批评你工作中的某些不足时;

(4)领导让你为她办某件事,而你感到棘手时。

8. 假设在开学初的环境布置中,幼儿教师因疏忽未能按时将教室主题墙布置好而受到了园长的批评,这时她应以怎样的态度和使用怎样的交际语言向园长解释?

9. 因幼儿教师的工作疏忽而使家长产生不满并告知了园长,在园长进行批评时,幼儿教师应当采用何种交际语言和园长沟通交流并解决发生的问题。

(二)与同级

幼儿教师对同级的交际语言,从形式上看,有接待访谈、协商等;从对象看,包括教师与同事间的工作性谈话、学校之间或学校与社会之间的协作性谈话等。

与同级交流时应注意以下几个方面:

(1)幼儿教师在与同级交际时,要做到语境协调原则。语境是口语表达时所处的现实环境或具体情境。在幼儿园日常工作时间里,幼儿教师接触最多的除了幼儿外就是同事了。此时,教师交际的语境已有了变化,不再是对学生、对家长,不再是教室、课堂上,说话的时间、地点、场合、对象都不同,这就要求教师与单位同事进行交际时,做到语言运用与所处的特定言语交际环境相结合、相适应。

(2)幼儿教师在与同级交际时,要做到得体,即说话要符合表达者个人的身份、地位、文化修养等特点,还要符合交际任务、交际目的的要求以及符合特定听众对象和交际环境及气氛的要求。

(3)幼儿教师与同级的工作性谈话用语从态度上来看,要注意平等相待、互相尊重、真诚感人,语气要平和。从言辞风格上看,它不同于日常生活中与同事的随意性交谈,要运用与自己年龄、身份以及谈话内容相符的称呼和话语融洽谈话双方的关系;不要过于客套,以免疏忽双方在交谈中的心理距离。谈话双方意见不合时,不要恶语伤人,冒犯对方,更不要讥讽挖苦,穷追不舍。要从言语策略入手说服对方,以求良好的工作合作关系。例如,与本班教师的谈话应遵守平等、客观原则;与本班保育员谈话应遵守尊重、支持与主动指导原则。

(4)幼儿教师在应允、拒绝、答疑等接待性谈话中,不是主动角色,关键是巧用应对技巧。例如,当你能满足对方要求时,可正面应允,开诚布公;当你难以满足对方要求时,可间接回答,婉言谢绝;当对方提出的问题令人尴尬时,笑而不答,缓和僵局,等等。

(5)幼儿教师在拜访、探望、采访、调查等访谈性谈话中,是主动角色,关键是善于提问,寻找话题,最大限度的沟通。有时直接询问,有时可以委婉发问。

(6)幼儿教师在洽谈、协商等谈话中要注意掌握话题。提出话题,可开门见山,侧面迂回。交谈时注意控制话题。可正面引导,也可转换话题,最后结束话题。

有助于交流的语言:

谢谢您的建议,这让我上好课更有信心了。

您说的很对,很抱歉给您带来了麻烦,我马上去弥补。

您现在有空吗,想请您给我帮个忙。

真的很感谢您,帮了这么大的忙。

您说的这事,我尽最大努力帮忙。

【技能训练】

1.同事遇到喜事,如获奖、晋升职称、出版专著等,你去贺喜。

2.同事遇到不幸的事,如事故、工伤、生病、亲友去世等,你去安慰吊唁。

3.教师节前,请你代表学校工会去看望离退休教师,你怎样寻找话题?

4.班上的学生顶撞了一位任课教师,这位老师很激动,说不解决好就不上课,如果让你代表学生向老师道歉,你怎样与这位老师交谈?

5.设想你已经是一名刚刚毕业的上岗的青年教师,怎样与身份、年龄不同的同事交谈(老年教师;比你年长,但学历不比你低的中年教师;与你同龄的青年教师;学校某部门的领导;学校其他部门的职工)并给对方留下良好的第一印象。自己设计谈话进行交谈。

(三)在座谈与教学研讨中的交际语言训练

幼儿教师为开阔视野、拓展教育信息来源以提高专业与学术水平,经常要参加或主持一些座谈与教研活动,如座谈发言、专题讲座、学术报告等。这是一种较为庄重、严肃的学术性讲话,带有一定的学术研讨性质,教师多以讨论传达信息的方式进行交流。幼儿教师主持或参加各类活动,由于所处的角色不同,所使用的交际语言也有很大区别。

参加或主持座谈与教学研讨时应注意以下几个方面。

1. 参与活动

(1)认真倾听,明确主题。幼儿教师在座谈与教学研讨中,首先要认真倾听,明确座谈与研讨的主题,在掌握各种信息后选择交谈语言。

(2)立论鲜明,条理清晰。教学研讨中的讲话,观点必须正确、鲜明、言之成理、言之有据;要有独到见解,不人云亦云;作为一种学术性讲话,还应条理清晰、重点突出、主次分明。要注意预设语言与应变言语的有机结合,口语风格与书面风格的有机结合。

(3)语言简练,用词准确,态度谦和。研讨活动中的讲话要有科学性,语言应简练,用词要严谨、准确,不能信口开河,经不住推敲,即多用征询语气,巧妙表达意见。教学研讨不同于争辩,应以平稳的语调、谦和的态度、冷静的举止来讲话发言。不插话,不打断对方,不用反语激言触怒对方。教学研讨活动中的主持人讲话,要注意引导、启发,打破僵局,把握议题,不要夸夸其谈,垄断会场,也不要沉默不语,只当听众。

2. 主持活动

(1)简要介绍活动主题与内容。在会议开始时,幼儿教师简明扼要地介绍活动主题内容,包括与会人员的情况、活动的主要议题、活动目的、活动程序、活动注意事项等。

(2)注意主持词的语言技巧。幼儿教师主持时要使用标准的普通话并且要声音洪亮、语速放慢、眼光平视,保证会场所有人均能听清或听懂会议内容。幼儿教师要灵活地使用交际语言处理座谈与教研活动中出现的各类情况,如影响会议进行的突发事件或冷场现象。出现争吵,教师可以利用转移注意力、找出冲突双方的共同点、公正评价、及时终止讨论等方法来疏导矛盾;出现冷场时,幼儿教师可以运用激将法、指名法、点拨法、启示法、复述法、比较法、示范法、顺序法等方法进行处理,使会议内容得以顺利进行。

(3)做总结发言。座谈与教研活动结束时,作为主持人的幼儿教师要围绕会议做简短的总结发言。总结发言要注意用语明确、简要并再次阐明会议主题,达到活动的目的和取得较好的谈论效果,最后要感谢参加活动的每一个人。

有助于交际的语言:

大家好,我想从以下几个方面谈一下我的意见。

刚才您的观点我很赞同,只是当中有一个问题我不是很明白,麻烦你解释一下好吗?

谢谢诸位参加这次活动,希望我们能有所收获。

对不起,我打断一下。

抱歉,请在我详细说明情况后再发言。

我请在座的各位冷静一下。

【技能训练】

1. 根据以下观点,自拟话题,在参加关于幼儿园教师的形象的研讨会中有理有据地讲出自己的看法。

(1)幼儿园教师肩负着历史赋予的、不可推卸的光荣而神圣的职责,为真正履行这种职责,幼儿园教师应该注重塑造自己的形象。

(2)幼儿园好教师的形象应该包含内在品质和外在形象两个方面。内在品质和外在形象两者不能独立存在,两者互相依存、互相作用。

(3)幼儿园教师的内在品质是塑造幼儿园教师形象的关键。(内在品质即指幼儿园教师的指导思想、儿童观和教育观、专业理论储备、人格感召力等;外在形象则包括教师的仪表、谈吐、举止、表情等)

2.情景训练。

(1)假设你毕业上岗后,被学校派往参加一次县级教研会。参加会议的有男有女,有老年、中年、青年。与会者被介绍相识之后,会议安排一段时间自由洽谈。你也要根据一定的目的,选择一个对象进行交谈,请以实录的方式,并根据看人说话的要求在班上谈谈。

(2)结合所学课程中的某个难点、疑点问题,或针对大家普遍感兴趣的教学或教育工作中的热点问题,在班上组织一次研讨会。

(四)在集会活动中的讲话

集会活动中的讲话是指在庆贺、娱乐、安慰、鼓动或其他工作性质的集会活动中,幼儿教师做主持、串场、致辞或演说等形式的讲话。这种讲话一般可以看作是以幼儿教师身份参与的特定社会活动中的即兴演讲。集会活动中的讲话一般不宜过长。

【示例】

一位幼儿教师参加幼儿园举办的全园幼儿教师演讲比赛。她登上讲台刚讲了两句,竟一下子忘了词,台下立即骚动起来,还有人鼓倒掌。这时一起的参赛者都为她捏了把汗。这位女教师并没有像有些演讲者忘词后那样惊慌失措,或头上冒冷汗,长时间冷场,或面红耳赤地跑下台去。只见她定了定神后,从容自若地说:"我刚讲了两句,就赢得了大家的掌声。既然大家这么欣赏我的开头语,那么就让我接着往下讲吧。"于是她又接着往下演讲,结果讲得很顺利,很成功。最后博得了听众真正友好的热烈掌声。

示例中这位幼儿教师演讲时忘了词,不是失落退场,而是巧妙组织语言,化险为夷,最后获得了成功。

集会中的讲话应注意以下几个方面。

1.角度要新

幼儿教师在集会中的讲话,要选取新的表达角度,能从常见话题中推出新意。

2.措词要巧

在不同的集会活动中,可以根据听众的年龄、职业、知识水平、接受程度等,来做选词用语的根据,以形成或庄重,或活泼,或典雅,或通俗的言语风格。

3.情感要真

集会活动中的讲话要有感召力,讲话者必须情动于衷,形之于声。真情实感溢于言表,才能打动听众。

【技能训练】

1.模拟主持人讲话。内容如:主持教师节联欢会;主持元旦晚会;主持学前教育学生专业技能大赛;主持迎新生大会或欢送毕业生大会。

2.模拟不同集会中的致辞。内容如:欢迎新同事茶话会致辞;教师节晚会致辞;离退休老教师告别讲台致辞。

3.模拟各种集会中的串场性讲话。内容如:幼儿教师职业技能大赛的串场性讲话;校园歌手大奖赛串场性讲话。

三、与社会相关部门的人员交流沟通时的交际语言训练

社区中拥有丰富的教育资源,幼儿园通过与社区联系可以有多方面的收获。对于幼儿教师而言,可以开拓教育渠道,掌握更多的信息;对于社区而言,可以及时了解社区内幼儿教育情况,进而采取相应措施;对于幼儿而言,可以参加社区活动,增进实践能力。幼儿教师与社会相关部门的交际语言主要是指幼儿教师代表学校所做的学校与学校之间或学校与社会之间的洽谈、协商,目的是寻求合作。在进行口语交际时,幼儿教师就要掌握与社会人员交往的交际语言技巧。

幼儿教师在与社会相关部门人员交际时,还要注意运用适当的尊称谦称、敬辞谦辞,会说必要的客套话,如迎候语、祝贺语、告别语、致歉语、礼仪语、祈祷语、致谢语等,以表示对对方的尊重。

在交往中得体地使用礼貌语言和谦词,可以给对方留下良好的印象。例如,与好久不见的人见面时说"久违";与不相识的人初次见面说"久仰";有了过失求人原谅说"请包涵";请人帮忙说"劳驾";有事找别人商量说"打扰";请人勿远送说"请留步";指点行为说有不对的地方说"请指教";不能陪客人说"失陪";送还物品叫"奉还";陪同朋友说"奉陪";影响别人工作和休息说"打搅了";当别人表示谢意时说"别客气",等等。

礼貌的言语体现在以下三个方面。

一是文雅。文雅是指说话文明雅致,不脏不俗。即不使用低级下流、粗野庸俗或侮辱对方人格的言语。辱骂和恐吓绝不是战斗,反而是愚昧无力的表现。不文雅的言语,轻则引起听众对象的不愉快、难堪;重则激化矛盾,引起冲突。因此,言语表达时一定要杜绝脏话粗话,清除语言垃圾,做到语言纯洁、文雅而有礼貌。

二是和气。和气是指态度温和,口气热情,措词委婉贴切。在现实生活中,和气也是一种高尚的道德情操的外在表现,它可以对人际交往起一定的协调作用。在一般情况下,和气能使双方关系融洽,友好相处;而发生争执时,和气则表现为一种情感的克制。能够克制住冲动的情感,就可以避免莽撞粗野的行为,就可以运用正当有力的方式,缓解矛盾、消除争端。文雅主要是就言语内容而言,和气主要是指说话态度而言。文雅的言语、温和的态度,构成文明礼貌的言语行为。

三是谦和。谦和是指诚恳、虚心、谦逊。即在口语表达中能够接受他人的意见,正确对待他人的批评,不自以为是,不把观点看法强加于人。谦虚的语言,体现出真诚相待,从而让别人体验到说话者内心的感情和期望,增强彼此的信任和了解,促使建立起真挚而友善的人际关系。

【示例1】

您好,我叫××,是市幼儿园的老师。我今天到这儿来,是代表市幼儿园调查一下我园学生在社区的表现情况,这是我的介绍信。这次活动可能会给您带来一定的麻烦,真的感到很抱歉。但我真心希望通过这次调查,能更深入地了解我园学生,更进一步地帮助幼儿园制订出更好的措施,促进社区孩子的健康成长。

这段自我介绍,语言简洁,内容扼要,语气真诚。对活动给社区带来的麻烦表示歉意,并说明活动对社区孩子成长的好处,晓之以理,动之以情,效果较好。

【示例 2】

在一次学术研讨会的小组讨论会上,一位年近六十的专家用方言讲话,有位青年教师提出异议。

青年教师:(眼睛望着窗外)我最讨厌谁不说普通话!

老专家:(不语)

在座者:(十分尴尬)

设想青年教师用另一种说法,也许情况就大不一样了。

青年教师:(目光恳切地看着老专家)老师您好,我们很想听清您的高见,可惜我们听不懂您的方言。您能慢慢地用普通话说吗?

在座者:对,您慢慢讲吧,我们都想听听。

中青年的两种态度与讲话方式有着截然相反的效果,第一种方式造成了大家尴尬的局面,使学术研讨会无法继续进行,表现出青年教师的素质低;第二种讲话方式缓和了学术讨论会的气氛,使得讨论会顺利进行,体现了青年教师的涵养。

与社会相关部门的交际应注意以下几个方面。

(1)文明用语,以情感人。人际交往,无论是个人与个人之间还是个人与集体之间,无论是单位与单位之间还是国家与国家之间,都必须讲究礼貌,都必须运用礼貌准则和礼貌的言语。并且协商性的谈话要富有情感的语言打动、说服对方,以达到协商的目的。运用得体的称呼可以赢得对方的好感,运用情感性较强的语气词能够增强话语的感染力,运用理由充足的话语能够博得对方的理解、支持和合作。

(2)充满自信,大方得体。初次见面,素昧平生,有人感到周身不自在,不好意思交谈;有人感到无从启齿,没有办法交谈。这主要是因为缺乏和陌生人交谈的勇气。所以在与人交谈时,首先要坚信自己能把话说清楚。有无这种信心是非常重要的,与陌生人交谈的勇气不是与生俱来的,而是靠逐步培养的。交谈时,可做自我暗示,适当默想:"一句话一句话地说,别慌。"相信自己能说会道。该说的时候说,该笑的时候笑,要落落大方、彬彬有礼。

(3)目的明确,语言通俗。幼儿教师与社会相关部门的协商性谈话一般具有鲜明的目的性,因而话语的组织应采取预设性与随机性相结合的方式。谈话的话题要相对集中,语言要得体,说话要通俗。

有助于沟通的语言:

您好!我是××,是某幼儿园的幼儿老师、大班的教研组长,这次的活动主要是由我负责。

很抱歉给您带来了麻烦,但我们真的很需要您的配合。

再次谢谢您对我们工作的支持。

【技能训练】

1.为改善幼儿园与社区的关系,园长带你去与附近的几家单位商谈,并安排你主讲。你怎么做准备?设计一定的情境,与同学分角色演练。

2.你代表幼儿园到市文化馆联系到幼儿园演出的相关事宜。

3.你代表幼儿园与社区相关部门商谈幼儿园生活垃圾清理的相关事宜。

幼儿教师交际语言训练是一个新课型,牵涉到许多认识上和技能及操作上的问题,只有在教学实践中不断探讨、研究,认清其实质,才能摸索、总结出科学的行之有效的训练方法,以提高幼儿教师的语言交际能力。

【思考拓展】

1.幼儿教师在与幼儿家长日常接触时应注意哪些语言技巧？

2.幼儿教师在进行家访时应有哪些准备？应注意哪些语言技巧？

3.针对班上某幼儿在幼儿园的表现,了解家长的年龄、身份、性格等,进行模拟家访训练。

4.小班某幼儿不知何原因,未去学校,请进行模拟电话家访,询问原因。

5.运用恰当的交际语言技巧,处理下面家访中碰到的问题。

(1)一位幼儿教师来到一个幼儿家里,敲开门,孩子的父母正在与两位朋友围着桌子搓麻将,兴致正浓,以致孩子领着老师进来了,孩子的父母也没起身,只是抬起头瞟了一眼,说声:"请随便坐。"仍然低头玩麻将。过了一会,觉得有些过意不去,又抬起头来说:"会搓麻将吗?来,一块搓几圈。"丝毫没有接待老师的意思。

面对这种局面,你认为用什么方式能开始你与这位家长的谈话?并模拟幼儿教师说出来。

(2)一位班主任打电话预约家访时间,幼儿的家长是一家大公司的董事长。一接到电话,立即回答说:"哎呀,真对不起,今天下午要开会,晚上也做了安排。这样吧,孩子的事,您最好跟她妈妈谈,如果一定要找我,以后再打电话来吧。"

面对这种局面,你认为谈话将怎样继续下去,并模拟班主任说出来。

6.向领导提建议时,应如何使用交际语言?

7.主持老同学聚会。

8.参加座谈与教研活动时,应如何使用恰当的交际语言?

9.中班一位幼儿与同伴发生玩具争抢事件,情急之下,他将同伴的脸抓烂了。针对下列类型的家长,班主任该怎样运用交际语言与他或她沟通?

(1)家长是位脾气暴躁的父亲;

(2)家长是位因工作繁忙而无法照顾孩子的母亲;

(3)家长是位溺爱孩子的爷爷。

10.在一次新课程改革骨干教师会上,学员需要做自我介绍。第一次自我介绍时,主办单位的各级领导都来了,气氛比较隆重。你作为其中一位学员要做自我介绍,你该怎样使用交际语言?第二次介绍是在当天晚上的联欢会上,主办单位领导不在,你又该如何使用交际语言介绍自己?(注意语境的不同)

11.以下是一段幼儿教师与幼儿家长的对话,请分析教师的言语是否得当,并说明理由。

"这是今天你孩子画的图画,你看看,乱七八糟的,动手能力这么差怎么行,回家后你要多让他画画。"

12.论述幼儿教师与社区各界人士接触交流沟通时,幼儿教师在使用交际语言时应注意哪些技能技巧,并根据以下情境进行具体技能训练。

为了对幼儿进行消防安全教育,增强孩子的消防安全意识,提高孩子逃避火灾的能力,幼儿园利用社区消防大队的有关人力、物力资源,制订了参观消防大队的方案。

模拟做一次幼儿教师与消防队长的谈话,要求以真诚的口语获得对方的好感;以简明扼要的语言表明此次活动的目的;最后根据对方的情况提出自己的建议,使双方合作取得成功。

参 考 文 献

[1]万里,赵立泰.汉语口语表达学教程.北京:北京师范大学出版社,1987.

[2]赵寄石,楼必生.学前儿童语言教育.北京:人民教育出版社,1993.

[3]国家教育委员会师范教育司组.教师口语训练手册.北京:首都师范大学出版社,1994.

[4]国家教育委员会师范教育司组.教师口语(适用本).北京:北京师范大学出版社,1994.

[5]国家教育委员会师范教育司组.教师口语.北京:语文出版社,1996.

[6]李元授.口才学.武汉:华中理工大学出版社,1997.

[7]吕建国.普通话与教师口语教程.广州:广东旅游出版社,2003.

[8]周谨驯.教师口语教程.沈阳:辽宁人民出版社,1997.

[9]中学语文社.现代汉语知识.北京:人民教育出版社,1999.

[10]谢贤扬.创造性思维训练(中学版).武汉:武汉大学出版社,2000.

[11]刘伯奎,王燕,段汴霞.教师口语训练教程.北京:中国人民大学出版社,2000.

[12]张明红.幼儿语言教育.上海:上海教育出版社,2001.

[13]刘晓明,陈德峰,童水明.口语交际的理论与技巧.北京:高等教育出版社,2002.

[14]方富熹,方格,林佩芬.幼儿认知发展与教育.北京:北京师范大学出版社,2003.

[15]孙海燕.口才训练十五讲.北京:北京大学出版社,2003.

[16]国家语言文字委员会普通话培训测试中心.普通话水平测试实施纲要.北京:商务印书馆出版,2004.

[17]程培元.教师口语教程.北京:高等教育出版社,2004.

[18]李珉.普通话口语交际.北京:高等教育出版社,2004.

[19]王素珍.幼儿教师口语训练教程.上海:复旦大学出版社,2006.

[20]张明红.学前儿童语言教育.上海:华东师范大学出版社,2006.

[21]苑望.幼儿教师口语.北京:高等教育出版社,2007.

[22]钱维亚.幼儿教师口语.北京:高等教育出版社,2008.

[23]甘肃省语言文字工作委员会.普通话水平测试培训教程.3版.兰州:甘肃教育出版社,2009.

[24]朱海琳.学前儿童语言教育.北京:科学出版社,2009.

[25]陈丹辉.幼儿教师的语言训练.北京:高等教育出版社,2010.

[26]邵新芬,戴青,李建年.口语艺术.北京:中国传媒大学出版社,2010.

[27]白继忠.普通话水平测试培训教程.兰州:甘肃教育出版社,2010.

[28]刘焕阳.普通话与教师口语艺术.北京:高等教育出版社,2010.

[29]马宏.幼儿教师口语.北京:北京师范大学出版社,2011.

[30]车晓彦,姜秀丽,刘昭.普通话与教师口语教程.哈尔滨:黑龙江大学出版社,2011.

[31]黄伯荣,廖序东.现代汉语.增订5版.北京:高等教育出版社,2011.

[32]张加蓉,卢伟.学前儿童语言教育活动指导.上海:复旦大学,2011.

[33]吴雪青.教师口语.上海:华东师范大学出版社,2012.

[34]张天军.学前儿童语言教育.上海:复旦大学,2012.